프로젝트 관리의 이해
-이론과 실제-

Understanding of
Project Management

김왕용 · 이두표 · 전병우

박영사

PROLOGUE

우리들은 삶을 살아가면서 여러 가지 다양한 프로젝트에 직면하게 된다. 삶 자체가 하나의 프로그램으로서 여러 가지 크고 작은 관련 프로젝트로 구성되어 있다고 할 수 있다. 우리들은 이미 많은 프로젝트를 수행해 보고 프로젝트를 관리해 본 경험이 있다. 예들 들면, 학생 신분으로서 중간고사나 기말고사를 치르는 프로젝트를 수행하였고 졸업 후에는 결혼 프로젝트를 완수하여 가정을 꾸리고 있고, 현재는 가장으로서 혹은 주부로서 자녀 교육과 성장을 위한 프로젝트를 진행하고 있으며 퇴직 후라면 인생 2모작 프로젝트를 진행하고 있을 것이다. 우리는 이들 프로젝트를 성공적으로 완수하였고, 일부는 아직도 진행 중이다. 성공적인 프로젝트의 수행을 위하여 프로젝트를 잘 관리하는 것이 중요한데, 프로젝트 관리는 인생의 많은 프로젝트뿐 아니라 우리가 관심을 가지고 있는 경영컨설팅 프로젝트를 성공적으로 마무리하게 도와 준다.

기업 각 부문의 크고 작은 이슈(issue)들을 심도 있게 진단·분석하고 창의적이고 합리적인 해결책 — 지속적인 성장방안 내지 혁신방안 — 을 제시하는 전문 경영컨설턴트들과 기업 조직 내의 현업 담당자들과 같은 사내 경영컨설턴트들은 여러 가지 다양한 형태 — 경영진단, 경영전략수립, 프로세스 개선, IT 솔루션도입, 신규사업개발, 인사평가 및 성과보상 등 — 의 프로젝트를 진행하고 있다. 본 서는 구체적으로 이들 경영관련 프로젝트를 어떻게 수행하고 관리하는 것인지에 대한 본격적인 '프로젝트 관리'에 대한 이론과 사례중심의 이해서이자 지침서이다.

본 서는 경영컨설팅(IT컨설팅 포함)이라는 프로젝트를 어떻게 관리해 나갈 것인지에 대하여 구체적인(프로젝트 관리) 방안을 실어 프로젝트 팀원으로서 혹은 프로젝트 관리 책임자로서 한 기업이나 공공기관의 경영컨설팅 프로젝트를 수행하고 관리하는 시각을 갖출 수 있도록 내용을 구성하였다.

본 서는 부족한 부분이 많이 있을 것이다. 이는 경영컨설턴트 혹은 PM 여러분의 비판과 조언을 받아 더욱 발전시키려고 한다. 내용면에서 많이 부족한 본 서를 출간하도록 격려를 아끼지 않아 준 여러 경영컨설턴트들과 프로젝트관리자 여러분께 감사의 말을 전하면서 작금의 어려운 경제환경과 21세기 무한경쟁속에서 조직의 성장과 미래를 위하여 불철주야 노력하는 우리나라의 경영컨설턴트, 프로젝트관리자(PM), 마스터 프로젝트 관리자(MPM), 품질관리자(QAO)들께 뜨거운 찬사와 격려를 보내며 이 책을 바친다.

2018. 2. 28
저자 識

프로젝트 관리의 이해

CONTENTS

07 프로젝트 관리 소프트 스킬

프로젝트 관리 개요

1 프로젝트 관리

프로젝트란 무엇인가? 우리는 주위에서 프로젝트라는 말을 많이 보고 듣는다. 과연 정확히 의미를 알고 사용하는 것일까? 혹시 이벤트나 중요한 과제와 혼동하여 사용하고 있지는 않은가? 우리는 공식적인 자료를 통해 프로젝트의 정의 및 프로젝트 관리에 대해 이해할 필요가 있다.

프로젝트란 하나의 문제 집약체로 이를 해결하기 위해 일정 계획을 수립하는 것(J. M Juran) 또는 유일한(특정) 상품 또는 서비스, 결과를 창출하기 위하여 수행되는 한시적인 활동이라고 정의 — a temporary endeavor undertaken to create a unique product, service, or result(PMI – PMBOK 6th edition)하고 다음과 같은 특징이 있다.

- 한시적이다(Temporary) — 명확히 정의된 착수일과 종료일이 있다.
- 독특하다(Unique) — 유사한 프로젝트는 과거에도 미래에도 없으며 항상 새롭고 유일무이한 업무이다(불확실성으로 인한 리스크 요소가 늘 존재).
- 점진적으로 구체화된다(progressive elaboration) — 초기의 개략적인 범위에서 시작하여 점차 구체화되어 성과물로 구현된다.

Project란 PRO(앞으로) + JECT(던지다) → 비전, 전망과 연계되어 있어 회사의 방향제시의 목적에 있고 프로젝트를 통해 회사는 미래성장의 동력을 얻고 지속성장의 기틀을 마련한다. 이런 프로젝트 특징을 가지고 산출할 수 있는 결과물은 다양하다. 예를 들면 다음과 같다.

- 개선 또는 새로운 완제품 등의 고유한 제품
- 고유한 서비스 또는 서비스의 수행역량

- 산출물 또는 문서들의 고유한 결과물
- 한 가지 이상의 제품, 서비스 또는 결과물의 공유한 조합
- 가시적으로 나타나는 산출물이나 문서와 같은 결과물
- 의료용 신약개발, 관광가이드 서비스 확대
- 조직에서 사용할 새로운 컴퓨터 하드웨어 시스템 조달 및 설치
- 석유탐사, 조직에서 사용하는 컴퓨터 소프트웨어 프로그램 수정
- 새로운 제조 공정을 개발하기 위한 연구진행, 건축물 건설

역사적으로 보면 기념비 같은 사건이 프로젝트의 예로 볼 수도 있다.
- 중국만리장성
- 타지마할
- 아동도서 출판
- 파나마 운하
- 상용제트기 개발
- 소아마비 백신
- 인류의 달 착륙
- 지구궤도에 국제우주정거장 배치

이런 프로젝트의 착수배경으로 조직의 리더는 조직에 영향을 미치는 요

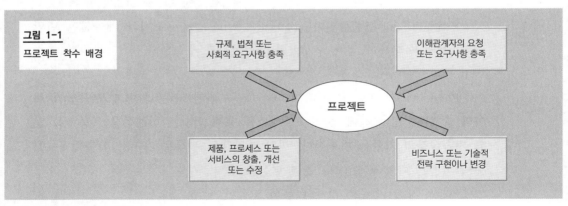

그림 1-1
프로젝트 착수 배경

규제, 법적 또는 사회적 요구사항 충족

이해관계자의 요청 또는 요구사항 충족

프로젝트

제품, 프로세스 또는 서비스의 창출, 개선 또는 수정

비즈니스 또는 기술적 전략 구현이나 변경

PMBOK 6th edition 참조.

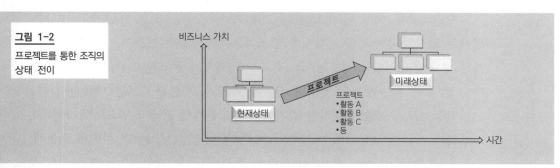

그림 1-2
프로젝트를 통한 조직의
상태 전이

PMBOK 6th edition 참조.

인에 대응하여 프로젝트를 착수한다. 이러한 요인은 4가지 범주로 나뉘며, 프로젝트의 배경을 보여준다.

프로젝트는 변화를 추진한다. 그 변화는 조직을 변화시키거나 조직의 특정목표의 달성을 위해 추진된다. 경영학적으로 보면 경영성장전략과 경쟁전략의 일부로서 수행된다고 볼 수 있다. 늘 조직은 비즈니스 가치와 관련하여 프로젝트를 통해 변모가 된다.

"프로젝트를 통한 조직의 상태 전이"를 보면 기업에서의 조직은 프로젝트의 상황에 따라 수시로 변모할 수 있음을 볼 수 있다. 우리나라에서 IT 기업의 경우는 대부분 프로젝트성 업무가 대부분이므로 수시로 프로젝트 상황에 따라 조직이 재구성되고 변모함을 알 수가 있다.

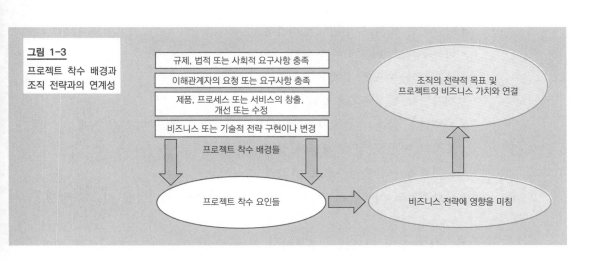

그림 1-3
프로젝트 착수 배경과
조직 전략과의 연계성

프로젝트는 어떤 목적으로 착수하는가? 굉장히 중요한 부분으로 결국은 필자는 조직의 전략과의 연계성을 강조하고자 한다. 즉 프로젝트 결과물이 조직의 전략과 일치함을 강조함으로써 왜 프로젝트가 중요한지를 강조하려고 한다. 프로젝트 착수배경을 조직의 전략적 목표와 연결하여 보면 다음과 같다.

프로젝트 수행을 위해서는 효과적이고 효율적인 관리가 필요하다. 프로젝트관리는 프로젝트를 위해 식별된 프로젝트관리 프로세스들의 적절한 적용과 통합을 통해 달성된다. 프로젝트관리를 통해 조직은 효과적이고 효율적으로 프로젝트를 실행할 수 있다. 프로젝트 관리의 중요성은 다음과 같다.

- 비즈니스 목표 충족
- 이해관계자 기대사항 충족
- 예측가능성 향상
- 성공기회 증가
- 적시에 정확한 제품 인도
- 문제 및 이슈해결
- 시기 적절한 리스크 대응
- 조직자원의 활용도 최적화
- 실패하는 프로젝트 식별, 복구 또는 종료

만일 아무리 좋은 프로젝트라도 관리를 잘못하면 어떤 결과가 발생할까? 다음은 이로 인한 부정적인 결과의 예이다(PMBOK 6th edition 참조).

- 마감시한 초과로 인한 Claim발생
- 비용초과로 조직에 재정적인 손해를 끼침
- 품질 불만족으로 고객의 인수거부
- 재작업으로 실패비용의 증가
- 통제되지 않는 수준으로 프로젝트가 확대되어 추가 비용을 초래
- 조직의 평판 상실로 경쟁력 상실
- 이해관계자의 불만족으로 기업의 명성저하
- 프로젝트의 실행목표 달성 실패로 인해 기업의 지속성에 리스크 발생

따라서 아무리 강조해도 부족함이 없는 것이 기업에서 프로젝트를 제대

로 관리하여야 한다는 점이다. 이는 특히 경영자들이 관심을 가지고 협조를 해하는 사항이다. 왜냐하면 프로젝트 관리가 왜 중요함은 다음과 같기 때문이다.

- 프로젝트는 조직에서 가치와 편익을 창출하기 위한 주요수단이다.
- 요즘처럼 급격히 변화하는 환경에 대한 대응이 아주 중요하다.
- 기업은 지속적으로 비즈니스 가치를 제공할 수 있는 효율적인 프로젝트 관리를 채택하여 프로젝트를 관리하여야 한다.
- 조직 내 전략적 역량으로 간주되어야 한다.
- 조직은 비즈니스 목표에 프로젝트 결과를 접목하여 한다.
- 프로젝트를 통해 시장에서 보다 효과적으로 경쟁하여야 한다.
- 프로젝트의 결과물을 통해 조직의 존속을 유지한다.
- 프로젝트관리 계획서를 적절히 조정하여 비즈니스 환경변화가 프로젝트에 미치는 영향에 대응하여 한다.

결국 프로젝트 관리는 프로젝트 관리자의 관리능력이 매우 중요하다. 이 부분은 '2장 프로젝트 관리 조직'에서 다루기로 한다.

그럼 프로젝트 부분의 설명은 이 정도로 하고 관련 용어들을 살펴보기로 한다.

프로그램, 포트폴리오, 프로젝트에 대하여 혼동하는 경우가 있는데, 프로그램에 포함된 프로젝트들은 공통적인 출력물이나 집합적 역량을 통해 관계가 형성된다. 프로젝트간의 관계가 고객, 판매자, 기술 또는 자원의 공유를 통해서만 형성되는 경우라면 프로그램보다는 프로젝트의 포트폴리오로서 관리해야 한다. 즉, 프로그램 관리는 프로그램의 전략적 목표와 혜택을 달성하기 위해 중앙에서 조정된 방식으로 프로그램을 관리하는 것이다.

> **프로그램관리는?**
> 개별적으로 관리해서는 실현되지 않는 편익을 달성하기 위해 통합된 방식으로 관리하는 다양한 관련 프로젝트, 하위 프로그램 및 프로그램 활동들의 그룹으로 정의한다.
> (주의) 프로그램은 대규모 프로젝트를 의미하는 것이 아니다.
> 인용: PMBOK 6th edition

즉 프로그램이란 관련된 다수의 프로젝트들이 결합된 그룹으로서 개별적

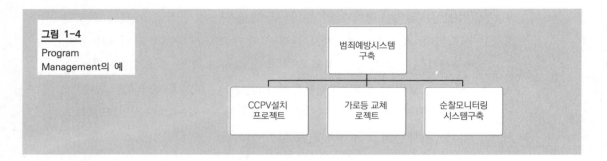

그림 1-4
Program
Management의 예

범죄예방시스템
구축

CCPV설치
프로젝트

가로등 교체
로젝트

순찰모니터링
시스템구축

으로 관리할 경우 얻을 수 없는 혜택과 통제 효과를 얻기 위한 통합 관리 방식을 의미하는 데, 다시 말하면 관련된 프로젝트 등을 모아서 같이 관리하여 시너지를 얻는 방식이다. 따라서 프로그램 관리는 프로젝트들간의 상호 의존성에 초점을 두고 프로그램 내의 여러 프로젝트에 영향을 미치는 자원 제약사항이나 갈등 해결하는 데 초점을 맞춘다.

위의 Program Management의 예서 보듯이 범죄 예방시스템 구축을 하기 위해서는 관련 있는 유사 프로젝트(CCPV설치 프로젝트, 가로등 교체 프로젝트, 순찰모니터링 시스템구축)들을 통합관리하는 것이 개별로 수행하는 것보다 훨씬 효과적일 것이다. 이런 경우에는 프로그램 관리를 수행하는 것이 유리하다.

그럼 프로폴리오 관리란 무엇인가?

포트폴리오란 전략적 목표를 달성하기 위해 하나의 그룹으로 관리되는 프로젝트, 프로그램, 하위 포트폴리오 및 운영 업무들로 정의된다. 포트폴리오관리는 전략적 목표를 달성하기 위해 하나 이상의 포트폴리오를 중앙집중식으로 관리하는 기법으로 정의된다. 포트폴리오의 프로그램이나 프로젝트들이 서로 의존관계에 있거나 직접 연관될 필요는 없다. 포트폴리오관리의 목적은 다음과 같다.

- 조직의 투자 의사결정 지침 제시
- 전략적 목표를 달성하기 위한 프로그램과 프로젝트의 최적 조합 선택
- 의사결정의 투명성 제공
- 팀 및 물적 자원 배정의 우선순위 지정
- 원하는 투자수익률(ROI) 실현 가능성 증가
- 모든 구성요소의 종합적인 리스크 프로필관리의 중앙집중화

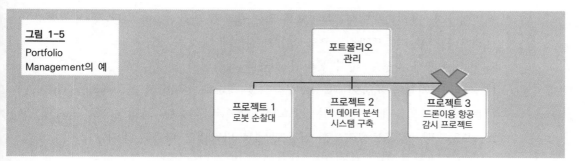

그림 1-5
Portfolio
Management의 예

Portfolio refers to projects or programs and sub-portfolios, and operations managed as a group to achieve strategic objectives

인용: PMBOK 6th edition

　　다시 말하면, 포트폴리오란 전략적 사업 목표를 달성하기 위해 작업을 효율적으로 관리해야 하는 프로젝트 또는 프로그램, 기타 관련 작업 모음을 의미하며 포트폴리오 관리란 특정한 전략적 사업 목표를 달성하기 위해 하나 이상의 포트폴리오를 중앙에서 관리하는 것을 의미하며, 프로젝트, 프로그램, 기타 관련 작업의 식별, 우선순위 지정, 승인, 관리 및 통제를 포함한다"고 한다. 다음은 이해를 돕기 위해 포트폴리오의 예이다.

　　위의 Portfolio Management의 예에서 보듯이 조직에서 조직의 전략과의 연계성과 프로젝트의 우선순위를 검토하여 프로젝트3은 현재 추진하기에 문

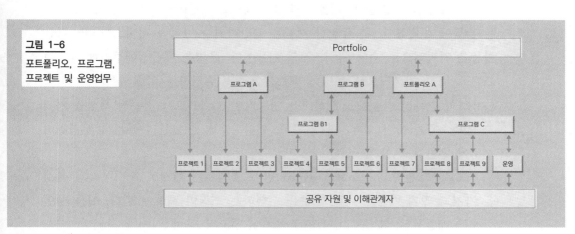

그림 1-6
포트폴리오, 프로그램,
프로젝트 및 운영업무

PMBOK 6th edition 참조.

제있어 또는 우선순위에서 밀려 보류 또는 취소가 됨을 볼 수 있다. 흔히 포트폴리오 관리를 리스크관리라고도 이야기 하는데 그것은 제한적 조직의 자원을 가장 적절하게 사용을 하지 못하면 기업에 리스크가 발생할 수 있기 때문이다. 따라서 기업에 도움이 되는 프로젝트를 제대로 선별하여 프로젝트를 관리하는 것이 포트폴리오 관리에서 중요한 부분이라 하겠다. 조합적으로 프로젝트, 프로그램 및 포트폴리오간 연관 관계를 나타내면 다음과 같다.

위의 포트폴리오, 프로그램, 프로젝트 및 운영업무에서 운영업무 부분이 포트폴리오의 차원으로 포함되는 것을 유의하게 살펴볼 필요가 있다. 왜냐하면 포트폴리오는 전사 모든 부분을 다 포함하고 있기 때문이다. 운영관리 부분은 잠시 후 프로젝트 관리와 비교하여 살펴보기로 한다. 이상으로 프로젝트, 프로그램, 포토폴리오에 대한 부분을 마무리하고 기업에서 중요한 관리부분과 관련하여 업무에 대해 알아보고자 한다.

회사는 크게 2가지 조직이 존재한다. 회사는 이 2가지 조직에 대한 관리만 존재한다. 바로 프로젝트 관리와 운영관리가 있다. 우리가 그 차이점을 정확히 알아야 앞으로 나오는 프로젝트관리 관련 조직구조를 이해하는 데 도움이 된다.

먼저 운영관리(Operation Management)란 공식적 프로젝트관리 범위 밖의 영역이다. 운영관리는 상품 또는 서비스의 지속적인 생산과 연관된다. 운영관리는 고객 수요를 충족하기 위해 필요한 최적의 자원을 사용하여 비즈니스가 계속 효율적으로 운영되도록 보장한다. 그리고 투입물(예: 자재, 구성요소, 에너지 및 노동력)을 산출물(예: 제품, 상품 및 서비스)로 변환하는 프로세스를 관리하는 활동에 주력한다. 즉 동일한 제품을 생산하거나 반복적 서비스를 제공하는 활동을 지속적으로 수행하는 조직의 기능이다. 운영은 제품생애주기에 규정된 표준에 따라 기본적으로 동일한 태스크그룹을 수행하기 위해 할당된 자원을 사용하여 반복적 산출물을 생산하는 영구적인 노력으로서 지속적 특성을 가지고 있다. 예를 들면 회계, 재무, 구매, 인사, 총무, 생산관리 부분이 운영관리 부문에 속한다고 볼 수 있다.

프로젝트관리(Project Management)란 프로젝트는 한시적 노력이라는 특성을 가지고 있기 때문에 이런 부분을 수행하는 조직이 해당이 된다. 예를 들면 신제품 개발부터, R/D조직, IT프로젝트 수행조직 등이 이에 해당된다. 다시 말하면 일시적인 기간에 유일한 제품, 결과, 서비스를 수행하는 조직이 프로젝

[표 1-1] 운영관리와 프로젝트 관리의 차이점

프로젝트 업무(Project Work)	운영업무(Operational Work)
고유한 산출물을 만든다.	지속적이고 반복적인 산출물을 만든다.
일시적인 기간을 가진다	지속적으로 반복된다.
예) 신제품 개발	예) 생산라인을 통한 제품 생산

트 관리 조직에 해당된다.

운영관리는 프로젝트 관리 범위 밖의 영역이지만, 운영을 수행하는 이해관계자의 요구는 프로젝트에 영향이 미치므로, 프로젝트관리에서 중요한 사항이다. 조직이나 기업의 전략적인 목표에 의해 운영(Operation)이 변경되기도 한다.

프로젝트 업무와 운영업무의 차이점을 요약하면 다음과 같다.

운영관리의 이해관계자는 프로젝트 시작 시 참여해야 하며 프로젝트관리에서 리스크(위기) 관리의 영역에서 문제를 해결한다.

조직차원 프로젝트관리 및 전략차원에서 보면 포트폴리오, 프로그램 및 프로젝트는 조직의 전략에 맞춰 조정되거나 조직 전략에 의해 주도되며, 각각이 전략 목표 달성에 기여하는 방식이 서로 다르다. 포트폴리오관리를 통해 적절한 프로그램이나 프로젝트를 선정하고, 작업의 우선순위를 정하고, 필요한 자원을 제공함으로써 조직의 전략과 포트폴리오를 일치시킨다. 프로그램관리를 통해 정해진 편익을 실현할 수 있도록 프로그램 구성요소들간 조화를 추

그림 1-7
조직차원 프로젝트관리

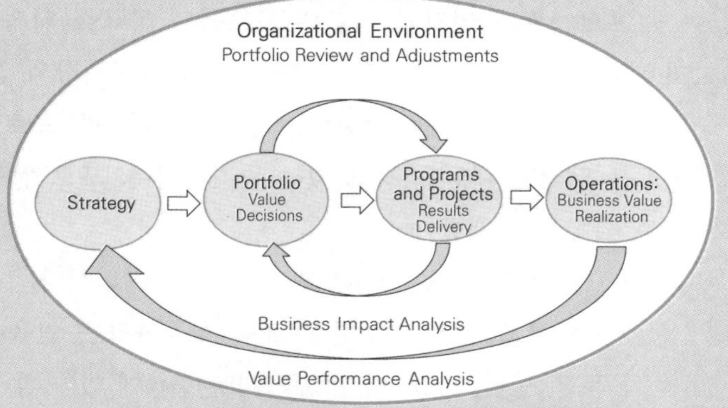

출처: OPM3®.

구하고 상호 의존관계를 통제한다. 프로젝트관리를 통해 조직의 목표와 목적을 달성할 수 있다.

조직차원 프로젝트관리(OPM)의 목적은 조직에서 올바른 프로젝트를 수행하고 중요한 자원을 적절히 할당하는지 보장하는 데 있다.

조직의 모든 수준에서 전략적 비전과 그러한 비전을 뒷받침하는 이니셔티브, 목표 및 인도물을 정확히 이해하는 데에도 조직차원 프로젝트관리(OPM)가 도움이 된다.

앞의 그림은 전략, 포트폴리오, 프로그램, 프로젝트 및 운영 업무가 상호작용하는 조직 환경을 보여준다.

궁극적으로 회사는 포트폴리오, 프로그램 및 프로젝트 관리의 효과적인 사용을 통해 전략적 목표를 달성하고, 더 큰 비즈니스가치를 얻기 위해 노력해야 한다. 비즈니스 가치(Business Value)는 각 조직의 유형, 무형요소의 총합으로 기업이 가지는 전체의 가치이기 때문이다. 성공적인 비즈니스 가치 실현을 위해서는 전략적 계획과 관리가 필요하고 조직의 전략, 비즈니스 가치 실현, 포트폴리오, 프로그램, 프로젝트의 관리는 상호 의존성을 가지고 계획되고 실행되어야 한다.

$$\Sigma무형의요소 + \Sigma유형의요소 = Business\ Value$$

2 프로젝트 관리자(Project Manager)

프로젝트 관리자의 역할은 프로젝트 목표를 달성하기 위해 프로젝트 관리를 책임지는 사람이므로 이해관계자간 요구사항의 균형과 기준선을 유지하며 프로젝트의 목표를 성취하는 관리자이다. 즉 프로젝트관리자는 프로젝트 목표를 달성할 책임을 지고 있는 관리자이다. 프로젝트 관리자는 팀원과 같이 다음 활동을 수행한다.

- 프로젝트 이해관계로부터 요구사항 식별한다.
- 명확하고 달성 가능한 목표를 설정하고 승인을 받고 추진한다.
- 품질, 범위, 시간, 원가 요구 사항 충족에 있어 각 요소간 균형을 유지한다.

프로젝트 관리자는 한쪽에 치우치지 않고 이해관계자와 프로젝트 팀과의

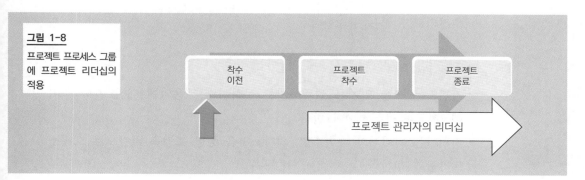

목표에 대한 균형유지 및 조정역할이 요구된다. 또한 다양한 이해관계자의 서로 다른 관심 사항과 기대치에 부응하는 사양, 계획 및 접근 방식 채택해서 만족을 시켜주어야 한다. 따라서 아래와 같은 대인관계기술능력이 요구된다. 프로젝트 관리자는 프로젝트의 목표를 달성하기 위해 프로젝트 팀의 리더십에서 중요한 역할을 한다.

일부 조직은 착수 이전에 평가와 분석활동에 프로젝트 관리자가 참여한다(예: 전략적 목표강화, 조직성과개선, 고객요구충족을 위한 아이디어).

프로젝트 관리자의 역할을 흔히 오케스트라와 연관시켜 비교하곤 한다. 오케스트라의 특징을 살펴보면 다음과 같다(PMBOK 6th edition참조).

구성원의 역할
• 다른 역할을 하는 수많은 구성원으로 이루어져 있다.
• 팀원들은 다양한 역할을 수행한다.
• 연주가와 프로젝트 팀원이 각 리더의 팀을 구성한다.

팀에 대한 책임
• 결과에 대한 책임을 지고 제품의 전체적인 측면을 파악해야 한다.
• 조직의 비전과 사명, 목표를 검토하여 제품의 해당항목과 연계되는지를 확인한다.
• 제품을 성공적으로 완료하는 과정에 포함되는 비전, 사명, 목표에 대해 해석한다.
• 팀과 의사소통을 하면서 성공적으로 목표를 완료할 수 있는 방향으로

추진되도록 팀을 장려한다.

지식과 기술측면
- 지휘자는 모든 악기를 연주하지는 못하더라도 음악에 대한 지식과 이해, 경험이 충분하여야 한다.
- 지휘자는 리더십과 계획수립, 의사소통을 통한 조정을 바탕으로 오케스트라를 지휘한다.
- 프로젝트 관리자는 프로젝트의 모든 일을 수행하지는 않겠지만 프로젝트관리지식과 기술지식, 프로젝트에 대한 이해 및 경험이 충분하여야 한다.
- 프로젝트 관리자는 리더십과 계획수립, 의사소통을 통한 조정을 바탕으로 프로젝트 팀을 관리한다. 서면(예: 일정표와 계획표)으로 정보를 전달하고, 회의, 언어적 또는 비언어적 신호를 이용하여 팀과 실시간으로 의사소통을 한다.

프로젝트 관리자의 역할(기능관리자나 운영관리자의 역할과 다르다.)
- 기능관리자: 기능조직이나 사업부를 관리 감독하는 데 주력한다.
- 운영관리자: 비즈니스 운영을 효율적으로 유지할 책임을 진다.

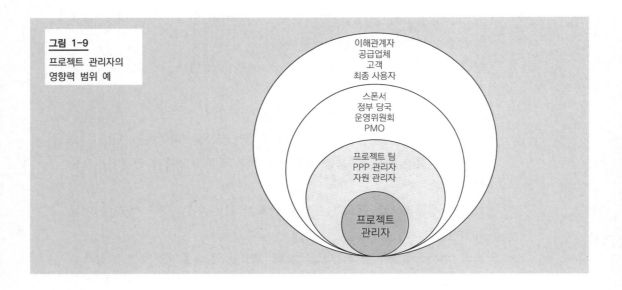

그림 1-9
프로젝트 관리자의
영향력 범위 예

이해관계자
공급업체
고객
최종 사용자

스폰서
정부 당국
운영위원회
PMO

프로젝트 팀
PPP 관리자
자원 관리자

프로젝트
관리자

- 프로젝트 관리자: 수행조직에서 프로젝트 목표를 달성할 책임을 가지도록 팀의 리더로 선임된 책임자이다.

프로젝트 관리자는 자신의 영향력 범위에서 수많은 역할을 수행한다. 이러한 역할은 프로젝트 관리자의 역량을 반영하며 프로젝트 관리분야의 가치와 기여도를 나타낸다.

프로젝트 관리자는 프로젝트 팀을 이끌면서 프로젝트 목표(예: 요구사항, 일정, 원가, 품질)와 이해관계자의 기대사항을 충족시킨다.

프로젝트 관리자는 가용한 자원을 활용하여 프로젝트에서 경합하는 제약사항(예: 범위, 일정, 원가, 품질 등)간 균형을 조절한다.

프로젝트 관리자는 스폰서와 팀원, 기타 이해관계자 사이의 의사소통창구 역할을 수행한다(추진 방향과 프로젝트 성공비전을 제시하는 일을 포함).

프로젝트 관리자는 연성기술(Soft skill: 예 대인관계기술, 인적자원관리능력)을 이용하여 프로젝트 이해관계자들의 상충되고 경합하는 목표들간의 균형을 조절함으로 공감대를 형성한다.

상위 2% 프로젝트 관리자는 긍정적인 태도를 보이며 탁월한 대인관계 및 의사소통 기술 및 차별화되는 역량을 발휘한다고 한다. 특히 의사소통기술이 절대적으로 프로젝트 관리자에게 요구되는 역량이다. 다음은 의사소통의 능력의 예이다.

- 여러 가지 방법(언어적 및 비언어적, 서면 방법)을 사용하여 세심하게 조정된 기술개발
- 의사소통 계획서와 일정표 작성, 유지 및 준수
- 예측 가능하고 일관된 방식으로 의사소통
- 프로젝트 이해관계자들의 의사소통 요구를 이해하려는 노력
- 간결하면서 분명하고, 완전하면서 간단하고, 대상자에 맞춘 의사소통 유지
- 중요한 긍정적 및 부정적 소식포함

프로젝트 관리자는 조직 전반의 프로젝트 관리 역량 및 능력을 개선하기 위한 노력을 기울이고 암묵적 지식전달 또는 통합 이니셔티브에 참여한다

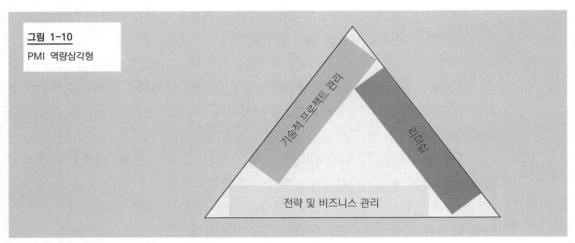

그림 1-10
PMI 역량삼각형

기술적 프로젝트 관리

리더십

전략 및 비즈니스 관리

Talent Triangle(PMBOK 6th edition 참조).

다음과 같은 업무도 프로젝트 관리자가 담당한다(PMBOK 6th edition참조).
- 프로젝트관리의 가치 입증
- 조직에서 프로젝트관리 수용증가
- 조직에 존재하는 경우, 프로젝트관리오피스(PMO)의 효율적 개선
- 프로젝트 관리자는 프로젝트 목표를 달성하고 프로젝트 관리계획서가 포트폴리오 또는 프로그램 계획서와 연계되도록 모든 관리자와 긴밀하게 협력한다.

프로젝트 관리는 오케스트라 지휘자이기도 하고 배의 선장과 같은 존재이기에 특별한 역량이 요구된다. 이러한 역량의 측면에서 미국PMI(Project Management Institute)에서 제시한 역량을 살펴볼 필요가 있다. PMI의 역량삼각형(Talent Triangle)을 이용하여 프로젝트 관리자에게 필요한 기술에 프로젝트 관리자 역량개발(Project Management Competency Development, PMCD) 프레임워크를 적용함에 있어 Talent Triangle은 다음 3가지 핵심기술에 초점을 맞춘다.
- 기술적 프로젝트 관리
- 리더십
- 전략 및 비즈니스 관리

좀 더 내용을 살펴보면 다음과 같다.

(1) 기술적 프로젝트 관리

프로젝트, 프로그램 및 포트폴리오관리의 특정영역과 관련된 지식, 기술 및 행동역할 수행의 기술적 측면으로 기술적 프로젝트관리 기술은 프로그램이나 프로젝트에 대한 원하는 결과를 인도하기 위해 프로젝트관리 지식을 효과적으로 적용하는 기술로 정의된다. 여러 가지 핵심기술의 예는 다음과 같다.

- 프로젝트의 핵심 성공요인
- 일정표 및 선정된 재무보고서
- 각 프로젝트의 기존 및 애자일 도구와 기법, 방법을 모두 조정한다.
- 철저히 계획하고 성실히 우선순위를 지정할 시간을 할애한다.
- 일정, 비용, 자원, 리스크 및 기타 다양한 프로젝트 요소를 관리한다

(2) 리더십

지식, 기술 및 행동측면으로 리더십 기술에는 조직의 비즈니스 목표를 달성할 수 있도록 팀을 이끌고 동기부여하며, 지시할 수 있는 능력이 포함된다. 협상, 탄력성, 의사소통, 문제해결, 비판적 사고, 대인관계 기술과 같은 필수 역량을 발휘하는 것도 리더십기술에 포함 될 수 있다.

프로젝트 관리는 단순히 숫자, 템플릿, 차트, 그래프, 컴퓨팅 시스템 등으로 업무를 수행하는 것 이상을 의미한다.

대인기술

프로젝트 관리자는 사람들의 행동과 동기를 연구해야 한다.

프로젝트 관리자는 프로젝트 팀과 운영조정 팀, 프로젝트 스폰서를 포함하여 모든 프로젝트 이해관계자와 협력하는 과정에 리더십 기술과 자질을 발휘한다.

리더의 자질과 기술

다음은 연구에서 확인된 리더의 자질과 기술의 일부 예이다.

- 비전제시

- 낙관적, 긍정적 태도
- 협력적 태도
- 갈등관리(신뢰구축, 우려사항 해결, 합의모색, 목표간 균형조절, 설득, 협상, 타협)
- 의사소통(충분한 시간 할애, 기대사항 관리, 피드백을 겸허하게 수용, 질문과 경청)
- 존중, 공손함, 친근함, 친절함, 정직함, 신뢰성, 충직함 및 윤리적 태도
- 성실성, 문화적 수용성, 용기, 결단력, 문제해결능력
- 성실한 공로인정
- 결과지향적 및 행동지향적인 평생 학습자 태도

정치, 권한, 과업완수

정치에는 영향력 발휘, 협상, 자율성, 권한이 포함된다. 권한은 개인 또는 조직의 특성에서 비롯될 수 있다.

- 직위형(공식적, 권위적, 합법적이라고도 함)
- 정보형(예: 수집 또는 배포 통제)
- 추종형(예: 다른 사람들의 개인적인 존중이나 존경심, 신뢰 획득)
- 상황형(예: 특별한 위기 등의 공유한 상황에 따라 주어진 권한)
- 개성 또는 카리스마형, 관계형, 보상 지향형
- 처벌형, 압박형, 책무형, 설득형, 회피형

우수한 프로젝트 관리자는 선제적이며 의도 지향적이다. 권한이 부여되기를 기다리기보다는 프로젝트관리자가 조직의 정책, 규약 및 절차 안에서 필요한 권한과 권위를 획득하기 위해 노력한다.

(3) 전략 및 비즈니스 관리

성과와 비즈니스 결과물을 개선하는 업계 및 조직의 지식과 전문성 측면으로 전략 및 비즈니스관리 기술에는 조직의 상위 수준 개요를 확인하고, 전략적 연계 및 혁신을 지원하는 의사결정과 조치를 효과적으로 협상하고 실행할 수 있는 능력을 포함한다. 관련제품 및 업계 전문지식을 개발하고 적용하는 것도 전략 및 비지니스관리 기술에 포함될 수 있다(비즈니스 지식=도메인 지식).

프로젝트관리자가 비즈니스를 충분히 파악하고 있어야 다음과 같은 일을

수행할 수 있다.

- 프로젝트의 필수적인 비즈니스 측면을 다른 사람에게 설명한다.
- 프로젝트 스폰서, 팀, 관련분야 전문가와 협력을 통해 적절한 프로젝트 인도전략을 개발한다.
- 수립된 전략을 프로젝트의 비즈니스 가치를 극대화하는 방식으로 구현한다.

프로젝트의 성공적인 인도와 관련하여 최상의 의사결정을 내리기 위해 프로젝트 관리자는 조직에서 비즈니스를 운영하는 운영관리자의 전문지식을 구하고 고려해야 한다. 조직에서 수행된 작업과 프로젝트 계획이 해당작업에 미치는 영향을 파악해야 한다. 프로젝트 관리자는 조직의 다음과 같은 측면을 다른 사람에게 설명하기에 충분한 지식을 갖추어야 한다.

- 전략
- 사명
- 목표와 목적
- 제품과 서비스
- 운영(예: 위치, 유형, 기술)
- 해당시장, 고객 등의 시장여건, 시장 상황(성장 또는 감소추세), 출시 시기 요인 등
- 경쟁(예: 무엇을, 누가, 시장에서의 입지)

기술적 프로젝트관리 기술은 프로그램 및 프로젝트 관리의 핵심이지만, PMI연구에 따르면 조직은 리더십과 비즈니스 인텔리전스 부문에서 추가된 기술이 필요하다. 위 3가지가 균형을 이루어야 최대효과가 발휘된다.

PM은 good career path인가? 이런 질문을 아마도 스스로에게 던졌을 것이다. 무심코 맡은 PM이건 내가 원해서 맡은 PM이건 일단 프로젝트관리자가 되면 기술자가 아닌 관리자가 되고, 전문가이지만 소프트 스킬을 잘하는 유연한 예술가가 되어야 한다. 혹자는 PM을 저널리스트의 관점으로 보기도 하는데 이는 프로젝트 환경에서 정치적인 접근과 escalation을 통한 의사결정을 얼마나 잘 끌어내는가에 대한 일부 통찰적 접근으로 볼 수 있을 것이다. 필자는

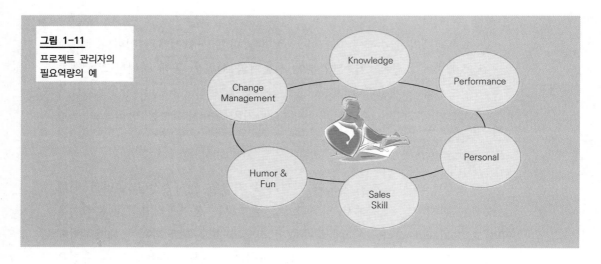

그림 1-11
프로젝트 관리자의
필요역량의 예

진짜 PM이 되려면 몇 가지 중요한 요소를 가지고 있어야 하고 지속적인 자기 노력과 탐구정신으로 어느 정도 진짜 PM이 완성된다고 생각한다. 5가지 정도로 진짜 PM이 되기 위한 정의를 나름대로 내리고자 한다.

- 정직해야 한다.
- 프로젝트에 대한 통찰력이 있어야 한다.
- 관리자이지만 리더의 솔선수범 성향을 가져야 한다.
- 하드스킬과 소프트 스킬의 균형을 잘 유지해야 한다.
- 지속적으로 연구하고 탐구하여 창조적인 부분을 찾아 혁신적 역량을 보여야 한다.

또한 다른 측면으로 PM역량을 접근하기도 한다.
위의 프로젝트 관리자의 필요역량의 예에서 보듯이, 프로젝트 관리자는
① 해당 부문의 지식이 있어야 하고
② 성과를 창출할 수 있어여 한다.
③ 인성이 좋아야 팀원의 화합을 이끌어 내고
④ 영업스킬로 있는 것이 좋다.
⑤ 프로젝트는 제약조건에서 수행되는 힘든 일이 많다. 이런 경우 리더는 유머로 분위기를 잘 조성할 수 있다.
⑥ 또한 프로젝트는 변경관리가 매우 중요한데 이런 부분을 잘 관리하는

[표 1-2] 관리와 리더십의 차이

관리	리더십
위치 권력을 사용하여 지시	관계적 힘을 사용하여 안내, 영향 미치기, 협업
유지	개발
행정	혁신
시스템과 구조에 집중	사람들과의 관계에 집중
통제에 의존	신뢰고취
근일 목표에 집중	장기 비전에 집중
방법과 시기 묻기	대상과 이유 묻기
수익 창출에 집중	범위에 집중
현재 상황 수락	현재 상황에 도전
올바르게 수락	올바르게 행동
운영이슈와 문제해결에 집중	비전, 연계, 동기부여 및 영감에 집중

관리자의 역량이 필요하다.

리더십과 관리의 비교측면에서 리더십과 관리는 동의어는 아니다. 프로젝트 관리자가 채택하는 방법으로 행동, 자기인식 및 프로젝트 역할에서 뚜렷한 차이가 확인된다. 프로젝트 관리자는 성공을 거두기 위해 리더십과 관리를 모두 적용해야 한다.

프로젝트 관리자는 다양한 방법으로 팀을 이끌 수 있다.

다음은 가장 일반적인 리더십 유형의 예이다.

• 자유 방임형(예: 팀의 자체 의사결정과 목표 설정을 유형)

• 거래형(예: 목표, 피드백 및 성취도를 중심으로 보상을 결정하고 예외기준으로 관리하는 유형)

• 섬김형(예: 다른 사람을 우선 배려라고 섬기는 태도, 다른 사람의 성장, 교육, 발전, 자율성과 행복에 중점을 두는 태도, 관계, 지역사회 및 협력에 집중하는 태도)

• 변신형(예: 이상적인 특성 및 행동, 영감을 주는 동기부여, 혁신과 창의력 조장)

• 카리스마형(예: 영감부여, 정열적, 열정적 태도, 자신감, 강한 신념 보유)

• 상호작용형(예: 거래형과 변신형, 카리스마형을 조합한 유형)

프로젝트 관리자는 전략적 목표를 이해하고 프로젝트 목표와 결과를 포트폴리오, 프로그램 및 비즈니스 영역의 목표와 결과에 연계시키기 위해 프로젝트 스폰서와 협력하는 과정에서 핵심역할을 수행한다. 이러한 방식으로 프로젝트 관리자는 전략의 통합과 실행에 기여한다. 팀이 협력하며 프로젝트 수준에서 실제로 필요한 부분에 집중할 수 있도록 이끌 책임이 프로젝트 관리자에게 있다. 이것이 프로세스와 지식, 인적자원의 통합을 통해 달성된다.

단지 깊은 우물을 파는 것보다 현대시대는 다양한 지식으로 프로젝트 환경을 이해하고 조율하는 것이 중요하다. 기업의 경영요소와 기업의 이익과 관련되는 요소들을 이해하고 큰 리스크를 예방하는 지식과 경험을 소유해야 한다. 그렇게 하려면 경영의 일반적인 요소 들, 즉 영업, 마케팅, 재무, 회계, 생산 등의 제반적인 지식습득과 제품 품질과 관련 생산관리 및 품질관리 부문의 지식함양이 필요하다. 필자는 표준화 교육을 받으면서 기업의 기본 성장과 프로젝트 관리에 있어서 기본적인 표준화의 기본과 실무 이해 능력 또한 중요한 요소로 이해되었다. 한참 프로젝트를 진행하고 나서 기본 표준화 규격에 만족을 못하거나 소홀히 하여 실패의 愚를 범해서는 안 되겠다는 것이다. R/D 부분은 초기에 이런 부분들을 잘 점검하고 계획을 잘 세우는 것이 중요하다. 프로젝트 관리자는 작게는 단위 프로젝트를 수행하지만 늘 마음속과 미래의 큰 그림에는 전체 기업의 유지 및 성장에 기여하는 부분을 늘 고민하고 준비하여 대비하는 능력을 갖추어야 한다.

무엇보다도 프로젝트 관리자는 하드 스킬 외에 이해관계자관리를 하는 소프트스킬이 매우 중요하므로 다음과 같은 대인관계 기술부문에 대햅 역량 향상 노력이 있어야 한다.

- Leadership
- Team Building
- Motivation
- Communication
- Influencing
- Decision Making
- Political and cultural awareness
- Negotiation
- Trust Building
- Conflict management
- Coaching

또 다른 PM의 필요역량-Design Thinking 사례

수시로 변화하는 환경에 대한 대응부분과 어떤 순간에 결정을 해야 하는 프로젝트 관리자는 어떤 능력이 필요할까? 이런 경우 디자인 씽킹 능력을 좋은 예로 든다. 프로젝트의 방향성에서 어떤 때는 생각의 전환으로 비용과 일정을 절감하면서 좋은 결과를 가져올 수 있기 때문이다. 창조적인 발상의 예인 디자인 씽킹은 여러 가지 예가 많지만 한 가지 예를 들어본다.

버스가 오지 않는 독일-'가짜 버스 정류장'

버스 정류장에서 아무리 기다려도 오지 않는 버스가 있다. '가짜 버스 정류장'인 이곳은 어떤 사연을 가지고 있을까요? 여기 착한 거짓말이 있다. 독일에는 요양원 및 치매시설 앞에 노인들을 위한 가짜 버스 정류장이 있다고 한다. 왜 만들었을까? 그 이유는 알츠하이머를 앓은 노인들이 시설을 몰래 나와 길을 잃어버리기 때문에 이를 방지하고자 준비했다고 한다. 일반적으로 노인들은 가족을 보고 싶은 마음에 무조건 나오고 나서 나온 이유를 잊고 길을 방황한다고 한다. 독일의 한 노인요양시설도 같은 문제로 골치가 쌓였다고 한다. 이에 어떻게 노인의 실종을 막을까 고민을 하다고 가짜 버스 정류장을 만들었다고 한다. 이 정류장에는 의자는 있으나 버스는 서지 않는다. 이는 노인의 심리를 파악한 것으로 본능적으로 가족을 만나고자 버스를 탄다는 것이다. 이 대응효과는 어떻게 되었을까? 매우 성공적이었다. 한참 버스를 기다리고 있으면 직원이 다가가 버스가 늦어지고 있는데 들어가서 커피 한잔 어때요? 권유하면 다시 시설 안으로 돌아가게 만들었다고 한다. 참 인간적이다. 이렇게 디자인 씽킹을 통해 좋은 결과를 거두는 능력이 요즘 프로젝트 관리자에게 필요한 역량이라 하겠다.

3 프로젝트관리 오피스(PMO: Project Management Office)

PMO란 프로젝트 관련 지배 프로세스 표준화, 자원 분배, 방법론 도구 및 기법을 조정하는 관리조직으로서 [표 1-1]과 같이 PMO의 역할구분이 된다.

[표 1-3] PMO의 역할구분

Supportive (지원형)	• 전반적인 컨설팅 역할 • 템플릿 제공, 모범 관행, 훈련, 다른 프로젝트로부터의 정보/교훈사항 제공 • Project Repository 역할	통제력 Low
Controlling (통제형)	• 다양한 방법을 통한 준수 요구 • 템플릿, 양식, 도구, 거버넌스에 대한 준수 등	통제력 Moderate
Directive (지시형)	• 프로젝트 직접 통제	통제력 High

출처: PMBOK 6판 기준.

(1) PMO 주요 기능의 예

- PMO에 의해 관리되는 모든 프로젝트간의 공유자원 관리
- 프로젝트 관리 방법론, 모범적 실무 관행 및 표준 식별 개발
- 프로젝트 관리표준, 정책, 절차, 템플릿 등의 준수감시
- 프로젝트 정책, 절차, 템플릿, 공유문서 개발 및 관리
- 프로젝트 간의 의사소통 조정/코칭, 멘토링, 교육, 감독

(2) PMO의 탄생 배경

1980년대 후반부터 수요와 공급의 균형에서 공급이 많아지면서 제품은 경쟁을 하게 되고 제품의 생명주기가 짧아지면서 많은 프로젝트가 발생하였다. 시장에서 제품들간의 경쟁이 점점 치열해지고 이전에 없던 신기술을 적용하고 IT기술이 급속도로 발달하면서 다양한 부분의 Interface가 증가하고 요구수준이 높아지면서 제품개발 프로젝트는 자원의 부족과 기타 문제들로 인해 어려움을 겪게 되었다. 프로젝트의 성공률이 낮아지면서 이에 프로젝트의 실패원인을 찾기 시작하였다. 문제의 원인을 찾다 보니 아래와 같은 몇 가지 중요한 원인이 발견되었다.

- 프로젝트 팀원들의 역량차이
- 프로젝트 자원의 불균형 배치문제
- 업무수행 기간에 표준화 및 문서화 미흡
- 프로젝트 수행기간 중에 문제에 대한 잘못된 관리와 사후대처활동의 취약
- 예산과 일정계획의 미흡
- 경영진의 지원부족

이에 문제해결을 위한 회사차원의 관리조직이 필요하겠다는 인식을 하게 되었다. 프로젝트의 성공을 위해서는 전체적인 통합적 관리를 위한 프로젝트 관리프로세스 정의 후 적용하여야 하며 예산목표와 일정계획 준수를 위한 지식, 통계, 모범사례를 활용하여야 한다는 것에 동감하여 이러한 문제해결을 위한 새로운 조직 PMO가 탄생되었다.

(3) 한국 PMO의 발전 방향 제안

한국에서 PMO를 발전시키기 위한 많은 노력이 있었다. 현재보다 더 높은 수준의 PMO 적용을 위해 그동안의 이론 지식과 경험을 바탕으로 다음과 같이 5가지로 정리를 하였는데 내용은 다음과 같다.

❶ PM Selection criteria 적용: PM의 능력 향상이 필요하다. PM선정단계부터 자질과 능력에 관련된 조건을 적용하여 먼저 조직 내 프로젝트 관리능력을 향상시켜야 한다.

❷ PMO인력 양성 프로그램 강화–IT/NON IT: 모든 산업영역에서 PMO는 일반 프로젝트 관리자보다 더 중요한 역할을 담당하므로 전략과 관련되는 경영의 지식과 포트폴리오 관리의 수준을 위한 다양한 교육이 수행되어야 한다.

❸ 산업별 PMO역할 정의 및 Optimization: 상기 연구내용에서 보았듯이 PMO의 역할은 다양하다. 사장 최적의 PMO역할을 산업 및 기업 내에서 대내외 환경에 맞게 내부 핵심역량과 결부시켜 PMO역할을 정의하고 실시하여야 한다.

❹ 프로젝트 경영의 확산–PMO역할 증대: 전사적 포트폴리오 관리의 수준을 높여서 Project support 수준을 Project management office 수준으로 높이고, 또한 Enterprise Project Offices수준으로 높여서 프로젝트 경영을 확산시켜야 한다. 그래야 효율적인 투자의 자원관리 및 비용관리 등을 통해 기업의 경쟁력을 높이고 지속적인 성장에 유리한 장점이 발생한다.

❺ 프로젝트 관리 중요성에 대한 경영층의 인식전환을 통한 조직생성: 프로젝트관리의 중요성의 제대로 인지 못하는 경영층이 있다면 PMO도입을 이야기하는 것은 무리가 있어 보인다. 프로젝트 관리를 정확히 이해하고 기업 내 프로젝트관리수준을 성숙시킨 다음에 PMO를 적용하여야 하는데 가장 중요한

역할을 하는 것은 역시 경영진의 프로젝트 관리에 대한 인식의 확산이고 실행 능력이다.

SUMMARY

우리가 중요시 하는 프로젝트 관리란 프로젝트라는 사업의 관리의 계획이자 실천으로서 성공적으로 경영컨설팅 프로젝트를 수행하기 위하여 프로젝트 관리자와 팀원이 어떻게 프로젝트에 착수하고, 관리하여 프로젝트를 완료시키는가에 대한 표준화된 절차를 제시한다. 미국의 프로젝트 관리전문 기관인 PMI(Project Management Institute)는 프로젝트 관리란 '이해관계자의 요구와 기대에 부응하기 위하여 지식, 스킬, 툴 및 테크닉을 프로젝트에 적용하는 것'이라고 하고 있는데, 일반적으로 프로젝트를 관리한다는 것은

❶ 프로젝트의 목적을 명확히 하여
❷ 프로젝트 수행으로 달성하려는 결과를 결정하고
❸ 예산 범위 내에서
❹ 일정을 수립하여
❺ 팀을 구성하여
❻ 각 개인의 업무역할을 부여하고
❼ 역량과 스킬셋을 확인하여
❽ 프로젝트 진행을 모니터링하고
❾ 팀원 사기를 유지하면서
❿ 발생하는 문제점을 해결하고
⓫ 프로젝트 이해관계자에게 진행상황을 알려 주고
⓬ 잘 진행되고 있는지 잘못 진행되고 있는지를 평가하여
⓭ 프로젝트를 성공리에 완수하는 것[1] 을 포함한다.

4 프로젝트 생애 주기

프로젝트 생애주기는 시작부터 완료에 이르기까지 프로젝트가 거치는 일련의 단계로, 프로젝트관리를 위한 프레임워크를 제공한다. 이 프레임워크는 수반되는 특정 프로젝트 작업에 관계없이 적용된다. 단계는 순차적 또는 반복

---

1 Rich Mintzer, *Project Management Book*, Adams Media Corporation, 2002. pp. 6~8.

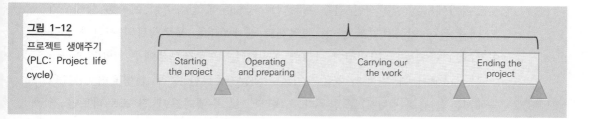

그림 1-12
프로젝트 생애주기
(PLC: Project life
cycle)

적이거나 중첩될 수 있다. [그림 1-12]에 나온 일반적 생애주기에 모든 프로젝트를 대응시킬 수 있다.

　　프로젝트 생애주기 내에 일반적으로 제품, 서비스 또는 결과물의 개발과 연관되는 하나 이상의 단계가 있다. 이러한 단계를 개발 생애주기라고 한다. 개발 생애주기는 예측형, 반복적, 점증적 또는 혼합형 모델일 수 있다. 프로젝트 생애주기는 예측형 또는 적응형일 수 있다. 다음은 일반적으로 구분되는 생애주기에 대한 구분이다. 5가지 정도로 구분이 될 수 있다(PMBOK 6th edition참조).

　　❶ 예측형 생애주기에서는 생애주기 초기 단계에 프로젝트의 범위와 시간, 원가를 결정한다. 범위변경은 신중하게 관리해야 한다. 예측형 생애주기를 계획주도형 생애주기라고도 한다(전통적인 방식이라고 한다).

　　❷ 반복적 생애주기에서는 일반적으로 프로젝트 생애주기 초기에 프로젝트 범위가 결정되지만, 프로젝트팀의 제품에 대한 이해도가 높아짐에 따라 시간과 비용 산정치가 정기적으로 수정된다. 반복이란 일련의 반복적인 주기를 통해 제품을 개발하는 것을 의미하는 반면, 점증은 지속적으로 제품의 기능을 추가하는 것을 말한다.

　　❸ 점증적 생애주기에서는 사전에 정해진 기간 내에 기능을 계속 추가해 나가는 일련의 반복 과정을 통해 인도물이 산출된다. 최종 반복 단계 이후에만 완성된 것으로 간주되는 필요충분 역량이 인도물에 포함된다.

　　❹ 적응형 생애주기는 반복적 또는 점증적이다. 반복을 시작하기 전에 자세한 범위가 정의되고 승인된다. 적응형 생애주기를 애자일 또는 변경주도형 생애주기라고도 한다.

　　❺ 혼합형 생애주기는 예측 생애주기와 적응형 생애주기의 조합이다. 널리 알려졌거나 요구사항이 확실히 정해진 프로젝트 요소들은 예측형 개발 생애주기를 따르고, 계속 진화하는 요소들은 적응형 개발 생애주기를 따른다.

여기에서는 일반적인 전통 프로젝트 방법론에 입각하여 예측형 생애주기를 예를 들어 알아보기로 한다. 프로젝트 생애주기는 프로젝트의 시작과 끝을 연결하는 단계들을 정의한다. [그림 1-12]는 프로젝트생애주기(PLC: Project Life Cycle)에서 각 단계는 착수-기획-실행-종료를 통해 진행되며, 단계의 끝에서는 산출물(결과물)을 만든다. 일반적으로 수행기간이 긴 프로젝트인 경우는 단계로 나누어서 관리를 하는 것이 효율적일 수 있다.

각 프로젝트에 최적의 생애주기를 결정하는 것은 프로젝트관리 팀의 재량이다. 프로젝트 생애주기는 프로젝트에 포함되는 다양한 요인을 다루기에 충분히 유연해야 한다. 다음과 같은 과정을 통해 생애주기 유연성을 확보할 수 있다.

- 각 단계에서 수행해야 할 프로세스 식별
- 해당 단계에서 식별된 프로세스 수행
- 단계의 다양한 속성(예: 명칭, 기간, 종료 기준 및 진입 기준) 조정

프로젝트에서 생산될 수 있는 제품 생애주기와 프로젝트 생애주기는 무관하다. 제품 생애주기는 개념 수립부터 인도, 성장, 성숙 과정을 거쳐 폐기 단계에 이르기까지 제품의 진화를 나타내는 일련의 단계들이다. 프로젝트 단계는 논리적으로 연관된 프로젝트 활동들로 구성되며, 한 가지 이상의 인도물이 완성되면서 끝난다. 생애주기의 단계는 다양한 속성으로 설명될 수 있다.

프로젝트 단계들은 주요 인도물의 완성을 효과적으로 관리하기 위해 추가적인 통제가 요구되는 프로젝트 내의 구획들로, 순차적 또는 중첩단계로 이루어진다. 프로젝트 단계는 프로젝트 생애주기의 한 요소가 되며, 프로젝트 단계는 프로젝트 프로세스 그룹은 아니다. 프로세스그룹은 착수-기획-실행-

그림 1-13
프로젝트 관리
프로세스 그룹

착수　기획　실행　감시 및 통제　종료

감시 및 통제-종료그룹을 의미한다. 프로젝트는 여러 개의 별도 단계나 하위 요소로 나눌 수 있다.

일반적으로 해당 단계에서 수행된 작업 유형을 나타내는 명칭이 이러한 단계나 하위 요소에 지정된다. 다음은 단계 명칭의 일부 예이다.

개념개발	타당성조사	고객요구사항	해결책개발	설계	프로토타입	제작	테스트	이전	시운전	마일스톤검토	교훈

프로젝트 단계마다 반드시 한 가지 이상의 인도물을 완성하고 승인받게 되며, 일반적으로 각 프로젝트 단계는 완수한 작업과 인도물을 검사하여 인수 여부, 추가 작업의 필요성 혹은 단계의 종료 확정 여부를 결정하는 것으로 종결된다. 다른 단계의 착수 결정을 내리기 전에 진행 중인 단계를 종료할 수 있다. 즉 [그림 1-14]에서 보듯이 단계별 타당성 검토와 같이 단계에 착수 시 비즈니스 타당성검토를 하게 되는데 이때 단계의 진행의 적정성을 판단하게 된다. 예를 들어 프로젝트가 완료되었거나 계속 진행하면 프로젝트에 미칠 위험의 정도가 너무 큰 경우가 그것에 해당된다.

프로젝트 단계마다 반드시 한 가지 이상의 인도물(결과물)을 완성하고 승인 받게 된다. 일반적으로 각 프로젝트 단계는 완수한 작업과 인도물(결과물)을 검사하여 인수 여부, 추가 작업의 필요성 혹은 단계의 종료 확정 여부를 결정하는 것으로 종결된다. 다른 단계의 착수 결정을 내리기 전에 진행 중인 단계를 종료할 수 있다. 시간과 비용이 많이 들어가는 것이 당연하다. 실행이 완료되면 중간단계가 마무리되고 마무리하는 종료단계로 들어가게 된다. 종료단

그림 1-14
단계별 타당성 검토

1단계(타당성검토) 2단계(타당성 검토) 3단계(타당성 검토)

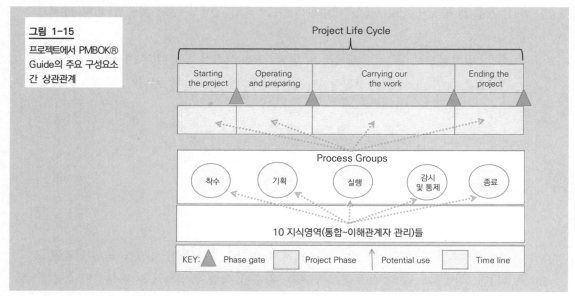

그림 1-15
프로젝트에서 PMBOK®
Guide의 주요 구성요소
간 상관관계

PM BOK 6TH edition 인용.

계에서는 결과물을 고객이 인계하고 모든 프로젝트와 관련된 조직프로세스자산을 정리하고, 프로젝트 팀을 해체하게 된다.

프로젝트 생애주기에서 프로젝트 생애주기에 걸친 전형적인 원가 및 인력수준은 다음과 같다. 원가 및 인력 수준은 프로젝트 착수 단계에서 낮고, 작업이 진행되면서 최고조에 이르렀다가 프로젝트 종료 단계에서 급격히 떨어진다. 그 이유는 아무래도 실행부분이 프로젝트 생애주기에서 많은 인력과 자원이 필요하기 때문이다.

프로젝트 생애주기에서 시간경과에 따른 이해관계자의 영향력 변화는 어떻게 될까? [그림 1-16]에서 보여지듯이 시간경과에 따른 이해관계자의 영향력 변화는 범위가 명확하지 않은 초기에 가장 크고, 시간이 가면서 구체화 되면서 작아진다.

왜 그럴까? 프로젝트는 불확실성의 특성을 가지고 있다. 그래서 점진적 구체화라는 특징을 가지고 있다. 초기에는 범위는 확실하지 않고, 범위는 시간이 지나면서 점점 구체화된다. 범위에 관련된 요구사항은 누구에게서 나오는가 하면 바로 이해관계자들로부터 나온다. 따라서 초기에 범위를 정할 수 있

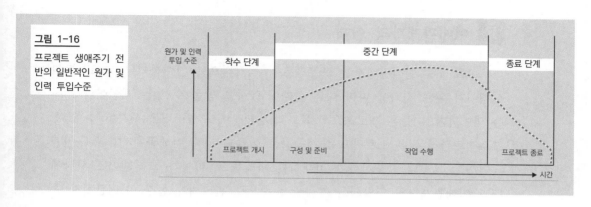

그림 1-16
프로젝트 생애주기 전반의 일반적인 원가 및 인력 투입수준

는 권한을 가진 이해관계자들의 영향력은 높다. 그러나 시간이 지나면서 범위는 구체화되고 프로젝트 관리자는 정해진 계획대로 실행하면 된다. 따라서 이해관계자들의 영향력은 점점 작아진다.

왜 리스크는 프로젝트 생애주기의 초기에 크고 시간이 지나면서 작아지는가? 바로 프로젝트는 불확실성의 특성을 가지고 있기 때문이다. 프로젝트는 시간이 경과함에 따라 구체화되는 특성이 있기에 초기에 불확실성이 크다. 따라서 시간에 경과하면서 프로젝트 관리자는 정해진 계획대로 실행하면 된다. 따라서 이해관계자들의 영향력과 리스크는 시간이 지나가면서 점점 작아진다.

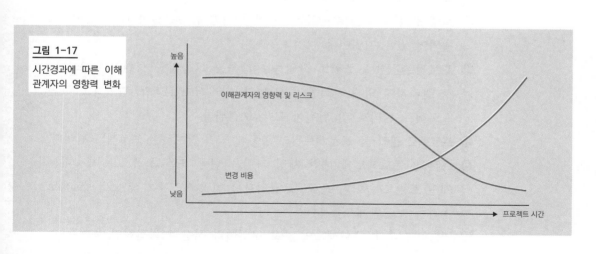

그림 1-17
시간경과에 따른 이해관계자의 영향력 변화

5   이해관계자의 이해

프로젝트 이해관계자란 프로젝트에 적극적으로 참여하거나 프로젝트의 실행이나 완료 결과에 따라 이해 관계에 영향을 받을 수 있는 개인이나 조직을 의미한다. 이들은 프로젝트의 목표와 결과물에도 영향력을 행사할 수 있다. 프로젝트관리 팀은 프로젝트를 성공으로 이끌기 위해 이해관계자가 누구인지 식별하고 그들의 요구사항과 기대치를 파악하고, 나아가 그러한 요구사항에 대한 이해관계자의 영향력을 가능한 수준으로 관리해야 한다. 이해관계자 종류와 역할을 살펴보자. 프로젝트에는 많은 이해관계자가 있다.

❶ **프로젝트관리자**: 회사에서 스폰서가 회사의 전략적인 프로젝트를 수행토록 착수단계에서 임명한 사람이다. 프로젝트관리자는 프로젝트 수행을 위한 자원을 사용할 권한을 부여받고 일정/비용준수를 하면서 프로젝트를 완료할 목표를 부여받게 된다.

❷ **고객/사용자**: 프로젝트의 제품을 사용할 개인이나 조직, 고객은 여러 계층으로 형성될 수 있다. 예를 들어, 신약 제품의 경우 약품을 처방하는 의사, 약품을 복용하는 환자, 약값을 지불하는 보험 회사가 모두 고객이 될 수 있다.

❸ **수행 조직**: 작업을 수행하는 데 가장 직접적으로 참여하는 직원이 소속되어 있는 기업이다.

❹ **프로젝트팀원**: 프로젝트 작업을 수행하는 그룹의 구성원이다. 프로젝트 관리자에 의해 관리를 받게 된다. 따라서 프로젝트 팀이라고 하면 프로젝트 관리자 및 팀원이 모두 포함된다.

❺ **프로젝트 관리 팀**: 프로젝트관리 활동에 직접 참여하는 프로젝트 팀이다.

❻ **스폰서**: 프로젝트에 대한 재정 자원을 현금 또는 물품으로 제공하는 개인 또는 그룹이며 프로젝트관리자를 임명하고 주기적으로 프로젝트 성과를 보고받게 된다.

❼ **영향력 행사자**: 프로젝트의 제품 구입이나 사용과 직접적인 관계는 없지만, 고객 조직에서의 직위 때문에 프로젝트 과정에 긍정적 또는 부정적 영향력을 행사할 수 있는 개인 또는 그룹이다

❽ **프로젝트관리오피스(PMO)**: 수행 조직에 소속된 프로젝트관리오피스는

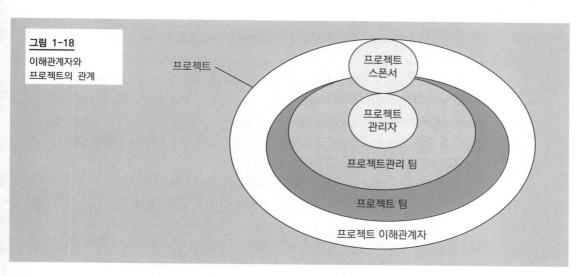

그림 1-18
이해관계자와
프로젝트의 관계

프로젝트

프로젝트
스폰서

프로젝트
관리자

프로젝트관리 팀

프로젝트 팀

프로젝트 이해관계자

프로젝트의 결과물에 직접적 혹은 간접적인 책임을 가진다.

[그림 1-18]에서 이해관계자와 프로젝트의 관계에서 보듯이 프로젝트 내에는 프로젝트관리자로 부터 일반 이해관계자까지 폭넓게 분포되어 있다. 만일 프로젝트에 깊은 이해관계가 있으면 핵심이해관계자로 부른다. 일반적으로 핵심이해관계자들은 프로젝트 관리자 프로젝트 관리 팀, 스폰서, 고객이 된다.

SUMMARY

프로젝트란 하나의 문제 집약체로 이를 해결하기 위해 일정 계획을 수립하는 것(J.M Juran) 또는 유일한(특정) 상품 또는 서비스, 결과를 창출하기 위하여 수행되는 한시적인 활동이라고 정의할 수 있는데 이는 다음과 같은 특징이 있다

- 한시적이다(Temporary)-명확히 정의된 착수일과 종료일이 있다.
- 독특하다(Unique)-유사한 프로젝트는 과거에도 미래에도 없으며 항상 새롭고 유일무이한 업무이다(리스크 요소가 존재).
- 점진적으로 구체화된다(progressive elaboration) - 초기의 개략적인 범위에서 시작하여 점차 구체화되어 성과물로 구현된다.

프로그램, 포트폴리오, 프로젝트의 차이를 잘 인식하여야 한다.

포트폴리오가 바로 조직의 전략과 연계가 되어있기 때문에 가장 상위에 해당되며 다음이 프로그램, 프로젝트의 순이다.

프로젝트를 책임지는 프로젝트 관리자의 역할은 프로젝트 목표를 달성하기 위해 프로젝트 관리를 책임지는 사람이므로 이해관계자간 요구사항의 균형을 유지하고 기준선을 유지하며 프로젝트의 목표를 성취하는 관리자이다. 프로젝트관리자는 프로젝트 목표를 달성할 책임을 지고 있는 관리자이다. 프로젝트 관리자는 팀원과 같이 다음 활동을 수행한다.

- 프로젝트 이해관계로부터 요구사항 식별한다.
- 명확하고 달성 가능한 목표를 설정하고 승인을 받고 추진한다.
- 품질, 범위, 시간, 원가 요구 사항 충족에 있어 각 요소간 균형을 유지한다.

프로젝트 관리자는 한쪽에 치우치지 않고 이해관계자와 프로젝트 팀과의 목표에 대한 균형유지 및 조정역할이 요구된다. 또한 다양한 이해관계자의 서로 다른 관심 사항과 기대치에 부응하는 사양, 계획 및 접근 방식 채택해서 만족을 시켜주어야 한다. 따라서 대인관계기술능력이 요구된다.

PMO란 프로젝트 관련 지배 프로세스 표준화, 자원 분배, 방법론 도구 및 기법을 조정하는 관리조직으로서 PMO의 주요기능은 다음과 같다.

〈PMO 주요 기능〉
- PMO에 의해 관리되는 모든 프로젝트간의 공유자원 관리
- 프로젝트 관리 방법론, 모범적 실무 관행 및 표준 식별 개발
- 프로젝트 관리표준, 정책, 절차, 템플릿 등의 준수감시
- 프로젝트 정책, 절차, 템플릿, 공유문서 개발 및 관리
- 프로젝트 간의 의사소통 조정/코칭, 멘토링, 교육, 감독

프로젝트 생애주기는 프로젝트의 시작과 끝을 연결하는 단계들을 정의한다. 프로젝트 생애주기는 작은 단계 또는 Sub-project의 모음이며, 프로젝트의 기간이 긴 경우 프로젝트를 단계별로 나누어서 관리한다. 각 단계는 착수-기획-실행-종료를 통해 진행되며, 단계의 끝에서는 산출물(결과물)을 만든다. 일반적으로 수행기간이 긴 프로젝트인 경우는 단계로 나누어서 관리를 하는 것이 효율적일 수 있다.

프로젝트 이해관계자란 프로젝트에 적극적으로 참여하거나 프로젝트의 실행이나 완료 결과에 따라 이해 관계에 영향을 받을 수 있는 개인이나 조직을 가리킨다. 이들은 프로젝트의 목표와 결과물에도 영향력을 행사할 수 있다. 프로젝트관리 팀은 프로젝트를 성공으로 이끌기 위해 이해관계자가 누구인지 식별하고 그들의 요구사항과 기대치를 파악하고, 나아가 그러한 요구사항에 대한 이해관계자의 영향력을 가능한 수준으로 관리해야 한다. 프로젝트에는 많은 이해관계자가 있다.

❶ 프로젝트관리자

❷ 고객/사용자

❸ 프로젝트팀원

❹ 프로젝트 관리 팀

❺ 스폰서

❻ 영향력 행사자

❼ 프로젝트관리오피스(PMO)

02
프로젝트 관리 조직

1 프로젝트 관리 조직

(1) 조직구조별 내용이해

우리는 왜 조직구조를 이해하여야 하는가? 기업은 제한된 자원으로 업무를 추진하게 되는데 기업의 생종과 관련 프로젝트를 수행하는 데 있어서 최적의 조직을 구성을 할 필요가 있다. 프로젝트의 규모, 기간, 불확실성, 기술의 난이도, 조직의 협업의 크기 등을 종합적으로 분석하여 맞춤형 조직을 구성하고 이에 프로젝트를 수행하여야 한다. 이런 부분은 경영진이 깊게 알아둘 필요가 있다. 2장에서는 조직구조에 대한 부분을 상세히 알아보기로 한다.

[표 2−1] 프로젝트에 미치는 조직구조의 영향을 먼저 보면 조직 구조별로 프로젝트 특성과 관련된 요소별로 차이가 있는 것을 알 수 있다. 예를 들면 프로젝트 관리자는 중간매트릭스 조직구조에서부터 Full time으로 일을 하며, 권한은 강한 매트릭스 조직구조가 되어야 강해질 수 있다. 따라서 회사는 프로젝트 중요성에 따라 어떤 조직으로 프로젝트를 진행할 것인지를 결정하고, 프로젝트 관리자에게 얼마만큼 권한(자원사용권/예산사용권) 부여를 할 것인가를 결정하여야 한다.

[표 2-1] 프로젝트에 미치는 조직구조의 영향: 전문성과 통합속성에 따른 조직구조 형태

조직구조\prm\프로젝트 특성	기능 조직	매트릭스 조직			프로젝트 전담
		약한 매트릭스	중간 매트릭스	강한 매트릭스	
PM의 권한	적거나 없음	낮음	낮음, 보통	보통, 높음	높음
자원 가용성	적거나 없음	낮음	낮음, 보통	보통, 높음	높음
프로젝트 예산통제자	기능 관리자	기능 관리자	혼합형	프로젝트 관리자	프로젝트 관리자
프로젝트 관리자	시간제	시간제	종일제	종일제	종일제
프로젝트 팀원	시간제	시간제	시간제	종일제	종일제

2 조직 형태에 따른 프로젝트 특성

(1) 기능조직(Functional Organization)구조: 전통적인 조직형태

기능조직은 부서장들이 프로젝트 coordination을 하는 방식으로, 별도 프로젝트 관리자가 존재하지 않고 프로젝트에 관련한 조율만 하는 수준으로 직원들은 기능관리자(Functional Manager)의 지시를 받아 최소한의 지원을 하는 수준의 조직구조이다.

일반적으로 이런 구조에서는 큰 프로젝트 수행은 불가능하고 기존 프로젝트의 소규모 변경이나 중요하지 않은 소규모 프로젝트수행에 적합한 구조이

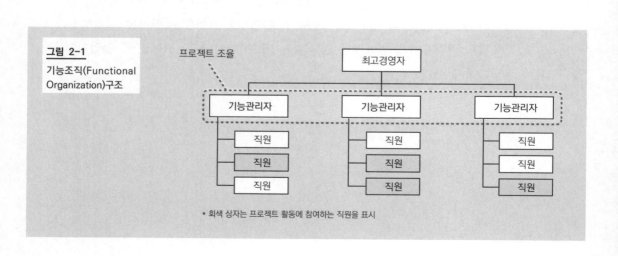

그림 2-1
기능조직(Functional Organization)구조

프로젝트 조율

최고경영자

기능관리자   기능관리자   기능관리자

직원   직원   직원
직원   직원   직원
직원   직원   직원

* 회색 상자는 프로젝트 활동에 참여하는 직원을 표시

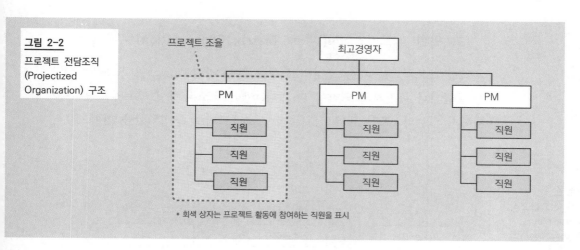

그림 2-2
프로젝트 전담조직
(Projectized
Organization) 구조

다. 조직형태는 운영조직의 형태를 취하고 있다는 것을 알 수 있다. 전통적 기능 조직은 각 직원에게 직속 상관이 한 명씩 있는 수직 구조이다. 직원들은 상위 수준에서 생산, 마케팅, 엔지니어링, 회계 등과 같은 전문영역에 따라 분류된다. 전문영역은 기계 및 전기 엔지니어링과 같은 기능 조직으로 세분할 수도 있다.

(2) 프로젝트 전담조직(Projectized Organization) 구조

프로젝트 전담구조기능조직은 프로젝트화된 조직에서는 팀원이 공동 배치되고, 조직 자원의 대부분이 프로젝트 작업에 투입되며, 프로젝트 관리자가 자원사용 및 예산 사용에 있어 많은 독립성과 권한을 행사한다.

프로젝트화된 조직에는 부서(Team)라는 조직 단위가 있어, 프로젝트 관리자에게 직접 보고하거나 여러 프로젝트에 지원 서비스를 제공한다. 일반적으로 복합하거나 전문성을 요하는 프로젝트는 이런 조직구조로 대응한다. 프로젝트가 종료될 때는 팀 해체 따른 인력의 이동배치 등의 문제가 있으므로 각 프로젝트관리자는 기능부서장들과 긴밀한 유대관계를 유지하고 팀원들이 적절히 배치하도록 노력해야 한다. 따라서 프로젝트 관리자는 대인관계기술을 잘 이용하여 기능부서장들과 잘 협상하여 팀원이 제자리를 찾아갈 수 있도록 하여야 한다.

(3) 약한 매트릭스조직(Weak Matrix Organization) 구조설명

약한 매트릭스는 기능 조직의 특성을 많이 가지고 있으며 프로젝트 조율에서 통합자나 촉진자의 역할이 더 많다. 아직도 조직 내에 프로젝트관리자가 존재하지 않는다. 조직 내에 직원들이 프로젝트업무 조정역할을 한다.

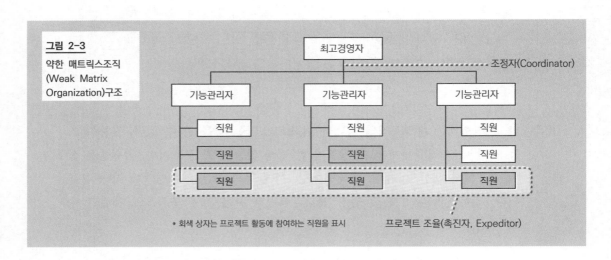

그림 2-3
약한 매트릭스조직
(Weak Matrix
Organization)구조

* 회색 상자는 프로젝트 활동에 참여하는 직원을 표시

[표 2-2] **Project Expediter/Project Coordinator 차이점**

약한 매트릭스 조직형태에서 발생하는 두가지 기능에 대한 차이를 알아둘 필요가 있다.
Project Expediter: 프로젝트 촉진자
의사결정 권한이 없으며 프로젝트 팀원들을 지원해주고 팀원들의 의사소통을 조정하는 역할을 한다.
Project Coordinator: 프로젝트 조정자
의사결정에 대한 권한이 있으며, 상위 수준의 관리자에게 보고하기도 한다.

(4) 중간(균형) 매트릭스조직(Balanced Matrix Organization) 구조 설명

중간(균형) 매트릭스 조직은 프로젝트 관리자의 필요성은 인정하지만 조직의 특성에 따라 프로젝트 예산에 대한 사용권한을 기능 부서장이 가질 수 있고 프로젝트 관리자가 가질 수도 있으나, 일반적으로 기능관리자의 권한이 더 크다고 보아야 한다.

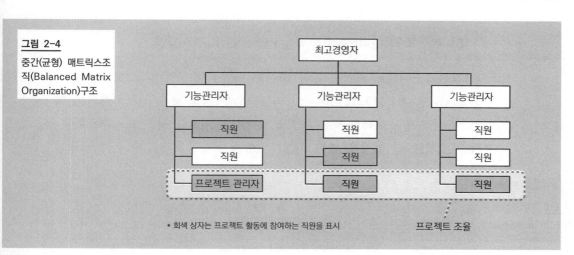

그림 2-4
중간(균형) 매트릭스조직(Balanced Matrix Organization)구조

이런 조직구조에서는 프로젝트관리자는 기능관리자(부서장) 아래에 있어 자원/예산사용에 제약을 받는다. 직원들은 기능부서장과 프로젝트관리자에게 이중 보고해야 하는 문제를 가지고 있으나, 회사입장에서 보면 자원의 극대화 라는 측면이 있다.

(5) 강한 매트릭스조직(Strong Matrix Organization) 구조설명

강한 매트릭스 조직은 프로젝트화된 조직의 특성을 많이 가지며, 상당한 권한을 가진 전임 프로젝트 관리자와 프로젝트 행정업무를 전담하는 직원을 가질 수 있다. 비로소 프로젝트 관리자가 권한을 제대로 발휘할 수 있는 조직 구조이다.

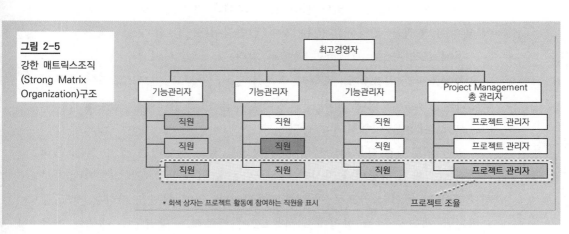

그림 2-5
강한 매트릭스조직 (Strong Matrix Organization)구조

(6) 복합조직(Composite Organization) 구조설명

[그림 2-6]에서 보듯이 많은 조직은 다양한 수준에서 모든 구조를 내포하고 있다. 한 가지 예로, 기본적인 기능 조직에서도 중요한 프로젝트를 처리하기 위해 특별 프로젝트 팀을 조직할 수 있다. 이러한 팀은 프로젝트화된 조직의 프로젝트 팀 특성을 많이 가질 수 있다.

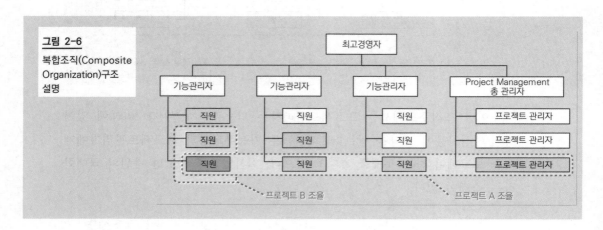

그림 2-6
복합조직(Composite Organization)구조설명

즉, 팀이 여러 기능 조직에서 온 전담 직원을 두고 독자적인 운영 절차를 개발할 수 있으며, 공식화된 표준 보고 체계를 벗어나서 운영되기도 한다. 실제로 현대사회에서는 너무나 복잡하고 많은 프로젝트들이 동시에 수행되고 있어 탄력적으로 조직을 운용할 수밖에 없다. 특정 어떤 회사가 어떤 조직구조로 프로젝트를 수행하고 있다기보다는 프로젝트 성격(중요성/긴급성/전문성 등)에 맞추어 조직을 운영하고 있는 것이 일반적이다.

전체 조직구조를 요약하면 다음과 같다.

기능조직과 프로젝트 조직의 특성을 같이 가지고 있으므로 자원사용의 극대화라는 측면이 있다. 조직 구조별 장단점을 비교 이해하는 것이 중요하다. [표 2-2] 내용을 이해하여야 한다.

일반 업무이건 프로젝트건 정확히 방법을 알고 진행하는 것이 좋다. 특히 프로젝트는 과거 경험이나 자신의 독선보다는 합리적인 프로세스를 따라 차분히 진행하는 것이 성공으로 이끄는 지름길이다. 일에 최선을 다하는 것도 중요하지만 제대로 알고 방법대로 하는 것이 프로젝트 방법론을 배우는 이유

[표 2-3] 전체 조직구조 요약

조직 구조	장점	단점
기능 조직 (Functional)	• 가장 일반적으로 안정적 • 간편한 보고 체계 • 전문가 집단의 관리 용이	• 기능 또는 전문분야 업무에 치중 • 업무 우선순위 선정난이 • 자원 부족 시 대처 미흡 • 프로젝트 관리경험 부족
매트릭스 조직 (Matrix)	• 명확한 프로젝트의 목표를 가짐 • 자원의 활용 극대화 가능 • 원활한 협조 체계 • 정보의 원활한 흐름 • 프로젝트 종료 후 인적자원 재배치	• 관리인원 중복 • 복잡성: 통제, 긴급조치의 어려움 • 자원 배분 시 문제점 잠재 • 철저한 운영 절차 필요
프로젝트화된 조직 (Projectized)	• 프로젝트관리의 효율성 극대화 • 프로젝트의 전문성 유지 • 높은 의사소통 유지	• 프로젝트 종료 후의 인적자원배치문제 대두 • 일부 기능의 전문성 결여 • 비효율적인 자원발생가능

가 될 수 있다.

3 프로젝트 성공의 핵심 요소

실제 현장에서 프로젝트 성공을 위한 요소들은 무엇일까? 미국의 경우 많은 프로젝트는 고객과 수행조직의 같은 목표를 향해 협력하며 전진한다고 한다. 3일의 workshop이 있다면 하루는 같이 친목을 다지고 2일째와 3일째 집중적으로 workshop을 통해 프로젝트의 뚜렷한 목표를 설정하고 이에 대한 목표 수립과 시스템을 구축하는 경우가 많다. 각 회사에서 전문가들이 파견되어 teamwork을 통해 신뢰를 구축하고 공동의 프로젝트 목표를 액자로 만들어 고객과 수행조직에 같이 벽에 걸어 놓는다. 이 정도면 수행하는 프로젝트는 이만하면 당연히 성공하지 않을까? 팀원이 된 것을 자랑스럽게 여기면서 자부심과 신뢰로 신명나게 일하는 분위기 만들기, 자부심을 느끼면서 공동의 목표를 추구하는 프로젝트 수행 문화가 좋아 보인다. 이제 우리나라도 이런 프로젝트 수행환경이 필요하지 않을까?

프로젝트 성공을 위한 요소는 다음과 같은 3가지로 요약할 수 있다.

❶ 뚜렷한 목적과 목표의 설정 → 목표를 구체적으로 수립하고 이러한 비전을 모든 참여자가 이해하고 공유하는 것.

❷ 실행을 위한 효율적 시스템과 프로세스의 구축 → 자원 배분과 통제를 효율적으로 수행해 줄 수 있는 시스템 구축.

❸ 우수한 인적자원 → 주어진 과제를 실행할 수 있는 능력을 가진 우수한 인적자원과 조직력.

(출처: 프로젝트 성공을 위한 3가지 요소: 프로젝트 경영원론 수업자료, 한양대 경영대학 김승철 교수)

프로젝트 관리의 능력 향상을 위해서는 단위 프로젝트를 잘 관리하면 성공한다. 이에 프로젝트 방법론을 잘 적용하고 소프트 스킬을 이용해 이해관계자를 잘 관리하고 효과적인 의사소통을 하여 목표를 달성하면 된다. 그럼 한 단계 높은 수준의 관리 또는 프로젝트 경영의 시각으로 보면 어느 부분을 보완해야 할까?

우선 경영의 기본 전략은 이해하여야 한다. 본인이 진행하는 프로젝트가 회사의 어느 차원에서 설정되었는지 알고 진행하는 것이 좋다. 그리고 역사에서 교훈을 잘 이해하고 적용하는 것이 좋다. 그렇게 하려면 역사 책 등을 많이 읽으면 좋다. 대부분 역사소설에는 갈등조정, 전략, 의사소통, 리더십, 이해관계자 관리 등이 주요 문제로 다루어지기 때문이다. 또한 조직관리 등 사람에 대한 부분에 대해 관심을 기울어야 한다. 보이지 않는 사람들의 마음을 이해하고 움직이는 것은 많은 노력이 들어가기 때문이다. 그리고 지속적인 자기계발이 있어야 한다. 흐르는 물이 멈추면 썩듯이 지식의 함양도 멈추면 따라가기 힘들다. 특히 요즘처럼 쏟아지는 가벼운 정보의 범람 속에 무거운 지식을 꾸준히 함양하는 것이 중요하다. 끝으로 대인 관계를 통해 MENTOR를 만들어 따라가는 것도 좋은 방법이다. 전문가들은 이미 실패를 통해 길을 가고 있기 때문에 내가 소홀히 하는 부분을 깨우쳐 줄 수 있을 것이다. 항상 생각만 하고 실천을 못한 부분과 시간이 없다는 핑계로부터 구원을 받을 수 있을 것이다.

SUMMARY

프로젝트에 미치는 조직구조의 영향을 먼저 보면 조직 구조별로 프로젝트 특성과 관련된 요소별로 차이가 있는 것을 알 수 있다. 예를 들면 프로젝트 관리자는 중간매트릭스 조직 구조에서부터 Full time으로 일을 하며, 권한은 강한 매트릭스 조직구조가 되어야 강해질 수 있다. 따라서 회사는 프로젝트 중요성에 따라 어떤 조직으로 프로젝트를 진행할 것지를 결정하고, 프로젝트 관리자에게 얼마만큼 권한(자원사용권/예산사용권)부여를 할 것인가를 결정하여야 한다. 프로젝트 조직형태로는 다음과 같은 조직이 있다.

❶ 기능조직(Functional Organization) 구조: 전통적인 조직형태

❷ 프로젝트 전담조직(Projectized Organization) 구조

❸ 약한 매트릭스조직(Weak Matrix Organization)·구조

❹ 중간(균형) 매트릭스조직(Balanced Matrix Organization) 구조

❺ 강한 매트릭스조직(Strong Matrix Organization) 구조

❻ 복합조직(Composite Organization) 구조

전체 조직구조를 요약하면 다음과 같다.

기능조직과 프로젝트 조직의 특성을 같이 가지고 있으므로 자원사용의 극대화라는 측면이 있다. 조직 구조별 장단점을 비교 이해하는 것이 중요하다. 업무이건 프로젝트건 정확히 방법을 알고 진행하는 것이 좋다. 프로젝트는 합리적인 프로세스를 따라 차분히 진행하는 것이 성공으로 이끄는 지름길이다. 일에 최선을 다하는 것도 중요하지만 제대로 알고 방법대로 하는 것이 프로젝트 방법론을 배우는 이유가 될 수 있다.

03

경영컨설팅 프로젝트의 이해

1 경영컨설팅 프로젝트 개요

경영컨설팅 프로젝트의 관리라는 경험적이고 실질적인 관점에서 경영컨설팅을 정의하자면 "경영컨설팅이란 기업의 경영관리에 대한 지식과 경험을 지닌 경영 컨설턴트들이 일정한 팀을 조직하고 장비를 갖추어 계약에 정한 수행기간과 수행범위 내에서 기업 경영관리상의 여러 가지 문제점들(issue)을 합리적이고 체계적인 방법론과 분석툴에 의하여 진단·분석·규명하고 이의 실질적인 해결 방안을 제언하거나 이의 실행을 지원하는 서비스(consultancy)"라고 할 수 있다.

위에서 살펴본 경영컨설팅의 정의에는 4가지의 개념이 포함되어 있다.

첫째는 인적 개념으로서 경영컨설팅 프로젝트를 수행하는 경영컨설턴트와 프로젝트 관리조직이며,

둘째는 지적 개념으로서 경영컨설턴트의 전문적 지식, 경험 그리고 과학적이고 합리적인 경영분석툴(tool) 등이며,

셋째는 시간 개념으로서 수행범위와 수행기간 등과 같은 고객의 timeline 요구사항이며,

넷째는 물적 개념으로서 기업의 경영관리상의 제반 이슈들에 대한 개선안 내지는 혁신안을 구체적인 전략 또는 프로세스 혁신이라는 가시적인 산출물로 도출해 내는 물적 프로젝트 관리작업이다.

경영컨설팅 프로젝트 관리란 경영컨설팅 프로젝트와 관련된 이해관계자(Stake holder)를 만족시키기 위하여 기술(Skill), 기법, 지식을 프로젝트 활동에 적용하는 것 ─ Project Management is the application of knowledge, skills, tools and techniques to project activities to meet project requirements으로

프로젝트 관리는 프로젝트 요구사항을 만족시키기 위하여 지식, 기술, 도구, 기법 등을 프로젝트 활동에 적용하는 것이다. 5개의 경영컨설팅 프로젝트 생명주기 (착수, 계획, 실행, 감시 및 통제, 종료)로 구성, 10개의 논리적인 지식영역으로 분류된 47가지의 프로젝트 관리 프로세스로 프로젝트 관리를 수행한다. 세부적인 사항은 다음과 같다.

- 요구사항 식별/명확하고 달성 가능한 목표 설정
- 이해관계자들과의 의사소통 활동
- 이해관계자들 관리
- 제약사항(범위, 품질, 일정, 예산, 자원, 위기)들의 균형 유지

결국, 경영컨설팅은 경영컨설턴트라는 인적 자원이 경영상의 전문적 지식을 갖추어서 일정 시간 내에

- 고객의 여러 가지 경영상의 요구사항
- 비용절감, 시간절약, 원가인하, 경영혁신, 경영목표(매출액, 품질) 달성을 해결하기 위하여 가시적인 산출물을 도출하는 지적 프로젝트 관리 활동인 것이다.

경영컨설팅, 법률컨설팅, 음악치료컨설팅, 미술치료컨설팅, 부동산컨설팅, 투자자문컨설팅, 입시컨설팅, 특허컨설팅, 경력관리컨설팅 등 많은 영역에서 컨설팅 서비스가 행하여 지고 있는데, 어느 산업 분야의 컨설팅이건 간에 고객이 직면한 여러 가지 물적, 정신적, 법적, 경제적, 사회적, 육체적 문제점을 진단하여 올바른 해결책을 조언하고 실행을 지원하는 서비스인 점에서는 동일하다. 다만, 우리가 관심을 가지는 영역은 기업을 대상으로 하는 경영컨설팅이므로 이들과는 대상 영역, 수행방법론, 분석방법, 분석툴, 프로젝트 관리, 조직구성 등에 있어서 많은 차이가 있다.

2 경영컨설팅 프로젝트 수행절차

프로젝트관리를 위하여는 경영컨설팅수행 방법 혹은 수행절차에 대한 이해가 필수적이다. 경영컨설팅의 종류가 많은 만큼 경영컨설팅 수행방법론 또

는 추진방법론도 그만큼 다양하다. 여러 가지 컨설팅 분야 중에서 경영컨설팅의 가장 기본적이고 활용범위가 넓은 '경영전략수립(MSP, Management Strategic Planning)'과 '프로세스 혁신(PI, Process Innovaiton)' 컨설팅의 수행방법 모델이 제시 가능하다. 경영전략 수립컨설팅은 마케팅전략 수립컨설팅, 인사전략 수립컨설팅, 생산전략 수립컨설팅 그리고 IT컨설팅의 대표격인 ISP(Information Strategic Planning, 중장기 정보전략수립) 컨설팅에 보편 타당하게 적용하고 응용 가능하며, 프로세스 혁신 컨설팅은 생산프로세스, 재무프로세스, 마케팅프로세스 등 기업 업무프로세스내지 공정의 각 부분에 응용가능하다. 그러므로 여러 다른 많은 경영컨설팅서비스 프로젝트에도 응용가능한-보편 타당하고 이전 가능한-통합방법론을 제시하여 보자.

경영컨설팅 프로젝트를 수행하기 위하여 여러 가지 적합한 모델을 경영이론에서 찾아 이를 수행하고 있다. 오늘날 대부분의 경영컨설팅사들은 자체 개발한 경영컨설팅 수행 방법론은 거의 대동소이한데, 경영컨설팅의 양대 축이라고 할 수 있는 '경영전략 수립'과 '프로세스 혁신'컨설팅 용역을 수행하는데는 [착수-진단-분석-정의·설계-계획수립-종료]이 적합하다.

[착수, Kick-Off]는 새로운 프로젝트의 출범을 알리는 공식적 단계이다. 착수는 프로젝트 추진을 위한 시작단계로서 본격적인 컨설팅 수행에 앞서 팀구성, 시나리오 작성, 기타 인적 물적 장비를 준비하는 진입단계(Entry Step, 혹은 Preliminary Step)이다. 이 단계에서는 프로젝트 헌장(Project Charter)을 만들기도 하는데, 이는 프로젝트를 공식적으로 승인하는 문서다. 프로젝트 헌장은 프로젝트 관리자에게 프로젝트 활동에 조직 자원을 활용할 수 있는 권한을 부여하는 공식문서이다.

착수단계에서는 프로젝트 계획서에 담은 내용을 토대로 착수보고서를 준비 하여 공식적인 착수보고를 한다. 착수보고서에는 (1) 프로젝트 추진 배경 (2) 프로젝트 추진 목적, (3) 프로젝트 추진일정, (3) 프로젝트 추진 조직, (4) 프로젝트 추진 범위, (4) 프로젝트 수행 투입인력, (5) 프로젝트 수행방법, (6) 기대효과, (7) 프로젝트 관리방안, (8) 주요 보고일정, (9) 기타 협조사항 (support requirements) 등을 내용으로 보고한다. 이로써 기업 내 프로젝트의 시작을 공식적으로 알리며 프로젝트 추진에 대한 공감대를 형성할 수 있게 된다. 프로젝트 착수보고를 군이 원하지 않은 경우에는 프로젝트 계획서로서 착수보고를 대신하게 된다.

[진단-분석-정의·설계-계획수립]은 본격적으로 컨설팅 프로젝트가 진행되는 단계로서 경영컨설팅의 핵심단계(Main Steps, Core Steps)이다. [진단 Assessment]은 외부진단과 내부진단으로 세분화할 수 있는데, 외부진단은 기업을 둘러싼 외부(환경)－정치적, 법적, 경제적. 사회문화적, 시장환경, 경쟁환경 등－를 진단하는 것으로서 이로써 한 기업이 사업을 수행하는데 있어서의 외적 위협요소와 기회요소를 밝혀내며, 내부진단은 한 기업의 내부 즉, 재무, 생산, 인사, 총무, 영업, 마케팅, 기획, 개발, IT등 각 기능별 내부환경(역량)을 진단하여 강점과 약점을 도출한다. 이 단계는 기업의 업무가 실제 이루어지는 현장이나 현업의 업무를 분석하는 단계가 아니고 기업을 둘러싼 외부환경으로부터 기회와 위협요소를 도출하고 기업의 내적 환경(역량)을 진단하여 내부 역량의 강점과 단점을 도출하는 단계로서 한 기업의 외적 내적 외적 환경을 진단하고 조망한다.

[분석 Analysis]은 세부적으로 한 기업의 실제 업무가 이루어지는 현장의 현행(As－Is) 업무프로세스를 진단하고 분석하여 문제점(issues)을 규명(糾明)하는 단계이다. 진단이 객관적인 시각에서 다소 거리를 두고 기업을 바라보는 조망(eagle's eye) 단계였다면, [분석] 단계는 현업 담당자들의 목소리를 경청하고 제반 업무 프로세스를 분석하여 기업의 문제점을 면밀히 집중적으로 규명하는 몰입(rat's eye) 단계이다.

[정의·설계 Formualation·Engineering]는 [진단]과 [분석]단계의 산출물을 토대로 경영개선안을 도출하고 이를 근거로 새로운 경영 비전과 경영 전략(ISP의 경우 새로운 정보전략)을 수립하고 이들 전략을 정의하며 업무 프로세스를 새로이 설계/재설계하는 단계이다. [진단]－[분석]단계를 각각 [기(起)], [승(承)]의 단계라고 한다면 [정의·설계]단계는 경영컨설팅의 [전(轉)]의 단계로서 절정의 단계이다

[계획수립 Planning]은 [정의·설계] 단계에서 제시된 경영전략과 업무 프로 세스에 대한 구체적인 실행 계획을 수립하고 제시하는 단계이다. 정의된 경영전략간 추진 우선순위, 추진 일정, 추진 조직, 추진비용(예산), 추진시 기대효과 등 미래 경영전략이나 미래 업무프로세스 모형 추진에 대한 3~5년 동안의 중장기 경영비전의 마스터 플랜(master plan－통합실행계획) 내지 청사진을 제시한다.

이상을 보다 구체적인 과제을 수행하는 용어로 전환하면 컨설팅수행의 4 가지 Main Steps은 [환경진단]-[현업분석]-[전략·프로세스 정의·설계]-[실행 계획수 립]으로 표현되며 이를 도식화하면 아래 [그림 3-1]과 같이 나타낼 수 있다.

그림 3-1
컨설팅 프로세스의 예

[착수-진단-분석-정의·설계-계획수립-종료]의 6단계 모델(6-Step Model) 즉, [프로젝트 착수-환경진단-현업분석-전략·프로세스 정의·설계-실행 계획 수립-프로젝트 종료]의 6단계는 프로젝트 착수 및 프로젝트 종료와 같은 외 곽부분과 [진단-분석-정의설계-계획수립]의 내곽부분으로 크게 나누어지 는데 이를 도식화하면 다음 [그림 3-2]와 같다.

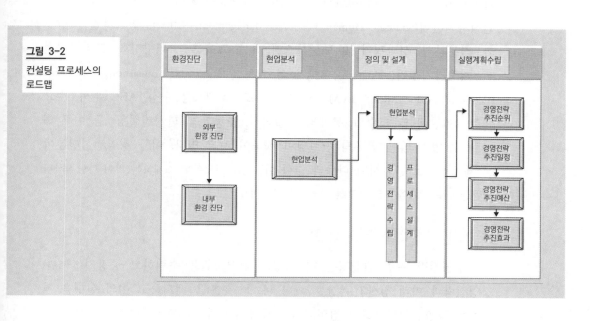

그림 3-2
컨설팅 프로세스의
로드맵

3 경영컨설팅 프로젝트의 종류

여러 종류의 업종에서 다양한 종류의 경영컨설팅이 수행되고 있다. 사업 타당성분석, 중장기 경영전략수립, 제품 및 서비스 전략 수립, 물류전략 수립, 수배송 전략수립, 마케팅 전략 및 믹스, M&A, 창업 컨설팅, 사업전환, 신규사업 전략 수립, 프로세스 혁신(Process Innovation, PI), 비즈니스 프로세스 재설계 (Business Process Re-engineering, BPR), 정보전략수립(Information Strategy Planning, ISP), EA(Enterprise Architecture), ITA(Information Technology Architecture), 전사자원관리(Enterprise Resource Planning, ERP), 고객관계관리(Customer Relation Management, CRM), 공급망관리(Supply Chain Management, SCM), 지식관리 (Knowledge Management, KM), 국제회계기준(International Financial Reporting Standard, IFRS) 컨설팅, 자금세탁방지(Anti-Money Laundering, AML)와 같은 컴플라이언스 컨설팅, IT Governance, 6시그마 컨설팅, 린(LEAN) 사상, 균형성과지표(Balanced ScoreCard, BSC), 제약이론 (Theory of Constraints, TOC), 전략적 인적자원관리(Strategic Human Resource Management, SHRM), 인적자원 역량강화, 직무분석, 성과평가 및 보상시스템 개선, 교육훈련, 역량강화, 조직문화혁신, 기업가치평가(Valuation), 재무분석, M&A(Merger and Aquisistion), 경제가치 (Economic Value Added, EVA), 최적자본구조, 파생상품 구성, ABC 분석, 수요예측, ISO, 생산계획수립, 통계적 품질혁신, 공정관리, 환경컨설팅 등 이루 헤아릴 수 없이 많은 종류의 컨설팅이 행하여 지고 있다. 이들 경영컨설팅분야를 체계적으로 분류하면 다음과 같다(이들 컨설팅모두를 소개하는 것이 바람직하나 지면상 이들 중 일부를 <부록>에 설명하였다).

(1) 경영전략 수립 컨설팅

경영전략 수립 컨설팅은 한 기업의 경영비전을 수립하고 중장기(3~5년) 경영전략과 미래 청사진(통합실행계획, 마스터 플랜)을 제시하고 이의 실행을 지원하는 경영컨설팅으로서 경영컨설팅 내에서 매우 중요한 분야이다. 일반적으로 경영전략수립 컨설팅은 기업의 경영의 전반에 대한 전략을 수립하는데, 이를 부문별로 나누어 재무 전략수립, 마케팅 전략수립, 생산전략 수립, 전략적 인적자원관리, 조직 전략수립, IT전략수립 등을 수립하는 단위 프로젝트로 세부적으로 나누어 진행하기도 한다. 특히 IT중장기 전략수립은 ISP(Information Strategic Planning, 정보전략수립)이라고 하여 IT컨설팅으로 분류한다.

경영전략수립 컨설팅은 전통적으로 레드오션(red ocean) 시장에서의 경영전략 수립에 대한 전문 서비스분야이다. 레드오션이란 오늘날 존재하는 기존의 산업과 이들 시장을 지칭하는데, 레드오션에서는 기존 고객의 수요를 더 많이 이끌어 내기 위하여 품질우위나 비용절감을 통한 경쟁력 달성을 목표로 경쟁환경진단, 현업분석, 경쟁사 벤치마킹 등의 방법을 통하여 경쟁시장 내에서의 경쟁전략을 수립하고 경쟁이 치열한 레드오션에서 이기는 방법을 제언한다. 이에 반하여 블루오션(Blue Ocean) 경영전략수립은 경쟁자가 없는 시장, 경쟁과 무관한 청정 시장에서의 경영전략을 수립한다. 블루오션 전략은 새로운 비경쟁시장을 창출하여 경쟁 자체에서 벗어나는 전략을 수립한다.[1]

선진 기업들이 실천하고 있는 전략경영이란 바로 기업에게 위협이 되고 기회가 되는 외부환경의 변화에 잘 대처하기 위하여 회사 내부의 강점과 약점을 진단 분석하여 약점을 보완하고 강점을 잘 활용하여 기업의 목표를 달성하는 전략을 수립하는 것으로서 레드오션 전략수립과 블루오션 전략수립 컨설팅은 바로 전략경영(Strategic Management)실행을 지원하는 경영컨설팅 영역이다. 아울러 구조조정(restructuring, downsizing)과 같은 통폐합전략 수립, 발전전략 수립 컨설팅, 경쟁전략 수립 컨설팅, 성장전략 수립컨설팅, 혁신전략 수립컨설팅 등도 명칭은 다르지만 경영전략수립 컨설팅의 종류에 속한다.

삼성SDS, LG CNS, SK C&C 등이 국내 경영컨설팅 회사들은 IT전략수립의 경험을 바탕으로 경영전략 컨설팅을 수행하고 있으며, 매킨지 & 컴퍼니, 보스턴 컨설팅, AT Kearney, Bain & Company, IBM BCS, 딜로이트, KPMG, PwC 등 많은 외국계 컨설팅사들이 이 분야에서 두드러지게 활약하고 있다.

(2) 프로세스 컨설팅

프로세스[2]란 넓은 의미에서는 Input을 제공하는 Supplier와 Output을 제공받는 Customer가 있으며 Customer의 요건을 충족시키기 위해 행하는 일련의

---

1 김위찬, 르네 마보안, 블루 오션 전략, (2007, 교보문고), 강혜구 역.

2 프로세스란 업무프로세스, 비즈니스 프로세스를 의미하기도 하고 생산현장에서는 공정을 의미하기도 한다.

작업 활동이며, 좁은 의미에서는 기업 내의 업무의 횡적 흐름, 일하는 방식 즉 비즈니스 프로세스를 말한다. 경영컨설팅의 관점에서 보자면 프로세스는 (1) 기업이 수행하는 모든 종류의 활동 (2) 조직의 목표 달성을 위하여 다양한 비즈니스 규칙에 의해 정의된 상호연관이 있는 비즈니스 기능의 집합을 뜻하는 것이라고 볼 수 있다.

기업의 일하는 방식인 프로세스 자체의 개선을 도모하여 업무 수행상의 효율성과 생산성을 향상시키고 나아가서 기업의 혁신을 이루고자 하는 컨설팅 영역이다. 프로세스 혁신[3](Process Innovation, PI), 비즈니스 프로세스 재설계 (Business Process Re-engineering, BPR) 등이 이에 속하며, 세부적으로 재무프로세스 설계, 영업 프로세스 재설계, 인사조직 성과평가 프로세스 개선 등이 있다. 이 분야는 1980년대 중반 MIT교수였던 Michael Hammer가 주창한 비즈니스 프로세스 리엔지니어링(Business Process Re- engineering, BPR)이 효시로서 지금은 프로세스 혁신(Process Innovation. PI)으로 불리고 있다.

경영컨설팅이란 앞서 정의에서 살펴 본 바와 같이 기업의 문제점을 규명하여 해결책을 제시하는 것이므로 이는 기업의 현장 업무 프로세스 혹은 생산공정에 대한 이해를 바탕으로 한다. 업무 프로세스를 이해하는 것은 경영컨설팅에서 매우 중요한 과제인데, 다양한 업종의 업무프로세스를 이해하기 위해서는 업종전문가를 필요로 한다. 경영컨설팅의 단계중에서 현황분석(AS-IS분석)은 다름 아닌 업무프로세스를 진단하는 것으로서 프로세스(혁신) 컨설팅에서 매우 중요한 과제이다.

사실 프로세스란 '일하는 방식' 또는 '업무의 흐름'이며 잘 알다시피 경영이란 바로 '일하는 방식'의 관리, 즉 '프로세스의 관리'이므로 경영혁신이란 다름 아닌 '일하는 방식의 혁신', 곧 '프로세스 혁신'이므로, [프로세스=일, 업무, 업무흐름], [프로세스관리=경영[4]라고 할 수 있으므로 [프로세스혁신=경영혁신]이라는

---

3 요즘은 혁신이라는 용어 '개선'이라는 용어를 사용하여 '혁신'은 일반적으로 다음과 같은 경우이므로 용어에서 오는 부담감을 줄이고자 개선이라는 용어를 사용하기도 한다.
   • 전략, 프로세스, 조직, IT 등 통합 관점에서 변화를 추구
   • 기존의 업무 방식과 구조를 생각하지 않고, Zero Base에서 변화를 추구
   • 단절된 업무 기능을 통합하는 관점에서 변화를 추구
   • 개선이 아닌 혁신적인 관점에서 변화를 추구

4 • 프로세스=일, 업무, 업무흐름
   • 프로세스관리=경영

등식이 성립한다고 보면 경영혁신 혹은 경영개선이라는 것은 다름아닌 우리가 일하는 방식의 혁신인 프로세스혁신인 것이다. 그러한 비즈니스 프로세스는 다음과 같은 속성을 지니고 있다.

프로세스에는 일정한 구조가 있다.

- 반복성을 갖는 작업활동의 연속이다.
- 과거의 현상을 토대로 예측이 가능하다.
- 프로세스에는 공급자와 고객이 있다.
- 프로세스는 담당자가 있다.
- 프로세스에는 목표가 있다.
- 프로세스에는 시작과 끝점이 있다.
- 프로세스에는 결과물이 있다.
- 프로세스에는 측정지표가 있다.
- 여러 프로세스를 모아 자동화(시스템화)한다.
- 프로세스 운영 지침(rule & policy)이 있다.

6시그마 컨설팅, LEAN 컨설팅 등 프로세스컨설팅에 속한다. 6시그마컨설팅은 '일하는 방식'이자 '일의 흐름'인 비즈니스(업무) 프로세스, 생산 공정의 품질을 개선하고자 한다는 점에서, LEAN컨설팅 또한 '일하는 방식' 혹은 '일의 흐름'상에서의 낭비요소를 제거하는 점에서 프로세스 컨설팅이다. 6시그마 컨설팅은 데이터에 의한 프로세스의 개선과 성과를 중시하고 주로 통계적 처리에 의하여 컨설팅을 수행하며, LEAN 또한 낭비요소를 줄이기 위하여 시간측정, 동작연구/동선 리[5]를 많이 분석하고 진단한다.

프로세스(혁신) 컨설팅이 일하는 방법/절차(Process)를 총체적으로 개혁하는 것으로서 업무처리 방식 및 정보의 흐름을 고객지향으로 바꾸어 경쟁우위의 변화 대응력을 확보하는 것이라면, 6시그마는 프로세스의 산포를 줄이는

- 프로세스 혁신=경영혁신
  물론 경영혁신은 제품혁신(product), 인적혁신(personnel), 프로세스혁신(process)이 있으나 프로세스혁신을 혁신중의 혁신으로 꼽는다.

5 LEAN의 핵심툴인 VSM(Value Stream Map, 가치흐름도)는 동선관리를 염두에 두고 전체적인 공장 layout에 낭비요소를 제거하는 데 도움이 된다.

것으로서 명확한 문제의 정의, 현상의 측정을 통한 통계적 처리를 통한 개선 방안 수립 및 적용으로 구체적 성과를 도출하고자 하는 혁신의 도구라는 면에서 차이가 있다.

최근의 글로벌 컨설팅 회사들의 『프로세스 혁신』 컨설팅은 정성적(qualitative) 분석 위주에서 통계 분석, 통계적 추정, 가설검정, 분산분석 등 데이터 중심의 통계처리를 통한 정량적(quantitative) 분석을 가미한 정량적 컨설팅6(Quantitative Consulting), 혹은 데이터 컨설팅(Data Consulting)으로 변화하고 있으며 기존의 정성적 분석 위주의 『프로세스 혁신』 컨설팅 방법과도 통합7되고 있다.

아울러 LEAN 사상, TOC사상8도 전통적인 『프로세스 혁신』 컨설팅에 가미되고 있는데. LEAN, TOC 역시 프로세스 혁신 컨설팅에 속한다.

(3) 컴플라이언스 컨설팅

국제회계기준9(International Financial Reporting Standards, IFRS), 자금세탁방지(Anti-Money Laundering, AML)와 같은 국제적 합의에 의하여 반드시 준수하여 수행하여야 할 컨설팅이 컴플라이언스(compliance) 컨설팅이다.

IFRS의 경우 우리나라는 지난 2007년 3월 15일 IFRS의 전면 수용을 위한 '국제회계기준 로드맵'을 공표, 2011년에는 코스닥을 포함한 모든 상장기업에 대한 IFRS의 적용을 강제사항으로 의무화하고 있다. 이는 반드시 지켜야 할 국제적 이행사항이며, IFRS가 비교공시를 요구하고 있으므로 2011년의 기한을 맞추기 위해서는 2010년 재무제표 또한 IFRS기준으로 작성되어야 한다. IFRS

---

6 이러한 정량적 경영컨설팅을 데이터컨설팅(Data Consulting)이라는 하겠으며 아울러 경영컨설팅영역에 6시그마, LEAN emd 다양한 기법을 통합하고 가미하는 현 컨설팅영역은 감히 '컨설팅엔지니어링'이라고 하겠다.

7 삼성SDS프로세스혁신(PI) 컨설팅과 6시그마를 통합한 <PI 6시그마> 컨설팅은 좋은 예이다.

8 TOC: Theory of Constraints. 제약이론으로서 이를 경영에 접목한 것이 제약관리(Constraints Management(CM))이다.

9 2011년부터 한국회계기준(K-GAAP)을 대신하여 국제회계기준(IFRS)이 전면 도입되고 있다. 엔론사태와 월드컴 회계부정사건을 계기로 US-GAAP(미국회계기준)의 입지가 약해지자 IFRS가 새로운 회계기준으로 부상하였다. 비즈니스 언어인 회계도 영어처럼 IFRS라는 공통어로 통일되고 있다. 우리나라로서는 고종의 문호개방 이후 최대의 문호개방이라고 하겠다. IFRS관련하여 대한금융신문(www. kbanker.co.kr) 2008년 6월 8일자와 6월 15일자의 저자의 기고(전문가 기고)를 참고하기 바란다.

구현에 대한 경험이 없는 국내의 금융사들을 포함한 상장사들에게 IFRS 컴플라이언스를 위한 전문가들의 조언을 구하는 것이 IFRS컨설팅이며, 지금도 중소기업과 일부 중견기업에서 IFRS컨설팅을 수행하고 있는데 컴플라이언스 컨설팅의 대표적인 예이다.

유럽의 경우는 3년이란 비교적 긴 시간적 여유가 있었음에도 불구하고 많은 시행착오를 겪었음을 타산지석으로 삼는다면 우리나라의 상장 기업들로서는 IFRS 개발 프로젝트에 대한 전문 IFRS컨설팅 - 자체개발이든 패키지 도입이든 - 을 통하여, 그간 회계 투명성과 국가간 비교 가능성 문제로 늘 [Korea Discount]의 오명을 쓰고 있었던 만큼, IFRS 컴플라이언스를 잘 따르면서 그간의 불명예에서 완전히 벗어나는 계기가 되고 있기를 기대하여 본다.

IT분야에서 반드시 따라야 할 IT 가버넌스(governance)인 ITSM(IT Service Management)도 컴플라이언스(compliance) 컨설팅에 속한다. ITSM이란 사용자에 초점을 맞춰 서비스 제공자와 고객간에 합의된 서비스 수준(Service Level Agreemen, SLA)에 기반하여 IT서비스를 제공, 운용, 관리하는 것을 지칭한다.

기존의 IT관리가 IT시스템 자체의 기능 및 기술 사안에 초점을 맞춘 데 반해 ITSM에서는 프로세스와 고객에 초점을 맞춘 서비스관리 개념이 핵심을 차지하고 있다.10 ITSM은 국제 컴플라이언스로서 아직 확고히 자리잡고 있지는 못하지만 기업 내에서 IT자원과 서비스를 어떻게 하면 잘 관리할 수 있을까에 고민을 담은 것으로서 이의 best practice인 ITIL(IT Infrastructure Library)이 수립되어 있고 ITSM의 공식표준인 BS15000은 ITIL을 기반으로 하고 있고 최근 국제 표준화 기구(ISO)가 ITSM 표준인 ISO/IEC20000(ISO 20000)을 제공함으로써 국제표준으로 차츰 국제 컴플라이언스로서의 위상을 드러낼 날도 머지 않았다고 판단한다. ITIL은 1980년대 후반 영국의 OGC(Office of Government Commerce, United Kingdom)에 의해 전세계 IT서비스관리에 대한 프로세스의 베스트 프랙티스(Best Practice)를 정리하여 만든 책이다. ITIL 외에도 ITSM의 모델로 CMMI, MOF, eSCM 등이 있다.

---

10 네이버 지식백과 IT서비스관리(한경경제용어사전, 한국경제신문/한경닷컴)

(4) IT 컨설팅

중장기 정보전략수립 컨설팅, IT 아키텍처 수립, IT구현, IT정보관리체계 수립 등 IT전략과 정보관리수준, 서비스수준 등과 관련한 컨설팅으로서 우리나라의 많은 국내 컨설팅사들은 IT 컨설팅에 주력하고 있다. ISP(Information Strategic Planning, 중장기 정보전략 수립), EA(Enterprise Architecture), IT 거버넌스(Governance) 등과 ERP, SCM, CPFR, CRM, RTE, SEM, KM[11]과 같은 IT 솔루션 컨설팅 등이 이의 범주에 속한다. ERP 도입과 같이 IT 솔루션의 도입과 구현을 위하여는 솔루션 구현에 필요한 전문화된 컨설팅이 있으므로 이를 별도로 '솔루션 컨설팅'으로 컨설팅의 한 종류로 구별하기도 하나, 대부분이 IT와 관련이 있으므로 IT컨설팅으로 분류하는 것이 일반적이다.

요즘 IT지원 없이 사업이나 기업을 관리한다는 것은 상상할 수가 없다. 이제 IT는 수단이 아니라 그 자체가 하나의 기업의 업무수행 목적이며, 비즈니스와 밀접히 연계되어 있다. IT조직 내의 EA팀은 경영혁신을 위하여 혁신의 촉매자(Change Agent)로서 IT에 대한 이해와 비즈니스에 대한 이해를 병행해야 한다. 위에서 언급한 경영전략 컨설팅, 프로세스 컨설팅, 컴플라이언스 컨설팅의 궁극적 목적이 IT와 관련되어 있거나 IT 시스템 구현을 궁극적인 목적으로 하고 있다고 해도 과언이 아닐 만큼 IT 컨설팅의 비중은 경영컨설팅 내에서 독자적인 지위를 차지할 정도로 매우 커지고 있다.

여느 영업과 같이 IT컨설팅 또한 판로를 개척하기 위하여는 영업이 필요한데 특히 IT컨설팅의 경우는 IT기술부분에 대한 이해와 지식을 필요로 하므로 '기술 영업'이라고 하는 전문적인 기술 영업대표가 필요한 컨설팅영역이다. IBM의 경우, 신입 영업대표(Markeing Reprentative)는 4~6개월 이상의 IBM system교육을 받고 있으며, 시스템즈 엔지니어(Systems Engineer)에게도 영업교육을 받도록 프로그램화하고 있다.

---

11 ERP: Enterprise Resource Planning(전사자원관리), SCM: Supply Chain Management(공급망 관리), CPFR: Collaborative Planning, Forecasting and Replenishment, CRM: Customer Relation Management(고객관계관리), RTE: Real Time Enterprise(실시간기업), SEM: Strategic Enterprise Management(전략적 기업관리), KM: Knowledge Management(지식관리). RTE나 SEM의 구현에 IT의 지원이 필수적이므로 이를 IT컨설팅의 종류로 분류하였다.

(5) 부문 컨설팅(Departmental Consulting)

부문 컨설팅은 경영컨설팅 분야 중 전사 경영전략수립, 프로세스 혁신, IT 컨설팅, 컴플라이언스 컨설팅 이외에 경영상의 특정 과제, 특정 측면, 특정 분야, 특정 조직에 대한 세부적인 전문 컨설팅분야로서 컨설턴트의 전문성과 경험이 매우 많이 요구되는 분야이다. 과제 컨설팅, 부문 컨설팅, 세부 컨설팅 이라고도 칭한다.

이에 속하는 분야로서는 사업타당성 분석, 마케팅전략수립, 창업, 조직 혁신, 조직문화 혁신, 조직설계, 직무설계, 조직진단, 생산전략수립, 사업전환, 이노비즈, 브랜드 관리, M&A, 공장설립, 환경 컨설팅 등이 있으며, BSC(Balancee Scorecard) 등 또한 이에 속한다. 경영전략 수립컨설팅, 프로세스 혁신 컨설팅, 컴플라이언스 컨설팅, IT 컨설팅이 대규모의 전사적 컨설팅이라면 이는 특정 부문(department)을 세부적으로 진단하는 분야별 컨설팅으로서, 경우에 따라서는 IT전문가, 조직진단사, 조직행위론자, 인사전문가, 마케팅전문가, 생산관리 전문가, 법률가, 공인노무사, 회계사, 세무사, 감정평가사, 창업 전문가, 환경 전문가 등과의 협업이 필요한 부분이 많은 컨설팅이다. 이 분야 중에서 BSC의 경우와 같이 IT의 지원이 동반되는 경우에는 IT컨설팅, 프로세스 진단/분석과 관련된 것은 프로세스 혁신 컨설팅으로 분류할 수도 있다.

이상 여러 가지 종류의 경영컨설팅에 대하여 살펴보았는데, 앞에서 언급 하였듯이 21세기 현대의 경영컨설팅은 프로세스 진단 및 분석에 6시그마, LEAN 등과 같은 데이터 기반의 정량적 분석기법이 가미된 [통합 경영컨설팅], [데이터 컨설팅], [컨설팅 공학(engineering)], 그리고 상이한 환경하에서의 경영원 리의 이전가능성과 보편타당성에 대한 제언을 하는 [환경주의 컨설팅] 등으로 진화·발전해 가고 있다.

SUMMARY

경영컨설팅이란 기업의 경영관리에 대한 지식과 경험을 지닌 경영 컨설턴트들이 일정한 팀을 조직하고 장비를 갖추어 계약에 정한 수행기간과 수행범위 내에서 기업 경영관리상 의 여러 가지 문제점들(issue)을 합리적이고 체계적인 방법론과 분석툴에 의하여 진단·분석·규명하고 이의 실질적인 해결 방안을 제언하거나 이의 실행을 지원하는 서비스 consultancy라고 할 수 있다.

경영컨설팅 프로젝트를 수행하기 위하여 여러가지 적합한 모델을 경영이론 에서 찾아 이를 수행하고 있다. 오늘날 대부분의 경영컨설팅사들은 자체 개발한 경영컨설팅 수행 방법론은 거의 대동소이한데, 경영컨설팅의 양대 축이라고 할 수 있는 '경영전략 수립'과 '프로세스 혁신' 컨설팅 용역을 수행하는데는 [착수–진단–분석–정의·설계–계획수립–종료]라는 6–step 모델이 적합하다.

경영컨설팅은 그 수행과제의 성격에 따라 다음과 같이 대별할 수 있다.

❶ 영전략수립컨설팅

❷ 프로세스 컨설팅

❸ 컴플라이언스컨설팅

❹ IT컨설팅

❺ 부문컨설팅

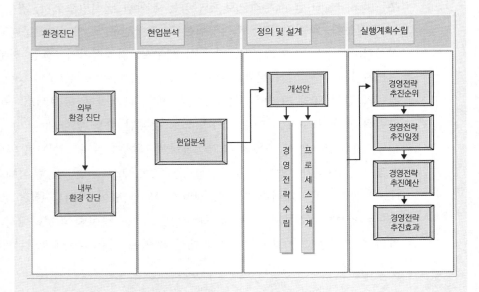

21세기 현대의 경영컨설팅은 프로세스 진단 및 분석에 6시그마, LEAN 등과 같은 데이터 기반의 정량적 분석기법이 가미된 [통합 경영컨설팅], [데이터 컨설팅], [컨설팅 공학 (engineering)], 환경주의 컨설팅 등으로 진화·발전해 가고 있다.

04

프로젝트 관리 프로세스

1 프로젝트 관리 프로세스 개요

프로젝트 관리는 프로젝트 요구사항을 충족시키기 위해 지식, 기량, 도구 및 기법 등을 활용하여 투입물을 받아서 산출물을 만드는 일련의 프로세스를 통해 실행되는 프로젝트 활동이고 프로젝트가 성공하기 위한 프로젝트 팀의 업무이다.

프로젝트 목표를 달성하기 위해 필요한 프로젝트관리 프로세스 그룹(프로세스 그룹)에서 적절한 프로세스를 선별한다. 프로젝트 및 제품의 요구사항을 충족시키기 위해 잘 정의된 접근법 사용한다. 이해관계자의 요구와 기대치를 충족하는 데 필요한 요구사항 준수한다. 상충하는 프로젝트 범위, 시간, 원가, 품질, 자원, 위기 요구사항 사이에서 균형을 유지하면서 목표에 맞는 제품, 서비스 또는 산출물을 만든다.

프로세스(Process)란 명세서에 기술된 제품, 결과 또는 서비스를 달성하기 위해 수행하는 상호 연관된 일련의 조치 및 활동들을 의미한다(프로세스간 상호작용, 프로젝트 내부의 상호작용, 각 프로세스의 목적 등의 측면에서 프로젝트 관리 프로세스의 특성을 설명). 프로세스(Process)는 프로젝트 관리 프로세스 그룹으로 정의되는 5가지 범주로 분류한다(PMBOK 6th edition 참조).

❶ 착수(Initiating) 프로세스
❷ 기획(Planning) 프로세스
❸ 실행(Executing)프로세스
❹ 감시 및 통제(Monitoring and Controlling) 프로세스
❺ 종료(Closing) 프로세스

그림 4-1
프로젝트 관리
프로세스 그룹

| 착수 | 기획 | 실행 | 감시 및 통제 | 종료 |

　　　　프로세스란 무엇인가? 프로세스는 활동을 위해 입력물이 투입되고 어떤 과정을 거쳐 새로운 산출물을 만드는 과정으로 우리는 이것을 프로세스하고 이야기한다. 즉 프로세스는 입력물, 산출물, 그리고 산출물을 처리하는 어떤 도구 및 기법이 존재하는 것이다. 예를 들면 떡을 만든다고 하면, 아래 표처럼 쌀이 주재료로 투입이 되고 물과 소금등이 추가로 입력이 될것이다. 그러면 전기에너지를 이용하여 기계를 작동하고 사람이 투입되어 일을 하게 되고 결국은 맛있는 떡을 만들게 될것이다. 이때 입력물, 도구 및 기법, 산출물이 발생하는데 이를 프로세스라 이해하면 된다. 즉 한 가지 프로세스가 완료되면 반드시 산출물이 나온다.

Input	Tool and technique	Output
쌀/물	전기에너지	떡
소금	기계/인력	

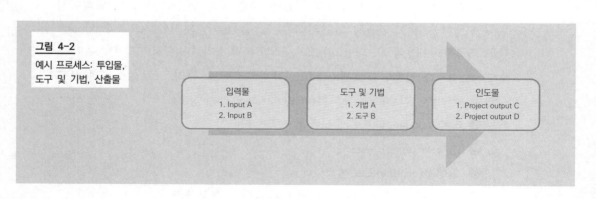

그림 4-2
예시 프로세스: 투입물,
도구 및 기법, 산출물

입력물	도구 및 기법	인도물
1. Input A	1. 기법 A	1. Project output C
2. Input B	2. 도구 B	2. Project output D

또 다른 예를 살펴보면 다음과 같다.

Input	Tool and technique	Output
씨앗 토양 기술 물 환경	관리기술 기계 인력 약제	벼 → 곡식(제품)

(1) 한 프로세스의 산출물은 다른 프로세스의 투입물

프로세스 그룹과 그 안에 구성된 프로세스들 사이에서 프로젝트 산출물이 서로 연결되고 다른 프로세스 그룹에도 영향을 미치고 하나의 프로젝트를 여러 단계로 나눌 경우, 일반적으로 프로젝트의 생애주기 전반에 걸쳐 각 단계에서 프로세스 그룹들이 반복되면서 프로젝트가 효과적으로 추진된다.

(2) 프로젝트 관리 프로세스 그룹

경영컨설팅 프로젝트가 [착수]−[진단]−[분석]−[실행계획수립]−[종료]로 진행되는 것을 경영관점의 Plan−Do−See의 관점에서 보면 프로젝트 관리는 [착수]−[계획]−[실행]−[감시 및 통제] 등의 프로세스 그룹으로 분별할 수 있다. 프로젝트 수행 시 수많은 프로세스가 반복적으로 수행(점진적인 구체화)되고 감시 및 통제 프로세스 그룹은 다른 프로세스 그룹과의 상호작용한다. 프로젝트 관리 프로세스 그룹은 각각에서 생성된 산출물을 통해 연결한다. 한 단계 또는 프로젝트에서 [그림 4−3]과 같이 프로세스 그룹간 상호 작용하며 프로세스 그룹간 상호작용과 다양한 시기에 일어나는 중첩 수준을 보여주며 프로젝트가 여러 단계로 나뉘는 경우, 각 단계 안에서 프로세스그룹의 상호작용이 일어난다.

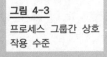

그림 4-3
프로세스 그룹간 상호
작용 수준

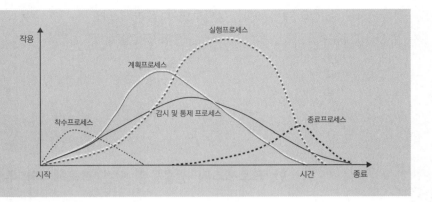

2 프로젝트 관리 프로세스 그룹의 역할

프로세스 그룹은 총 5개로 구성이 되어 있으며 착수, 기획, 실행, 감시 및 통제, 종료 프로세스 그룹으로 나누어져 있다. 각 프로세스 그룹은 관련 프로세스를 포함하고 있으며 각 프로세스는 프로세스 그룹에 속하면서도 지식영역으로 나누어서 각 부분에서 역할을 수행하고 있다. 프로세스 그룹에서 각 그룹별 중요한 프로세스와 역할을 소개하면 다음과 같다(PMBOK 6th edition 참조).

- 착수 프로세스 그룹

  프로젝트 또는 단계의 시작 승인을 받아서 기존 프로젝트의 새 단계 또는 새 프로젝트를 정의하기 위해 수행하는 프로세스.

- 기획 프로세스 그룹

  프로젝트의 범위를 설정하고, 목표를 구체화하고, 프로젝트 목표를 달성하기 위해 필요한 일련의 활동을 정의하는 프로세스.

- 실행 프로세스 그룹

  프로젝트 요구사항에 맞게 프로젝트관리 계획서에 정의된 작업을 완료하는 과정에서 수행되는 프로세스.

- 감시 및 통제 프로세스 그룹

  프로젝트의 진척과 성과를 추적, 검토 및 조절하고, 계획에 변경이 필요한 영역을 식별하여, 이에 상응하는 변경을 착수하는 과정에서 필요한 프로세스.

• 종료 프로세스 그룹

프로젝트, 단계 또는 계약을 공식적으로 완료하거나 종료하는 과정에서 수행되는 프로세스

▍프로젝트관리 프로세스

프로세스 반복 횟수와 프로세스간 상호작용의 횟수는 프로젝트의 요구사항에 따라 달라진다. 프로세스는 일반적으로 다음 세 가지 범주 중 하나에 속한다.

❶ 프로젝트에 한 번 또는 미리 정해진 시점에 사용되는 프로세스

예) 프로젝트헌장 개발, 프로젝트 종료 또는 단계 종료 프로세스가 있다.

❷ 필요에 따라 주기적으로 수행되는 프로세스

자원이 필요할 때 자원 확보 프로세스를 수행한다. 조달 품목이 필요하기 전에 조달수행 프로세스를 수행한다.

❸ 프로젝트 전반에 걸쳐 지속적으로 수행되는 프로세스

프로젝트 생애주기 전반에 걸쳐, 특히 프로젝트가 연동기획 또는 적응형 개발 방식을 이용할 때 활동정의 프로세스를 수행할 수 있다.

다음은 프로세스 그룹 별 좀더 상세하게 내용을 살펴보기로 한다. 주로 프로세스 목적과 중요내용을 이해하면 된다.

(1) 착수프로세스그룹(Initiating Process Group)

프로젝트 또는 단계의 시작을 공식적으로 승인 받아서 기존 프로젝트의 새 단계 또는 새 프로젝트를 정의하기 위해 수행하는 프로세스들로 구성된다. '프로젝트 시작!'이라 외치며 공식적으로 시작하는 단계이다. 프로젝트의 투입물이 한 번에 들어오는 것이 아니라 점차적으로 들어오다가 프로젝트가 착수되므로 프로젝트 착수의 경계가 모호할 수 있다. 프로젝트 관리자를 선정하고 착수 프로세스 내에서 초기 범위가 정의되고 초기 자원이 할당된다. 프로젝트의 전체 결과에 영향을 미칠 수 있는 대내 및 대외 이해관계자가 식별된다. 초기 가정사항 및 제약사항의 문서화 모든 정보는 프로젝트헌장과 이해관계자관리대장에 기록된다.

■ 착수 프로세스에서 하는 주요 활동은 대부분 개략적인 초기정보를 식별하는 것
- 프로젝트 초기 범위 결정
- 프로젝트 관리자 선정
- 초기 재무적 자원들의 합의
- 초기 제약사항과 가정사항의 식별
- 내부 및 외부 이해관계자의 식별
- 이해관계자관리대장(Stakeholder Register) 작성
- 프로젝트헌장(Project Charter) 작성 및 승인

(2) 기획 프로세스 그룹(Planning Process Group)

프로젝트의 전체 범위를 설정하고, 목표를 정의 및 개정하며 확정된 목표를 달성하기 위해 필요한 일련의 활동을 개발하는 계획을 만드는 프로세스들로 구성된다. 프로젝트관리계획서 및 프로젝트문서를 개발하는 프로세스들로 구성되고 계획 프로세스 그룹의 산출물로 작성된 문서들은 10가지의 지식관리영역의 모든 측면을 다루기 때문에 총 24개의 프로세스로 다른 프로세스의 그룹에 비해 프로세스가 많다. 프로젝트 관리 과정에서 정보나 특성이 더 수집되고 변경되기도 하기 때문에 추가 계획이 필요할 일이 생기기도 하는데 이 경우, 계획 프로세스를 재고해야 하며, 경우에 따라 착수 프로세스 일부도 재고해야 할 일이 발생하기도 하여 이 단계의 계획과 문서화 작업은 반복적이며 지속적인 프로세스임을 알아야 한다. 프로젝트관리계획서를 점진적으로 구체화하는 과정을 "연동계획"(Rolling Wave Planning)이라 하는데, 즉 계획이 반복적이고 지속적인 노력이라는 것이다. 프로젝트 팀은 프로젝트관리계획서 및 프로젝트문서를 개발할 때 모든 이해관계자들의 참여를 유도해야 한다.

(3) 실행 프로세스 그룹(Executing Process Group)

프로젝트 사양을 충족하기 위해서 프로젝트관리계획서에 정의된 작업에 따라 자원을 소비하고 프로젝트 요구사항을 달성하고 활동을 통합, 수행하며 인력과 자원을 조절하는 프로세스 단계이다. 실행을 하다 보면 여러 가지 변경사항들이 발생할 수 있으며 이러한 변경을 검토하고 분석하여 변경을 진행할 것인지를 결정하고 변경을 승인받게 된다. 실행에서 공식적으로 '승인받은

변경'을 수행하게 되며, 승인된 변경을 계획에 업데이트되며, 분석 결과요청이 제기되고 승인될 경우에는 프로젝트문서를 수정하고 새로운 기준선을 설정해야 한다. 프로젝트 예산의 가장 많은 부분이 실행 프로세스 그룹에서 사용되고 프로젝트 팀의 가장 많은 노력과 시간이 실행 프로세스에서 가장 높다.

(4) 감시 및 통제 프로세스 그룹(Monitoring and Controlling Process Group)

프로젝트의 진행과 성과를 추적, 검토 및 조절하고, 계획 변경이 필요한 영역을 식별하고, 해당 변경을 착수하는 데 필요한 프로세스로 구성된다. 프로젝트가 계획대로 진행되면 더할 나위 없지만, 통상 계획대로 진행되는 프로젝트는 드문 편이기 때문에 실행의 결과가 계획에서 벗어나지 않기 위해서는 지속적인 감시가 필요하며, 실행에서 수행한 결과가 계획보다 못할 경우 부족한 실행의 결과를 계획에 맞추는 적절한 통제도 해야 한다. 프로젝트 성과를 정기적으로 꾸준하게 관찰하고 측정하여 '프로젝트관리계획서'로부터 차이점을 식별한다. 변경, 통제, 가능한 문제에 대비하여 예방 조치 권유하고 프로젝트 활동을 전반적으로 지속적으로 감시하여 프로젝트관리계획서 및 프로젝트 성과 기준선을 준수하는지 확인한다. 여러 변경 사항은 [통합변경통제수행(Perform Integrated Change Control)]을 통해 승인이 되거나 기각이 되며, 승인된 변경 사항은 계획을 업데이트시키거나 실행에서 수행하게 되며, 결과로 '프로젝트관리계획서에 대한 갱신'이 있을 수 있다.

(5) 종료 프로세스 그룹(Closing Process Group)

모든 프로젝트 활동, 계약상 의무를 공식적으로 종료하기 위해 전체 프로젝트 관리 프로세스 그룹에 속한 모든 활동을 종결하는 과정에서 수행하는 프로세스로 구성된다. 만약 중간에 취소된 프로젝트라면 중단을 진행하는 것도 마찬가지로 종료에서 수행하며 프로젝트가 단계로 나누어져 있을 경우 단계의 종료도 수행하고 계약된 부분이 진행 중이라면 계약들도 모두 종료한다. 통합관리에 속하는 [프로젝트 또는 단계종료] 프로세스가 전체 종료를 통합적으로 진행하며, [조달종료] 프로세스가 이번 프로젝트에 관련된 계약자(Seller)들과의 계약 관계를 모두 종료하면 프로젝트는 끝나게 된다.

SUMMARY

프로젝트 관리는 프로젝트 요구사항을 충족시키기 위해 지식, 기량, 도구 및 기법 등을 활용하여 투입물을 받아서 산출물을 만드는 일련의 프로세스를 통해 실행되는 프로젝트 활동이고 프로젝트가 성공하기 위한 프로젝트 팀의 업무이다.

프로젝트 목표를 달성하기 위해 필요한 프로젝트관리 프로세스 그룹(프로세스 그룹)에서 적절한 프로세스를 선별한다. 프로젝트 및 제품의 요구사항을 충족시키기 위한 잘 정의된 접근법 사용한다. 이해관계자의 요구와 기대치를 충족하는 데 필요한 요구사항 준수한다. 상충하는 프로젝트 범위, 시간, 원가, 품질, 자원, 위기 요구사항 사이에서 균형을 유지하면서 목표에 맞는 제품, 서비스 또는 산출물을 만든다.

프로젝트 관리 프로세스는 다음과 같은 5가지 범주로 분류한다.

❶ 착수(Initiating) 프로세스

❷ 기획(Planning) 프로세스

❸ 실행(Executing)프로세스

❹ 감시 및 통제(Monitoring and Controlling) 프로세스

❺ 종료(Closing) 프로세스

프로젝트 관리 프로세스 그룹

경영컨설팅 프로젝트가 [착수] – [진단] – [분석] – [실행계획수립] – [종료]로 진행되는 것을 경영관점의 Plan–Do–See의 관점에서 보면 프로젝트 관리는 [착수] – [계획] – [실행] – [감시 및 통제] 등의 프로세스 그룹으로 분별할 수 있다. 프로젝트 수행 시 수많은 프로세스가 반복적으로 수행(점진적인 구체화)되고 감시 및 통제 프로세스 그룹은 다른 프로세스 그룹과의 상호작용한다. 프로젝트 관리 프로세스 그룹은 각각에서 생성된 산출물을 통해 연결한다. 한 단계 또는 프로젝트에서 프로세스 그룹간 상호작용 수준과 같이 프로세스 그룹간 상호 작용하며 프로세스 그룹간 상호작용과 다양한 시기에 일어나는 중첩 수준을 보여주며 프로젝트가 여러 단계로 나뉘는 경우, 각 단계 안에서 프로세스그룹의 상호작용이 일어난다.

05
프로젝트 관리 각론

프로젝트관리에 대한 국제표준이라고 할 수 있는 PMBOK 6판기준(Project Management Body of Knowledge)는 프로젝트관리의 유형을 다음과 같이 10가지로 구분하고 있다:

❶ 프로젝트 통합관리

❷ 프로젝트 범위 관리

❸ 프로젝트 일정관리

❹ 프로젝트 원가관리

❺ 프로젝트 품질관리

❻ 프로젝트 인적자원관리

❼ 프로젝트 의사소통관리

❽ 프로젝트 리스크관리

❾ 프로젝트 조달관리

❿ 프로젝트 이해관계자관리

경영컨설팅 프로젝트 착수부터 프로젝트 완료시까지 프로젝트 관리에 대한 표준화된 절차를 자동화한 적용업무 프로그램(어플리케이션)이 있어 프로젝트관리에 널리 활용되고 있는데 MS Project, PRIMAVERA, OPENPLAN, FastTrack Schedule, AMS Real Time, SureTrack Project Manager, B-Liner, Project Outliner Common Office, Micro Planner, Task Manager, Quick Gantt 등 수많은 어플리케이션 프로그램이 있다.

이들 프로그램은 프로젝트 관리에 매우 유용하다. 혹자는 프로젝트라는 것이 정형화된 것이 아니어서 상황에 따른 많은 예측불가능한 요인을 다루어야 하고 또한 프로젝트 관리경험이 많은 프로젝트 매니저와 팀원으로 구성된 경우에는 컨설팅 프로젝트 관리에 대한 자동화툴(tool)이 없이도 프로젝트를 잘 관리하여 성공리에 완수할 수 있다고 주장하기도 하나, 경영컨설팅 성과 (Performance)에 대한 체계적인 기록과 이를 지식경영에 활용하기 위하여 프로젝트 관리 툴을 사용하는 것이 바람직하고 또한 효율적인 프로젝트 관리를 위하여 일정규모 이상의 경영컨설팅 프로젝트에서는 사실상 대부분의 경우 프로젝트 관리툴을 사용하고 있다.

완벽한 사람은 없지만 프로젝트 수행에 적합한 core skill과 역량을 지닌 사람들로서 best project team을 구성하고 늘 불평만 하는 사람, 자신만의 방식으로 모든 일을 처리하는 사람, 자신의 스킬에 대하여 정직하지 못한 사람, 모든 것을 안다고 생각하는 사람1 등과 같은 에너지 뱀파이어를 제외한 팀을 구성하여 프로젝트 팀을 [에너지 버스]로 만드는 것이 매우 중요하다. 베스트 팀으로 구성된 [에너지 버스]에 탑승하여 에너지 넘치는 '프로젝트 버스'를 운전하기 시작하면 이제 본격적으로 프로젝트 관리의 수행과 통제에 들어가게 된다. 프로젝트에 대한 모든 책임은 프로젝트가 종료되기까지 프로젝트 관리자(Project Management, PM)가 진다.

규모가 큰 경영컨설팅 프로젝트에서는 경영컨설팅 프로젝트의 관리를 위하여 프로젝트 관리 사무소(Project Management Office, PMO) 내에 프로젝트관리 책임자(Project Management Officer)를 별도로 두어서 PM을 보좌하는 경우가 있으며, 특히 품질 관리를 위하여 품질보증 책임자(Qaulity Assurance Officer, QAO)를 따로 두기도 한다. 경영컨설팅 프로젝트는 각각의 프로젝트마다 규모와 성격이 다르므로 일정한 관리방법이 정해진 것이 아니지만 경험상 ① 진척관리, ② 품질관리, ③ 산출물 관리, ④ 성과보고관리, ⑤ 리스크관리 등으로 나누어 관리하는 것이 매우 편리하다.

경영컨설팅 프로젝트를 수행하고 관리하기 위하여는 경영컨설팅 프로젝트를 제안하여 이를 수주하여야 하므로 우선 프로젝트를 제안하는 단계부터

---

1 Rich Mintzer, *Project Management Book*, Adams Media Corporation, 2002. p. 53. 저자는 신뢰할 수 있고, 유연한 사고를 지니고 있고, 프로젝트에 기여할 부분이 있으며, 팀원들과 어울리고자 노력하는 사람, 그리고 프로젝트의 rule을 따르고, 필요시에는 도움을 요청할 수 있는 사람이 프로젝트에 바람직한 사람이라고 한다. 한 가지 덧붙여 서로를 존중하며 일에 대한 열정을 지닌 사람이면 금상첨화이다.

살펴보자. 컨설팅프로젝트는 어떻게 제안되고, 수주하는 것인가?

기업의 규모를 불문하고 컨설팅 프로젝트는 일반적으로 고객이 제안요청서(RFP, Request for Proposal)를 작성하여 이를 컨설팅사에 통보하게 된다. 컨설팅사는 제안요청서를 접수하게 되면 제안요청서상의 세부 항목을 면밀히 검토하여 제안의 내용을 수행할 수 있는 역량과 가동인력이 있는지를 확인하고, 제안서 작성을 위한 프로젝트 관리자(Project Manager, PM)를 선정하여 제안팀을 구성하게 된다.

제안PM은 제안팀원들과 함께 제안서 제출요청 기일 내에 제안서를 작성하고 이를 제안발주사에 제출하여 제안서를 접수하게 된다. 제안PM은 제안요청서에서 요구하고 있는 내용에 따라 제안서에 담아야 할 목차, 목차별 핵심 내용, 팀원별 할당, 1차 작성완료일, 1차 검토일, 2차 작성완료일, 2차 검토일, 최종 검토일 등을 정한 스토리보드(storyboard)를 작성하여 이에 따라 제안서를 작성한다.

제안사는 고객인 기업의 제안발표 요청일에 제안발표를 하게 되며, 고객은 자체적으로 작성한 제안서 평가기준에 따라 제안서와 제안발표 내용을 평가하여 컨설팅 프로젝트 추진을 위한 '우선협상 대상자'를 선정하게 된다. 이때 기업들은 해당 분야의 전문가들을 초빙하여 제안발표에 함께 참석하도록 하여 전문 평가단들의 객관적인 평가를 기준으로 '우선협상 대상자'를 선정하기도 한다. 특히 공공기관의 경우, 수주에 대한 객관성을 유지하기 위하여 제안평가단을 구성하여 이들로부터 제안서 평가와 제안평가(기술)점수를 받아서 이들 점수를 바탕으로 '우선협상 대상자'를 선정하기도 한다.

고객이 정한 제안평가 기준에 따라 우선협상 대상자로 선정되면 제안사는 제안발주사(제안 발주 기업)와 프로젝트 추진에 대한 세부 사항(프로젝트 추진 장소, 장비, 투입인력, 일정, 비용, 산출물의 지적소유권, 기밀보안, 사후관리 등 프로젝트 관리 제반사항)에 대하여 협의를 한 후 경영컨설팅 프로젝트 추진을 위한 [용역계약]을 마치게 된다. 이때에 비로소 컨설팅 프로젝트를 수주한 계약자로서 프로젝트를 수주하게 된다. 고객에게 제안한 제안서는 계약서의 일부로 간주되는 것이 일반적이며, 컨설팅사는 프로젝트 계획서를 마련하여, 프로젝트 착수보고(Kick-Off)를 하게 된다. 프로젝트는 착수는 프로젝트 출발의 정당성을 공식적으로 선포하며 인정받는다는 의미가 있다.

프로젝트 계획서는 제안서를 바탕으로 구체적으로 경영컨설팅 프로젝트를 어떻게 추진할 것인가에 대한 구체적 계획서로서 제안서에 담은 내용과 크게 다르지 않다. 프로젝트 계획서에는 프로젝트의 목적을 명확히 하고 이를 달성하기 위한 최선의 방안을 제시하는데 이는 제안서에 담은 내용을 바탕으로 실질적으로 프로젝트 착수와 진행을 위하여 필요한 상세한 내용으로 구성하며, 프로젝트 관리자는 컨설팅 프로젝트의 원활한 추진을 위하여 필요한 제언 내지 협조사항(support requirements), 당부사항 등이 있다면 프로젝트 계획서에 추가한다.

PMBOK(Project Management Body Of Knowledge)은 1987년 PMBOK 초판 이후 지속적으로 개정되고 있는 프로젝트 관리의 기본서이다. 이는 미국표준 협회(ANSI)의 프로젝트 관리 표준(Generally Accepted Project Management Knowledge and Practice)으로 인정받고 있다.

일반적으로 PMI가 준비한 프로세스 그룹은 일반 산업에서도 보편적으로 사용이 가능하고 이것을 주요 장점으로 내세우고 있다. 어떤 프로젝트이건 착수, 기획, 실행, 감시 및 통제, 종료 단계를 거치게 되어 있다. 그러나 산업별도 중요한 부분을 강조하여 프로세스를 만들기도 하는데 예를 들어 컨설팅 프로세스는 다음과 같이 구성되기도 한다.

Relationship between Project management process and consulting process.

PM Process group(PMI PMBOK 6판기준)

Initiating → Planning → Executing → Monitoring and controlling → Closing

Consulting process(Kubr: 2002년 발표기준)

Initiating → Diagnosis → Planning for execution → Executing → Closing

▎프로젝트관리 지식영역 개요

프로젝트 통합관리

프로젝트관리 프로세스 그룹에 속하는 다양한 프로세스와 프로젝트관리 활동을 식별, 정의, 결합, 통합 및 조정하는 프로세스와 활동을 포함한다.

프로젝트 범위관리

프로젝트를 성공적으로 완료하기 위해 필요한 모든 작업을 빠짐없이 프로젝트에 포함시키는 과정에서 수행해야 하는 프로세스들을 포함한다.

프로젝트 일정관리

적시에 프로젝트를 완료하도록 관리하는 프로세스들을 포함한다.

프로젝트 원가관리

승인된 예산 범위 내에서 프로젝트를 완료할 수 있도록 원가를 기획 및 산정하고, 예산을 책정하고, 필요한 자금을 조성 및 관리하고 원가를 통제하는 프로세스들을 포함한다.

프로젝트 품질관리

이해관계자의 기대사항을 충족하기 위해 프로젝트 및 제품 품질 요구사항의 기획, 관리 및 통제에 관한 조직의 품질 정책을 반영하는 프로세스들을 포함한다.

프로젝트 자원관리

프로젝트를 성공적으로 완료하는 데 필요한 자원을 식별하고, 확보하여 관리하는 프로세스들을 포함한다.

프로젝트 의사소통관리

프로젝트 정보를 적시에 적절히 기획, 수집, 생성, 배포, 저장, 검색, 관리, 통제 및 감시하고 최종 처리하는 프로세스들을 포함한다.

프로젝트 리스크관리

프로젝트의 리스크에 대해 리스크관리 기획, 식별, 분석, 대응 기획, 대응 실행 및 감시하는 프로세스들을 포함한다.

프로젝트 조달관리

프로젝트팀 외부에서 제품, 서비스 또는 결과물을 구매하거나 획득하기 위해 필요한 프로세스들을 포함한다.

프로젝트 이해관계자관리

프로젝트에 영향을 주거나 프로젝트의 영향을 받을 수 있는 모든 사람, 집단 또는 조직을 식별하고, 이해관계자의 기대사항과 이해관계자가 프로젝트에 미치는 영향을 분석하고, 프로젝트 의사결정 및 실행에 이해관계자의 효율적인 참여를 유도하기 적절한 관리전략을 개발하는 과정에서 수행해야 하는 프로세스들을 포함한다.

1 프로젝트 통합관리

　　프로젝트 통합관리 지식영역에는 프로세스 그룹 내에서의 여러 가지 프로세스와 프로젝트관리 활동을 식별, 정의, 결합, 통합 및 조정하는 데 필요한 프로세스와 활동이 포함된다. 통합이라는 것은 여러 부분들을 합치고 조정하는 의미이다. 프로젝트는 통합적으로 다뤄야 할 부분들도 많다. 예를 들면, '범위가 증가하면 당연히 일정과 비용이 증가한다. 품질에도 리스크에도 영향을 미칠 수도 있다. 프로젝트관리계획은 따라서 하부관리 계획들을(범위~이해관계자 관리계획 등)을 만들고 조정 및 통합을 통해 프로젝트관리계획이 만들어지는 것이다.

(1) 프로젝트헌장개발(Develop Project Charter)

　　'프로젝트헌장'은 프로젝트 착수를 공식화하는 문서이다. 프로젝트 착수는 정확한 목적과 방향성을 가지고 시작하여야 한다. 그렇지 않으면 자원의 낭비만 초래한 후 프로젝트가 진행 중에 중단될 수도 있고, 설사 완수하더라도 기업에 도움이 안 될 수도 있다. 이에 기업의 전략적 방향을 이해하고 정확한 타당성 검토가 필요하다.

> 속도가 아니라 방향입니다
> 잘못된 방향으로 힘차게 걷느니
> 절뚝거리더라도 옳은 방향으로
> 느릿하게 가는 것이 낫다.
> 　　　　　　－ 마르쿠스 아우렐리우스

　　착수가 공식화되기 전에 여러 가지 활동을 하게 되는데 그 중 가장 대표적인 것이 프로젝트 선정(Project Selection)에 대한 분석이다. 보통 조직에서는 여러 프로젝트들 가운데 가장 조직의 전략과 일치하는 프로젝트를 선정해서 진행하게 된다. 선정을 위해서는 어떤 프로젝트가 회사에 가장 도움이 되는가를 정량적으로 측정할 필요가 있다. 그래야 착수자(Initiator) 또는 스폰서

(Sponsor)가 공식으로 프로젝트에 대해 승인을 할 것이기 때문이다.

프로젝트 착수에서 하는 일들은 다음과 같다.

- 프로젝트 관리자의 선정 및 권한 정의
- 기획(Planning) 이전에 프로젝트헌장의 개발
- 프로젝트 자금을 승인할 수 있는 수준의 착수자 또는 스폰서가
- 프로젝트헌장 작성
- 프로젝트헌장의 승인

▌ 프로젝트헌장개발시 필요한 요소들

비즈니스 문서-비즈니스케이스(Business Case)

프로젝트 비즈니스 케이스는 문서로 정리된 경제적 타당성 연구 자료로, 정의가 충분하지 못한 구성요소가 제공할 혜택의 타당성을 확인하고 추가적인 프로젝트 활동을 승인하기 위한 기초로 사용된다.

프로젝트 착수의 목표와 이유가 비즈니스 케이스에 열거된다. 프로젝트가 끝나는 시점에서 프로젝트 목표 대비 프로젝트의 성공여부를 측정하는 데 비즈니스 케이스가 유용하다.

비즈니스 케이스는 프로젝트 생애주기 전반에 걸쳐 사용되는 프로젝트 비즈니스 문서이다. 프로젝트 시작 전에 비즈니스 케이스를 근거로 프로젝트의 진행/중단 의사결정을 내릴 수도 있다.

종종 요구사항 평가가 비즈니스 케이스보다 선행된다. 요구사항 평가에는 비즈니스 목표 및 목적, 이슈와 기회를 파악하고 이들을 해결하기 위한 권고사항을 제안하는 일이 수반된다. 요구사항 평가의 결과를 요약해서 비즈니스 케이스 문서에 정리할 수 있다.

비즈니스 요구사항을 정의하고, 상황을 분석하고, 권고사항을 작성하고, 평가 기준을 정의하는 프로세스는 모든 조직의 프로젝트에 적용될 수 있다.

다음은 비즈니스 케이스에 포함될 수 있는 문서화 요소의 일부 예이다.

비즈니스 요구사항

- 조치의 필요성을 유발하는 결정
- 조직에 인도할 가치를 포함하여 해결해야 할 사업상 문제나, 기회를 문서로 기록한 상황 기술서

- 영향을 받는 이해관계자 식별
- 범위 식별

상황 분석

- 조직의 전략, 목표 및 목적 식별
- 문제의 원인 또는 기회의 주요 기여자 식별
- 조직의 기존 역량 대비 프로젝트에 필요한 역량 차이 분석
- 알려진 리스크 식별, 중요한 성공 요인 식별
- 다양한 일련의 행동을 평가할 수 있는 결정기준 식별

비즈니스 문서-편익관리계획서

프로젝트 편익관리 계획서는 프로젝트의 편익이 인도되는 방법과 시기를 설명하고, 그러한 편익을 측정하기 위해 갖춰야 하는 수단을 설명하는 문서이다. 프로젝트 편익은 후원조직과 프로젝트에서 의도한 수혜자들에게 가치를 제공하는 조치, 행위, 제품, 서비스 또는 결과 형태의 산출물로 정의된다. 편익관리 계획서 개발은 실현되어야 하는 목표 편익의 정의와 함께 프로젝트 생애주기 초기에 시작된다.

다음은 편익관리 계획서에서 설명하는 편익의 주요 요소들 중 일부 예이다.

- 목표 편익(예: 프로젝트 구현으로 기대되는 유형 및 무형 가치, 재무적 가치는 순 현재가치로 표시함)
- 전략적 연계성(예: 프로젝트 편익이 조직의 비즈니스 전략에 잘 부합되는 정도)
- 편익 실현을 위한 기간(예: 단계별, 단기, 장기 및 지속적인 편익)
- 편익 책임자(예: 계획서에 설정된 기간에 걸쳐 실현된 편익을 감시 및 기록하고 보고하는 일을 책임지는 담당자)
- 매트릭스(예: 실현된 편익을 표시할 척도, 직접적 척도 및 간접적 척도)
- 가정사항(예: 준비되거나 입증될 것으로 예상되는 요인)
- 리스크(예: 편익 실현에 수반되는 리스크)

  편익관리 계획서를 개발하는 과정에서 비즈니스 케이스와 요구사항 평가에서 문서화된 데이터 및 정보를 활용한다. 예를 들어, 문서에 기록된 비용-편익 분석으로 프로젝트를 통해 실현된 편익의 가치와 비교한 원가산정치를 보여준다.

  프로젝트의 활동의 결과인 비즈니스 가치가 조직에서 어떻게 진행 중인

운영의 일부가 되는지에 대한 설명이 사용될 매트릭스와 함께 편익관리 계획서와 프로젝트관리 계획서에 포함된다. 매트릭스를 기준으로 비즈니스 가치 검증과 프로젝트 성공 여부 확인을 실시한다.

- **협약**(Agreements): 계약은 외부고객을 위해 수행하는 프로젝트의 투입물로 기업 내부 프로젝트의 경우에는 투입이 되지 않는다.

▌ 프로젝트헌장개발 프로세스시 사용되는 대표적 도구 및 기법

- **데이터 수집**: 프로젝트 팀이나 팀원이 프로젝트 활동을 성공적으로 수행할 수 있도록 도움을 주는 제반 기법으로 인터뷰, 브레인스토밍, 문제해결, 갈등해결, 회의 등이 있다.
- **대인관계 및 팀 기술**: 갈등관리, 촉진 및 회의관리가 대표적인 기술이다.
- **회의**: 일반적으로 회의를 통해 문서가 작성된다.

▌ 프로젝트헌장개발 프로세스의 산출물들

프로젝트헌장(Project Charter)

프로젝트헌장은 투입물을 바탕으로 내용을 작성하여 공식 승인된 문서로 아직 상세한 내용을 담을 수 없으므로 개략적인 내용을 주로 담게 되며, 개략적 내용들은 계획에서 더 상세하게 정의되고 문서화된다.

- 프로젝트의 목적과 당위성/측정 가능한 프로젝트 목표 및 성공기준
- 개략적 요구사항/개략적 프로젝트에 대한 설명
- 개략적 위기 정보/개략적 마일스톤(Milestone) 일정
- 개략적 예산/프로젝트 승인 요구사항
- 선임된 프로젝트 관리자의 이름, 책임, 권한 수준
- 프로젝트헌장을 승인하는 스폰서 또는 기타 주체의 이름과 서명

가정사항 기록부

상위수준의 전략적 및 운영 상 가정 및 제약 사항은 보통 프로젝트가 시작되기 전에 비즈니스 케이스에 명시되며, 이후 프로젝트 헌장에 반영된다. 기술사양, 산정치, 일정, 리스크 등을 정의하는 과정을 비롯하여 프로젝트 전반에서 하위수준의 활동 및 작업과 관련하여 여러 가지 가정사항이 도출된다. 이런 부분을 가정사항 기록부에 기록한다.

프로젝트 관리에서 각 수행부문에 있어 핵심적인 요소 등을 이해하는 것은 매우 중요하다. 프로젝트 프로세스 그룹(착수-기획-실행-감시 및 통제-종료)에 있어서의 중요한 부문과 지식관리영역(통합-범위-일정-원가-품질-인적자원-의사소통-리스-조달-이해관계자) 관리의 부분에 있어서도 중요하게 이해해야 하는 부분이 있다.

이 중에서 착수단계에서 가장 중요한 프로젝트 타당성 검토 부분은 아무리 강조해도 지나치다 할 수 없을 것이다. 왜냐하면 초기 타당성 검토가 잘못 이루어지면 프로젝트를 아무리 잘 수행한다 하여도 결과가 예상하는 것과 다르게 나올 수 있기 때문이다.

▌ 타당성 검토란?

타당성 검토란 제안된 프로젝트를 대상으로 미래에 예상되는 경제적 상황을 포함한 여러 가지 관련된 환경조건들을 고려하여 프로젝트의 성공가능성을 조사하고 분석하는 것이다. 일반적으로 사업적 요구사항을 분석하는 것이 기본이다.

- 시장 수요
- 사업상 필요
- 고객 요청
- 기술의 진보
- 법률적 요구사항
- 사회적 필요

타당성 검토는 기본적으로 경제성 파악이 중요하다. 왜 재무적인 방법을 아는 것이 중요한가? 솔직히 기업은 일차적으로 투입대비 산출의 결과를 비교하는 것을 우선시 한다. 대부분 기업에서 영업부문, 원가통제부서 및 경영기획부문에서 이런 재무적인 분석을 수행하는 경우도 있지만 프로젝트 관리자도 재무적인 기본 기법을 정확이 이해하고 있어야 한다. 재무적인 분석은 일차적으로 프로젝트 타당성 분석의 기본이기 때문이다. 이에 경제성 분석이라고도 하는 재무적인 분석에 대하 알아보기로 한다.

▌ 프로젝트의 경제성 평가방법

현재가치(Present Value, PV)이해

현재가치(PV)란 미래가치(Future Value, FV)를 현재의 가치로 환산한 값을 말한다. 일반적으로 프로젝트에서 투자는 현재 시점으로 하는 반면, 프로젝트를 통한 이익은 프로젝트가 끝난 후에 발생한다.

예) 5년 후 500만원을 현재가치로 환산한다면(연 10% 이자율 가정)

정답 풀이) $5,000,000/(1+0.1)\times5=3,104,607$원

▌ 순현재가치-NPV(Net present value)

NPV는 프로젝트를 통해 들어오는 모든 이익에서 프로젝트에 들어가는 모든 비용을 뺀 값이다. 따라서, NPV가 클수록 좋은 프로젝트이다.

NPV=Total Benefit-Total Cost=누적 NPV-전체 비용

▌ BCR(Benefit Cost Ratio): 이익과 원가의 비율

NPV에서는 이익과 비용을 뺐지만 BCR은 나눈다.

BCR=Total Benefit/Total Cost

따라서 BCR은 1보다 값이 크면 투자가치가 있고, 만약 선택 안이 모두 1보다 클 경우 값이 가장 큰 안을 선택한다.

▌ BCR(Benefit Cost Ratio): 이익과 원가의 비율

BCR은 전체 벌어들이는 수익을 전체투입비용으로 나누는 것이다. 당연히 1보다 커야 좋은 프로젝트이고 BCR이 크면 클수록 프로젝트 선정에 유리하다.

BCR=Total Benefit/Total Cost

따라서 BCR은 1보다 값이 크면 투자가치가 있고, 만약 선택 안이 모두 1보다 클 경우 값이 가장 큰 안을 선택한다.

∥ 내부수익률-IRR(Internal rate of return)

정해진 기간 내에 투자액을 회수하기 위한 이자율(NPV가 0일 때 이자율)을 말한다. IRR이 높을수록 투자가치가 높다는 얘기이고 만약 IRR<은행이자율 이라면 차라리 은행에 예금하는 것이 더 나을 것이다.

예를 들면, 첫해 1,000만원을 투자하면 1년 뒤 300만원, 2년 뒤 400만원, 3년 뒤 500만원, 4년 뒤 400만원, 5년 뒤 300만원의 이익이 예측되는 프로젝트의 IRR은 다음과 같이 계산한다.

NPV가 0에 근사치까지 가는 값을 기준으로 계산을 한다. 즉 25.7%의 내부 수익률이 발생한다는 것이다.

[표 5-1] IRR의 예

year	flow	10%	20%	25%	25.7%	30%
0	-1000	-1000	-1000	-1000	-1000	-1000
1	300	272.7	250.0	240.0	238.7	230.8
2	400	330.5	277.8	256.0	253.2	236.7
3	500	375.6	289.4	256.0	251.7	227.6
4	400	273.2	192.9	163.8	160.2	140.1
5	300	186.3	120.6	98.3	95.6	80.8
sum	900	438.44	130.6	14.1	-0.6	-84.1

∥ 투자회수기간(Payback Period)

투자액을 회수하기까지 걸리는 시간(Total Benefit=Total Cost)이 짧을수록 투자 원금의 회수가 빨리 된다는 의미이고 회수 기간이 짧을수록 좋은 프로젝트라고 본다. 프로젝트가 장기간일 경우 적당한 분석 방법이다.

장점은 투자위험지역이나 환경에 따라 회수율을 검토하여 결정을 할 수 있고 방법이 간단하여 이해하기가 쉽고 경영자에게 투자위험(투자기간에 따른)에 대한 정보를 제공한다.

단점으로는 회수기간 이후 현금흐름 무시하고 화폐의 시간적 가치 무시(화폐가치)하고 있고 적정 회수기간 선정의 주관성이 개입된다.

[표 5-2] Payback period의 예

초기 투자	기대 현금 유입				
연도	1년	2년	3년	4년	5년
백 억원	십 억원	삼십 억원	이십 억원	삼십 억원	십 억원

초기에 1,000,000원을 투자할 경우 예상 현금 유입을 가정할 경우 5년으로 Payback Period가 계산된다. 만일 4년 차에 300,000원이 아니라 400,000원이 들어온다면 Payback Period는 4년으로 줄어든다.

▍Payback Period의 장점 및 단점

장점
• 방법이 간단하여 이해하기 쉽다.
• 경영자에게 투자위험(투자기간에 따른)에 대한 정보제공이 가능하다.
• 투자로 인한 기업의 유동성을 간접적으로 표현한다.
• 회수기간에 의한 의사결정은 시설 및 생산품의 진부화 위험을 덜어준다.

단점
• 회수기간 이후 현금흐름 무시한다.
• 화폐의 시간적 가치 무시(화폐가치)한다.
• 적정 회수기간 선정의 주관성이 있다.

▍기회비용(Opportunity Cost)

어떤 재화의 두 종류의 용도 중 어느 한 편을 포기할 경우, 포기 안 했다면 얻을 수 있는 이익의 평가액을 말한다. 예를 들어 프로젝트에 투자할 돈을 은행에 예금했다면 이자를 받을 수 있었으므로 그 이자가 기회비용이 된다.

예를 들어 프로젝트에 투자할 돈을 은행에 예금했다면 이자를 받을 수 있었으므로 그 이자가 기회비용이 된다. 즉 A에 투자하면 1억 원의 이익을 얻을 수 있는데 투자하지 않고 B에 투자하여 3억 원을 벌었더라면 이때의 기회비용은 "A에 투자하였다면"의 비용이므로 1억 원이 된다.

▍매몰비용(Sunk Cost)

매몰비용은 Sunk Cost, 즉 가라앉은 비용이다. 다시 말해 이미 지출해서 회수가 불가능한 비용을 말한다. 예를 들어 프로젝트를 진행하면서 1억 원의 비용을 지출했고 문제가 있어서 그 프로젝트를 중단하고 새로운 프로젝트를 진행할 때 앞에서 지출된 1억 원을 새로운 프로젝트에서 고려해서는 안 된다는 것이다. 다른 말로 "Water under the bridge"라고 할 수 있다. 프로젝트 타당성시 재무적인 부분은 기본이다. 일반적으로 NPV와 IRR의 상태를 보고 프로젝트의 착수 시 타당성을 검토한다. NPV와 IRR계산 방법은 excel sheet에서 메뉴 수식부분에서 함수부분을 선택하여 입력을 하여 쉽게 구할 수 있다.

프로젝트 착수의 성공과 실패 사례들

성공사례: 영국 정부 민영 텔레비전 방영권-자유 경쟁 입찰사례

1954년, 영국 정부는 민영 텔레비전 방영권을 자유 경쟁 입찰에 부쳤다. 수많은 기업이 입찰에 참여했다. 입찰을 신청한 기업들은 광고 수익을 극대화하기 위해 영국에서 가장 부유한 지역이 어디인지 인구 통계 실태를 분석하기 시작했다. 분석 결과, 잉글랜드 남동부 지역과 런던이 나왔다. 기업들은 이 지역에 대한 방송권을 따내기 위해 고군분투했다. 하지만 '그라나다 시네마(Granada Cinema)'라는 조그마한 영화사 사장인 시드니 번스타인(Sidney Bernstein)은 생각이 달랐다.

그는 직원들에게 가장 부유한 지역 말고 비가 가장 많이 오는 지역을 찾아내라는 지시를 내렸다. 조사 결과 강수량이 가장 많은 지역은 잉글랜드 남서부였고 그라나다는 결국 이 지역 방송권을 따냈다.

왜냐하면 강수량이 가장 많은 지역 사람들은 외출하는 대신 집에서 TV를 볼 때가 많을 것이므로 수익성이 더 높다고 판단했다. 그의 예상대로 잉글랜드 남서부의 광고 노출 효과는 가장 높았고, 그는 광고에서 거둔 수익금으로 전 세계 최장수 TV프로그램인 '코로네이션 스트리트(Coronation Street)'와 '월드 인 액션(World in Action)' 같은 참신한 프로그램을 다수 제작했다. 지금 우리는 규모를 가늠할 수 없을 정도로 많은 정보와 데이터가 생산되는, 이른바 '빅데이터(Big Data)' 시대를 맞이하고 있다. 하지만 데이터가 아무리 많아도 이를 제대로 읽어내는 능력이 없으면 아무 소용이 없다. 미국의 차세대 전문가(Next Generation Catalyst) 라이언 젠킨스(Ryan Jenkins)가 '2020년에 요구되는 가장 중요한 10가지 업무 스킬(The 10 Most Important Work Skills in 2020)' 가운데 첫 번째로

'의미 부여(Sense Making)' 능력을 꼽은 것도 이 때문이다. 그렇다면 이러한 능력을 갖추려면 어떻게 해야 할까? 이는 결국 '훈련'이다. 평소 어떤 상황이나 사건을 건성으로 보아 넘기지 않고, 그 이면에 숨어 있는 의미를 파악하는 훈련을 해야 하는 것이다. 쉽게 말해 '생각하면서 살아야 한다'는 것이다.

실폐사례: 코브라 효과(cobra effect)
- PROJECT 목적: 코브라 수를 줄이는 것
- 문제: 영국의 식민지였던 인도에서 코브라가 사람을 물어 죽이는 일이 빈번히 발생
- 목표: 코브라 제거
- 방법: 코브라 머리를 잘라오면 그 숫자만큼 돈으로 보상하는 것

예전 영국의 식민지였던 인도에서 코브라가 사람을 물어죽이는 일이 빈번하여 총독부는 코브라를 없애는 방법으로 코브라 머리를 잘라오면 그 숫자만큼 돈으로 보상하는 것으로 하였다. 초기에는 이 프로젝트는 성공적인 듯이 보였다. 왜냐하면 돈을 받고자 잡아오는 코브라 수가 점차 증가했기 때문이었다. 그리하여 영국의 총독부는 혐오스런 뱀이 조만간 사라지리라 기대를 하였으나, 정책을 실시한지 1년이 지나고 또 2년이 지나도 잡아오는 코브라 수가 줄어들기는커녕 더욱 증가했다.
이상하게 생각한 총독부가 그 이유를 알아보니 사람들이 처음에는 코브라를 잡기 위해 집 주위는 물론 들과 산을 열심히 헤맸지만 나중에는 집집마다 우리를 만들어서 코브라를 키우고 그것들을 잡아서 보상을 받고 있었다. 총독부는 할 수 없이 코브라 제거 정책을 포기했다. 그러자 사람들은 집에서 키우던 뱀을 모두 내다 버렸고, 코브라 수는 정책을 펼치기 전보다 오히려 더 많이 증가했다.

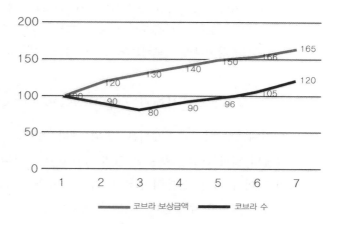

코브라 보상금액 ■■■ 코브라 수

이처럼 어떤 문제를 해결하기 위한 대책을 시행했는데 오히려 문제가 더욱 악화되는 현상을 '코브라 효과(cobra effect)'라고 한다. 그렇다면 왜 이런 현상이 생기는 것일까? 그것은 깊은 고민 없이 졸속하게 대책을 세우고 프로젝트를 시행하기 때문이다. 따라서 문제를 제대로 해결하려면 우선 그 문제의 근본 원인부터 면밀히 살펴야 한다. 그리고 대책을 세울 때에는 다소 시간이 걸리더라도 효과는 물론 역효과의 가능성까지 다차원적으로 따져봐야 한다. 아울러 시행하는 단계에서는 예상치 못한 문제가 생기지는 않는지 초기부터 잘 살피고 적절히 보완해야 한다. 한마디로 깊은 타당성이 결여된 프로젝트는 제대로 성공할 수 없다는 이야기이다.

프로젝트 실패 및 성공에 판단 이야기

1960년 6월 25일은?

• 프로젝트 착수: John F. Kennedy 대통령이 앞으로 "10년 내에 $5.31억불을 투자하여 달에 사람을 보내고 무사히 귀환시키도록 한다"고 발표
• 프로젝트 목표: 확실한 방향(달에 인간을 착륙시키는 것)
• 프로젝트 완료: 1969. 7. 1 실제완료
• 프로젝트 실제 소요원가: Budget: 200억불 소요예산이 초과된 프로젝트

이 프로젝트는 성공한 것인가? 실패한 것인가?

→ 프로젝트 관리 자체로만 보면 실패한 프로젝트 이다. 하지만 프로젝트 가치를 역사적 관점으로 보면 상황이 달라질 수 있다. 그 프로젝트의 상징성, 역사성 등을 종합적으로 판단할 필요가 있는 것이다. 그러나 이런 대규모 큰 프로젝트는 국가의 지원으로 추진되는 경우에는 실현가능성이 높다. 만일 민간기업이 실행하였다면 아마도 그 기업은 부도가 났을 것이다. 이런 부분이 전략과의 연계성을 봐야 하는 것이다. 재무적인 부분은 크게 실패를 하였어도 시간이 지나고 역사적인 상징성을 가진 파리의 에펠탑, 호주의 오페라하우스 등은 당시 프로젝트의 성과는 안 좋았지만 그 자체가 가진 가치로 인해 역사적으로는 성공적인 프로젝트로 평가를 받는 경우도 있다.

(2) 프로젝트관리계획 개발(Develop Project Management Plan)

전체프로젝트 관리계획은 '범위 관리 계획', '일정 관리 계획' 같은 부분 계획들의 집합체이다. 부분적 관리 계획들이 하나의 프로젝트관리계획으로 통합이 되어야 한다. 부분적 관리 계획들(Subsidiary Plans)을 잘 정의, 준비, 통합, 조정하는 역할을 수행한다. 부분적 계획들을 식별, 정의, 통합, 조정하는 프로

세스가 [프로젝트관리계획개발] 프로세스이며 기획을 반복하면서 계획을 점진
적으로 구체화하게 된다. 프로젝트관리계획은 프로젝트를 어떻게 실행하고 어
떻게 감시 및 통제하고 어떻게 종료할 것인지를 정의한 문서이기도 한다.

우리가 북극이건 남극이건 여행을 가서 펭귄과 곰의 만남을 계획했다면
실현 가능성은 어찌될까? 아마도 비현실적인 계획으로 실패를 할 것이다. 따라
서 계획은 현실적이어야 한다.

계획수립 시 SMART를 지키는 것이 중요하다.

• Specific – 구체적이어야 한다.
• Measurable – 측정가능하여야 한다.
• Assignable – Role and responsibility이 확실히 정해져야 한다.
• Realistic – 가능한 한도에서(자원/능력) 계획이 만들어져야 한다.
• Time related – 수립된 목표에 달성하는 시간표 수립하여야 한다.

▌ 프로젝트관리계획개발 프로세스에 필요한 요소들
프로젝트헌장(Project Charter)
기본적으로 프로젝트 착수시의 중요한 내용이 포함되어 있다.
타 프로세스그룹의 산출물(Outputs from Other Processes)
범위관리부터 이해관계자관리까지의 9개의 하부 기획프로세스들의 계획
들과 3개 기준선(범위/일정/원가)들과의 집합이다.

▌ 프로젝트관리계획개발 프로세스에서 사용되는 대표적인 도구 및 기법
• **데이터 수집**: 프로젝트 팀이나 팀원이 프로젝트 활동을 성공적으로 수행
  할 수 있도록 도움을 주는 제반 기법으로 인터뷰, 브레인스토밍, 문제해
  결, 갈등해결, 회의 등이 있다.
• **대인관계 및 팀 기술**: 갈등관리, 촉진 및 회의관리가 대표적인 기술이다.
• **회의**: 일반적으로 회의를 통해 문서가 작성된다.

▌ 촉진기법(Facilitation Techniques)
프로젝트 팀이나 팀원이 프로젝트 활동을 성공적으로 수행할 수 있도록
도움을 주는 제반 기법. 브레인스토밍, 문제해결, 갈등해결, 회의 등이 있다.

▌프로젝트관리계획개발 프로세스의 산출물

프로젝트관리계획서(Project Management Plan)

프로젝트관리계획서는 3개 기준선(범위기준선, 일정기준선, 원가기준선)＋범위관리계획서, 요구사항관리계획서, 일정관리계획서, 원가관리계획서, 품질관리계획서, 프로세스개선계획서, 인적자원관리계획서, 의사소통관리계획서, 리스크관리계획서, 조달관리계획서, 이해관계자관리계획서 등이 포함된다.

프로젝트관리계획＝모든 하부프로세스의 계획들＋3개 기준선(범위, 일정, 원가)

꼭 알아야 할 핵심 용어

프로젝트관리정보시스템(PMIS: Project Management Information System)이란? 프로젝트는 엄청난 자료를 바탕으로 수행되어야 하는 활동으로 수작업으로는 진행이 불가하다. 따라서 일정관련 활동 부문, 비용 사용부문 등은 SW(Software) Tool에 의존할 수밖에 없다. 회사마다 독특한 프로젝트 운영체계를 가질 수 있으며, 일반적인 운영시스템을 사용할 수도 있다. 예) MS-Office(Excel), MS-Project(일정관리), Primavera(중공업, 선박건조, 중동해외 Plant사업 등에서 많이 사용되고 있다.)

---

(3) 프로젝트작업지시 및 관리(Direct and Manage Project Work)

프로젝트작업지시 및 관리(Direct and Manage Project Work) 프로세스는 통합 관리 프로세스이며 실행 프로세스 그룹의 나머지 실행 프로세스들을 통합하여 전체 실행을 지시하고 관리한다. 프로젝트관리계획에 따라 실행하면 '인도물(Deliverable)'들이 생성되며, 그 인도물의 실제 상태와 어떤 작업이 완료되었는지 등에 대한 '작업성과데이터(Work Performance Data)'가 수집된다. 여기서 작업성과데이터는 작업현황의 Raw Data이다. 즉 시간이 얼마가 소요되었는지, 비용은 얼마가 들어갔는지, 어떤 리스크가 발생했는지에 대한 실제 자료이다. 그리고 실행을 하다보면 시정할 것이 발생되는데 그래서 변경요청이 발생한다. 이 3가지가 실행의 대표적인 산출물(Output)이다.

전체실행의 대표적 활동을 보면 다음과 같다.

• 산출물 작성 — 실행의 Output

- 작업실적 취합 – 작업성과데이터
- 프로젝트 팀원 교육 – 인적자원
- 승인된 변경 실행 – 전체실행
- 고객으로부터 견적 및 제안 획득 – 조달수행
- 이해관계자 관리 – 참여관리
- 커뮤니케이션 채널관리 – 의사소통관리
- 변경요청 수행(시정조치, 예방조치, 결함수정) – 전체실행
- 리스크대응계획이행 – 전체실행

대표적 산출물은 다양한 인도물(Deliverable)과 실제 실행결과의 자료인 작업성과데이터(Work Performance Data)이며, 이 중 작업성과데이터는 여러 가지 감시 및 통제 프로세스의 주요 투입물이 된다. 즉 계획대비 실적 차의 분석 시 '실적의 데이터'가 된다. 승인된 변경사항 구현을 수행하는 것도 실행의 중요한 부분이다. 승인변경사항이 늦게 실행에 반영되면 기업은 많은 손실(폐기처리, 재작업)을 감수하여야 한다. 또한 실행은 과정중 발생하는 많은 변경사항을 변경요청을 통해 구현하게 되는데 다음과 같은 부분을 변경요청하게 된다.

- **시정조치(Corrective Action)**: 계획보다 못한 실적을 목표 계획 수준에 맞추기 위해 취하는 활동이다(예: 일정이 지연된 경우, 일정을 맞추기 위해 자원을 더 투입, 오버타임 근무).
- **예방조치(Preventive Action)**: 리스크와 관련된 부정적인 결과의 확률을 낮추기 위해 취하는 활동(예: 여러 번의 테스트 수행, 사전교육을 통해 확률을 낮춘다).
- **결함수정(Defect Repair)**: 일반적으로 품질 통제를 통해 프로젝트의 결과물을 확인하다 보면 결함이 발행하는데 이를 수정하기 위해 취하는 활동이다. 결함을 수정하려면 재작업이 발생할 수가 있다.

▌프로젝트작업지시 및 관리 프로세스에 필요한 요소들
프로젝트관리계획서(Project Management Plan)
실행시 수행해야 할 작업들과 어떻게 수행할 것인지에 대한 방법들이 포함되어 있다.

승인된 변경요청(Approved Change Requests)

프로젝트 범위를 확장, 축소하는 변경사항을 승인 받아 문서화한 것으로 프로젝트를 진행하면서 생기는 여러 변경요청들은 [통합변경통제수행] 프로세스를 통해 승인 및 거부가 되며 공식적으로 승인된 변경요청은 실행에서 수행하여야 한다.

프로젝트 문서(Project Documents)

변경사항 기록부, 교훈관리대장, 마일스톤목록, 프로젝트 의사소통, 프로젝트 일정, 요구사항 추적매트릭스, 리스크 관리대장, 리스크 보고서 등

▌ 프로젝트작업지시 및 관리 프로세스에서 사용되는 대표적인 도구 및 기법
프로젝트관리정보시스템(Project Management Information System)

프로젝트 관리를 위한 관리정보시스템으로 프로젝트 착수부터 종료까지 모두 사용된다.

회의(Meetings)

프로젝트 작업을 수행을 위해 관리자, 팀원, 이해관계자들이 모여 프로젝트 제반 사항을 논의하는 공식 또는 비공식 회의가 있다. 일반적으로 정보교환, 브레인스토밍, 대안 제안 및 평가, 의사결정을 한다.

▌ 프로젝트작업지시 및 관리 프로세스의 산출물
인도물들(Deliverables)

실행을 하면 인도물이 산출된다. 즉 다양한 인도물들이 산출되고 이것은 추후 품질통제프로세스를 통해 품질요구사항에 부합했는지 확인받게 된다.

작업성과데이터(Work Performance Data)

프로젝트를 진행하는 과정에 수집된 다양한 정보들의 문서화된 것으로 작업의 Raw Data이다. 이 작업성과데이터는 주로 감시 및 통제 프로세스에 투입이 되는데 기준과 실적에서 실적의 대상으로 투입이 된다.
예: 제품을 만드는데 소요된 시간, 사용된 비용, 발생한 리스크 등

변경요청(Change Requests)

변경요청은 프로젝트 작업 수행 중에 시정되어야 하는 문제가 확인 될 때 필요한 변경들은 요청하게 되며, 변경들은 [통합변경통제수행]을 통해 처

리된다.

(4) 프로젝트지식관리(Project Knowledge Management)

프로젝트의 목표를 달성하고 조직의 학습에 기여할 수 있도록 기존 지식을 활용하고 새로운 지식을 만들어가는 프로세스이다. 이 프로세스의 주요 이점은 이전 조직의 지식을 활용하여 프로젝트 결과를 산출하거나 개선하고, 프로젝트에서 습득한 지식으로 조직의 운영업무, 향후 프로젝트 또는 단계를 지원할 수 있다는 점이다. 프로젝트 전반에 걸쳐 이 프로세스가 수행된다.

지식 관리는 기존 지식의 재사용과 새로운 지식의 창출이라는 두 가지 목적으로 암묵적 지식과 명시적 지식을 관리하는 것에 해당한다. 이러한 두 가지 목적을 뒷받침하는 주요 활동이 지식 공유와 지식 통합(서로 다른 영역의 지식, 정황 지식 및 프로젝트관리 지식) 활동이다.

▌ 프로젝트작업감시 및 통제 프로세스 수행에 필요한 요소들

- **프로젝트관리 계획서**: 프로젝트관리 계획서를 구성하는 모든 요소가 투입물이다.
- **프로젝트 문서**: 다음은 이 프로세스의 투입물로 간주될 수 있는 프로젝트 문서의 일부 예이다.
  ▸ **교훈 관리대장**: 교훈 관리대장은 지식관리 분야에서 효과적인 실무사례에 관한 정보를 제공한다.
  ▸ **프로젝트팀 배정표**: 프로젝트팀 배정표는 프로젝트에서 사용할 수 있는 역량 및 경험의 종류, 누락될 수 있는 지식에 대한 정보를 제공한다.
  ▸ **자원분류체계(RBS)**: 자원분류체계는 팀 구성에 관한 정보를 제공하고, 그룹으로 활용할 수 있는 지식과 누락되고 없는 지식을 파악하는 데 유용할 수 있다.
  ▸ **공급자 선정기준**: 공급자 선정기준은 프로젝트 외부로부터 특정 지식이 필요한지 판단하는 기준을 제시한다.
  ▸ **이해관계자 관리대장**: 이해관계자 관리대장은 식별된 이해관계자에 대한 자세한 정보를 제공하여 이해관계자들이 보유하고 있는 지식을 파

악할 수 있도록 지원한다.

- **인도물**: 인도물은 프로세스, 단계 또는 프로젝트를 완료하기 위해 산출해야 하는 고유하고도 검증 가능한 제품, 결과 또는 서비스 수행 역량이다. 인도물은 일반적으로 프로젝트 목표를 충족시키기 위해 완성되는 유형의 구성요소이며, 프로젝트관리 계획서의 구성요소를 포함할 수 있다. 인도물은 인도물 산출에 내재된 지식의 영향을 받기 때문에 프로젝트로 산출될 인도물을 파악하는 것이 이 프로세스에서 관리할 지식을 정의하는 데 도움이 된다.

▌ 프로젝트작업감시 및 통제 프로세스에 사용되는 대표적인 도구 및 기법

- **지식관리**: 지식관리 도구와 기법은 사람들을 연결함으로써 협업을 통해 새로운 지식을 도출하고 암묵적 지식을 공유하며 다양한 팀원들의 지식을 통합할 수 있도록 한다. 프로젝트에 적합한 도구와 기법은 프로젝트의 성격, 특히 수반되는 혁신의 정도, 프로젝트의 복잡성, 팀원들의 다양성(분야의 다양성 포함) 수준에 따라 달라진다.
- **정보관리**: 정보관리 도구 및 기법은 정보를 생성하여 사람들과 연결하는 데 사용한다. 단순하고 명확하며 명문화된 명시적 지식을 공유하는 데 효과적이다.

다음은 정보관리 도구 및 기법의 일부 예이다.

  ▸ 명시적 지식을 명문화하는 방식, 예를 들어 교훈 관리대장을 위해 습득할 교훈 항목을 산출한다.
  ▸ 교훈 관리대장
  ▸ 라이브러리 서비스
  ▸ 웹 검색, 출간 자료 열람 등을 통해 수집한 정보

- 프로젝트관리 정보시스템(PMIS)
- **대인관계 및 팀 기술**

다음은 사용되는 대인관계 및 팀 기술의 일부 예이다.

  ▸ **적극적 경청**: 적극적 경청은 오해를 줄이고 의사소통과 지식 공유를 촉진한다.
  ▸ **촉진**: 촉진은 성공적인 의사결정, 해결책 또는 결론을 도출하는 방향

으로 그룹을 효과적으로 인도하는 데 도움이 된다.

▸ **리더십**: 관련 지식과 지식 목표에 프로젝트팀이 집중하도록 장려하고 팀에 비전을 전달하는 데 리더십을 활용한다.

▸ **네트워킹**: 네트워킹은 프로젝트 이해관계자들 간 비공식적인 연결과 관계 형성을 가능하게 하고, 암묵적 및 명시적 지식을 공유할 여건을 조성한다.

▸ **정치적 인식**: 정치적 인식은 프로젝트 관리자가 프로젝트 환경뿐 아니라 조직의 정치적 환경에 근거하여 의사소통을 계획하는 데 도움이 된다.

▌ 프로젝트 지식관리 프로세스의 산출물

• **교훈 관리대장**: 교훈 관리대장에는 상황의 범주와 설명이 포함될 수 있다. 상황에 따른 영향, 권고사항, 제안하는 조치 등이 포함되기도 한다. 과제, 문제점, 실현된 리스크와 기회 또는 기타 해당되는 내용을 교훈 관리대장에 기록할 수 있다. 프로젝트 초기에 이 프로세스의 산출물로 교훈 관리대장이 작성된다. 그 다음에는 프로젝트 전반에 걸쳐 수많은 프로세스의 투입물로 사용되거나 산출물로 업데이트된다. 작업에 참여한 사람이나 팀도 교훈을 수집하는 데 포함된다. 지식은 비디오, 그림 또는 오디오를 이용하거나 교훈의 효율성을 보장하기에 적절한 기타 방법으로 문서화할 수 있다. 프로젝트 또는 단계가 끝나면 교훈 저장소라고 하는 조직 프로세스 자산으로 정보가 이전된다.

• **프로젝트관리 계획서 업데이트**: 프로젝트관리 계획서를 변경하려면 변경 요청을 통해 조직의 변경 통제 프로세스를 밟아야 한다. 프로젝트관리 계획서의 모든 구성요소가 이 프로세스의 결과로 업데이트될 수 있다.

(5) 프로젝트작업감시 및 통제(Monitor and Control Project Work)

프로젝트작업 감시 및 통제는 프로젝트관리 계획서에 정의된 성과 목표를 달성하는 과정에서 프로젝트 진행 상황을 추적 및 검토하고 보고하는 프로세스이다.

이 프로세스의 주요 이점은 이해관계자들이 프로젝트 현황을 파악하고 성과 이슈를 해결하기 위해 취한 조치를 확인하며 원가 및 일정 예측치를 토대로 향후 프로젝트 상태를 확인할 수 있다는 점이다. 프로젝트 전반에 걸쳐 이 프로세스가 수행된다.

일반적으로 계획대로 진행되는 프로젝트는 매우 드물기 때문에 감시 및 통제는 필요하다. 감시(Monitoring)를 통해 진행 상태를 지속적으로 체크하고, 프로젝트가 계획을 벗어나지 않도록 적절한 통제(Control)를 해야 한다. 감시 및 통제는 프로젝트 전반에 걸쳐서 착수, 계획, 실행, 종료 단계에 모두 해야 한다. 전체 감시 및 통제 프로세스에서는 기준대비 실적의 차이를 식별하고 성과가 낮은 경우에는 성과를 향상시키기 위한 조치가 필요한데 이러한 여러 가지 변경은 Change Requests(시정조치, 예방조치, 결함 수정)를 통해 이루어진다.

전체 감시 및 통제 프로세스는 지속적으로 작업의 진척에 대해 측정하며 계획과의 차이를 식별하는 프로세스로 지속적으로 리스크를 감시하는 것도 포함하며, 감시에는 프로젝트의 상태보고, 진도 측정 및 예측 활동이 포함된다. 프로젝트 생애주기 동안 프로젝트의 진행 상태를 측정해야 하며 현재 프로젝트의 진도가 계획보다 빠른지 늦었는지 판단하여 향후 어떻게 프로젝트가 진행될 것인지 예측하는 활동도 수행한다는 것이다. 또한 주기적으로 프로젝트 작업성과보고서를 만들어 관련 이해관계자에게 배포한다.

▌ 프로젝트작업감시 및 통제 프로세스 수행에 필요한 요소들
- **프로젝트관리계획서(Project Management Plan)**: 프로젝트관리계획은 작업 및 통제의 가이드를 제공한다. 프로젝트작업 감시 및 통제를 통해 프로젝트의 모든 측면을 검토한다. 프로젝트관리 계획서의 모든 구성요소가 이 프로세스의 투입물이 될 수 있다.
- **프로젝트 문서**: 다음은 이 프로세스의 투입물로 간주될 수 있는 프로젝트 문서의 일부 예이다.
  ▸ 가정사항 기록부, 산정 기준서, 원가 예측치, 이슈 기록부, 교훈 관리대장
- 일정예측
- **작업성과 정보**: 작업 실행 과정에서 작업성과 데이터가 수집되어 통제 프로세스로 전달된다. 작업성과 정보가 되려면 작업성과 데이터를 프로

젝트관리 계획서 구성요소, 프로젝트 문서 및 기타 프로젝트 변수와 비교해야 한다. 이러한 비교를 통해 프로젝트가 어떻게 진행되고 있는지 확인된다.

- **협약**: 조달 계약서에는 약관이 명시되고, 판매자가 수행하거나 제공할 대상물과 관련하여 구매자가 지정하는 기타 조항이 추가될 수 있다. 작업의 일부로 프로젝트를 외주하는 경우, 프로젝트 관리자는 계약업체의 작업을 감독하여 조직의 모든 계약이 조달 정책을 준수하면서 프로젝트의 특정 요구를 충족하는지 확인해야 한다.

▌ 프로젝트작업감시 및 통제 프로세스에서 사용하는 대표적인 도구 및 기법

- **데이터 분석**: 다음은 사용할 수 있는 데이터분석기법의 일부 예이다.
  - ▶ 대안분석: 대안분석은 차이가 발생할 때 구현할 시정조치 또는 시정조치와 예방조치를 결합한 조치를 선정하는 데 사용된다.
  - ▶ 비용−편익 분석: 비용−편익 분석은 프로젝트 차이가 발생하는 경우에 비용 측면에서 최상의 시정조치를 결정하는 데 도움이 된다.
  - ▶ 획득가치 분석: 획득가치는 범위, 일정 및 비용 성과가 통합된 관점을 제공한다.
  - ▶ 원인분석: 원인분석에서는 문제의 주요한 원인을 파악하는 데 주력한다.
  - ▶ 추세분석: 추세분석은 과거 결과를 기준으로 미래의 성과를 예측하는 데 사용된다.
  - ▶ 차이분석: 차이분석으로 계획된 성과와 실제 성과 사이의 편차(또는 차이)를 검토한다.
- **의사결정**: 사용할 수 있는 의사결정기법의 예로 투표가 있다. 투표에는 만장일치, 과반수, 다수결 또는 독단 방식의 의사결정 기법이 포함될 수 있다.
- **회의**: 회의에는 대면, 가상, 공식 또는 비공식 회의 등이 있다. 프로젝트 팀원과 해당되는 프로젝트 이해관계자들이 회의에 참석할 수 있다. 회의 종류의 예로는 사용자 그룹회의, 검토회의 등이 있다.

▌ 프로젝트작업감시 및 통제 프로세스의 산출물

- **작업성과 보고서**: 현황을 파악하고 의사결정을 내리거나 조치를 결정하는 데 활용하기 위해 물리적 또는 전자 형식으로 작업성과 정보를 통합 및 기록하고 배포한다. 작업성과보고서는 프로젝트 전체성과를 담고 있으며 다른 이름(예: Status Reports, Memos, Justifications, Information Notes, Recommendations) 등으로 표현될 수 있고 의사소통관리 프로세스를 통해 이해관계자들에게 배포된다.
- **변경요청**(Change Requests): 부족한 실적을 계획에 맞추기 위한 다양한 변경 요청들이 발생하게 된다. 다음은 변경의 일부 예이다.
  - ▶ **시정조치**: 프로젝트작업의 성과를 프로젝트관리 계획과 맞추는 것을 목적으로 하는 활동
  - ▶ **예방조치**: 프로젝트작업의 미래 성과를 프로젝트관리 계획서에 맞추는 것을 목적으로 하는 활동
  - ▶ **결함수정**: 부적합한 제품 또는 제품 구성요소를 수정하기 위한 목적의 활동

(6) 통합변경통제수행(Perform Integrated Change Control)

통합 변경통제 수행은 모든 변경요청을 검토한 후, 변경사항을 승인하고 인도물과 조직 프로세스 자산, 프로젝트 문서 및 프로젝트관리 계획서의 변경을 관리하며, 결정사항에 대해 의사소통하는 프로세스이다. 이 프로세스를 통해 프로젝트 문서, 인도물 또는 프로젝트관리 계획서에 대한 모든 변경요청을 검토하고, 변경요청의 해결책을 결정한다.

이 프로세스의 주요 이점은 전체 프로젝트 목표 또는 계획을 고려하지 않은 변경으로 인해 종종 발생하는 프로젝트 포괄적 리스크를 해결하면서 프로젝트 내에서 문서화된 변경사항을 통합된 방식으로 고려할 수 있도록 한다는 점이다.

프로젝트는 미래를 예측하고 진행하는 부분이 많으므로 다양한 변경은 피할 수 없는 부분이며, 언제 발생할지 모르는 부분이므로 프로젝트 전반에 걸쳐 늘 확인해야 한다. 프로젝트 관리 프로세스들은 서로 연관성을 가지고 있으므로 변경은 체계적인 순서에 따라 처리되어야 한다.

승인된 변경요청에 따라 새로운 또는 개정된 원가 산정치, 활동순서, 일정 날짜, 자원 요구사항 및/또는 여러 가지 리스크 대응 방식의 분석 등이 필요할 수 있다.

이러한 변경으로 인해 프로젝트관리 계획서 및 기타 프로젝트 문서에도 조정이 필요할 수도 있다. 만일 고객 또는 스폰서가 변경통제위원회(CCB)에 포함되지 않는다면, 변경통제위원회(CCB) 승인 후의 특정 변경요청에는 고객 또는 스폰서 승인이 요구되기도 한다.

변경의 체계적인 절차는 PMIS의 한 부분으로서 '형상관리시스템(Configuration Management System)'에 포함되어 있으며, 그 형상관리시스템의 한 부분으로 '변경 통제 시스템'이 있다. 형상 통제는 인도물 및 프로세스 사양에 초점을 두지만, 변경 통제는 프로젝트 및 제품 기준에 대한 변경을 식별, 문서화, 통제하는데 초점을 둔다.

형상관리는 '버전 관리'로 보면 이해하기 쉬우며, 변경의 등록, 평가, 승인, 추적을 총괄 관리하게 된다. 일반적으로 프로젝트 변경을 승인 또는 거부하는 역할을 하는 '변경 통제 위원회(CCB)'가 있으며, 변경 승인의 권한이 있는 사람들이 위원회를 구성하여 변경 요청에 대해 처리한다.

대표 주요 활동은 다음과 같다.

- 승인된 변경만이 실현되도록 관리한다.
- 변경 요청들을 검토, 분석, 승인 또는 거부한다.
- 승인된 변경만의 관리한다.
- 승인된 변경만을 인정함으로써 완전한 기준선 유지 관리한다.
- 승인된 변경만 프로젝트 관리 계획이나 프로젝트 문서에 포함되도록 관리한다.
- 전체 프로젝트 전반에 걸쳐 변경사항 조정한다.
- 변경 요청의 영향을 문서화한다.

■ 통합변경통제수행 프로세스에 필요한 요소들

- **프로젝트관리계획서**(Project Management Plan): 변경관리계획, 범위관리계획, 범위기준선을 포함하고 있고 변경요청과 관련하여 지침을 제공한다.

다음은 이 프로세스에서 유용할 수 있는 프로젝트관리 계획서 구성요소의 일부 예이다.

▸ **변경관리 계획서**: 변경관리 계획서에는 변경통제 프로세스 관리 지침을 기술하고, 변경통제위원회(CCB)의 역할과 담당 업무를 명시한다.

▸ **형상관리 계획서**: 형상관리 계획서에는 프로젝트의 구성 가능한 항목을 기술하고, 프로젝트 제품이 일관성과 운영 상태를 유지할 수 있도록 기록하고 업데이트할 항목을 명시한다.

▸ **범위 기준선**: 범위 기준선은 프로젝트 및 제품정의를 제시한다.

▸ **일정 기준선**: 일정 기준선은 프로젝트 일정 변경으로 인한 영향을 평가하는 데 사용된다.

▸ **원가 기준선**: 원가 기준선은 프로젝트 원가 변경으로 인한 영향을 평가하는 데 사용된다.

• **프로젝트 문서**: 다음은 이 프로세스의 투입물로 간주될 수 있는 프로젝트 문서의 일부 예이다.

▸ **산정 기준서**: 산정 기준서는 기간, 원가 및 자원 산정치를 도출한 방법을 기술하며, 시간, 예산 및 자원 변경으로 인한 영향을 계산하는 데 사용될 수 있다.

▸ **요구사항 추적 매트릭스**: 요구사항 추적 매트릭스는 프로젝트 범위 변경으로 인한 영향을 평가하는 데 유용하다.

▸ **리스크 보고서**: 리스크 보고서는 요청된 변경으로 수반되는 개별 및 프로젝트 포괄적 리스크 유발원에 대한 정보를 제시한다.

• **작업성과 보고서**: 변경요청 검토와 관련하여 전체 감시 및 통제 프로세스의 산출물인 작업성과정보는 중요한 프로젝트 성과정보를 제공한다.

• **변경요청**: 많은 프로세스의 산출물로 변경요청이 발생한다.

■ 통합변경통제수행 프로세스에서 사용하는 대표적인 도구 및 기법들

• **전문가판단(Expert Judgment)**: 전문가의 판단으로 변경을 승인할 것인지 말 것인지의 결정을 내린다. 다음과 같은 분야의 전문지식을 갖추거나 교육을 받은 개인 또는 그룹을 전문가로 고려해야 한다.

▸ 업계의 기술 지식과 프로젝트의 핵심 영역

▸ 법률 및 규정

- **변경통제 도구:** 용이한 형상관리와 변경관리를 위해 수동 또는 자동 처리 도구를 사용할 수도 있다. 도구는 다음과 같은 변경관리 활동을 지원한다.

- **데이터 분석:** 다음은 이 프로세스에 사용할 수 있는 데이터분석기법의 일부 예이다.

  ▸ **대안분석:** 요청된 변경을 평가하여 수락 또는 거부하거나 최종적으로 수락하기 위해 수정이 필요한지 여부를 결정하는 데 사용되는 기법이다.

  ▸ **비용-편익 분석:** 요청된 변경에 관련 비용을 지출할 가치가 있는지 판별하는 데 유용한 기법이다.

- **의사결정:** 다음은 이 프로세스에 사용할 수 있는 의사결정기법의 일부 예이다.

  ▸ **투표:** 변경요청을 수락, 연기 또는 거절할지 여부를 결정하기 위해 만장일치, 과반수, 다수결 또는 독단 방식의 투표를 실시할 수 있다.

  ▸ **다기준 의사결정 분석:** 이 기법에서는 의사결정 매트릭스를 이용하여 사전 정의된 기준에 따라 요청된 변경을 평가하는 체계적인 분석법을 제공한다.

- **회의:** 변경요청을 검토하고, 변경요청을 수락, 거절 또는 연기하는 일을 담당하는 변경통제위원회(CCB)와 함께 변경통제 회의를 진행한다. 대부분의 변경이 시간, 원가, 자원 또는 리스크 측면에 어느 정도 영향을 미친다. 변경으로 인한 영향을 회의에서 반드시 평가해야 한다.

▌통합변경통제수행 프로세스의 산출물들

- **승인된 변경요청(Approved Change Requests):** 승인된 변경요청은 프로젝트 관리자, CCB(Change Control Board) 또는 변경통제시스템에 의해 관리되고 실행에서 가능한 즉시 실행토록 한다. 또한 승인된 변경요청은 품질통제와 조달통제 프로세스에 보내어 인도물이 제대로 수정된 것인지 감시토록 한다. 프로젝트 문서를 업데이트할 때 모든 변경요청의 처리 결과를 변경사항 기록부에 기록한다.

(7) 프로젝트 또는 단계종료(Close Project or Phase)

프로젝트 또는 단계 종료는 프로젝트, 단계 또는 계약에 속한 모든 활동을 종료하는 프로세스이다. 프로젝트의 모든 활동을 공식적으로 종료하여 프로젝트나 단계를 종료한다. 프로젝트를 통해 생성된 문서와 정보는 향후 다른 프로젝트나 단계에서 이용할 수 있도록 체계적으로 분류하고 정리한다.

이 프로세스의 주요 이점은 프로젝트 또는 단계 정보가 보관되고, 계획된 작업이 완료되며 새로운 작업이 가능하도록 조직의 자원을 해제한다는 점이다.

이 프로세스는 프로젝트에서 한 번 또는 미리 정해진 시점들에 수행된다.

프로젝트 또는 단계의 모든 목표를 달성했을 때나 조기 중단을 할 경우에 공식적으로 활동을 종료하는 프로세스이다.

- 프로젝트의 제품, 서비스 또는 결과물을 다음 단계 또는 생산 및 운영 단계로 전달하는 데 필요한 조치와 활동
- 조직의 정책 및 절차를 개선 또는 업데이트하기 위한 제안을 수집하여 조직의 관련 부서로 전달
- 이해관계자 만족도 측정

프로젝트 또는 단계를 종료하는 데 필요한 모든 활동을 수행하고, 프로젝트의 제품을 운영으로 인계하고, 프로젝트 성공 또는 실패를 평가하고, 교훈을 수집하고 문서화하는 등의 활동을 수행한다. 프로젝트 관리자는 인도된 모든 과거 정보를 검토하여 모든 프로젝트 작업의 완료와 목표 달성을 확인한다. 프로젝트 범위는 프로젝트 관리 계획서 기준으로 측정하고 완료되지 않는 프로젝트를 종료(Pre-mature closing)할 경우 사유를 문서화한다. 이때 고객과의 행정적 종료가 중요한데 모든 클레임이라든지 미지급 건 등 재무적인 부분과 프로젝트 성과와 관련된 최종보고서 등이 말끔히 완료되어야 한다. 그래야 프로젝트 종료가 문제가 발생하지 않는다. 프로젝트 또는 단계 종료 단계의 행정적 종료에 필요한 활동과 단계별 방법론은 다음과 같다.

- 단계 또는 프로젝트의 완료 또는 종료 기준을 충족하는 데 필요한 조치 및 활동
- 프로젝트의 제품, 서비스 결과물을 다음 단계로 인계하는 활동

- 프로젝트의 성공 실패를 평가하고, 습득한 지식을 수집하고, 조직에서 활용하기 위한 정보 보존

▌ 프로젝트 또는 단계종료 프로세스에 필요한 요소들
- **프로젝트헌장**: 프로젝트헌장은 프로젝트 성공 기준, 승인 요구사항 및 프로젝트를 승인할 사람을 기술한다.
- **프로젝트관리 계획서**: 프로젝트관리 계획서의 모든 구성요소가 이 프로세스의 투입물이다.
- **프로젝트 문서**: 다음은 이 프로세스의 투입물이 될 수 있는 프로젝트 문서의 일부 예이다. 가정사항 기록부, 산정 기준서, 변경사항 기록부, 이슈 기록부:
- **수용된 인도물**: 수용된 인도물에는 승인된 제품 사양서, 인수확인서 및 작업성과 문서가 포함될 수 있다. 또한 진행 중 단계 또는 취소된 프로젝트에 대한 부분적 또는 중간 인도물도 포함될 수 있다.
- **비즈니스 문서**: 다음은 비즈니스 문서의 일부 예이다.
  ▶ **비즈니스 케이스**: 비즈니스 케이스에는 비즈니스 요구사항과 프로젝트 타당성을 설명하는 비용－편익 분석 정보를 기술한다.
  ▶ **편익관리 계획서**: 편익관리 계획서에는 프로젝트에서 목표하는 편익 정보를 기술한다.
- **협약**: 공식적인 조달종료 요구사항은 일반적으로 계약서의 약관으로 명시되고, 조달관리 계획서에 포함된다. 복잡한 프로젝트에서는 여러 개의 계약을 동시에 혹은 순차적으로 관리할 수도 있다.
- **조달 문서**: 계약을 종료하려면 모든 조달문서를 수집하여 색인을 붙여 정리한 뒤 보관한다. 모든 계약변경 문서, 지불 기록 및 검사 결과와 함께 계약 일정, 범위, 품질 및 원가 성과에 대한 정보를 분류한다.

▌ 프로젝트 또는 단계종료 프로세스에 사용하는 대표적인 도구 및 기법들
- **데이터 분석**: 다음은 프로젝트 종료에 사용할 수 있는 데이터분석기법의 일부 예이다. 문서 분석, 회귀분석, 추세분석, 차이분석
- **회의**: 인도물이 수용되었는지 확인하고, 종료 기준이 충족되었는지 확인

하고, 계약 완료를 공식화하고, 이해관계자의 만족도를 평가하고, 교훈
을 수집하고, 프로젝트에서 산출된 지식과 정보를 이전하고, 성공을 축
하하기 위해 회의를 진행한다.

▌ 프로젝트 또는 단계종료 프로세스의 산출물

- **프로젝트 문서 업데이트:** 프로젝트 종료의 결과로 모든 프로젝트 문서를
  업데이트하여 최종 버전으로 표시할 수 있다. 특히 중요한 것은 교훈
  관리대장으로, 단계 또는 프로젝트 종료에 대한 최종 정보를 기록하면
  서 종결된다. 최종 교훈 관리대장에는 편익관리, 비즈니스 케이스의 정
  확성, 프로젝트 및 개발 생애주기, 리스크 및 이슈 관리, 이해관계자 참
  여 및 기타 프로젝트관리 프로세스에 대한 정보가 포함될 수 있다. 프
  로젝트 종료의 결과로 모든 프로젝트 문서를 업데이트하여 최종 버전으
  로 표시할 수 있다.

- **최종 제품, 서비스 또는 결과물 인계:** 프로젝트를 통해 인도된 제품, 서비
  스 또는 결과물이 생애주기 전반에 걸쳐 운영, 유지 및 지원을 담당할
  여러 그룹이나 조직으로 인계될 수 있다. 이는 프로젝트를 통해 산출하
  도록 승인된 최종 제품, 서비스 또는 결과물(단계 종료 시 해당 단계의 중
  간 제품, 서비스 또는 결과물)을 한 팀에서 다른 팀으로 인계하는 것을 의
  미한다.

- **최종 보고서:** 최종 보고서는 프로젝트 성과에 대한 요약 정보를 제공한
  다. 다음과 같은 정보가 보고서에 포함될 수 있다.

  ▸ 프로젝트 또는 단계에 대한 요약 수준 설명

  ▸ 범위 목표, 범위를 평가하는 데 사용된 기준, 완료 기준이 충족되었음
    을 입증하는 증거

CHECK! 잠깐!

Lesson Learned는 왜 필요한가? 프로젝트를 수행하면서 실패한 내용/성공한 사례 등을 잘 요약하여 만들어 놓은 문서이다. 프로젝트를 진행하면서 프로젝트관리자와 팀원이 기록을 유지하다가 종료가 되면 마무리하고 조직프로세스자산인 Database에 저장을 해 놓는다. 그 이유는 다음 프로젝트에서 선례정보를 이용하여 원가정보/일정정보 및 중요한 프로젝트 정보를 참조하여 프로젝트 성공확률을 높이기 위함이다.

2 범위관리

프로젝트의 착수 시 이해관계자들의 요구사항수집을 확실하게 분석하고, 이번 프로젝트에 포함된 내용을 정리해야 한다. 분석을 통해 요구사항, 즉 범위를 확실히 정의하고 범위가 최종 확정이 되면, 범위의 일정과 비용을 신뢰적으로 산출할 수 있을 정도의 낮은 수준까지 분할하는 과정을 거치게 된다. 즉 범위를 대충 추정하고 시작하면, 나중에 범위는 계속 증가하게 된다. 다시 말해 범위가 정해지지 않으면 비용과 일정을 정확히 예측이 불가능하므로, 프로젝트가 진행하면서 범위는 증가되고 프로젝트는 결국 실패하게 된다. 이처럼 범위관리가 프로젝트 시작에서 가장 중요하므로 이번 범위관리프로세스에서 범위관리계획을 세우고 요구사항수집/범위정의/WBS만들기 감시 및 통제프로세스그룹에 있는 범위확인 및 범위통제 프로세스 등이 있다. 여기서 범위확인은 프로젝트 전체 인도물에 대한 검증이므로 매우 중요한다. 그럼 왜 범위관리는 어려운 것인가?

- 고객요구를 잘못 이해한다.
- 부정확하고 애매하게 규정된 요구사항들이 많다.
- 고객요구의 변화한다.
- 다양하고 상충되는 요구사항이 존재한다.

범위관리지식영역에는 다음과 같은 프로세스를 통해 효과적으로 범위를 기획하고 통제를 한다.

범위관리계획(Plan Scope Management): 프로젝트의 범위를 어떻게 정의하고 검증하며 통제할 것인지를 기술한 프로젝트 범위 관리 계획을 작성한다.

요구사항수집(Collect Requirements): 프로젝트의 목적을 달성하기 위해 이해관계자의 필요사항과 요구사항들을 수집하여 결정하고 문서화하고 관리한다.

범위정의(Define Scope): 프로젝트와 제품에 대한 상세한 설명을 작성하고 범위를 정의한다. WBS만들기의 기초가 된다.

작업분류체계작성(Create WBS): 프로젝트 인도물과 프로젝트 작업을 보다 작고, 관리 가능한 구성 요소로 세분화 하고 범위기준선을 만든다.

범위확인(Validate Scope): 프로젝트 요구사항에 근거를 하여 인도물의 이해관계자 인수를 공식화한다.

범위통제(Control Scope): 프로젝트와 제품범위에 대한 상태를 기준대비 실적의 비교로 감시하고 작업성과정보를 만들고 필요시 범위기준선에 대한 변경요청을 실시한다.

범위관리는 프로젝트를 성공적으로 완료하는 데 반드시 필요한 작업(Work)만을 빠짐없이 프로젝트에 포함시키기 위해 필요한 프로세스들의 집합이다. 어떤 것을 프로젝트 범위에 포함시키고, 어떤 것을 프로젝트 범위에서 제외할 것인가를 잘 분석하여 범위관리를 수행하여야 한다. 그 기초가 범위관리계획이다.

프로젝트 생애주기는 예측 형 방식부터 적응형 또는 애자일 방식까지 연속적으로 이어질 수 있다.

예측형 생애주기에서는 프로젝트를 시작할 때 프로젝트 인도물이 정의되며 범위변경이 점진적으로 관리된다. 적응형 또는 애자일 생애주기에서는 여러 번의 반복(Iteration)을 거쳐 인도물이 개발되며 이 과정에서 반복이 시작될 때 각 반복에 대한 자세한 범위가 정의되고 승인된다(PMBOK 6th edition 참조).

적응형 생애주기를 갖는 프로젝트는 상위수준의 변경에 대응해야 하며 지속적인 이해관계자의 참여가 필요한데, 적응형 프로젝트의 전체범위는 다양한 작은 요구사항과 수행할 작업으로 세분되는데 이를 제품 백 로그(Backlog)라고 한다.

적응형 또는 애자일 생애주기에서 스폰서와 고객대표는 프로젝트에 지속적으로 참여하면서 진행과정에서 생성되는 인도물에 대한 피드백을 제공하고 제품 백로그가 현재 요구사항을 반영하고 있는지 확인해야 한다. 각 반복마다 두 가지 프로세스(범위확인/범위통제)가 반복된다.

반대로 예측형 프로젝트에서는 각각의 인도물 또는 단계검토와 함께 범위확인이 이루어지며 범위통제는 지속적인 프로세스이다.

글로벌 환경이 보다 복잡해짐에 따라 조직은 요구사항 활동의 정의, 관리 및 통제를 위한 비즈니스 분석으로 경쟁우위를 달성하는 방법의 필요성을 인지하기 시작했다. 요구사항 관리(실무관리 지침서(Requirement Management: A Practice Guide)에 따르면 요구사항 관리 프로세스는 요구사항 평가부터 시작하며 요구사항 평가는 포트폴리오 계획수립, 프로그램 계획수립 또는 개별 프로젝트에서 시작될 수 있다. 이해관계자 요구사항 도출, 문서화 및 관리는 프로젝트 범위관리 프로세스에서 이루어지며, 프로젝트 범위관리의 추세 및 새로운 실무사례에는 비즈니스 전문가와 협업을 위한 집중노력이 포함된다.

- 문제 판별 및 비즈니스 요구사항 식별
- 비즈니스 요구사항을 충족시키기 위한 실행 가능한 해결책 식별 및 권고
- 비즈니스 및 프로젝트 목표달성을 위한 이해관계자 요구사항 도출, 문서화 및 관리
- 제품, 서비스 또는 프로그램이나 프로젝트 최종결과의 성공적인 촉진

(1) 범위관리계획(Plan Scope Management)

범위관리계획수립은 프로젝트와 제품의 범위를 정의, 확인 및 통제하는 방법을 기술한 범위관리 계획서를 작성하는 프로세스이다. 주요 이점은 프로젝트 전반에 걸쳐 프로젝트 범위를 관리하는 방법에 대한 지침과 방향을 제공하는 점이다. 이 프로세스는 프로젝트에서 한번 또는 미리 정해진 시점에 수행된다.

프로젝트의 범위를 어떻게 정의하고 검증하며 통제할 것인지를 기술한 프로젝트 범위관리계획서를 작성하는 프로세스로 프로젝트 범위를 어떻게 관리할 것인지에 대한 가이드와 방향을 제시한다. 범위관리계획서는 프로젝트 범위 추가(Scope Creep)를 줄이는데 도움을 주며 범위 관련 기타 프로세스의 지침이다.

▌범위관리계획 프로세스에서 필요한 요소들

- **프로젝트헌장**(Project Charter): 프로젝트의 목적, 상위수준 프로젝트 설명, 가정, 제약, 프로젝트가 충족시켜야 하는 상위수준의 요구사항을 문서화 한다.

- **프로젝트관리계획서**(Project Management Plan): 프로젝트 관리 계획서를 구성하는 요소의 일부 예이다.

  ▶ **품질관리계획서**: 프로젝트 및 제품범위를 관리하는 방식은 조직의 품질정책, 방법론 및 표준이 프로젝트에서 구현되는 방식의 영향을 받을 수 있다.

  ▶ **프로젝트 생애주기 기술서**: 프로젝트 생애주기는 프로젝트 개시부터 완료에 이르기까지 프로젝트가 진행되는 일련의 단계를 결정한다.

  ▶ **개발방식**: 개발방식은 폭포식, 반복적, 적응형, 애자일 또는 혼합적 방식 사용여부를 정의한다.

▌범위관리계획 프로세스에서 사용하는 대표적인 도구 및 기법들

- **데이터 분석**: 대표적인 예가 대안 분석이다. 다양한 요구사항 수집, 프로젝트 및 제품 범위 구체화, 제품 개발, 범위확인, 범위통제 방법을 평가한다.

- **미팅**(Meetings): 범위관리 계획서를 개발하기 위한 프로젝트 회의에 프로젝트 팀이 참석할 수 있다. 프로젝트 팀원, 프로젝트 관리자, 스폰서, 특정 팀원, 특정 이해관계자 등

▌범위관리계획 프로세스의 산출물

- **범위관리계획서**(Scope Management Plan): 범위를 정의되고, 개발되고, 감시 및 통제되고, 확인하는 방법을 프로젝트관리 계획서의 구성요소이다.

- **요구사항관리계획서**(Requirements Management Plan): 요구사항들을 어떻게 분석하고, 문서화하고 관리할지에 대한 절차와 방법을 기술한 문서로 요구사항관리계획서의 구성 요소에는 다음과 같은 것들이 포함된다.

  ▶ 요구사항 활동에 대한 계획, 추적, 보고 절차와 방법

  ▶ 형상 관리 활동들

> ▸ 요구사항 우선순위 프로세스

> ▸ 사용할 제품에 대한 지표와 사용 이유

> ▸ 요구사항추적표에 기입할 요구사항 속성, 작성 방식 등의 요구사항 추적 방식

(2) 요구사항수집(Collect Requirements)

프로젝트의 목적을 달성하기 위해 이해관계자의 필요사항과 요구사항을 결정하고 문서화하고 관리하는 프로세스이다. 이해관계자로부터 요구사항을 수집하여 부분이 프로젝트의 성공에 중요한 영향을 준다. 제품 범위를 포함한 프로젝트 범위를 정의하고 관리하기 위한 토대이다. 적극적인 이해관계자와 요구사항의 분할(decomposition)은 성공에 중요한 영향을 준다. 요구사항은 이해관계자들의 필요와 기대사항을 수량화하고 문서화한 것이다.

[표 5-3] 요구 사항의 종류

요구사항 종류	내용
사업적 요구사항 (Business requirements)	사업적인 이슈 혹은 기회, 프로젝트를 시작하게 된 이유와 같이 전략적인 측면에서의 요구사항
이해관계자 요구사항 (Stakeholder requirements)	이해관계자 혹은 이해관계자 그룹의 요구사항
솔루션 요구사항 (Solution requirement)	기능적 요구사항(functional requirements): 제품의 기능. 예) 제품에 대한 프로세스, 데이터, 상호작용, 기능 등
	비 기능 요구사항(Nonfunctional requirements): 기능적 요구사항을 보완함. 예) 신뢰성, 보안 성, 성능, 안전, 서비스 수준 등
이전 관련 요구사항 (Transition requirements)	데이터 이전, 교육/훈련에 대한 요구, AS-IS에서 TO-BE로의 전환 등
프로젝트 요구사항 (Project requirements)	프로젝트가 만족시켜줘야 할 활동, 프로세스 혹은 조건들
품질 요구사항 (Quality requirements)	프로젝트의 인도물 혹은 프로젝트 요구사항에 대한 성공적인 완수를 검증하기 위해 필요한 상태 혹은 기준들

❚ 요구사항수집 프로세스에서 필요한 요소들

• **프로젝트 헌장**(Project Charter): 상위 수준 프로젝트 설명과 상세한 요구사항을 도출하는 데 사용될 상위수준 요구사항을 문서화한다.

• **프로젝트 관리 계획서**(Project Management Plan)

> ▸ **범위관리계획서**(Scope Management Plan): 프로젝트 범위를 정의 및 개

발하는 방법에 대한 정보가 포함된다.

- ▶ **요구사항관리계획서**(Requirement Management Plan): 프로젝트 요구사항을 수집, 분석 및 문서화하는 방법에 대한 정보가 포함된다.
- ▶ **이해관계자 참여관리계획서**(Stakeholder Engagement Management Plan): 요구사항 관련 활동에 이해관계자의 참여수준을 평가하고, 조정하기 위해서 이해관계자 의사소통 요구사항과 이해관계자의 참여수준을 파악하는 데 사용된다.
- **프로젝트 문서**(Project Documents)
- ▶ **가정사항 기록부**(Assumption log): 제품, 프로젝트, 환경, 이해관계자 및 요구사항에 영향을 줄 수 있는 기타요인에 대해 식별된 가정사항이 포함된다.
- ▶ **교훈 관리대장**(Lesson learned register): 반복적 또는 적응형 제품개발 방법론을 사용하는 프로젝트의 경우에 효과적인 요구사항 수집기법에 대한 정보를 제공하는 데 사용된다.
- ▶ **이해관계자 관리대장**(Stakeholder Register): 요구사항에 대한 정보를 제공할 수 있는 이해관계자를 식별하는 데 사용된다. 또한 이해관계자가 프로젝트에 대해 갖는 요구사항과 기대사항을 기술한다.
- **비즈니스 문서**(Business Documents): 비즈니스 요구사항을 충족시키기 위한 필수, 권장 및 선택적 기준을 설명하는 비즈니스 케이스가 있다.
- **협약**(Agreements): 협약에는 프로젝트 및 제품 요구사항이 포함될 수 있다.

▌ 요구사항수집 프로세스에서 사용되는 대표적인 도구 및 기법

프로젝트 관리에서 일단 프로젝트가 착수승인이 되면 프로젝트관리자와 팀원이 제일 먼저 해야 하는 부분은 이해관계자들로부터 요구사항을 수집하는 것이다. 사실 이 부분이 제일 어렵다. 왜냐하면 고객이 요구사항을 잘 알지 못하는 경우도 있고 잘 알면서 일부러 초기에 정확히 알려주기 않기 때문이다. 전자의 경우는 같이 노력하면서 점진적으로 구체화하면 되는데 후자의 경우에는 일부러 안 알려주는 것이기에 전략적인 접근이 필요하다. 예를 들면 미리 체크시트를 준비하여 답변을 유도하는 방식과 체계적으로 회의록을 남기는 방

법도 있다. 중요한 것은 여러 가지 요구사항 수집기법을 알고 상황에 따라 사용을 하여야 할 것이다. 따라서 몇 가지 중요한 요구사항 수집기법들을 정리하고자 한다.

- 전문가 판단: 주제에 대한 전문 교육을 이수했거나 지식을 갖춘 집단 또는 개인이 제공하는 전문성을 고려한다.
  ▸ 비즈니스 분석, 요구사항 도출, 요구사항 분석, 요구사항 문서
  ▸ 과거 유사한 프로젝트 요구사항, 도식화 기법, 촉진, 갈등 관리
- 데이터 수집: 다음은 데이터수집기법의 일부 예이다.
  ▸ 브레인스토밍(Brainstorming): 프로젝트 및 제품 요구사항과 관련된 다양한 아이디어를 창출하여 취합하는 기법으로 비판 없이 자유스럽게 의견을 이야기하고 발표하는 기법이다. 장점은 비판없이 자유스럽게 이야기하는 부분이나, 단점은 역시 조직의 한계상 직위가 높은 분들의 의견이 선택될 가능성이 높다는 것이다
  ▸ 인터뷰(Interview): 이해관계자와 직접적으로 이야기를 하면서 정보를 취득하거나 미리 준비하거나 즉흥적으로 질문을 하기도 하고, 녹취를 하기도 한다. 프로젝트 관리에서 해당되는 이해관계자와 직접적으로 이야기를 하면서 정보를 취득하는 것으로 미리 준비하거나 즉흥적으로 질문을 하기도 하고, 녹취를 하기도 한다. 장점은 정확한 요구사항을 수집할 수 있으나 단점으로는 시간과 노력이 많이 소요된다. 흔히 TV를 보면 가장 많이 볼 수 있는 게 인터뷰인데 일대일 인터뷰도 있지만 다자간 인터뷰도 있다. 인터뷰를 할 때 사전에 미리 관련 질문을 준비하는 게 효율적인 결과를 도출할 수 있을 것이다.
  ▸ 핵심전문가그룹(Focus Groups): 미리 검증된 이해관계자 및 관련 전문가들이 함께 제품, 서비스 등에 대한 그들의 기대사항이나 태도에 대해서 토론을 통해 학습하는 방법이다. 예를 들어 회사에서 식당메뉴의 만족도조사를 할 때 직급별로 몇 분을 초대하여 이야기를 하는 형식이 될 것이다. 핵심이라는 표현은 중요하다는 뜻보다 대표한다는 의미가 더 적절할 것이다.
  ▸ 설문지 및 설문조사(Questionnaires and surveys): 많은 사람으로부터 빠르게 정보를 수집하고, 그 정보의 통계적 분석을 이용한다.

▸ 벤치마킹(Benchmarking): 비교 대상의 조직을 선정하고 비교하여 실무 관행을 식별하거나, 개선을 위한 아이디어를 도출하거나, 성과 측정을 위한 기초를 제공하는 기법이다. 비교 대상의 조직을 선정하고 비교하여 실무관행을 식별하거나, 개선을 위한 아이디어를 도출하거나, 성과 측정을 위한 기초를 제공하는 기법이다. 벤치마킹은 기업의 경쟁력 유지에 있어 매우 중요하다. 경쟁사의 정보를 취득하고 경쟁사의 경쟁 제품을 분석하여 이에 대응하는 전략을 수립하는 것은 당연하다. 시장에서 환경에서 살아남으려면 늘 환경 분석에 대해 주의를 기울여야 한다.

- 데이터 분석: 문서 분석이 대표적인 데이터 분석의 예이다. 문서분석은 문서정보의 검토와 평가로 구성된다. 주로 기존 문서를 분석하고 요구사항과 관련된 정보를 식별하여 요구사항을 도출하는 데 문서 분석이 사용된다. 다음은 문서 분석의 일부 예이다.

  ▸ 협약, 비즈니스 계획서, 비즈니스 프로세스 또는 인터페이스 문서, 비즈니스 규칙저장소

  ▸ 현재 프로세스 흐름도, 마케팅 문헌, 문제/이슈 기록부, 정책 및 절차, 법률, 규정 또는 명령 등의 법규 문서, 제안요청서, 사용사례

- 의사결정: 다음은 요구사항 수집 프로세스에서 사용할 수 있는 의사결정 기법의 일부 예이다.

  ▸ 투표: 여러 가지 대안을 사후조치의 형태로 평가하는 프로세스이자 단체의사결정기법이다.

    − 만장일치(Unanimity): 모든 사람이 한 가지 의견에 동의하고 결정

    − 과반수(Majority): 구성원의 50% 이상이 동의

    − 다수결(Plurality): 구성원의 50%가 안 되더라도 가장 많은 수의 의견으로 결정

  ▸ 단독결정(Dictatorship): 한 사람의 의견으로 결정된다.

  ▸ 다 기준 의사결정 분석: 체계적인 분석방식을 제공하는 의사결정매트릭스를 사용하는 기법

- 데이터 표현: 대표적인 데이터 표현의 예이다.

  ▸ 친화도(Affinity diagram): 친화도를 이용하면 검토 및 분석을 위하여 많

은 아이디어를 몇 개의 그룹으로 분류하는 기법이다. Workshop을 할 때 의견을 수렴하고 정리하는 모습을 종종 볼 수 있었을 것이다. 이때 활용되는 기법이 친화도이다. 효과적인 검토 및 분석을 위하여 수많은 아이디어를 몇 개의 그룹으로 분류하는 기법이다.

▶ **마인드 매핑(Mind mapping)**: 브레인스토밍 결과를 한 장의 지도로 통합하고 파악된 공통점과 차이점을 반영하여 새로운 아이디어를 창출하는 기법이다. 생각을 그림으로 그린다는 것은 우뇌의 계발측면에서 창의적인 부분이다. 브레인스토밍 결과를 한 장의 지도로 통합하여 파악된 공통점과 차이점을 반영하여 새로운 아이디어를 창출하는 기법이다. 최근 Visual thinking이 각광을 받고 있는 데 Mind mapping은 이를 활용하는 데 있어 좋은 도구이다. 요구사항을 가시적으로 분류하는 데도 유리하고 기타 업무의 인수인계, 신제품 개발, 사업구상, 여행의 일정 및 이해관계자 관리 등을 작성하는 데도 유용하게 사용될 수 있다.

• **대인관계 및 팀 기술**: 다음은 대인관계 및 팀 기술의 일부 예이다.

▶ **관찰(Observations)**: 개개인이 각자의 환경에서 담당직무, 태스크 또는 프로세스를 수행하는 방법을 직접 지켜보는 방식이다. 프로세스를 어떻게 수행하는지 관찰하는 것으로 Job Shadowing이라고 부르기도 하고 "직무 동행관찰"이라고 부른다. 미국 및 캐나다 대학생들이 자신 등이 원하는 직장이 진짜로 자신의 원하는 일을 하고 있는지를 조사하기 위해 관련 회사에 들어가 일을 관찰하는 데서 유래가 되었다. 우리나라에서는 인턴십(Internship)이 유사한 제도라고 볼 수 있다

▶ **촉진**: 촉진은 주요 이해관계자가 모여 제품 요구사항을 정의하는 집중 토론 세션에 사용된다.

▶ **합작 애플리케이션 설계/개발(JAD)**: 주로 소프트웨어 개발 산업에서 사용한다.

▶ **품질기능전개(QFD)**: 주로 제조산업에서 신제품 개발을 위한 핵심적 특성을 결정하는 데 유용하게 사용한다.

▶ **사용자스토리(User Story)**: 필요한 기능을 짧은 문구로 설명하며 주로 워크숍을 통해 취합한다.

- 배경도(Context Diagrams): 배경도는 비즈니스 시스템(프로세스, 장비, 컴퓨터 시스템 등)과 함께 인적자원 및 다른 시스템(행위자)과 비즈니스 시스템의 상호작용 방법을 도식으로 보여주는 제품 범위도이다.

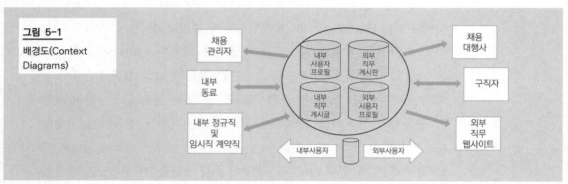

그림 5-1

배경도(Context Diagrams)

PMBOK 6th edition 참조.

- 프로토타입(Prototype): 실제 프로젝트의 산출물을 만들기 전에 비슷한 모형을 이해관계자들에게 제공하여 요구사항을 알아내는 방법이다. Prototype은 머릿속에 있는 부분을 실제로 형상화하기 때문에 제품개발에 있어 아주 중요한 부분이다. 성공한 제품의 시작에는 늘 Prototype 이 존재하였기 때문이다.
예) 소형제품, 컴퓨터 생성 2D/3D, 모형 또는 시뮬레이션, 스토리보드 기법(소프트웨어 분야). 스토리보드, 자동차 크레이 모델 등

▌요구사항수집 프로세스의 산출물들
요구사항문서(Requirements Documentation)
　개별 요구사항들이 프로젝트에 대한 사업적 요구사항을 어떻게 충족시키는지를 기술한 문서로 프로젝트 초기에는 개략적이었다가 프로젝트 진척에 따라 점차 상세화가 된다. 요구사항문서는 다음과 같은 정보들이 포함할 수 있다. 요구사항문서에 있는 승인된 요구사항들은 프로젝트 종료 시 반드시 고객에게 산출물로 전달된다는 것을 확신시켜 준다.

- 사업적 요구사항(Business Requirements)
- 이해관계자 요구사항(Stakeholder Requirements)

- 솔루션 요구사항(Solution Requirements)
- 프로젝트 요구사항(Project Requirements)
- 이전 요구사항(Transition Requirements)
- 요구사항 관련 가정 사항
- 의존 관계
- 제약 사항 등

요구사항추적매트릭스(Requirements Traceability Matrix)

제품의 요구사항과 산출물을 연결시키는 표로 각 요구사항을 사업적 혹은 프로젝트의 목표와 연결시킴으로써 사업의 가치를 확보할 수 있도록 도와주며 요구사항문서에 있는 승인된 요구사항들은 요구사항추적매트릭스(Requirements Traceability Matrix)를 통해서 관리되어야 한다. 그래서 범위확인과 범위통제 프로세스의 입력물로 들어가서 요구사항이 잘 관리되고 있음을 증명해주어야 한다. 특히 범위확인 시에는 이해관계자들에게 인도물(산출물)의 인수 결정에 중요한 역할을 한다.

(3) 범위정의(Define Scope)

프로젝트와 제품에 대한 상세한 설명을 개발하는 프로세스이다. 범위정의의 이점은 제품, 서비스 또는 결과물의 범위와 인수기준을 설명한다는 점이다. 요구사항 수집 프로세스에서 확인된 요구사항이 모두 프로젝트에 포함되는 것은 아니다. 범위정의 프로세스에서 수집된 요구사항들이 프로젝트의 범위에 포함되는지 혹은 포함되지 않는지를 정의함으로써 프로젝트, 서비스 혹은 결과물을 기술한다. [요구사항 수집] 프로세스의 결과물인 "요구사항 문서"로부터 프로젝트의 최종 요구사항을 선택하고 결정한다. 상세한 프로젝트 범위기술서는 프로젝트 착수과정에서 문서화한 주요 인도물, 가정, 제약에 기초하여 작성한다.

범위정의 프로세스는 반복적으로 수행되고 상세 범위는 한 번에 하나의 반복 주기에서 결정된다. 다음 주기에 대한 상세 계획은 현재의 프로젝트 범위와 산출물을 가지고 수행이 된다. 프로젝트와 제품에 대한 상세한 설명을 작성하는 프로세스로 수집된 요구사항들이 프로젝트의 범위에 포함되는지 혹은 포함되지 않는지를 정의함으로써 프로젝트, 서비스 혹은 산출물을 기술한다. 요구사항수집프로세스의 산출물인 "요구사항문서"로부터 프로젝트의 최종 요구사항을 선택하고 결정한다. 즉 프로젝트의 범위를 정의한다. 범위정의 프로세스는 프로젝트범위기술서를 만드는데 이는 WBS 만들기의 기초가 되므로 매우 중요하다.

▌ 범위정의 프로세스에서 필요한 요소들

• **프로젝트헌장**(Project Charter): 상위수준 프로젝트 설명, 제품, 특성 정보 및 승인 요구사항을 제공한다.

• **프로젝트관리계획서**(Project Management Plan): 범위관리계획서: 프로젝트의 범위를 정의하고, 감시하고, 통제하기 위한 활동들을 기술한다.

• **프로젝트 문서**(Project Documents): 가정사항 기록부: 제품, 프로젝트, 환경, 이해관계자를 비롯하여 프로젝트 및 제품범위에 영향을 줄 수 있는 기타요인에 대한 가정과 제약이 포함된다.

  ▶ **요구사항문서**: 범위에 통합될 요구사항이 기술된다.

  ▶ **리스크 관리대장**: 리스크 방지 또는 완화를 위한 프로젝트 및 제품축소 또는 변경과 같이 프로젝트 범위에 영향을 줄 수 있는 대응전략이 포함된다.

▌ 범위정의 프로세스에서 사용하는 대표적인 도구 및 기법들

• **데이터 분석**: 예로 대안 식별(Alternatives Generation)이 있다. 대안분석은 헌장에 명시된 요구사항과 목표를 충족시킬 수 있는 방법을 평가하는 데 사용될 수 있다.

• **의사결정**: 예로 다기준 의사결정기법분석이 있다. 의사결정 매트리스를 사용하여 요구사항, 일정, 예산 및 자원 등의 기준을 정립하는 데 체계적인 분석 방법을 제공하는 기법이다.

• **대인관계 및 팀 기술**: 대인관계 및 팀 기술 기법의 한 예로 촉진이 있다.

• **제품 분석**(Product Analysis): 제품과 서비스를 정의하는 데 사용할 수 있다. 제품 분석의 예는 다음과 같다. 제품을 분해 또는 시스템 분석, 요구사항 분석, 시스템 공학, 가치 공학, 가치 분석 같은 전문적 기법을 통해 요구사항을 보다 자세히 식별하고 대안식별의 계기가 될 수도 있다.

▌범위정의 프로세스의 산출물

프로젝트범위기술서(Project Scope Statement)

프로젝트 범위 혹은 제품 범위, 주요 산출물, 가정사항과 제약사항을 기술한 문서로 프로젝트 이해관계자들 간 프로젝트 범위에 대한 상호 이해에 도움이 된다. 범위에 포함되지 않는 사항도 명확히 해야 한다. 프로젝트범위기술서 항목에는 다음과 같은 부분이 포함된다. WBS만들기의 기초 문서가 되므로 매우 중요하다.

(4) 작업분류체계작성(Create WBS: Work Breakdown Structure)

작업분류체계 작성은 프로젝트 인도물과 프로젝트 작업을 보다 작고, 관리 가능한 구성요소로 세분하는 프로세스이다. 주요 이점은 인도할 결과물에 대한 프레임워크를 제시한다는 점이다. 이 프로세스는 프로젝트에서 한번 또는 미리 정해진 시점에 수행된다. 작업분류체계(WBS)란 프로젝트 팀이 프로젝트의 목표를 달성하고, 필요한 인도물들을 생성하기 위해 수행해야 할 업무의 범위를 인도물 중심으로 계층구조로 분할한 것이다. WBS는 전체 프로젝트 범위를 구성 및 정의하고 현재 승인된 프로젝트 범위기술서에 명시된 작업을 표시해준다.

[핵심용어 Work Breakdown Structure]

프로젝트 목표를 달성하고 필요한 인도 물을 산출하기 위하여 프로젝트 팀이 실행할 작업을 인도 물 중심으로 분할한 계층 구조 체계이다. 작업분류체계는 프로젝트의 총 범위를 구성하고 정의하며, 프로젝트 작업을 관리하기 쉽도록 작은 작업 단위로 세분한다. 작업분류체계의 아래로 내려갈수록 프로젝트 작업이 점차 상세하게 정의된다. 최하위 작업분류체계 구성요소에 포함된 계획된 작업을 '작업 패키지'라고 하며, 이 패키지 단위로 일정을 계획하고, 원가를 산정하고, 감시 및 통제할 수 있다. 작업분류체계(WBS)는 현재 승인된 프로젝트 범위기술서에 명시되어 있는 작업을 나타낸다. 이해관계자는 작업분류체계를 이루는 구성요소를 사용하여 프로젝트의 인도물을 검토할 수 있다.

WBS란 프로젝트 팀이 프로젝트의 목표를 달성하고, 필요한 인도물들을 생성하기 위해 수행해야 할 업무의 범위를 인도물을 중심으로 분할한 계층도이고 Work package는 WBS의 최하위 요소이다. Work package 단위로 일정, 원가를 추정하고 감시 및 통제를 할 수 있으며 Work는 제품 혹은 인도물을 의미하며, 활동(Activity)을 의미하지 않는다. Work package는 WBS의 최하위 요소이며, Work package단위로 일정, 원가를 추정하고 감시 및 통제를 할 수 있다.

프로젝트 범위관리에 있어 프로젝트 인도물들(Deliverables)과 프로젝트 작업을 보다 작고, 관리 가능한 구성요소로 세분하는 것이 중요하다. WBS를 잘 만들면 프로젝트의 단계가 종료되거나 프로젝트가 종료되면 어떤 인도물들이 전달될지 한 눈에 정확하게 보여준다.

[Work package size를 결정하는 경험 법칙]-유용성의 법칙이 가장 효율적

❶ 8/80 법칙: 하루 8시간, 월~금요일까지 일한다고 하면, Work package 크기는 하루 이상 2주 이하의 크기로 결정

❷ Report 보고 법칙: 만약 작업 수행 결과를 일주일 단위로 보고한다면, Work package 크기는 일주일 작업 분량임

❸ 유용성의 법칙: Work package 크기는 작업에 대해 비용이나 기간을 산정하기 용이해야 하고, 자원을 배정하기 좋아야 하며, 작업 진척을 추적하기 좋아야 함

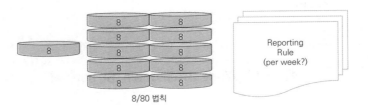

8/80 법칙

다시 정리하면 프로젝트의 인도물들을 더 작고 관리 가능한 요소로 세분화하는 것으로 WBS는 작업 및 인도물이 원가를 추정 및 기간 산정이 가능한 수준까지 분할하여야 한다. Work package의 수준은 프로젝트의 규모와 복잡성에 따라 다르다.

WBS는 왜 사용할까?

• 프로젝트 초반에 프로젝트의 업무에 대한 이해를 도와준다.
• 확정한 범위에 대한 변경 통제 가능(Baseline 제공)하다.
• WBS에 정의된 인도 물에 집중하고 고객에게 전달토록 한다.

- 프로젝트에서 잘 모르는 업무에 대한 식별 가능토록 한다.
- 프로젝트와 관련 모든 업무에 대한 가시화(visualization)하도록 한다.
- 각 인력에게 업무를 배정하고 책임 부여한다.
- 다양한 프로젝트 계획 프로세스의 기초 데이터를 제공한다.

WBS 작성 방법

작성 방식: 상향식 방법과 하향식 방법이 있다.

작성 유형은 다음과 같다.

- 프로젝트 생애주기로 구성한다.
- 인도물 중심으로 구성한다.
- 프로젝트 팀 외부의 조직이 만든 요소들을 합쳐서 구성한다.

다음은 프로젝트 생애주기(즉 단계별)로 작성한 WBS와 인도물 중심으로 구성한 예이다(PMBOK 6th edition 참조).

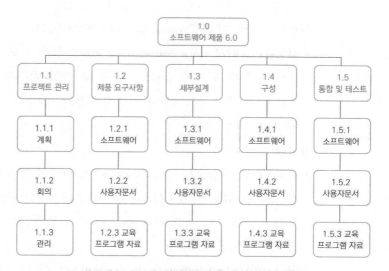

단계별로 구성한 작업분류체계 작성(WBS) 샘플

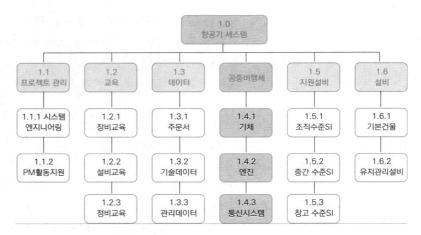

주요 인도물이 표시된 작업분류체계 작성(WBS) 샘플

▌작업분류체계작성 프로세스에 필요한 요소들

프로젝트 관리계획서(Project Management Plan)

• **범위관리계획서(Scope Management Plan)**: 상세한 프로젝트 범위기술서로부터 어떻게 WBS를 만들고, 유지 및 승인 받는지 기술한 계획서이다. 프로젝트범위기술서로부터 어떻게 WBS를 만들고, 유지 및 승인 받는지에 대한 지침이다.

프로젝트 문서

• **프로젝트범위기술서(Project scope statement)**: 수행해야 할 업무와 범위에서 제외된 업무를 참조하고 내부 및 외부 가정사항과 제약조건들을 참조한다. WBS(Work Breakdown Structure) 만들기의 기준문서이다. 가장 중요한 입력물이다.

• **요구사항문서(Requirements documentation)**: 개별 요구사항이 프로젝트의 비즈니스 요구를 충족하는 방법을 기술한 문서이다. 무엇을 만들어야 하는지에 대한 상세한 설명이 필요할 때 참조한다.

▌작업분류체계작성 프로세스에서 사용하는 대표적인 도구 및 기법들

• **분할(Decomposition)**: 프로젝트 범위와 인도물을 더 작고 관리하기 쉬운 요소로 세분하는 기법을 분할이라고 한다. WBS는 작업 및 인도 물이 원가를 추정 및 기간 산정이 가능한 수준까지 분할한다. Work package 의 수준은 프로젝트의 규모와 복잡성에 따라 다르다.

[분할의 순서]

① 프로젝트 범위 기술서로부터 프로젝트 인도 물 및 관련 작업을 식별한다.

② WBS를 구성 및 편성하는 활동

③ 상위 수준 WBS요소를 상세한 하위수준 구성요소로 분할하는 활동

④ WBS의 각 요소에 대해 식별 코드를 개발하고 배정

⑤ 분할의 적정성을 검증(하위 레벨의 WBS 요소를 합치면 그 상위 요소가 되어야 함)

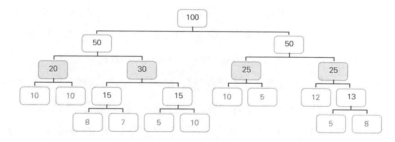

상기 그림의 WBS의 예를 보면 범위를 100으로 보았을 때 범위를 분할하게 되는데 원가와 일정이 신뢰성 있게 산출할 수 있는 시점에서 중단을 하게 된다. 그림에서는 가장 밑에 위치한 부분을 Work package라고 한다. 이 Work package의 합이 전체 WBS가 되는 것으로 합이 100이 되어야 완벽한 WBS가 구성되었다고 간주하면 된다. 이것을 100% 법칙이라고도 부른다. 요구사항을 현실적으로 숫자로 표현은 어렵지만, WBS와 Work package와의 관계의 이해를 돕기 위해 상기와 같이 표현을 하였다. 향후 각 Work package들은 일정관리를 통해 활동이라는 것들을 통해 완료가 된다. 그래서 범위가 완료되어야 일정관리가 수립됨을 알 수 있다.

다시 정리하면 프로젝트의 인도물들을 더 작고 관리 가능한 요소로 세분

화하는 것으로 WBS는 작업 및 인도물이 원가를 추정 및 기간 산정이 가능한 수준까지 분할하여야 한다. Work Package의 분할수준은 프로젝트 관리자와 팀원이 결정하며 프로젝트의 규모와 복잡성에 따라 다르다.

▎ 작업분류체계작성 프로세스의 산출물
• **범위기준선**(Scope Baseline): 범위기준선은 승인받은 WBS, WBS Dictionary 그리고 프로젝트범위기술서를 포함하고 있으며 오직 정식 변경승인절차를 통해서만 변경이 가능하다. 범위기준선은 향후 감시 및 통제에서 프로젝트 진척을 추적의 기준이 된다.

(5) 범위확인(Validate Scope)

범위확인은 완료된 프로젝트 인도물의 이해관계자 인수를 공식화하는 프로세스이다. 이 프로세스의 주요 이점은 객관적인 인수 프로세스를 통해 각 인도물을 확인함으로써 최종제품, 결과, 서비스의 인수확률을 높이는 것이다. 품질통제 프로세스에서 나온 검증된 인도물들은 고객 및 스폰서들에 의해 검토되며 공식적인 승인을 받는 프로세스이다.

인수 프로세스의 객관성을 부여하고, 각 인도물들을 검증함으로써 최종제품, 결과, 서비스 승인 확률을 높인다. 품질통제 프로세스에서 나온 검증된 인도물들을 고객 및 스폰서들에 의해 검토되며 검사를 통해 공식적 승인을 받는 프로세스이다. 범위확인은 완료된 프로젝트 인도물의 이해관계자 인수를 공식화하는 프로세스이다.

품질통제는 실행의 결과물의 품질을 확인하는 것이다.

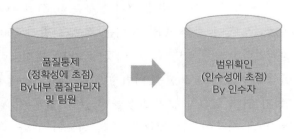

▌ 범위확인 프로세스에 필요한 요소들

프로젝트관리계획서(Project Management Plan)

• **범위관리계획서**: 완료된 프로젝트 인도물에 대한 공식적인 인수방법을 지정한다.

• **요구사항관리계획서**: 프로젝트 요구사항을 확인하는 방법을 설명한다.

• **범위기준선**: 범위 기준선에서 정의한 프로젝트 범위와 완료된 인도물간 비교한다.

프로젝트 문서

• **교훈 관리대장**: 프로젝트 초반에 얻은 교훈을 이후 단계에 적용하여 인도물 확인의 효율성과 효과를 향상시킬 수 있다.

• **품질 보고서**: 품질보고서에 제공되는 정보에는 팀에서 관리 또는 보고하는 모든 품질이슈, 개선 권고사항 및 품질통제 프로세스의 결과 요약이 포함될 수 있다.

• **요구사항문서(Requirements documentation)**: 변경, 시정 또는 예방조치가 필요한지 여부를 판단하기 위해 실제결과와 요구사항을 비교한다. 프로젝트, 제품 등에 대한 상세 요구사항과 인수조건을 기술한 문서로 검증 시 기준이 되는 문서이다. 요구사항문서는 다양한 요구사항 등을 포함하고 있다.

• **요구사항 추적매트릭스**: 요구사항에 대한 정보가 포함된다. 초기 요구사항부터 종료까지의 요구사항을 추적가능하게 한다. 범위확인시에 기준과 동시에 실적이 되는 문서이다.

• **검증된 인도물(Verified deliverables)**: 품질통제 프로세스를 통해 정확도 검사가 완료된 인도물이다.

• **작업성과데이터(Work Performance Data)**: 요구사항 준수 정도, 부적합 건수, 부적합 정도 또는 해당기간에 수행된 인도물 확인 주기 수 등이 포함될 수 있다.

▌ 범위확인 프로세스 도구에서 사용하는 대표적인 도구 및 기법들

• **검사(Inspection)**: 검사는 작업과 인도 물들이 요구사항과 제품인수조건에 맞는지를 측정, 검수, 확인 등의 활동을 포함한다. 때로는 Walkthroughs

라고도 한다. 작업과 인도물들이 요구사항과 제품인수조건에 맞는지를
측정하여 검사하며 Reviews, Product Reviews, Audits, Walkthroughs
라고도 부르기도 한다. 주로 Acceptance에 초점을 맞추며 인도물 인수
와 관련된 핵심이해관계자, 예를 들면 스폰서, 고객 등이 참여한다.

- **의사결정**(Group Decision-Making Techniques): 의사결정의 한 예가 투표
  이다.

프로젝트 팀과 그 밖의 이해관계자에 의해 확인활동이 수행될 때 결론에
도달하기 위해 투표를 활용한다. 인도물 인수 검사 시 이해관계자들 간에도 인
수에 대한 견해가 다를 수 있으므로 인수에 따른 그룹 의사결정이 필요하다.

▌ 범위확인 프로세스의 산출물
- **수용된 인도물**(Accepted deliverables): 인수 기준을 맞춘 인도물은 고객
  또는 스폰서가 공식적으로 서명 및 인수하며 공식 인수를 의미하는 공
  식 문서는 [프로젝트 혹은 단계종료] 프로세스로 보내진다.
- **변경요청**(Change requests): 공식 인수가 안 된 인도물은 그 사유를 문서
  화하고, 결함수정을 위해 변경 요청한다. 변경 요청은 [통합변경통제]
  프로세스를 통해 검토되고 처리된다. 즉 인도물을 검사하여 문제가
  발생되면 시정조치가 필요하다. 따라서 변경조치를 통해 개선을 해야
  한다.
- **작업성과정보**(Work Performance Information): 인수된 인도물, 인수되지 않
  은 인도물과 그 이유 등 프로젝트 진척에 대한 정보가 포함된다.

(6) 범위통제(Control Scope)

프로젝트와 제품 범위에 대한 상태를 감시하고 범위기준선에 대한 변경
을 관리하는 프로세스이다. 주요 이점은 프로젝트 전반에 걸쳐 범위기준선이
유지되도록 하는 것이다. 모든 변경요청 및 권고 시정조치가 [통합 변경 통제]
프로세스를 통해 처리되도록 한다. 범위 추가(Scope Creep)는 프로젝트 일정,
원가 및 자원 등의 수정 없이 제품 범위 혹은 프로젝트 범위가 무절제하게 증
가하는 현상이다. 범위통제 프로세스에서는 Scope Creep을 방지하도록 범위

를 통제하여야 한다.

범위통제프로세스는 감시 및 통제 프로세스그룹에 속해 있으면서 프로젝트와 제품 범위에 대한 상태를 감시하고 범위기준선에 대한 변경을 관리하는 프로세스이다. 프로젝트 전반에 걸쳐 범위기준선을 관리하고 모든 변경요청 및 권고 시정조치가 [통합 변경 통제] 프로세스를 통해 처리되도록 한다.

▌범위통제 프로세스에 필요한 요소들
- **프로젝트관리 계획서**(Project management plan)
- **프로젝트 문서**(Project Documents): 교훈관리대장, 요구사항문서(Requirements documentation), 요구사항 추적 매트릭스(Requirements Traceability Matrix), 작업성과데이터(Work Performance Data)

▌범위통제 프로세스에서 대표적으로 사용하는 도구 및 기법들
데이터 분석
- **차이분석**(Variance analysis): 기준선과 실적의 차이를 분석하여 차이의 원인과 정도를 결정하는 기법이다. 차이의 원인과 정도를 결정한 후, 시정조치 혹은 예방 조치가 필요한지를 결정해야 한다.
- **추세분석**(Trend analysis): 시간경과에 따른 프로젝트 성과를 분석하여 성과의 향상 또는 저하여부를 판별한다. 프로젝트 성과 측정치(Project performance measurements)가 원래의 범위 기준선으로부터 벗어난 정도를 측정하는 데 사용된다.

▌범위통제 프로세스의 산출물
- **작업성과정보**(Work Performance Information): 프로젝트 범위가 기준선대비 어떻게 수행되었는지에 대한 연관된 정보 포함된다.
- **변경요청**(Change Requests): 차이 분석을 통해 알아낸 정보들과 계획에 미달된 실적을 계획에 맞추기 위한 조치들이 요청된다. 예방 조치, 시정조치, 결함 수정 같은 변경이 요청된다.

> **CHECK! 잠깐!**
>
> Scope Creep란? 범위, 프로젝트 일정, 원가 및 자원 등이 정식변경절차에 따른 승인이 없이 조용히 제품 범위 혹은 프로젝트 범위가 추가되는 현상이다. Scope Creep은 프로젝트를 실패시키는 원인이 되기 때문에 하면 안 된다.

3 일정관리

일정관리는 한다는 의미는 활동의 시작과 끝을 정한다는 것이다. 일정의 구성요소들은 서로 연결이 되어 있어서 관리를 안 하면 원하는 시기에 필요한 자원을 얻기 못하고 다음 단계의 흐름도 원활히 진행할 수 없고, 그로 인해 기간은 길어지고 Risk는 증가할 수밖에 없다. 그래서 일정관리가 반드시 필요한 것이다.

왜 일정관리는 어려운가? 불확실한 상황에 대한 계획을 세워야 한다. 프로젝트란 독특하고 유일한 산출물을 만들기 위한 활동의 집합이기 때문에 과거에 경험하지 못했거나 예측하기 어려운 불확실한 상황이 발생할 확률이 높다. 프로젝트에 존재하는 복잡성과 연계성이다. 여러 요인들간의 복잡성을 고려하여 일정계획을 수립하는 것은 쉽지 않다.

프로젝트 일정관리 영역에는 적시에 프로젝트를 완료하도록 관리하는 프로세스들이 포함된다.

다음과 같은 프로젝트 일정관리 프로세스가 있다.

- 일정관리 계획수립: 프로젝트 일정의 기획, 개발, 관리, 실행 및 통제에 필요한 정책과 절차, 문서화 기준을 수립하는 프로세스
- 활동정의: 프로젝트 인도물을 생산하기 위해 수행할 관련 활동들을 식별하고 문서화하는 프로세스
- 활동순서 배열: 프로젝트 활동들 간의관계를 식별하여 문서화하는 프로세스
- 활동기간 산정: 산정된 자원으로 개별 활동을 완료하는 데 필요한 작업기간 단위수를 산정하는 프로세스
- 일정개발: 활동 순서, 기간, 자원 요구사항, 일정 제약을 분석하여 프로

젝트를 실행, 감시 및 통제하기 위한 프로젝트 일정 모델을 생성하는 프로세스

• 일정통제: 프로젝트의 상태를 감시하면서 프로젝트 일정을 업데이트하고 일정 기준선에 대한 변경을 관리하는 프로세스

일정관리에는 여러 가지 도구들이 있다. 대표적인 몇 가지를 소개하면 다음과 같다.

▌간트 차트(Gantt chart)

막대 차트의 변형으로 프로젝트의 작업들을 시간상에 표시하여 시작과 끝을 알 수 있게 만든 일정관리 기법의 도구로 시간은 가로 축에, 작업은 세로 축에 표시한다.

장점으로는 실제 상황과 계획을 시각적으로 비교할 수 있고 일정상의 진행과 지연 상황들을 파악할 수 있어 통제와 관리에 효과적이다.

단점으로는 작업들의 연관관계(순서)를 파악할 수 없는 게 단점이다.

▌이정표 차트(Milestone chart)

작업의 시작이나 종료 또는 고객과의 약속일정이나 중간점검 등 전략적으로 중요한 이벤트나 일정 등을 뜻한다. 막대차트에 삼각형으로 이정표를 표시하여 혼합된 차트를 사용하는 것이 보통이다.

▌네트워크 다이어그램(Network diagram)

프로젝트의 전체를 구성하는 작업들을 화살표와 마디(원)로 표시하여 일정계획을 하는 기법으로 프로젝트 작업들의 순서와 연관관계를 나타내 준다.

장점으로는 일정의 지연과 시간 단축의 영향을 파악할 수 있어서 기획입안자의 시나리오 분석에 도움을 준다.

단점으로는 계획에는 유리하나 통제 도구로서는 유용성이 떨어지고 상황 변경에 따른 수정과 갱신이 어렵고 일정의 변경과 진행을 표시하기 어렵다.

다음은 새로 등장하는 프로젝트 일정계획 방법의 일부 예이다.

▌ 백로그를 사용한 반복형 일정계획

애자일 방식 제품 개발 등의 적용형 생애주기에 기반한 연동기획의 한 가지 형태이다. 사용자 스토리에 요구사항들을 명시한 다음, 제작에 앞서 요구사항들의 우선순위를 정하고 세분화하며, 작업의 시간 상자 주기를 사용하여 제품 기능을 개발한다. 이러한 방식은 고객에게 점증적 가치를 제공하기 위해 또는 여러 팀에서 상호 의존관계가 거의 없는 수많은 기능을 동시에 개발할 수 있을 때 종종 사용된다.

▌ 주문형 일정계획

칸반(Kanban) 시스템에서 일반적으로 사용되는 이 방식은 팀에서 인도하는 처리량과 요구량 사이 균형을 맞추기 위해 진행 중인 팀 작업을 제한하는 린(lean) 생산방식의 제약이론 및 끌기식(Pull-based) 일정계획 개념을 기반으로 한다. 주문형 일정계획은 제품 또는 증량분 개발을 위해 과거에 정해진 일정에 의존하지 않고 가용 자원이 확보되는 즉시 백로그 또는 중간 대기열의 작업을 끌어내는 방식이다.

▌ 애자일/적응형 환경에 대한 고려사항

적용형 방식은 작업을 수행하고 결과를 검토하고, 필요에 따라 적응하는 데 짧은 주기를 사용한다. 짧은 주기는 인도물의 접근방식과 적합성에 대해 신속한 피드백을 제공하고, 프로젝트 일정관리 영역의 주요한 추세와 새로 등장하는 실무사례 단원에서 설명한 대로 일반적으로 반복적, 주문형 및 끌기식(Pull-based) 일정계획으로 나타난다.

예측 개발 생애주기를 사용하여 프로젝트를 관리하거나 적응형 환경에서 프로젝트를 관리하는 데 따라 프로젝트 관리자의 역할이 바뀌지는 않는다. 하지만 적응형 접근방식으로 성공을 거두려면 프로젝트 관리자가 사용하는 도구와 기법에 익숙하여 효과적으로 적용할 수 있어야 한다. 그럼 일정관리 프로세스 별로 간단히 알아보기로 한다.

(1) 일정관리계획수립

일정관리 계획수립은 프로젝트 일정의 기획, 개발, 관리 및 통제에 필요한 정책과 절차, 문서화 기준을 수립하는 프로세스이다. 이 프로세스의 주요 이점은 프로젝트 전반에 걸쳐 프로젝트 일정을 관리하는 방법에 대한 지침과 방향을 제시한다는 점이다. 이 프로세스는 프로젝트에서 한 번 또는 미리 정해진 시점에 수행된다. 프로젝트 일정을 계획하고, 수립하고, 관리하고, 수행하고 통제하기 위한 일정관리 정책, 절차를 수립하고 이를 문서화하는 프로세스이다. 프로젝트 일정을 어떻게 관리할 것인지에 대한 가이드와 방향을 제시한다. 일정관리계획은 일정 관리 방법과 일정관리 도구를 식별하고, 양식을 준비하고, 프로젝트 일정을 개발하고, 통제하기 위한 기준을 수립한다. 일정관리계획은 프로젝트관리계획서에 포함되며, 일정 통제 한계점(Threshold)을 포함한다. 프로젝트의 일정에 대한 일정 여유(Schedule Contingency)를 어떻게 보고하고, 측정할지에 대한 방법도 정의한다. 일정관리계획은 프로젝트관리계획서를 작성하는 데 중요한 투입물이다.

▌ 일정관리계획 프로세스에 필요한 요소들

- **프로젝트헌장**: 프로젝트헌장은 프로젝트 일정관리에 영향을 미치는 마일스톤 일정을 간략히 정의한다. 마일스톤일정과 프로젝트 승인에 대한 요구사항들을 포함한다. 예) 프로젝트 시작일, 종료일, 중요 마일스톤 등을 포함한다.
- **프로젝트관리 계획서**: 다음은 이 프로세스에서 유용할 수 있는 프로젝트 관리 계획서 구성요소의 일부 예이다. 예) 범위관리 계획서, 개발방식.

▌ 일정관리계획 프로세스에서 사용되는 대표적인 도구 및 기법들

- **데이터분석**: 이 프로세스에 사용할 수 있는 데이터분석기법의 한 가지 예는 대안분석 기법이다. 대안분석에는 사용할 일정 방법론을 결정하거나 프로젝트에서 다양한 기법을 결합하는 방법이 포함될 수 있다.
- **회의**: 프로젝트팀에서 일정관리 계획서를 개발하기 위해 기획 회의를 개최할 수 있다.

▌ 일정관리계획 프로세스의 산출물

일정관리계획서(Schedule Management Plan)

- 일정을 개발하고, 감시하고 통제하기 위한 기준들과 활동들 기술하고 다음과 같은 내용을 일정관리계획서에 포함한다. 계획에는 다음과 같은 것들이 포함된다.
- 프로젝트 일정 모델 개발(Project Schedule Model Development): 프로젝트 일정을 개발하는 데 필요한 일정 관리 방법론과 일정 관리 도구들 구체적으로 기술한다.
- 정확도 수준(Level of Accuracy): 현실적인 활동 기간 산정을 결정하기 위한 수용 가능한 범위를 구체화하고, 일정에 대한 여유를 포함할 수 있다.
- 측정 단위(Units of Measure): 측정 단위를 정의(예: 시간, 일, 주 단위 혹은 미터, 리터, 톤, 킬로미터 등의 양적 측정 단위 등)한다.
- 조직의 절차(Organizational Procedures Links): WBS는 일정 산정과 일정 결과에 일관성을 제공하며, 일정 관리 계획에 대한 프레임워크를 제공한다.
- 프로젝트 일정 모델 유지보수(Project Schedule Model Maintenance): 프로젝트 수행 중 일정 모델에 대한 상태 수정과 진척 기록한다.
- 통제 한계점(Control Thresholds): 일정에 대한 계획대비 실적에 대한 서로 합의된 차이(예: 계획대비 5%, 10% 등)가 있다.
- 성과측정규칙(Rules of Performance Measurement): EVM 혹은 기타 다른 방법들을 설정(예: 완료율, 통제계정, SPI, SV 등)한다.
- 보고 양식(Reporting Formats): 프로젝트 일정 보고에 대한 양식과 주기가 정의된다.
- 프로세스 설명(Process Description): 일정관리 프로세스 각각에 대해서 기술한다.

(2) 활동정의(Define Activities)

프로젝트의 인도물을 만들어내기 위해 수행해야 할 특정 활동들을 식별하고, 문서화하는 프로세스이다. 작업 패키지(Work package)를 활동들(Activities)로 분할하여 프로젝트의 업무들을 추정하고, 일정 계획을 수립하고, 감시하고 통제하는 기본 틀을 제공한다. 일정(Schedule)을 구성하는 가장 기본요소가 바로 활동(Activity)이다. 활동은 WBS에 정의된 범위를 달성하기 위해 수행되어야 하는 활동을 말한다. 예를 들면, 건물을 짓는 프로젝트에서 WBS상에 회의실의 WP(Work Package)로 회의탁자 있을 수 있다. 이 회의탁자는 인도물(Deliverable)이다. 이 인도물을 완료하기 위해서는 활동이 식별되고 정의되어야 한다. 즉, WBS에 있는 WP(Work Package)로부터 활동이 식별된다. 다시 말하면, 활동을 전부 수행하면 WP(인도물)가 완성된다. 회의탁자를 예를 들면 다음과 같다. 회의탁자(Work Package)를 구입하기 위해 아래와 같은 다양한 활동 등이 수행이 된다. 마지막에 활동이 완료되면 회의탁자 설치가 완성된다.

- 회의탁자 사양 설계하기
- 회의탁자 사양 결정하기
- 주문업체에 견적의뢰하기
- 견적서 받고 업체 선정하기
- 주문 계약하고 납기일정/대금일정 결정하기
- 초도품 검사 후 승인하기
- 주문(발주)하기
- 납품받기
- 대금지급하기
- 회의실에 회의탁자 설치하기

식별된 활동들은 서로 흐름과 기간을 갖게 되고, 자원을 소비한다. 활동정의를 통해 나온 활동목록은 말 그대로 목록이므로 상세 내용이 없다. 활동에 관련된 추가정보는 '활동속성(Activity Attribute)으로 작성한다. 보통 고객이나 스폰서가 제시하는 일정상 중요한 시점인 마일스톤(Milestone)도 일정에 포함되어야 하므로 마일스톤(Milestone)에서 찾아내어 작성한다. 활동의 3요소(흐름, 기간, 자원)가 결정되면 그 내용으로 일정(Schedule)을 작성할 수 있다.

▌ 활동정의 프로세스에 필요한 요소들
- **프로젝트 관리 계획서**(일정관리계획서, 범위기준선(Scope Baseline)
- **기업환경요인**(Enterprise Environmental Factors): 조직 문화 및 구조, 상용

데이터베이스, 프로젝트관리정보시스템 등이 있다.

- **조직프로세스자산**(Organizational Process Assets): 조직프로세스자산 중 지식자산에는 프로젝트에 대한 교훈 사항들이 저장, 표준화된 프로세스 템플릿, 조직의 공식 비공식 정책, 절차 및 가이드라인 등이 있다.

▌ 활동정의 프로세스에 사용하는 대표적인 도구 및 기법

- **분할**(Decomposition): 프로젝트 범위 및 프로젝트의 인도 물들을 관리가 가능한 작은 부분들로 나누는 기법으로 활동들(activities)을 최종 산출물로 정의한다. 프로젝트 팀원들을 분할에 참여시키면 그 결과가 더욱 정확하고 정교해진다. WBS만들기에서는 주요 인도물을 'Work Package'로 분할했고 활동정의에서는 그 Work Package를 '활동(Activities)'으로 분할하는 것이다.

- **연동기획**(Rolling Wave Planning): 연동기획이란 프로젝트는 프로젝트 생애주기 동안 반복적으로 활동을 정의하고, 활동목록은 갈수록 구체화된다. 초기에 모든 활동이 결정되기 어려우므로 어떤 활동은 상위 수준에 있게 되며 이러한 상위수준의 활동들이 시간이 지나면서 점차 상세수준의 활동으로 된다. 즉 분할과 같이 활동도 시간이 지나면서 점점 상세화 된다는 것으로 이해하면 된다.

▌ 활동정의 프로세스의 산출물

- **활동목록**: 프로젝트를 수행하는데 필요한 모든 일정활동이 열거된 목록 문서이다. 프로젝트에서 필요한 모든 활동들을 포함한 리스트인 활동식별자(Activity Identifier), 활동명(Activity Label) 및 활동 내용 기술서(A scope of work description for each activity)를 포함한다. 일종의 활동목록이다.

- **활동속성**: 활동속성은 활동목록을 상세히 설명하는 문서이다. 활동속성에는 Lead(선도), Lag(지연), 자원 요구사항, 지정일, 제약, 가정, 책임자, 노력수준, 세분업무, 배분업무 등을 포함한다. 각종 연관 관계 및 제약 사항 등이 반영되어 있어 일정 흐름 등에 강한 영향을 준다.

- **마일스톤목록**(Milestone List): 마일스톤은 일정에서 지켜야 하는 제약조건

이며, 기간 값이 없는 중요한 사건 또는 특정 시점을 말한다. 마일스톤은 범위기준선내에 있는 프로젝트 범위기술서 내용을 보고 파악하게 된다. 범위기준선에 프로젝트 범위기술서는 담겨 있기 때문에, 범위기준선이 활동정의에 들어오게 된다.

- **변경요청:** 프로젝트 기준선이 결정된 후, 여러 가지 활동으로 인도물을 점진적으로 구체화하는 과정에서 초기에 프로젝트 기준선에 포함되지 않았던 작업이 등장할 수 있다. 그로 인해 변경요청이 제기되기도 한다.

꼭 알아야 할 핵심 용어

활동속성 중 "노력수준(Level of Effort), 세분업무(Discrete Effort), 배분업무(Apportioned Effort)"의미는? 노력수준(Level of Effort)활동은 시간을 소비하는데 이 소비한 시간이 온전히 프로젝트의 산출물 생산에 소비된 시간이 아니라 단지, 소요된 시간 자체를 일로 보는 경우이다. 감독관이나 관리자는 최종 제품 생산에 시간을 소비하는 것이 아니라 관리자 역할을 하는데 이러한 사람들은 시간이 지나면 일에 대한 대가로 급여를 받는다. 세분업무(Discrete Effort)는 측정 가능한 특정 최종 제품이나 결과에 관련된 노력을 말한다. 이러한 노력은 구체적인 산출물을 생산한다. 배분업무(Apportioned Effort)는 어떤 업무에 전혀 다른 업무를 일부 배분한 것임으로 이 방법은 특정 Work Package에 관련되어서만 드물게 사용된다. 예를 들어 [생산]이라는 Work Package 안에 전체의 20%를 검사하는 작업을 넣는 것으로 검사는 전체[생산]의 20%로 미리 배분되어 있는 것이다.

꼭 알아야 할 핵심 용어

"Summary Activity"를 이해해 보자. Summary Activity: Hammock Activity라고도 불리는 요약 활동은 프로젝트일정의 활동을 묶은 것을 표현하는 데 사용된다. 이것은 활동의 그룹에 대한 일정 정보를 요약해서 제공하기 위해 사용되며, 프로젝트 전체를 요약 활동으로 표현할 수도 있다. 요약 활동은 막대 형태로 표현할 수 있으며 경우에 따라 시작일과 완료일을 표시할 수도 있다.

[3] 활동순서(Sequence Activities)

활동순서 배열은 프로젝트 활동들 사이의 관계를 식별하여 문서화하는 프로세스이다. 이 프로세스의 주요 이점은 주어진 모든 프로젝트 제약 조건에서 최고의 효율을 달성할 수 있도록 논리적 작업 순서를 정의한다는 점이다.

활동정의프로세스를 통해 식별된 활동들은 순서(흐름) 없이 아무렇게나 진행할 수 없다. 활동들 간의 순서(흐름)를 이해하고 식별하고 문서화해야 일정(Schedule)을 만들 수 있는데, 활동들 간의 흐름은 말로 표현하기에는 한계가 많다. 그림으로 표현하는 것이 훨씬 시각적으로 이해하기 쉽고 효율적이다. 큰 프로젝트는 수천/수만 개의 활동들이 있으며, 그 활동을 화살표로 이어 그림화하면 마치 망(Network)처럼 보인다. 그래서 활동들의 연관성을 도식(Diagram)화한 것을 'Project Schedule Network Diagram'이라고 한다. 요즘은 워낙 활동이 복잡하므로 관련 SW를 이용하여 작성한다.

▌ 활동순서 프로세스에 필요한 요소들

순서 배열을 위한 대상과 순서에 대한 정보, 순서에 영향을 줄 수 있는 제품 범위의 정보가 투입된다.

- **프로젝트관리 계획서**: 다음은 이 프로세스에서 유용할 수 있는 프로젝트 관리 계획서 구성요소의 일부 예이다(일정관리 계획서, 범위 기준선).
- **프로젝트 문서**: 다음은 이 프로세스의 투입물로 간주될 수 있는 프로젝트 문서의 일부 예이다.
  - ▸ **활동속성**: 활동속성에는 활동의 의존관계 및 선후행 관련 정보들이 있다. 활동속성은 필요한 일련의 이벤트 또는 정의된 선행활동 또는 후행활동 관계뿐만 아니라 정의된 선도 및 지연, 활동 간 논리적 관계를 설명할 수 있다.
  - ▸ **활동목록**: 활동목록은 프로젝트에 필요한 모든 활동을 일정한 순서로 열거한 목록이다. 이러한 활동 간 의존관계와 그 밖의 제약이 활동순서 배열에 영향을 미칠 수 있다.
  - ▸ **가정사항 기록부**: 가정사항 기록부에 기록된 가정 및 제약 사항은 활동 순서 배열 방식, 활동 간 관계, 선도 및 지연의 필요성에 영향을 줄 수 있고, 프로젝트 일정에 영향을 미칠 수 있는 개별 프로젝트 리스크를 유발할 수 있다.
  - ▸ **마일스톤 목록**: 순서 배열의 검토대상으로 일정에 대한 제약조건 등이 들어 있다. 마일스톤 목록에 활동순서 배열 방법에 영향을 줄 수 있는 특정 마일스톤의 예정일이 명시될 수 있다.

■ 활동순서 프로세스에서 사용하는 대표적인 도구 및 기법

- **선후행도형법**(PDM: Precedence Diagramming Method): 활동의 흐름을 아래와 같이 그림으로 망(Network)처럼 표시한 것이다. 노드들로 활동들을 표현하고, 그래픽 적으로 연결한 일정 모델로 AON(Activity – On – Node)는 PDM의 한 형태이다.
  - ▸ FS: Finish – to – Start
  - ▸ FF: Finish – to – Finish
  - ▸ SS: Start – to – Start
  - ▸ SF: Start – to – Finish
- **의존관계 결정**(Dependency Determination) 및 통합: 활동들 간의 연관성은 크게 4가지가 있다.
  - ▸ **의무적 의존성**(Mandatory Dependencies): 건설에서 기초공사를 끝내야 상부건물을 세울 수 있듯이 반드시 앞 공정을 따라야 하는 관계로 "Hard Logic"이라고도 한다.
  - ▸ **임의적 의존성**(Discretionary Dependencies): 과거의 Best Practice 같이 프로젝트 팀에서 선호하는 임의의 연관관계이며, Preferred Logic, Preferential Logic, "Soft Logic"이라고도 한다.
  - ▸ **외부 의존관계**(External Dependency): 프로젝트 업무 범위 외의 활동과 프로젝트 활동 사이의 관계 예) 하드웨어가 설치되어야 테스팅 작업을 할 수 있다.
  - ▸ **내부 의존관계**(Internal Dependency): 프로젝트 활동간 선행 관계를 포함하며, 일반적으로 프로젝트 팀 내의 통제하에 있는 관계이다.
- **선도 및 지연적용**(Applying Leads and Lags): Lead와 Lag는 당연히 그렇게 해야만 하는 관계이다. 그래서 특히 Lead와 공정단축기법인 Fast Tracking & Crashing과 혼동하면 안 된다.
  Lead는 후속활동의 가속화를 허락하는 것이다. 즉, 앞 활동이 끝나기 전에 후속활동을 먼저 시작하는 관계를 나타낸다.
  예: FS – 2days 의미는 앞 공정이 끝나기 2일 전에 먼저 시작하라는 의미이다.
  Lag는 Lead와 반대로 후속활동을 일정 기간 기다리도록 지연시키는 것

이다. 즉, 앞 활동이 끝난 후 일정 기간 기다렸다가 후속활동을 시작하는 것이다. 예) 밀가루 반죽을 하고 숙성 후 빵을 만들어야 한다.

▌ 일정 네트워크 템플릿

각종 SW와 양식 등을 참조하시면 된다. 예) Excel Program, MS-word, Bar Charts.

꼭 알아야 할 핵심 용어

"Lead & Lag": 이해(Lead)는 선행공정이 끝나기 전에 먼저 시작함을 의미하고, Lag는 반대로 선행공정이 끝나고 좀 지연시킨 후 시작하는 것이다.
예) Lead: 결혼식 축하연시 미리 케이크를 준비하여 해당 장소에 배치하는 것
    Lag: 빵을 만들 때 밀가루 반죽을 한 후 숙성시간을 가진 후 오픈에 넣는다.

▌ 활동순서 프로세스의 산출물
• **프로젝트일정네트워크도**(Project Schedule Network Diagrams): 활동들 간의 연관성을 그림으로 표현하는 것이 가장 좋으며, 연결된 그림을 크게 놓고 보면 마치 망(Network)처럼 보여서 네트워크(망)이라고 한다.

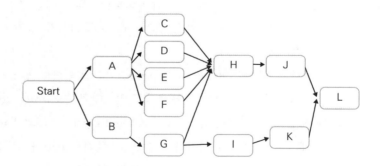

꼭 알아야 할 핵심 용어

네트워크 다이어그램(Network diagram)란? 프로젝트의 전체를 구성하는 작업들을 화살표와 마디(원)로 표시하여 일정계획을 하는 기법이다. 프로젝트 작업들의 순서와 연관관계를 나타낸다.
장점: 일정의 지연과 시간 단축의 영향을 파악할 수 있다. 기획입안자의 시나리오 분석에 도움을 준다.
단점: 계획에는 유리하나 통제 도구로서는 유용성이 떨어진다. 상황변경에 따른 수정과 갱신이 어렵다. 일정의 변경과 진행을 표시하기 어렵다.

(4) 활동기간산정(Estimate Activity Durations)

일정을 구성하는 가장 중요한 요소 중 하나가 기간(Duration)이다. 활동기간 산정은 산정된 자원으로 개별 활동을 완료하는 데 필요한 작업기간 단위수를 산정하는 프로세스이다. 이 프로세스의 주요 이점은 각 활동을 완료하는 데 걸리는 기간을 파악한다는 점이다. 활동을 수행하기 위해 필요한 기간이 결정되어야 하며, 기간의 예측이 좋을수록 일정의 정확도도 올라가게 된다.

같은 활동이라도 자원의 유형이나 수에 따라 기간 값이 바뀔 수 있으므로 기간 산정 시 자원을 고려해야 한다. 산출물인 활동기간 산정치는 추정치이므로 일정에 영향을 주고, 산정치의 폭에 따라 리스크식별 프로세스에서 리스크의 중요도를 결정하는 데 영향을 준다.

▌ 활동기간산정 프로세스에 필요한 요소들

• **프로젝트관리 계획서**: 다음은 이 프로세스에서 유용할 수 있는 프로젝트 관리 계획서 구성요소의 일부 예이다.

  ▶ **일정관리 계획서**: 활동 기간 산정에 필요한 방법, 정확도 수준 등 규정 및 프로젝트 갱신 주기 등을 정의한다. 그리고 활동기간 산정에 필요한 그 밖의 기준을 정의한다.

  ▶ **범위 기준선**: 업무량 및 기간 산정치에 영향을 미칠 수 있는 자세한 기술 정보가 수록된 작업분류체계(WBS) 사전이 범위 기준선에 포함된다. 기간은 미래에 대한 예측이며, 예측은 가정을 바탕으로 하게 된다.

• **프로젝트 문서**: 다음은 이 프로세스의 투입물로 간주될 수 있는 프로젝

트 문서의 일부 예이다.

▶ **활동속성**: 활동속성은 정의된 선행활동 또는 후행활동 관계뿐만 아니라 기간 산정치에 영향을 줄 수 있는 정의된 선도 및 지연, 활동 간 논리적 관계를 설명할 수 있다.

▶ **활동목록**: 활동목록은 프로젝트에 필요한 모든 일정활동을 산정하여 열거한 목록이다. 일정활동 간 의존관계와 그 밖의 제약이 기간 산정치에 영향을 미칠 수 있다.

▶ **가정사항 기록부**: 가정사항 기록부에 기록된 가정 및 제약 사항은 프로젝트 일정에 영향을 줄 수 있는 개별 프로젝트 리스크를 유발할 수 있다.

▶ **교훈 관리대장**: 프로젝트 초기에 업무량 및 기간 산정과 관련하여 습득한 교훈을 이후 단계에 적용함으로서 업무량 및 기간 산정치의 정확도와 정밀도를 향상시킬 수 있다.

▶ **마일스톤 목록**: 마일스톤 목록에 기간 산정치에 영향을 줄 수 있는 특정 마일스톤의 예정일을 명시할 수 있다.

▶ **프로젝트팀 배정표**: 적임자들을 팀에 배정하면 프로젝트 팀원배정이 완료된다.

▶ **자원분류체계**: 자원분류체계(RBS)는 자원 범주와 유형별로 자원을 식별하여 분류한 계통도이다.

▶ **자원달력**: 인적 자원의 경우 사람의 유형, 가용성, 역량이 자원달력에 포함될 수 있다. 이 내용들을 기간에 영향을 주기 때문에 반드시 고려해야 한다. 예를 들면, 초급 기술자보다 고급 기술자가 같은 일을 더 빨리 끝낼 수 있다.

▶ **자원 요구사항**: 활동에 배정된 자원이 해당 요구사항을 충족하는 정도가 대다수 활동의 기간에 미치는 영향이 상당히 크기 때문에 산정된 활동자원 요구사항이 활동기간에 영향을 준다.

▶ **리스크 관리대장**: 리스크, 리스크 분석 결과 및 리스크대응계획 등의 정보 제공한다. 개별 프로젝트 리스크가 자원 선정과 가용성에 영향을 미칠 수 있다. 리스크대응 계획수립 과정에서 생성되는 리스크 관리대장 업데이트는 프로젝트 문서 업데이트에 포함된다.

▌ 활동기간산정 프로세스에서 사용되는 대표적인 도구 및 기법

• 유사산정: 과거 유사프로젝트에서 사용된 기간 값을 사용하는 방식으로. 프로젝트 특성상 같을 수는 없지만, 범위와 성격이 유사하다면 참조할 수 있다. Historical Information 및 전문가판단을 사용이 때문에 Top-Down Estimating이라고 부른다. 장점은 시간과 비용절약이며, 단점은 프로젝트가 신규이거나 복잡한 경우는 사용하기에는 부적절하다는 점이다.

• 모수산정: 모수(Parametric)를 정해서 산출하는 방식이다. 범위가 유사하고 한 개가 다른 것들을 대표할 수 있을 때 가능하다. 예) 방 1개 페인트 칠을 하는 데 3일 소요된다면, 방 10개는 30일이 소요될 것으로 추정하는 것이다. 장점은 계산은 편하고, 단점은 학습곡선을 반영하지 않았다.

• 3점산정: 직접 경험 없이 일정을 산정해야 할 경우 전문가나 유사 프로젝트 경험자들과의 인터뷰를 통해 기본 데이터 수집하는 방식이다.

⇨ 3가지 값을 수집(산정)한 후 3가지 값의 평균값을 산정하는 방식이다. PERT(Program Evaluation and Review Technique)는 weighted average을 이용하는 방법으로 3가지 값(Most likely, Optimistic, Pessimistic:)을 사용한다.

▸ Most likely: 가장 확률이 높다고 생각하는 기간 값

▸ Optimistic: 가장 좋은 시나리오에 근거해서 추정한 값

▸ Pessimistic: 가장 나쁜 시나리오에 근거해서 추정한 값

PERT Value＝(P＋4ML＋O)/6, 가중치평균(Weighted average)

공식을 자세히 보면 Optimistic과 Pessimistic에는 1을 곱하나 Mostly likely에 4를 곱하여 가중치를 주고 있다. 왜냐하면 대략치가 가장 우세할 수밖에 없기 때문에 가중치를 부여하는 것이다. PERT의 역사와 개념은 다음과 같다. 미국 해군에서 1950년대 미사일 개발계획의 관리를 위하여 사용하였는데 당시 러시아(구: 소련)는 Sputnik 발사성공과 인류최초의 우주비행사 Yuri Gagarin이 우주선 Vostok를 타고 우주탐사에 성공하였다. 이에 미국은 러시아(구: 소련)의 미사일 개발을 따라잡기 위해 노력 중이었는데, 미사일 개발은

기술의 불완전과 많은 실험실패로 난항 중이었다. 이에 PERT기법을 이용하였는데 이는 작업시간의 추정에 3가지 예측을 사용하여 계획을 수립할 때에 환경의 불확실성을 고려하도록 되어 있었다.

다음과 조건이 있다고 한다.

WBS 요소	낮음(O)	가능성 많음(ML)	높음(P)	PERT (O+4×ML+P)/6	표준편차 (P-O)/6
설계	4	6	10	6.33	1
구축	13	20	35	21.33	3.67
테스트	11	15	23	15.67	2
전체 프로젝트	31	41	68	43.83	6.17

당신이 프로젝트 관리자라면 41억 원의 예산으로 연구과제 프로젝트를 성공할 수 있겠는가? 성공확률은? PERT를 통한 분석을 하면 다음과 같다.

WBS 요소	낮음(O)	가능성 많음(ML)	높음(P)	PERT (O+4×ML+P)/6	표준편차 (P-O)/6
전체 프로젝트	31	41	68	43.83	6.17

1Sigma	2Sigma	3Sigma
37.67~50.00	31.50~56.17	25.33~62.33
68.30	95.50%	99.70%

41억원을 가지고는 프로젝트 성공확률이 매우 낮다. 이 부분은 별도 리스크 정량적 분석에서 상세히 다루기로 한다. 다만 상기 표에서 보듯이 50억원을 가지고서도 성공확률이 68.3%인 것을 감안하면 41억원에서 상당한 예비비 보충이 필요해 보인다. 좀 더 자세한 설명은 후반부에 다시 검토하기로 한다.

- **상향식 산정법:** 상향식 산정법은 작업분류체계(WBS)의 하위 수준 구성요소별 산정치를 집계하여 프로젝트 기간이나 원가를 산정하는 방법이다. 합리적인 신뢰도 수준으로 활동기간을 산정할 수 없을 때, 활동에 포함된 작업을 더 구체적으로 세분한 다음에 상세한 기간을 산정한다.
- **데이터분석:** 다음은 이 프로세스에 사용할 수 있는 데이터분석기법의 일부 예이다.

▸ **대안분석**: 다양한 수준의 자원 역량 또는 기량, 일정단축 기법(6.5.2.6 단원 참조), 여러 가지 도구(수동 대비 자동)를 비교하여 자원에 관한 제작, 임대 또는 구매 결정을 내리는 데 대안분석을 사용한다.

▸ **예비분석**: 프로젝트 일정의 불확실성을 대비하여 예비기간(Time Reserve, Buffer, Contingency Reserve)을 분석한다. 식별한 예비 기간은 일정기준선(Schedule Baseline) 내 포함된다. 일정기준선은 식별된 리스크 요인과 리스크를 완화하기 위한 대응방안을 포함한다. 관리예비는 관리통제 목적으로 보유하는 일정량의 프로젝트 예산이며, 예견되지 않았지만 프로젝트 범위에 속하는 작업용으로 예비된다. 관리예비의 용도는 프로젝트에 영향을 줄 수 있는 "예측 불가능 리스크(unknown - unknowns)"를 처리하기 위한 것이다. 관리예비는 전체 프로젝트 기간 요구사항에는 포함되지만 일정 기준선에는 포함되지 않는다. 계약 조건에 따라, 관리예비를 사용하기 위해 일정 기준선을 변경해야 할 수도 있다.

- **의사결정**: 다음은 이 프로세스에 사용할 수 있는 의사결정기법의 일부 예이다. 애자일 기반 프로젝트에서 대개 사용되는 투표 방법의 한 가지로, '손가락 거수법(fist to five)'이 있다. 프로젝트 관리자가 팀원에게 주먹쥐기(강한 반대 표시)부터 최대 5개 손가락 펴기(강한 찬성 표시)를 통해 결정에 대한 지지도를 표시하도록 요청하는 방식이다. 손가락을 3개 미만으로 펴는 팀원이 있으면 반대 의견을 팀과 토론할 기회를 준다. 프로젝트 관리자는 팀이 합의에 도달(모든 사람이 손가락을 3개 이상 펼침)하거나 다음 의사결정으로 넘어가는 데 동의할 때까지 손가락 거수법을 계속 진행한다. 다른 방법으로는 전통적으로 팀원들이 함께 모여, 활동의 기간을 추정하는 기법으로 브레인스토밍, 델파이 기법, 명목집단그룹(Nominal Group Techniques) 등 실제적인 작업에 참여할 인력들이 참여하면 더욱 정확한 산정이 가능하다.
- **회의**: 프로젝트팀에서 활동기간을 산정하기 위해 회의를 열 수 있다.

▌ 활동기간산정 프로세스의 산출물

• **기간 산정치**(Activity Duration Estimates): 산정된 값들은 정확한 값이라기보다는 추정치이다. 기간 산정치는 활동, 단계 또는 프로젝트를 완수하는 데 필요한 최빈 단위기간 수를 평가한 수치이다. 지연은 기간 산정치에 포함되지 않는다. 가능한 결과 범위의 일부 구간을 기간 산정치에 포함시킬 수도 있다.

• **산정 기준서**: 기간 산정치를 뒷받침하는 추가적 상세정보의 양과 유형은 적용분야마다 다르다. 보충 문서는 상세하게 기술하는 것보다 기간 산정치의 명확하고 정확한 산정 근거를 제시하는 것이 중요하다. 다음은 기간 산정치를 뒷받침하는 상세정보의 예이다.

CHECK! 체크!

PERT를 이용한 사례-먼저 PERT Value와 분산을 통한 표준편차를 구한다. 이 프로젝트 기간은 만일 기간이 37.67~50일 사이의 기간 내에 성공할 확률은 68.4%를 의미한다. 그러나 만일 2 시그마라면 기간 31.50~56.17일 이내 성공적으로 완수할 확률은 무려 95.50%가 된다. 이와 같이 PERT를 이용하고 CPM(Critical Path Method)를 이용하여 일정기간을 산출하는 데 있어 특히 R/D분야 같은 분야는 신제품 개발에 있어 불확실성이 너무 많아서 이를 적절히 이용하여 프로젝트 일정을 산정하는 것도 좋은 방법이다. 그래야 무리한 일정단축이 일어나지 않고 기간 내에 프로젝트를 성공정적으로 수행할 수 있을 것이다.

▌ PERT이해를 위한 시나리오

당신이 집에서 회사로 출근을 한다. 일반적으로 40분이 걸리고 운이 좋으면 30분 걸린다. 그러나 가끔 교통이 막혀 60분이 걸리기도 한다. 이런 경우 당신이 68.5% 확률도 집에서 회사에 도착하려면 시간이 얼마 필요한가? 회사에서는 지각을 인정하지 않는다. 그래서 당신은 99.7% 확률도 늘 회사에 도착하려면 매일 어느 정도 시간을 가지고 출근을 하여야 할까?

당신이 집에서 현장으로 출근을 한다.

PERT Value = (P + 4ML + O)/6 식에 대입한다.

O: 30분   ML: 40분   P: 60분

PERT: (30 + 4 × 40 + 60)/6 = 41.67분

[표 5-4] PERT Value분석의 예

	O	ML	P	PERT	표준편차
PERT	30	40	60	41.67	5

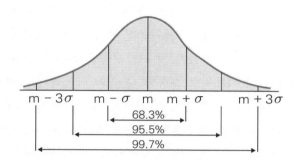

당신은 99.7% 확률도 늘 현장에 도착하려면 매일 어느 정도 시간을 가지고 출근을 하여야 할까? 99.7%는 3 Sigma에 해당한다. 따라서 다음과 같이 계산이 된다.

PERT Value를 가지고 표준편차를 1 Sigma부터 3 Sigma까지 계산을 하면 56.67분이 나온다. 따라서 거의 지각을 안 하려면 집에서 56.67분 전에 출근을 위한 출발을 해야 한다.

1 SIGMA: $41.67 + 5 = 46.47$

2 SIGMA: $41.67 + 5 \times 2 = 51.67$

3 SIGMA: $41.67 + 5 \times 3 = 56.67$

이제 PERT의 기본개념을 이해하였다면 프로젝트 관리에서 어떻게 PERT가 유용하게 사용될 수 있는지 다른 예를 가지고 이해하여 보기로 한다. 일정이나 원가에서 같이 사용이 될 수 있는데 일정으로 분석을 해보기로 하자.

[표 5-5] 시나리오 기반 PERT Value분석의 예

WBS 요소	낮음(O)	가능성 많음(ML)	높음(P)	PERT (o+4×ML+P)/6	표준편차 (P-O)/6
설계	4	6	10	6.33	1
구축	13	20	35	21.33	3.67
테스트	11	15	23	15.67	2
전체 프로젝트	31	41	68	43.83	6.17

만일 단위가 월이라고 한다면 당신이 프로젝트 관리자로서 스폰서 또는 고객이 당신에게 41개월에 프로젝트를 완수하라고 지시한다고 한다. 이때 당신은 41개월 기간 안에 프로젝트 성공을 시킬 확률은 몇 퍼센트가 될까? 아무리 당신이 뛰어난 프로젝트 관리자라고 하여도 혼자 프로젝트를 수행하는 것이 아니고 팀원과 많은 제약조건 속에서 프로젝트를 수행하기 때문에 지나치게 프로젝트 성공확률이 낮다면 성공을 하기는 쉽지 않을 것이다. 이에 PERT 분석을 통해 41개월로 성공할 수 있는 확률을 분석해보고 만일 75%의 성공확률을 가지려면 얼마 정도의 기간이 필요한지 아는 것이 중요할 것이다. 이는 예비기간을 설정하여 일정기준선을 확보하는 대안제안의 근거가 된다. PERT Value 4개월 표준편차를 순차적으로 대입하면 다음과 같은 수치가 나온다.

[표 5-6] PERT Value분석의 결과

1Sigma	2Sigma	3Sigma
37.67~50.00	31.50~56.17	25.33~62.33
68.30%	95.50%	99.70%

[표 5-6]을 보면 50개월이 확보되어도 성공확률은 68.3%이다. 그렇다면 41개월은 별도 Simulation tool을 통해 정량적 분석을 하게 되는데 이때 사용되는 것이 Monte-Carlo simulation이다. 시중에는 여러 제품들이 있어 구입후 사용을 하여야 한다. 실제로 분석을 해보면 12% 확률에 41개월이 위치해 있다. 분석표을 보면 만일 50개월이 주어진다 해도 프로젝트 성공확률은 68.3%에 지나지 않는다. 만일 56.17개월이라면 프로젝트 성공확률은 95.5%로 분석이 된다. 더 정교한 구간은 Simulation tool을 사용하게 되는데 상기 41개월 경우는 정량적 분석을 해보면 성공확률이 약 12%에 불과하게 분석이 된다. 이런 분석을 토대로 초기 프로젝트 수행시 성공확률을 예측하고 예비기간을 증가시키는 요구를 하게 한다. 그렇지 않으면 지나친 제약조건으로 인해 프로젝트를 실패하는 프로젝트 관리자가 될 가능성이 높다. 그러므로 최소한 75% 이상의 기간에 위치한 포인트를 찾아 예비기간을 추가하여야 한다. 즉 50개월 정도가 확보되어야 프로젝트 성공확률이 75%가 될 수 있음을 알 수 있다. 따라서 PERT의 원리를 알고 정량적 Simulation분석을 통해 수시로 프로젝트의 일정과 원가상태를 분석한다면 성공적인 프로젝트 감시 및 통제를 통해 성공

을 할 수 있을 것이다.

(5) 일정개발(Develop Schedule)

일정개발은 활동 순서, 기간, 자원 요구사항, 일정 제약을 분석하여 프로젝트를 실행, 감시 및 통제하기 위한 프로젝트 일정모델을 생성하는 프로세스이다. 이 프로세스의 주요 이점은 프로젝트 활동들의 완료 예정일이 정해진 일정모델을 생성한다는 점이다. 가장 중요한 프로세스인 일정개발은 활동, 활동의 연관성, 활동의 기간, 활동에 필요한 자원이 모두 결정되면 이 요소들을 합하여 일정을 개발하기 때문에 입력물들이 많다. 주로 앞에서 진행된 프로세스들의 주요 산출물이 전부 일정개발프로세스의 입력물이 된다. 활동정의, 활동순서, 자원산정, 활동기간산정 프로세스들의 산출물이 일정개발에 거의 투입된다. 일정개발이 완료되어 승인 받은 프로젝트 일정은 일정기준선(Schedule Baseline)이 된다.

* 활동식별＋활동흐름＋자원＋활동 기간＝＞일정개발

▌ 일정개발 프로세스에서 필요한 요소들
• **프로젝트관리 계획서**: 다음은 이 프로세스에서 유용할 수 있는 프로젝트 관리 계획서 구성요소의 일부 예이다.
  ▶ **일정관리 계획서**: 일정관리 계획서에는 일정표 작성에 사용되는 일정 계획 방법과 도구, 일정 산출 방법이 기술된다.
  ▶ **범위 기준선**: 범위 기술서와 작업분류체계(WBS), 작업분류체계(WBS) 사전에 일정모델을 생성할 때 고려하는 프로젝트 인도물에 관한 자세한 정보가 기술된다.
• **프로젝트 문서**: 다음은 이 프로세스의 투입물로 간주될 수 있는 프로젝트 문서의 일부 예이다.
  ▶ **활동속성, 활동목록, 가정사항 기록부, 산정 기준서, 기간 산정서**: 마일스톤 목록, 교훈, 프로젝트 일정, 네트워크 다이어그램, 프로젝트팀 배정표, 자원달력, 자원 요구사항, 리스크 관리대장
• **협약**: 공급업체가 계약상 약정을 충족하기 위해 프로젝트 작업을 수행하는 방법에 대한 구체적 정보를 개발하는 과정에서 프로젝트 일정에

투입될 정보를 확보할 수 있다.

■ 일정개발 프로세스에서 사용하는 대표적인 도구 및 기법

- **일정네트워크분석**(Schedule Network Analysis): 일정 모델과 다양한 분석적 기법의 프로젝트 일정 생성 기법으로 주공정법(Critical Path Method), 주사슬법(Critical Chain Method), 가정상황(What−If)분석, 자원평준화(Resource Leveling) 등을 사용함을 의미한다.

- **주공정법**(CPM: Critical Path Method): 프로젝트 기간의 최단기 일정을 산정하고, 일정 모델 내에서 논리적인 네트워크 경로에서 여유 시간을 결정하는 데 사용한다. 전진계산법(Forward Pass) 및 후진계산(Backward Pass) 분석을 통해 일정 네트워크 내에서 빠른 시작일, 빠른 종료일, 늦은 시작일, 늦은 종료일을 계산한다. 분석의 결과로 나온 빠른 시작일, 늦은 시작일 및 종료일이 반드시 프로젝트 일정으로 결정될 필요는 없으나. 활동의 기간, 논리적인 관계, 선도와 지연 및 다른 제약조건들을 입력함으로써 활동이 수행되는 데 필요한 기간을 산출한다. CPM은 단위활동기간과 활동 순서에 가장 빠른 시작일 및 완료일(ES, EF)과 가장 늦은 시작일 및 완료일(LS, LF)을 계산한다. CPM의 초점은 어떤 활동들이 최소의 일정상 여유를 갖고 있는지를 결정하기 위한 여유시간(Float)을 계산한다. 동일 경로상의 여유(Total Float)는 −(음), 0, +(양)으로 일정의 유연성을 표시한다.

  전진계산(Forward Pass): 프로젝트 시작일을 기준으로 일정을 계산하는 방법이다. "As Soon As Possible" 일정표의 ES(Early Start Date)와 EF(Early Finish Date)를 구한다.

  후진 계산(Backward Pass): 프로젝트 종료일로부터 활동의 완료일을 기준으로 일정을 역산하는 일정계산방법으로 "As Late As Possible" 일정표의 LS(Late Start Date)와 LF(Late Finish Date)를 구한다.

  Total Float(TF): 프로젝트 납기일을 지연시키지 않고 활동이 가질 수 있는 여유시간으로 LS−ES 또는 LF−EF으로 계산한다.

  Free Float: 후행 활동의 빠른 시작일을 지연시키지 않고 선행 활동이 가질 수 있는 여유시간: EF−ES Successor

- **자원최적화**(Resource Optimization): Resource Leveling은 자원들을 주공정상의 활동들에 가장 먼저 할당"하는 등과 같은 방법으로 자원을 조정함을 의미한다. 그래서 자원 평준화 결과는 주공정(Critical Path)의 변경을 유발한다. Resource Smoothing은 단위 활동의 Buffer 안에서 일정을 조정하므로 일정을 지연시키지 않고 자원을 최적화한다.
- **데이터분석**: 다음은 이 프로세스에 사용할 수 있는 데이터분석기법의 일부 예이다(예: 가정형 시나리오 분석: 시뮬레이션).
- **선도 및 지연적용**(Applying Leads and Lags): 부적절한 선도 및 지연은 일정을 왜곡할 수 있다. 실행 가능한 프로젝트 일정을 위해 일정네트워크 분석 동안 조정이 되어야 한다.
- **일정단축**(Schedule Compression): 범위변경 없이 프로젝트 일정을 단축시키는 방법으로 대표적으로 두 가지가 있다. 공정 압축법(Crashing)은 최소한의 부가 비용으로 최대한의 기간 단축을 위해 비용과 기간의 상관관계를 분석하는 것으로, 반드시 실행 가능한 대안들을 도출해 내는 것은 아니며 추가 인력을 투입하기 때문에 비용이 증가한다. 공정중첩 단축법(Fast Tracking)은 보통 순차적으로 행해지는 활동들을 동시에 수행하는 것으로 리스크는 수반하나 비용 증가 없이 행하는 방식이다.
- **프로젝트관리 정보시스템**(PMIS): 프로젝트관리 정보시스템에는 활동, 네트워크 다이어그램, 자원 및 활동기간에 대한 투입물을 기준으로 시작일과 종료일을 생성하여 일정모델 구축 프로세스를 촉진하는 일정계획 소프트웨어가 포함된다.
- **애자일 릴리즈 기획**: 애자일 릴리즈 기획에서 제품 로드맵과 제품 진화를 위한 제품 비전을 근거로 릴리즈일정(일반적으로 3~6개월)을 요약한 상위 수준 일정표가 생성된다.

▌일정개발 프로세스의 산출물
- **프로젝트 일정**(Project Schedule): 세부 활동에 대한 계획상의 시작일과 완료일을 나타낸다.
- **일정기준선**(Schedule Baseline): 프로젝트관리자가 경영층이나 스폰서에게 공식적으로 승인받은 프로젝트 일정의 기준선이다.

- **일정데이터**(Schedule Data): 프로젝트 일정을 보조하는 데이터(일정, 마일스톤, 일정 활동, 활동속성, 문서화된 가정 및 제약)로 프로젝트 일정의 상세 보조 자료 정보이다.
- **프로젝트 달력**: 프로젝트 달력은 일정활동을 수행할 수 있는 근무일 또는 근무 교대시간을 보여준다.
- **변경요청**: 프로젝트 범위 또는 프로젝트 일정의 변경으로 인해 범위 기준선, 일정 기준선 및/또는 프로젝트관리 계획서의 다른 구성요소에 대한 변경요청이 제기될 수 있다.

꼭 알아야 할 핵심 용어

"주공정법(CPM: Critical Path Method)"은?
CPM은 듀퐁과 Remington Rand에 의해서 1950년대에 개발되었다. 전진계산과 후진계산을 통하여 시작일과 종료일을 계산하는 모델링기법으로, 전진계산(Forward Pass)은 최초의 활동부터 오른쪽으로 0부터 시작하여 활동별 기간을 더해 나가되, 선행 활동이 2개 이상인 활동은 해당 활동에 도달하는 여러 가지 경로 중에서 가장 큰 값을 가진 경로를 선택하고 각 활동별 가장 빠른 시작일자(ES)와 가장 빠른 완료일자(EF)가 계산된다. 주공정 경로상에 있는 활동들을 Critical Activity라고 하고, 후진계산(Backward Pass)방법은 전진계산이 끝나면 최종활동부터 역으로 시작일과 종료일 계산을 수행하며, 이때에는 후속활동이 2개 이상인 경우 가장 작은 값을 가진 경로를 선택하여 그 값을 취한다. 가장 늦은 시작일자(LS)와 가장 늦은 완료일자(LF)를 계산한다.

꼭 알아야 할 핵심 용어

"GERT(Graphical Evaluation and Review Techniques)"는?
GERT(Graphical Evaluation and Review Techniques): Graphical Evaluation and Review Techniques는 PERT와 유사하지만 순환(Looping), 조건분기(Branching), 여러 프로젝트 결과 표현을 할 수 있는 장점이 있다. 예를 들어 만약 테스트라는 활동이 있는데 테스트 실패 시 다시 테스트를 수행하는 형태의 환 구조는 PERT에서 표현할 수 없다. 그리고 테스트 결과에 따라 서로 다른 가지로 나뉘게 되는 것 역시 PERT에서 표현이 안 되지만 이러한 문제를 GERT방식에서는 쉽게 표현해 줄 수 있다.

(6) 일정통제(Control Schedule)

일정통제는 프로젝트의 상태를 감시하면서 프로젝트 일정을 업데이트하고 일정 기준선에 대한 변경을 관리하는 프로세스이다. 이 프로세스의 주요 이점은 프로젝트 전반에 걸쳐 일정 기준선이 유지되도록 한다는 점이다. 일정통제프로세스는 계획과 실적을 비교하고, 승인되지 않은 일정 변경이 일어나지 않도록 통제하는 게 목적이다. 다른 통제 프로세스와 유사하며, 기준대비 실정을 비교해서 실적이 적은 경우 변경요청을 하는 프로세스이다.

▌ 일정통제 프로세스에서 필요한 요소들

• **프로젝트관리 계획서**: 일정기준선을 포함하고 있고, 프로젝트 일정을 어떻게 관리하고 통제할 것인가를 기준으로 한다. 다음은 이 프로세스에서 유용할 수 있는 프로젝트관리 계획서 구성요소의 일부 예이다(일정관리 계획서, 일정 기준선, 범위 기준선: 성과측정 기준선).

• **프로젝트 문서**: 다음은 이 프로세스의 투입물로 간주될 수 있는 프로젝트 문서의 일부 예이다.

▶ **교훈 관리대장**: 프로젝트 초기 단계의 교훈을 이후 단계에 적용하여 일정을 더 효과적으로 통제할 수 있다.

▶ **프로젝트 달력**: 일정 예측치를 계산할 때 일부 활동에 대해 여러 다른 작업 기간을 허용하기 위해 프로젝트 달력을 두 개 이상 필요로 하는 일정모델이 있다.

▶ **프로젝트 일정**: 계획 승인된 프로젝트 일정은 성과 측정 기준선의 일부로 일정 성과 측정 및 보고의 기초이다.

▶ **자원달력**: 자원달력은 팀과 물리적 자원의 가용성 정보를 보여준다.

▶ **일정데이터**: 일정데이터는 일정통제 프로세스를 통해 검토하고 업데이트한다.

▶ **작업성과 데이터**: 실적 계획된 일정의 실제 작업의 Raw Data를 제공한다.

▌ 일정통제 프로세스애서 사용하는 대표적인 도구 및 기법

• 데이터분석: 다음은 이 프로세스에 사용할 수 있는 데이터분석기법의 일부 예이다.

  ▸ **획득가치 분석**: 일정차이(SV), 일정성과지수(SPI) 등의 일정성과 측정치를 이용하여 초기 일정 기준선에서 벗어난 변이 정도를 평가한다.

  ▸ **반복(iteration) 번다운 차트**: 이 차트는 반복(iteration) 백로그에서 완료해야 할 작업을 추적하여 보여준다. 반복(iteration)계획에서 수행된 작업을 근거로 이상적인 번다운 기준의 차이를 분석하는 데 이 차트를 사용한다.

  ▸ **성과검토**: 성과검토를 통해 진행 중인 작업의 실제 시작일과 종료일, 달성률, 잔여 기간 등과 같은 일정성과를 측정하고, 일정 기준선 대비 비교 및 분석한다.

  ▸ **추세분석**: 추세분석을 통해 시간 경과에 따른 프로젝트 성과를 분석하여 성과 향상 또는 저하 여부를 판별한다. 그래프분석 기법은 현재까지 성과를 파악하고 완료일 형식으로 향후 성과 목표와 비교하는 데 유용하다.

  ▸ **차이분석**: 차이분석을 통해 계획 대비 실제 시작일과 종료일, 계획 대비 실제 기간, 여유의 차이를 분석한다. 일정 기준선대비 차이의 원인과 정도를 판정하고, 이렇게 발생한 차이가 완료할 향후 작업에 주는 영향평가하여 시정조치나 예방조치가 필요한지 여부를 판단하는 것이 차이분석의 한 부분이다.

  ▸ **가정형 시나리오 분석**: 가정형 시나리오 분석을 통해 프로젝트 리스크관리 프로세스 결과로 도출되는 다양한 시나리오를 평가하여 프로젝트관리 계획서 및 승인된 기준선에 맞춰 일정모델을 조율한다.

• **주공정법(CPM)**: 주공정 경로를 따라 진척도를 비교하는 것은 일정 현황을 판단하는 데 효과적이다. 주공정에서 벗어난 차이는 프로젝트 종료일에 직접적인 영향을 준다. 준 주공정에서 활동들의 진척도를 평가하여 일정 리스크를 식별할 수 있다.

• **프로젝트관리 정보시스템**(PMIS)

• **자원최적화**: 자원최적화기법을 통해 자원 가용성과 프로젝트 시간을 모

두 고려하면서 활동일정과 활동에 필요한 자원을 계획한다.

- **선도 및 지연**: 뒤처진 프로젝트 활동을 계획에 맞출 방법을 찾기 위한 네트워크 분석 과정에서 선도 및 지연 조정을 적용한다.
- **일정단축**: 일정단축기법은 잔여 작업에 공정중첩 단축법 또는 공정압축 법을 사용하여 현재 지연된 프로젝트 활동을 계획에 맞추기 위한 방법 을 찾는 데 사용되는 기법이다. 범위변경 없이 프로젝트 일정을 단축시 키는 방법으로 대표적으로 두 가지가 있다.

▌ 일정통제 프로세스의 산출물:

- **작업성과정보**(Work Performance Information): WBS 요소에 대한 일정 차 이(SV) 및 일정 성과지수(SPI)는 문서화되고 프로젝트작업성과보고서를 통해 이해관계자에게 정보로 제공된다.
- **일정예측**(Schedule Forecasts): 획득가치 기법에 기반을 둔 일정예측치를 제공한다.
- **변경요청**(Changes Requests): 진도 보고 검토에 따른 일정 변이 분석, 성 과 측정 결과, 그리고 프로젝트 일정 모델 수정으로 프로젝트 일정기준 선에 대한 변경요청을 발생시키며, 프로젝트관리계획의 다른 요소와 조 정이 요구될 수도 있고, 통합 변경 통제에서 검토 및 처리된다.

일정관리는 진척관리라고도 하며 프로젝트 계획서에 밝힌 로드맵대로 프 로젝트가 잘 수행하도록 관리하는 활동이다. 진척관리의 액티비티(activity)는 프로젝트를 수행하기 위한 독립된 단위업무인 액티비티를 정의하고 액티비티 리스트와 액티비티간의 관계와 기간을 추정하여 일정계획을 수립하며 프로젝 트를 진행하면서 일정계획상의 변경 사항이 발생하는 경우 이를 조정한다.

경영컨설팅 착수시점에 프로젝트 일정계획을 수립하고 이에 따라 계획대 비 지연상황 파악과 지연되는 원인을 규명하여 신속히 대처함으로써 프로젝트 를 성공적으로 수행할 수 있도록 한다. 프로젝트 일정계획을 생성하기 위해 일 정계획, 일정기간, 소요자원을 분석하여 프로젝트 일정을 작성하는 데 PERT/ CPM, Gantt Chart 등의 tool을 활용한다.

진척관리에서는 착수시점에 프로젝트 일정계획, 인력투입계획, 비용집행

계획 등을 확정하여 프로젝트가 진행됨에 따라 계획대비 실적을 점검하여 이상 발생시 진행상황을 세밀히 점검하고 지연사항에 대하여 원인을 규명하고 대책을 수립하여 내부보고를 통하여 대책을 수행하게 된다. 프로젝트가 진행되는 동안에는 프로젝트 일정 점검, 단계별 산출물 점검, 인력 투입 관리, 인력 Skill 관리 등의 활동을 행하며 프로젝트가 종료되는 시점에서는 최종 산출물 점검, 고객의 요구사항 미수렴 내역을 파악하여 이를 조정한다.

즉, 진척관리는 일정과 차질을 빚는 경우에는 원인을 밝혀 프로젝트가 성공적으로 진행되도록 조치를 강구하도록 하여 준다. PL 중 한 명에게 프로젝트 일정에 따라 진행여부의 관리책임을 맡기는 경우에도 프로젝트의 전체적인 책임은 PM이 진다.

어느 기업이든 비슷한 유형의 문제를 가지고 있다. 일정관리가 잘 안 되고 있다는 점이다. 그런데 이것은 결론이며 나타난 이슈이다. 정작 원인은 잘 이야기하지 않는다. 그러나 사실 문제의 원인은 요구사항의 관리의 부재와 프로젝트 진행 후에 발생하는 지속적인 변경으로 인한 수정이다. 거기에는 이해관계자 관리라는 큰 복병이 숨어 있다. 원칙대로 처리해도 안 되는 원인은 우리나라 현실에서는 이해관계자의 주종관계로 인해 합리적인 프로세스의 준수에 대한 질서의 파괴이다.

경영진은 내부적인 일정관리의 문제만 지적하지만 프로젝트 관리자는 위에서 언급한 원인에 대한 여러 가지 문제(요구사항관리의 부재, 진행중의 지속적인 변경사항 발생, 이해관계자들의 비합리적인 요구 등)들이 복합적으로 나타나는 가운데 내부적으로 활동량의 증가에 따른 자원의 부족, 일정의 준수를 위한 피나는 노력, 오버타임 등 업무 과중과 스트레스로 인한 내부갈등 등이 반복적으로 나타나는 공통점이다. 아무리 프로젝트 방법론의 교육을 시켜도 잘 개선되는 않은 이 문제 해결 방안은 무엇일까?

잘된 계획은 시간과 비용을 절감한다. 반면 허술한 계획은 수많은 변경을 통해 종착점에 이른다. 잘된 계획의 길이 거의 직선이라면 허술한 계획은 꼬불꼬불 돌아가는 길이다. 직선거리보다 더 멀기에 늘 시간이 바쁘고 에너지가 많이 소모된다. 때론 뒤로 돌아가서 다시 길을 잡기도 하면서 동행하는 사람들과 언쟁을 하기도 한다. 목표는 같이 보여도 걸어가는 길이 이리 다른 것은 초기에 시간과 노력을 들여서 지도를 분석하고 가장 최단의 효율적인 길을 준비한 사람과 그렇지 못한 사람의 차이에서 나타난다. 사전에 낭비가 없이 치밀하게 준비하는 계획은 프로젝트 성공의 기본이다.

(7) 원가관리

프로젝트 원가 관리 지식영역은 프로젝트의 원가산정을 어떻게 하며, 향후 어떤 절차로 원가를 관리할지를 계획하는 원가관리계획(Plan Cost Management) 프로세스, 개별활동들에 대한 원가를 산정하는 원가산정(Estimate Costs) 프로세스, 산정된 개별활동에 대한 원가 혹은 Work Package별 원가를 합산하는 예산결정(Determine Budget) 프로세스, 마지막으로 승인된 프로젝트 원가기준선에 대한 상태를 감시하고 변경을 관리하는 원가통제(Control Costs) 프로세스로 구성되어 있다.

프로세스	설명
원가관리계획 (Plan Cost Management)	프로젝트 원가에 대한 계획, 관리, 추가예산 신청, 및 통제에 대한 정책, 절차 및 문서를 작성하는 프로세스로 원가관리의 지침을 제공한다.
원가산정 (Estimate Costs)	프로젝트 활동을 완료하기 위해 필요한 자원들의 금전적 추정치를 계산하는 프로세스로 Work Package별로 원가를 산정하는 부분원가 산정 프로세스이다.
예산결정 (Determine Budget)	원가산정이 이루어진 후에 승인된 원가기준선을 수립하기 위해 개별활동 혹은 Work Package별 추정된 원가를 합산하는 프로세스이다.
원가통제 (Control Costs)	프로젝트 원가 수정을 위해 프로젝트의 상태를 감시하고, 원가 성과 기준선에 대한 변경을 관리하는 프로세스로 획득가치기법으로 예산을 추정하는 프로세스까지 포함이 되어 있다.

1) 원가관리계획(Plan Cost Management)

원가관리계획 프로세스는 프로젝트 원가에 대한 계획과 관리, 추가예산 신청, 및 통제에 대한 정책과 절차를 수립하고 및 문서화하는 프로세스이다. 원가관리계획 프로세스의 핵심은 프로젝트의 원가를 관리하는 방법에 대한 지침과 방향을 제공하는 것이다.

원가관리계획 프로세스의 산출물인 원가관리계획서는 프로젝트관리계획서의 부속 계획서이며, 프로젝트의 원가를 관리하기 위한 프로세스들과 함께 원가 관리를 위한 도구와 기법을 기술한다.

▌ 원가관리계획 프로세스에서 필요한 요소들

프로젝트관리계획서(Project Management Plan)

범위기준선과 일정기준선 및 기타 정보들이 프로젝트관리계획서에 포함되어 원가관리계획서 작성 시 참고한다.

프로젝트헌장(Project Charter)

프로젝트헌장에는 상세한 프로젝트 원가산정을 위한 개략적인 예산에 대한 정보가 기술되어 있을 수 있으며, 기타 프로젝트 원가 관리에 영향을 미칠 수 있는 다양한 요구사항들이 정의되어 있을 수 있기 때문에, 프로젝트헌장을 참고한다.

▌ 원가관리계획 프로세스에서 사용하는 대표적 도구 및 기법

전문가판단(Expert Judgment)

원가관리계획서 작성 시 전문가들의 과거 유사 프로젝트의 환경이나 정보, 경험 등으로부터 도움을 받을 수 있다.

분석기법(Analytical Techniques)

원가관리계획서를 만들 때는 각종 분석기법을 이용해 계획을 만들어야 한다.

회의(Meeting)

프로젝트 관리자, 프로젝트 스폰서, 팀원, 이해관계자, 프로젝트 원가에 책임이 있는 모든 사람들이 회의를 하면서 원가관리계획서를 작성한다.

▌ 원가관리계획 프로세스의 산출물

원가관리계획서(Cost Management Plan)

원가관리계획서는 프로젝트관리계획서의 일부이고, 프로젝트 원가를 계획하고, 구조화하고 통제하는 방법을 설명하는 문서이다. 원가관리계획서에는 원가관리 프로세스 및 이와 관련된 도구와 기법 등이 기술되어야 한다. 원가관리계획서에는 측정 단위, 정밀도수준, 정확도 수준, 조직 절차 연계, 통제 한계선, 성과 측정 기준, 획득가치 측정 기법 등이 포함된다.

2) 원가산정(Estimate Costs)

원가산정 프로세스는 프로젝트 활동을 완료하는데 필요한 자원의 금전적인 근사치를 추정하는 프로세스이다. 즉, 프로젝트의 작업들을 완료하는 데 필요한 원가 규모를 결정하는 것이다. 원가산정시에 프로젝트에 투입되는 모든 자원, 재료, 인력, 장비, 서비스 등의 비용과 함께 리스크 대응전략에 따른 각 활동에 대한 비용, 및 금융비용 등이 모두 포함되어야 한다.

▌ 원가산정 프로세스에서 필요한 요소들
원가관리계획서(Cost Management Plan)
원가관리계획서는 프로젝트 원가가 어떻게 관리되고 통제가 되는지 정의되어 있으며, 비용을 산정하는 방법과 원가의 정확성과 관련된 정의 등이 있기 때문에 참고한다.
인적자원관리계획서(Human Resource Management Plan)
원가산정을 위해서는 프로젝트에 투입되는 팀원의 속성, 직원별 인건비, 관련 보상 등의 정보가 있기 때문에 참고한다.
범위기준선(Scope Baseline)
프로젝트범위기술서, WBS, WBS Dictionary중에서 WBS가 가장 중요한 입력물이 된다.
프로젝트 일정(Project Schedule)
자원의 투입 기간은 프로젝트 원가 결정의 중요한 요소이므로 프로젝트 일정을 참고한다.
리스크 관리대장(Risk Register)
부정적 혹은 긍정적 리스크 대응전략을 수립하게 되면, 각각의 리스크에 대한 대응 활동이 식별되고 각 활동은 비용이 추가된다.

▌ 원가산정 프로세스에서 사용하는 대표적 도구 및 기법
유사산정(Analogous Estimating)
유사 산정은 하향식 산정(Top-Down Estimating)이라고도 하며, 과거 경험한 유사 프로젝트의 실제적인 범위, 원가, 예산 및 기간을 기반으로 현재 프로

젝트의 규모, 가중치 및 복잡도를 고려하여 프로젝트의 원가를 산정하는 방법이다. 따라서 과거 유사 프로젝트에 대한 정보나 전문가판단을 사용하며, 프로젝트에 대한 상세한 정보가 불충분한 프로젝트 착수 시점에서 사용할 수 있는 산정 방법이다.

장점: 신속하고 노력과 시간이 적게 소요된다.

단점: 프로젝트 특성이 유일한 것이기에 정확성에 대한 신뢰도가 떨어질 수 있다.

모수산정(Parametric Estimating)

모수는 모집단의 특성을 나타내는 값으로서 다른 말로 매개변수라고도 한다. 따라서 모수산정은 간단한 계산 공식의 적용부터 복잡한 수학적 알고리즘을 통한 산정까지 다양하다.

장점: 비교적 쉬운 계산방식으로 산정이 쉽다.

단점: 실체적 산출물에 제한이 되며 학습곡선을 무시되었다.

상향식산정(Bottom-Up Estimating)

상향식산정은 개별 Work Package 또는 활동의 원가를 먼저 산정한 후 상위 수준으로 올라가면서 합산하는 방식이다. '유사 산정'과 반대 개념으로 볼 수 있으며, 정확도가 높다. 상향식산정의 원가와 정확성은 개개 활동이나 작업 패키지의 규모와 복잡성에 따라 달라진다.

장점: Work Package로 일일이 산정을 한 다음에 합산하는 방식으로 신뢰도가 높다.

단점: 범위가 상세하게 되어야 가능하며 산정을 일일이 하므로 시간과 노력이 많이 소요된다.

3점산정(Three-Point Estimating)

PERT를 이용한 3점산정은 불확실성과 리스크를 고려하여 최빈치, 낙관치, 비관치의 3개 추정치를 사용하여 산정치의 정확도를 향상시킬 수 있다.

장점: 불확실성이 클 때 유리하게 사용할 수 있다.

단점: SW를 이용해야 하고 통계(분산, 표준편차, 표준분표 이해) 등에 대한 전문지식이 필요하다.

예비비분석(Reserve Analysis)

원가산정시 프로젝트 원가에 대한 불확실성에 대비하여 우발사태 예비비(Contingency Reserve) 혹은 우발사태 충당금(Contingency Allowance)을 설정한다. 예비비는 리스크식별을 통해 리스크 대응 활동을 위해 할당되며, 예비비는 원가기준선에 포함을 한다.

품질비용(Cost of Quality)

품질비용(예방, 평가, 실패)도 원가에 반영이 되어야 한다.

프로젝트관리 소프트웨어(Project Management Software)

프로젝트관리 소프트웨어는 복잡한 원가산정 기법들을 쉽게 사용할 수 있도록 했기 때문에 수작업으로 하기 힘든 원가산정의 많은 부분에서 도움을 받을 수 있다.

판매자입찰분석(Vendor Bid Analysis)

프로젝트에서 외부 공급자들을 사용하는 경우 이들이 제안한 제안서의 입찰 가격을 참고, 프로젝트의 전체 및 조달하고자 한 부분의 원가의 추정치를 파악할 수 있다.

집단의사결정기법(Group Decision-Making Techniques)

혼자가 아닌 다수의 인원이 작업을 하면 보다 많은 정보와 함께 정확성이 높아진다. 원가산정에서도 팀 기반의 브레인스토밍, 델파이 기법, 명목 집단 기법 등을 사용하면 팀원의 참여도 높이고, 원가산정도 정확해질 수 있다.

▌ 원가산정 프로세스의 산출물

활동원가 산정치(Activity Cost Estimates)

원가산정은 각 활동에 대한 원가를 산정하는 것이므로 당연히 그 산출물은 각 활동 수행을 위해 필요한 자원의 원가를 수치적으로 계산한 결과값이 나온다.

산정기준(Basis of Estimates)

프로젝트의 원가산정시 참고한 근거를 문서화해야 한다. 그래야 문제가 발생시에 분석이 가능하다.

프로젝트문서갱신(Project Document Updates)

원가산정시 사용된 프로젝트문서들이 수정될 수 있다.

CHECK! 추가설명!

Known-Unknowns: 사업 측면의 우발사태 예비비(Contingency Allowances) 설정된 프로젝트 범위 내에서 발생할 수 있는 상황에 대응하기 위한 프로젝트 예산으로 파악하고 대비했지만, 언제 발생할지 모르는 것(예: 생산성 저하로 인건비 증가, Rework, 물량차이, 가격 변동 등)으로 원가기준선에 포함된다.
Unknown-Unknowns: 경영 측면의 관리 예비비(Management Reserves)프로젝트 범위 내에서 예측하지 못한 작업이나 관리 통제를 위한 예비 예산으로 무엇이 발생할지 언제 발생할지 모르는 것으로 원가기준선에는 포함되지 않는다. 관리 예비비가 전체예산에서 별도 사용이 된다.

3) 예산결정(Determine Budget)

예산결정프로세스는 원가기준선(Cost Baseline)을 수립하기위해 개별활동이나 작업 패키지의 산정된 원가를 집계하는 과정으로 원가기준선을 승인받아야 실행시 비용에 대한 지불이 가능하고 일이 원활하게 진행된다.

▌ 예산결정 프로세스에서 필요한 요소들
원가관리계획서(Cost Management Plan)
예산을 어떻게 관리하고 통제하는지에 대해 원가관리계획서는 지침이다.
범위기준선(Scope Baseline)
프로젝트범위기술서, WBS, WBS Dictionary를 다시 검토하면서 원가산정시 빠진 부분은 없는지 혹은 잘못 산정된 것은 없는지를 확인하기 위해서 프로젝트범위기술서, WBS, WBS Dictionary를 다시 참고한다. 만약, 프로젝트범위기술서에 자금 사용에 대한 제약 조건이 있다면 참고한다.
활동원가 산정치(Activity Cost Estimates)
예산결정을 위해서 각 Work Package 내의 활동별로 원가산정에 완료한 부분을 합산하여 Work Package에 대한 원가를 추정한다. 가장 중요한 입력물이다.
산정기준(Basis of Estimates)
예산결정시에 원가산정시 가정사항이나 제약 조건 등이 기술된 산정기준을 다시 참고한다.

프로젝트 일정(Project Schedule)

프로젝트관리계획의 일부인 프로젝트 일정은 프로젝트 자금 조달 시점을 계획하고, 자금 조달 시점까지 필요한 프로젝트 원가를 합산하는 데 유용하게 쓰일 수 있다.

자원달력(Resource Calendars)

자원의 유형 및 배정이 어느 기간 동안 투입되는지에 대한 정보를 제공하기 때문에 자원의 원가를 최종적으로 확인할 수 있다.

리스크 관리대장(Risk Register)

리스크 관리대장에는 리스크 발생시에 대응하는 비용부분의 정량적 내용이 포함되어 있다.

계약(Agreements)

계약서 정보 및 계약 원가는 예산을 결정할 때 포함되어 계약의 비용지급 이행시 반영하여야 한다.

▌예산결정 프로세스에서 사용하는 대표적 도구 및 기법

원가합산(Cost Aggregation)

각 Work Package의 원가들이 합산하면 상위 WBS 요소의 원가가 된다. 이러한 방식으로 계속 원가를 합산하면 최종적으로는 프로젝트 전체에 대한 원가를 알 수 있다.

예비비분석(Reserve Analysis)

원가산정시 고려했던 우발사태 예비비(Contingency Reserve)에 예산결정에서는 관리 예비비(Management Reserve)를 같이 검토하여 결정한다.

선례관계(Historical Relationships)

과거 프로젝트의 문서 참조 또는 기타 프로젝트 원가를 예측할 수 있는 수학적 모델을 개발하는데 유사 산정 혹은 모수산정의 과거 결과들을 이용할 수 있다.

자금한도조정(Funding Limit Reconciliation)

회사의 자금에는 운용의 한도가 있다. 이런 부분을 감안하여 자금한도를 조정하여야 한다. 자금 한도조정의 결과로 프로젝트자금요구사항이 나오게 된다.

▎예산결정 프로세스의 산출물

원가기준선(Cost Baseline)

원가기준선은 시간 흐름에 맞추어진 프로젝트 예산을 고객이 공식적으로 승인한 것이다. 원가기준선에는 관리 예비비는 포함되지 않는다.

프로젝트자금요구사항(Project Funding Requirements)

원가기준선을 기반으로 프로젝트자금요구사항을 도출한다. 프로젝트자금요구사항은 계획된 지출과 예산되는 부채를 합산하여 프로젝트 기간 동안 균일하게 배분하여 주기적으로 요청하거나, 원가기준선을 기반으로 계획된 자금을 요청할 수 있다. 마지막으로 프로젝트 자금 요청 시 자금의 출처를 포함할 수 있다.

4) 원가통제(Control Costs)

원가통제 프로세스는 프로젝트 원가에 수정 사항이 발상하는지 파악하기 위해 프로젝트의 상태를 감시하고, 수정사항이 발생할 경우 원가기준선에 대한 변경을 관리하는 프로세스이다. 원가통제에서는 획득가치기법이 가장 중요하다. 현재 프로젝트의 현재 현황을 파악하고 완료시의 일정과 원가를 예측하는 것이 중요한 프로젝트 업무이기 때문이다.

원가통제 프로세스에서는 공식적으로 승인받은 원가기준선을 기반으로 하여 원가통제시점별로 시작된 작업, 진행 중인 작업, 혹은 종료된 작업들을 확인하여 해당 시점까지 완료가 되어야 할 작업들의 총 원가(계획 원가)와 실제 완료된 작업들의 총 원가(실제 원가)를 비교하여 프로젝트의 진행이 계획대로 진행되고 있는지를 확인하게 된다. 원가통제 프로세스는 다음의 활동들을 포함한다.

▎원가통제 프로세스에서 필요한 요소들

프로젝트관리계획서(Project Management Plan)

원가기준선은 원가에 대한 계획대비 실적을 비교 분석하고, 적절한 시정조치나 예방활동을 하기 위해 필요하다. 원가관리계획서는 프로젝트의 원가가 어떻게 관리되고 통제되는지에 대한 계획이 기술되어 있다.

프로젝트자금요구사항(Project Funding Requirements)

프로젝트의 지출계획과 관련이 되어 있다.

작업성과데이터(Work Performance Data)

작업성과데이터는 프로젝트를 진행하면서 나오는 실제 원가와 관련된 자료이다.

▌ 원가통제 프로세스에서 사용하는 대표적 도구 및 기법

획득가치 관리(EVM, Earned Value Management)

획득가치 관리는 프로젝트 성과와 진도를 평가하고 측정하는 하나의 방법으로 프로젝트의 범위, 일정, 자원을 금전적인 수치로 환산하여 관리한다. 획득가치 관리에서는 계획 가치(Plan Value), 실제 가치(Actual Cost), 획득가치(Earned Value)의 3가지 값을 중요 값으로 다루게 된다. 이 3가지 값을 기반으로 현재 프로젝트의 원가 사용률이나 일정 진행률을 포함하여 향후 프로젝트의 원가 사용 및 일정 진행에 대한 예측까지 다양한 항목들을 수치적으로 계산하여 프로젝트의 전반적인 진행을 지속적으로 추적할 수 있다.

예측(Forecasting)

프로젝트가 점차 진행되면서부터 프로젝트 관리자는 고객이나 회사의 경영층으로부터 프로젝트가 계획대로 끝날 것인지 혹은 예산 내에서 종료될 것인지 예측 시간이 가능한 정보와 지식을 기초로 프로젝트 미래에 산정과 예측의 조건을 생성한다. 예측은 프로젝트가 실행되고, 진도를 제공하는 작업성과 정보를 기초로 생성, 갱신한다.

- EAC(Estimate at Completion): 완료 시점 산정치(예상 투입 누계)
- ETC(Estimate to Completion): 잔여분 산정치(남은 예상 금액)
- VAC(Variance at Completion) = BAC − EAC or RAC − BAC 양수로 표현

예상원가산정과 관련하여 EAC는 일정 활동이 프로젝트화되거나 예상되는 전체 최종 값이다.

- EAC = AC + (BAC − EV) − 누계 집행(투입) 실적 + 잔여 예산
- EAC = BAC/CPI − 미래의 원가 실적 추세가 지금과 같을 때

$$EAC = AC + [(BAC - EV)/(CPI*SPI)]$$

누계 집행(투입)실적 + 원가 생산성을 고려한 잔여 원가

완료성과지수(To-Complete Performance Index: TCPI)

BAC나 EAC 같은 설정한 관리 목적을 달성하기 위해 잔여 작업을 성취해야만 하는 원가 성과의 계산된 계획(투시법), 즉 잔여 작업/잔여 자금

- TCPI = (BAC − EV)/(BAC − AC) − BAC 기준이며, CPI가 1 이상이면 BAC 사용
- TCPI = (BAC − EV)/(EAC − AC) − EAC기준이며, CPI가 1 이하이면 EAC 사용

성과점검(Performance Reviews)

성과 점검은 원가 성과 초과인지 일정 활동이나 작업 패키지가 예산 초과인지 절감(계획 값 대비)인지, 진도에서 작업을 완료하기 위해 필요한 산정된 자금을 차이 분석(Variance Analysis), 추세분석(Trend Analysis), 획득가치 분석(Earned Value Performance)을 통해 비교한다.

프로젝트관리 소프트웨어(Project Management Software)

그래픽 추세, 예측을 보여주기 위해 SW 등을 사용한다.

예비비분석(Reserve Analysis)

기존의 Contingency Reserve와 Management Reserve가 여전히 필요한지, 새로운 예비비는 필요 없는지 선택하고 사용되지 않은 Contingency Reserve는 프로젝트 예산에서 제거한다.

▌ 원가통제 프로세스의 산출물

작업성과정보(Work Performance Information)

원가에 대한 작업성과정보를 EVM을 통해 작성하여 전체 감시 및 통제 프로세스에 보낸다.

원가예측치(Cost Forecasts)

EAC가 Cost Forecasts가 된다.

변경요청(Change Requests)

원가성과와 관련하여 예방/시정 조치를 포함하여 시정조치가 필요시 변

경요청한다.

프로젝트관리계획서갱신(Project Management Plan Updates)

원가기준선 및 원가관리계획서 등이 갱신될 수 있다.

프로젝트문서갱신(Project Documents Updates)

원가산정관련 문서들이 갱신될 수 있다.

조직프로세스자산갱신(Organizational Process Assets Updates)

차이의 원인, 선택된 시정조치와 그 이유, 재무적인 데이터베이스, 프로젝트 원가 등재에 대한 교훈 사항들이 갱신될 수 있다.

▌ EVM(Earned Value Management) 심층이해하기

EVM 기원은 미 국방성에서 용역을 주는 회사가 중간정산 시 회사별 성과가 가가 다르게 보고되어 이에 대한 성과관리/진도관리가 어려워 EVM이 발생되었다. C/SCSC(Cost/Schedule Control Systems Criteria – 비용과 일정에 관한 종합 시스템)이 개발이 되었는데 이때 분석 도구가 EVM이 사용되었다. EVM의 목적은 현재 프로젝트의 상황(일정과 원가)상태를 파악하고 향후 프로젝트의 일정과 원가의 예측 및 이에 대한 예비기간 및 예비비의 준비에 있다. 이처럼 성과의 꽃인 획득가치기법(EVM)이 성공적으로 정착되려면 어떤 요소들이 필요할 것인가? EVM을 잘 하려면 System구성이 잘 되어야 한다. PMIS(Project Management Information System)의 구축이 EVM요소를 잘 반영하여 입력하고 관리될 수 있도록 System을 설계하고 구축하여야 한다. 그런 다음 프로젝트 수행 시 규칙적으로 일일 성과에 대해 Date입력을 해주어야 한다. 현재 우리나라에서는 국방 분야는 EVM이 비교적 잘 구축이 되어있지만 기타 산업에서는 정착을 못하고 있는데 상기 명시한 요소들이 잘 구성이 되지 않고 있기 때문이다. 그럼 EVM개념을 정확히 이해하고 향후 EVM적용이 프로젝트 관리에 잘 적용되었으면 한다. EVM에 있어서는 기본적인 계산식이 필요하다. PV는 계획된 예산으로 Planned Value로 표현을 한다. AC는 Actual Cost로 사용된 실제비용을 의미한다. 문제는 EV인데 Earned Value라 하고 획득가치라고 한다. PV와 AC는 원래 단위가 화폐단위인데 EV는 화폐단위가 기본적으로는 아니다. 그래서 한일을 만일 화폐단위로 변화만 할 수 있다면 예산과도 비교하고 실제 사용된 비용과도 비교하여 차이분석이 가능할 것이다. 따라서 PV에

한일을 %로 적용하여 얻어내는 것이 EV이다. 즉 EV＝PV X(진척도)이다. 이렇게 계산을 하면 SV(Schedule Variance)＝EV−PV, CV(Cost Variance)＝EV−AC로 계산이 가능해진다. 식에서 보이듯이 한일이 계획된 예산보다 많으면 SV가 0보다 크게 되고, 한일이 실제 사용비용보다 크면 CV역시 0보다 크게 된다. SV, CV가 0보다 크다는 것은 프로젝트 관리에서 일정 및 원가의 성과 양호하다는 것을 나타낸다. 그러나 프로젝트의 규모에 따라서 SV, CV가 0보다 크든 작든 간에 금액으로 표시가 되면 전체적인 성과를 알기가 쉽지 않다. 이에 적용하는 것인 SPI(Schedule Performance Index), CPI(Cost Performance Index)이다. SV, CV가 EV−PV, EV−AC를 사용했다면, SPI, CPI는 EV를 PV, AC에 나누는 방식이다. 즉 SPI＝EV/PV, CPI＝EV/AC가 된다. SPI, CPI＝1이라는 것은 일정준수, 원가준수가 되고 만일 SPI가 1.1이라면 10% 일정단축, CPI가 0.95라면 5% 원가초과를 의미하게 된다.

▌ EVM이해하기 예제

만일 여러분이 작은 사랑의 수제 초코렛 케이크를 만들기로 하고 다음과 같이 목표를 정하였다.

- 케이크 수: 6개
- 한 개당 케이크 예산: 1만원
- 일정은 6일(즉 하루에 한 개 만들기)

이제 3일이 지났다. 현재 진행상태는 다음과 같다. 초콜릿은 2개를 완성하고 한 개는 반절만 완성하였다. 비용은 처음 한 개 만들 때 14,000원을 사용했고, 두 번 째 만들 때는 12,000원을 지출하였다. 그리고 현재 반절 정도 완성했는데 6,000원이 소요되어 총 32,000원이 지출 되었다. 그렇다면 EVM기법을 사용하면 다음과 같다.

PV(Planned Value)＝프로젝트 전체 예산＝1만원×6개＝6만원

그러나 일정이 3일만 지났으므로 현재 PV＝3만원이 된다.

- AC(Actual Cost)＝32,000, EV는 2.5개를 완성하였으므로 PV대비 진척률(100＋100＋50)이므로
- EV＝25,000이 된다. 따라서 계산식은 다음과 같다.

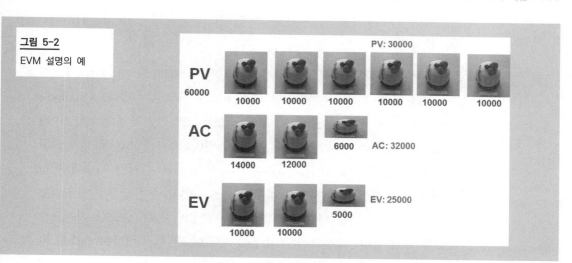

그림 5-2
EVM 설명의 예

- SV = EV − PV = 25000 − 30000 = − 5000
- CV = EV − AC = 25000 − 32000 = − 7000
- SPI = EV/PV = 25000/30000 = 0.83
- CPI = EV/AC = 25000/32000 = 0.78

현재 초콜릿케이크 만들기의 프로젝트 성과는 그다지 좋지 않다. 아마도 시행착오를 많이 하여 일정도 지연되고 비용도 많이 지출이 된 것 같다. SPI=0.83이면 일정이 17% 지연이 되고 있고, CPI=0.78이면 비용은 22%를 초과지출하고 있다. 이 상태라면 초콜릿을 완성하는데 초기예산 6만원을 가지고는 만들기가 어렵다. 그렇다면 얼마 예산이 추가로 필요할까?

이때 사용되는 것이 EAC(Estimate to Complete)인데 공식은 다음과 같다.

$$EAC = BAC/CPI$$

즉 50% 진행이 되었기에 미래성과도 유사하게 진행된다고 가정을 하는 공식이다. 따라서 공식에 수치를 대입하면 다음과 같다.

$$EAC = BAC/CPI = 60,000원/0.78(CPI) = 76,923원$$

(16,923원의 추가비용이 있어야 초코렛의 전부 완성 가능하다)

이렇게 획득가치기법(EVM)은 프로젝트 관리에서 성과관리에 매우 유용하다. EVM만 잘 적용할 수 있다면 프로젝트의 현재 상태와 예측을 할 수 있으므로 리스크 관리측면에서도 유용하다.

(8) 품질관리

품질을 추구할 때 프로젝트 관리자 및 팀원은 Quality와 Grade를 구분해야 한다. 저품질은 항상 문제이지만 저Grade는 아닐 수 있다. Quality나 Grade의 필요수준을 결정하는 것은 PM이나 프로젝트 팀원의 책임이다. 아래와 같이 품질과 등급을 다시 정의하여 본다. 품질(Quality)은 기본 특성이 요구사항을 충족하는 정도이고 등급(Grade)은 기능상 용도는 같지만 기술적 특성은 다른 제품 또는 서비스에 지정된 범주(Category)이다. 즉 등급은 시장원리를 추구하는 생산자가 정하는 제품의 다양성에서 결정이 된다. 다양한 가격으로 높은 등급과 중간 등급, 그리고 낮은 등급을 만들어 낸다. 소비자는 스스로 자신의 자금운영상황에 맞게 등급의 구입을 결정한다. 등급이 낮아도 품질이 어느 정도 수준만 유지하면 문제가 없다는 것이다. 그러나 품질이 안 좋다는 것은 문제가 다르다. 품질이 불량이라는 것은 제품에 문제가 있다는 것이고 사용하기 불편하고 고장이 발생할 수 있다는 것이다. 따라서 품질의 불량은 용서가 될 수가 없는 것이다. 품질관리에서 중요한 또 다른 용어 정밀과 정확도 아래와 같이 구분해야 한다. 정밀도(Precision)는 반복 측정치가 분산되지 않고, 집중된 것을 의미하고 정확도(Accuracy)는 측정치가 참값(예: 품질표준)에 매우 근접함을 의미한다. 품질관리에서 추구하는 방향은 정확을 추구하지만 정밀하고 정확하면 더욱더 좋다. 품질관리에 대한 품질관리영역의 품질계획프로세스들은 아래와 같다.

프로세스	설명
품질관리계획 (Plan Quality Management)	프로젝트에 대한 품질 요구사항과 표준 및 산출물(인도물)들을 식별하고, 프로젝트에서 품질 요구사항을 어떻게 만족시키고 대응할 것인지 문서화하는 프로세스로 품질관리 품질보증과 품질통제 프로세스에게 지침을 제공한다.
품질관리 (Quality Management)	품질 요구사항과 품질통제 측정의 결과가 적합한 품질 표준과 운영에 사용된 정의들을 만족하였는지 감사(Audit)하는 프로세스로 품질활동과 관련된 지속적인 프로세스를 추구한다.
품질통제 (Control Quality)	품질 성과(Performance)를 측정하고, 필요한 변경을 추천하는 품질 활동 수행을 감시하고 기록하는 프로세스로 인도물의 검사가 핵심이다.

1) 품질계획(Plan Quality)

품질 계획수립은 프로젝트 및 제품에 대한 품질 요구사항 및 또는 표준을 식별하고, 어떻게 프로젝트가 준수할지 입증하는 방법을 문서화하는 프로세스이다.

▌품질계획 프로세스에서 필요한 요소들

프로젝트관리계획서(Project Management Plan)

핵심 입력물은 WBS와 프로젝트 범위기술서가 포함된 Scope Baseline이다.

프로젝트 문서(리스크 관리대장, 요구사항문서(Requirements Documentation)

▌품질계획 프로세스에서 사용하는 대표적 도구 및 기법

원가-편익분석(Cost-Benefit Analysis)

품질계획에서 원가-편익 상호작용(관계)을 고려한다. 품질 요구사항 달성의 초기 편익은 보다 적은 재작업을 만들고, 보다 높은 생산성을 만들고, 보다 적은 원가를 만들고 또한 이해관계자의 만족도를 향상시킬 수 있다. 품질 요구사항 달성의 초기원가는 프로젝트 품질 관리 활동들과 관련된 지출(원가)을 의미한다. 좀 쉽게 이야기하면 적절한 품질비용을 사용하여 품질관리를 하여야 한다. 과도한 검사비용은 기업의 이익에 부정적인 영향을 미친다.

품질비용(Cost Of Quality)

품질에도 돈이 들어가므로 품질에 필요한 비용을 산정할 필요가 있다. 품질비용에는 예방비용, 평가비용, 실패비용(내부, 외부 실패) 등이 있다. 품질 원가의 가정은 활동원가산정을 준비하는 데 사용된다. 품질 원가(Cost of Quality, COQ)란 요구사항에 부적합을 방지, 요구사항에 적합을 위한 제품이나 서비스의 평가, 요구사항을 달성하기 위해 실패에서 투자 제품의 프로젝트 동안 초과 투입되는 모든 원가를 포함한다.

장점: 미리 원가산정시 품질에 들어가는 비용을 반영함으로써 품질관리를 제대로 할 수 있다. 또한 과도한 품질관리 비용이 들어가지 않도록 전체 원가대비 비교할 수 있다.

단점: 품질비용은 고유영역으로 품질관련 산출한 비용을 쉽게 수정하기

어렵다. 품질 비용 산출(예방/평가/실패비용)에 대한 비율과 적정성을 잘 검토하여야 한다. COQ 구성은 Quality Plan에서 준비하고 품질보증(QA) 및 품질통제(QC)에서 사용하게 된다.

7가지 기본 품질도구(Seven Basic Quality Tools)

아래 7가지 기본 품질도구는 품질계획에서 준비하고 품질보증과 품질통제에서 사용을 한다.

- 원인 – 결과 다이어그램(Cause – and – Effect Diagram): Ishikawa Diagram, Fishbon Diagram이라고도 부른다. 얼마나 여러 종류의 원인이나 원인 하위 그룹이 잠재적인 문제나 영향에 관계되는지를 설명하고 원인과 결과의 관계를 분석하는 데 사용한다.

- 통제도(Control Charts): 프로젝트 추진 관련하여 발생되는 문제들의 특성 요인을 시계열(시간 또는 일별)로 발생되는 데이터의 추이를 분석하는 도표이다. UCL은 Upper Control Limit, LCL은 Lower Control Limit으로 일반적으로 3 Sigma로 관리되며 조직 내부적으로 결정한다. 프로세스는 데이터가 통제한도를 초과하는 위치일 때나, 7개의 연속적인 위치가 평균의 상, 하에 있다면, "Out of Control"을 고려한다.

- 흐름도(Flow Charts): 프로젝트 프로세스 또는 관련 의사결정의 주요 단계를 흐름 중심으로 가시화한 것이다. 일종의 프로세스 흐름도이다.

- 히스토그램(Histograms): 변화의 분포도를 나타내는 수직 또는 수평 바차트이다. 이 도구는 분포도의 모양과 폭에 의한 문제의 원인을 식별하는 데 사용한다.

- 파레토도(Pareto Diagrams, 80:20 법칙): 막대그래프(히스토그램)에서 변형된 것으로 발생 빈도의 우선순위에 정렬된 것이다. 하나의 원인이나 유형에 의해 얼마나 많은 결과가 생성되었는지를 식별하는 방법이다.

- 산점도(Scatter Diagrams): 프로젝트 추진 중 발생되는 문제의 요인이 되는 변수 또는 파라미터(Parameter)에 대한 관계를 도식화하는 기법으로 2개의 변수 간의 영향 분석에 주로 사용된다. 연관관계에 따라 강한 양의 관계, 음의 관계 등 다양한 관계가 나올 수 있다.

- 체크시트(Checksheets): 잠재적인 품질문제를 효과적인 방법으로 조직화하여 관리한다.

벤치마킹(Benchmarking)

최상의 실무를 식별하고, 개선에 대한 아이디어를 만들고, 성과 측정을 위한 기준을 제공하기 위해 비교할 수 있는 프로젝트의 실적이나 계획된 프로젝트 실무를 비교하기 위해 사용된다.

실험계획법(Design of Experiments, DOE)

제품이나 개발 프로세스나 제품에 설정한 변수가 영향을 미치는 어떤 요인을 식별하기 위한 통계적인 방법이다. 설계 특성의 최적화(제품이나 프로세스의 최적화 역할)와 적절한 성과를 제공하는 원자재, 설계 방법 규명 및 최적 설계를 통한 과잉 설계 회피가 사용이 된다.

장점: 통계기법을 사용하여 요소들을 체계적으로 조합시켜 실험을 하므로 최적의 조합이나 결과를 만들어 낼 수 있다(예: 음료수의 맛, 자동차 튜닝 등).

단점: 시간과 노력이 많이 들고 이해관계자의 의견 반영이 적게 될 수 있다.

통계적 샘플링(Statistical Sampling)

품질검사를 위한 방법으로 100% 검사, 즉 전수검사와 표본 검사에 활용된다. 모집단은 전부를 의미하며 표본은 모집단중의 일부의 부분집합이다. 따라서 품질관리 팀원은 통계적 샘플링 방법에 대한 지식이 있어야 한다.

추가적인 품질기획도구(Additional Quality Planning Tools)

역시 프로젝트 관리에 도움을 준다. 따라서 품질 요구 사항을 보다 더 정의하고, 효과적인 품질관리 활동들을 계획하는데 아래와 같은 기법 등이 사용될 수 있다.

- 브레인스토밍(Brainstorming)
- 친화도(Affinity Diagrams)
- 명목집단법(Nominal Group Techniques)
- 매트릭스도(Matrix Diagrams)
- 우선순위 매트릭스(Prioritization Metrices) 포함

회의(Meetings)

팀원들이 같이 모여서 회의를 통해 품질관리계획을 만든다.

▌ 품질계획 프로세스의 산출물

품질관리계획서(Quality Management Plan)

프로젝트 관리 팀이 수행조직의 품질 정책을 이행할지를 기술하고 전반적인 프로젝트관리계획에 투입물을 제공하고, 프로젝트의 품질통제(QC), 품질보증(QA), 프로젝트를 위한 지속적인 프로세스 개선 접근을 포함한다.

품질 매트릭스(Quality Metrics)

품질 보증 및 통제 프로세스를 통해 무엇을 어떻게 측정할 것인가를 기술한다.

2) 품질관리

품질관리프로세스는 품질 요구사항과 품질통제의 측정 결과를 감시하면서, 해당하는 품질 표준과 운영상 정의를 사용하고 있는지 확인하는 프로세스이다. 품질관리은 품질 요구사항, 적당한 품질 표준과 운영상의 정의 사용을 보증하기 위해 품질통제 측정의 결과를 감사하는 과정이다. 모든 프로세스의 품질 개선을 위한 반복적인 의미인 지속적인 프로세스 개선을 위한 보호를 제공하고 지속적인 프로세스 개선은 낭비를 줄이고 가치 없는 활동들을 제거하며, 지속적인 프로세스 개선은 효율과 효과의 증가되는 레벨을 운영하기 위해 프로세스를 허용한다.

▌ 품질관리 프로세스에서 필요한 요소들

프로젝트관리계획(Project Management Plan)

품질관리계획에는 품질관리에 대한 지침이다.

프로젝트문서(Project Documents)

문서들은 품질보증활동에 영향을 주고 형상관리시스템에 따라 감시되어야 한다.

▌ 품질관리 프로세스에서 사용하는 대표적 도구 및 기법

친화도, 프로세스 결정프로그램차트, 연관관계도, Tree Diagram, 우선매트릭스, 활동네트워크다이어그램, 매트릭스 다이어그램 등이 사용된다.

품질감사(Quality Audits)

프로젝트 정책, 프로세스와 절차를 사용하는 프로젝트 활동들을 결정하기 위해 체계적이고 독자적인 점검을 한 활동이다. 품질감사의 목적은 프로젝트에서 사용하는 비능률과 효과 없는 정책을 파악하고 프로세스, 절차를 식별하기 목적이어서 시정조치, 결함수정, 예방조치를 포함하는 승인된 변경요청을 한다.

프로세스분석(Process Analysis)

필요한 개선을 식별하기 위해 프로세스개선계획에 단계의 윤곽을 확립하고 프로세스 운영 동안에 경험한 문제점, 경험한 제약조건, 식별된 가치 없는 활동들을 시험하여 근본 원인 분석, 시정조치, 예방조치, 재발 방지 개발 등을 한다.

▌ 품질관리 프로세스의 산출물

품질보고서

테스트 및 평가문서

변경요청(Change Requests)

수행 조직의 정책, 프로세스, 절차의 효과와 효율을 증진하기 위해 취하는 활동이며 변경요청은 시정 조치, 예방 조치, 결함 수정 등을 포함한다.

3) 품질통제(Control Quality)

품질통제수행프로세스는 품질 활동의 실행 결과를 감시하고, 기록하면서 성과를 평가하고 필요한 변경 권고안을 제시하는 프로세스이다. 품질통제는 불만족한 프로젝트 성과의 원인 제거에 취하는 활동으로 예방(Prevention)과 검사(Inspection)활동을 포함한다. 여기에는 계수/속성(Attribute) 샘플링과 계량(Variable) 샘플링 및 허용오차(Tolerance)와 통제한도(Control Limit)에 대한 부분도 주요활동에 포함된다. 품질통제 프로세스의 입력물에는 중요한 두 가지가 있는데 실행의 산출물인 인도물(Deliverables)이 하나이다. 품질통제수행을 거친 검사된 인도물이 검증된 인도물(Verified Deliverables)이 되어 범위확인으로 들어간다. 또 하나 중요한 입력물은 승인된 변경요청이 투입물에 들어오는데 그 이유는 이전에 시정조치된 사항이 실행을 거쳐 인도물에 반영이 되어 제대로 반영되었는지를 확인하기 위해 품질통제에서 주의 깊게 확인하는 데 목적이 있다. 확인이 되면 산출물로 검증된 변경들(Validated Changes)이 되어 전체 감시통제 프로세스로 들어간다. 또한 품질통제측정치가 품질보증에 들어가는데 이는 품질관리프로세스는 과정의 품질개선을 위한 것이므로 지속적인 개선을 위해 품질통제의 산출물을 받는다.

▌ 품질통제 프로세스에서 필요한 요소들
프로젝트관리계획(Project Management Plan)
품질관리계획을 포함하며, 이것은 어떻게 품질통제를 프로젝트에서 수행하는지에 대한 지침이다.
프로젝트 문서(Project Documents)
작업성과데이터(Work Performance Data)
전체작업실행의 산출물로 현재의 실적 기술성과/일정 성과/원가 성과 등이 포함되어 있다. 품질통제 프로세스에는 실적으로 들어간다.
승인된 변경요청(Approved Change Requests)
결함 수정, 갱신된 작업 방법, 갱신된 일정 등의 내용이 포함되어 있는데 이는 품질통제수행을 통해 승인된 변경요청 사항이 반영되었는지를 꼼꼼히 확인하기 위해서다. 이것이 검증이 되면 산출물로 Validated Changes가 된다.
인도물(Deliverables)
품질의 대상으로 아주 중요한 입력물이다.

▌ 품질통제 프로세스에서 사용하는 대표적 도구 및 기법(Tools and Technique)
7가지 기본품질도구(Seven Basic Quality Tools)
아래 7가지 기본품질도구는 품질계획에서 준비하고 품질보증과 품질통제에서 사용을 한다.
- 원인-결과 다이어그램(Cause-and-Effect Diagrams)
- 통제도(Control Charts)/흐름도(Flow Charts)
- 히스토그램(Histogram)/파레토도(Pareto Chart, 80:20 법칙)
- 산점도(Scatter Diagram)/체크시트(Check Sheets)

통계적샘플링(Statistical Sampling)

제품에 대한 검사는 전수검사가 어려울 수도 있다 이런 경우 통계적 추출 방법을 사용한다.

검사(Inspection)

품질표준에 부합하는지 결정하기 위해 작업 제품의 시험하고 일반적으로, 검사의 결과는 측정한다. 검사는 다양하게 점검(Reviews), Peer Review, 감사 (Audit), 시운전(Walkthroughs)이라고도 불린다. 품질통제에서 검사는 실행의 산출물인 Deliverables를 품질표준에 의거 정확성(Correctness)에 초점을 맞추어 검증을 하는 과정이며, 검증이 끝나면 검증된 인도물(Verified Deliverables)이 나온다. 검사 중 문제가 되는 인도물은 시정조치를 통해 개선하게 된다.

승인된 변경요청 점검(Approved Change Requests Review)

⇨ 승인된 변경요청된 부분에 대해 제대로 시정이 되어 들어오는지 검증 하는 데 목적이 있다.

▌ 품질통제 프로세스의 산출물

품질통제측정치(Quality Control Measurements)

품질 기획 동안 설정한 형식으로 품질통제 활동의 결과를 문서화한 것으로 품질관리 프로세스에 투입하여 지속적인 개선을 하는 바탕이 된다.

검증된 인도물(Verified Deliverables)

실행의 산출물인 Deliverables를 품질표준에 의거 정확성(Correctness)에 초점을 맞추어 검증을 하는 과정이며, 검증이 끝나면 검증된 인도물(Verified Deliverables)이 나온다. 검사 중 문제가 되는 인도물은 시정조치를 통해 개선하게 된다. 품질통제의 목적은 인도물의 옳고 그름을 결정하기 위한 것이다. 즉 품질통제 프로세스 실행의 결과는 검증된 인도물이다. 검증된 인도물은 공식적인 승인을 위한 범위확인 투입물이 된다.

작업성과정보(Work Performance Information)

품질기준과 작업성과데이터를 측정하여 작업성과정보가 생성이 된다.

변경요청(Change Requests)

> **CHECK! 잠깐!**
>
> Gold Plating이란? 프로젝트에서 합의된 범위 외의 고객의 추가사항(추가 기능요구, 고품질의 부품, 추가 작업 업무)을 받아들이지 않고 또 일부러 더할 필요는 없는 것을 말하는 것으로 Gold Plating은 절대 좋은 것이 아니다. 이로 인해 예상치 못한 문제가 발생하여 고객이 인도물의 거부하는 상황이 발생할 수 있고, 비용이 추가발생 할 수도 있다.

요약하면 품질관리는 프로젝트 산출물의 품질을 확인하는 관리방안으로서 프로젝트의 요구사항에 준하여 설정한 목표와 표준에 맞도록 품질계획을 수립하고 프로젝트 관련자 전원이 계획과 절차에 준하여 품질보증활동을 전개함으로써 불만족한 결과의 원인을 제거하고 품질을 개선하는 품질통제활동을 수행하는 것(PMBOK)이다.

품질계획 수립 – 프로젝트와 관련된 품질기준을 확인하고 이를 만족하기 위한 방법을 결정하며

품질관리 – 프로젝트가 적절한 품질기준을 만족할 수 있는지를 확신할 수 있도록 정기적으로 프로젝트 능률을 평가

품질통제 – 적절한 품질기준에 맞는지를 결정하기 위해 특정한 프로젝트 결과를 감시하며, 불만족스러운 프로젝트 수행의 원인을 제거할 수 있는 방법을 확인

프로젝트 품질계획서의 주요 내용은 다음과 같다(PMBOK).

❶ 개요 – 범위, 목적, 목표,

❷ 품질대상 – 소프트웨어, 하드웨어, 인력, 구매품, 관리사항, 기타

❸ 프로젝트 수행기준 – 적용 표준도구, 문서화 표준, 각종 이름 적용 기준

❹ 품질검토 및 감사처리 – 대상, 처리절차, 양식

❺ 프로젝트 단계별 기준 – 프로젝트 라이프사이클 단계별 개시, 완료기준 및 점검리스트

❻ 시험계획: 시험 전략, 종류, 합격 처리 기준

❼ 변경관리 기준: 대상, 절차, 양식

❽ 형상관리 기준: 표준 소프트웨어, 절차, 산출물

❾ 문제점 처리 기준: 문제점 분류, 처리기준

❿ 유지보수 운용 기준

⓫ 기타

프로젝트 기간 중의 품질관리활동, 품질보증활동과 프로젝트 종료 후의 사후관리활동으로 나눌 수 있다. 품질관리활동이란 산출물에 대한 검토를 실시하여 결함을 조기에 발견함으로써 산출물의 완성도를 높이고 차후 공정에 문제 발생 요인을 제거하는 워크스루 workthrough 활동이며 품질보증활동은 프로젝트의 주요 산출물에 대한 공식적인 팀원 내부 검토를 수행하여 산출물의 Defect을 조기에 발견하여 조치를 취하는 활동과 프로젝트의 실패비용을 최소화하고, 양질의 산출물을 제공하기 위한 inspection 절차로서 QAO심사를 통하여 단계별 품질활동 수행결과의 적절성을 검증하여 원활한 프로젝트 수행을 보장하게 된다. 품질보증활동을 위해서는 품질보증목표와 품질보증활동 계획을 수립하고 각 산출물 작성 표준 및 작성절차 사용양식을 정의하는 것이 선행되어야 한다. 품질목표를 달성했다는 것을 결과로 입증하는 것이 아니라 과정을 통해 달성할 것이라는 확신을 제공하는 활동이 품질보증 활동의 핵심이다.

사후관리란 고객에게 인도한 산출물의 사후 만족도를 Monitoring함으로써 고객만족도를 제고하는 활동으로서 사업완료 후 프로젝트 수행결과에 대해 고객의 만족 정도(CSI)를 측정하고 이를 통계 수치화하여 향상된 고객서비스를 제공하기 위한 개선활동 자료로 활용하게 된다.

품질확보 활동기간 동안은 품질계획 및 품질요건 정의, 품질 목표를 정의하고 프로젝트 기간 동안에는 지속적인 품질관리를 시행하여 결과 검토를 통하여 피드백 및 수정과 협의 과정을 거쳐 우수한 품질의 최종 산출물을 도출하도록 하는 활동이다. 품질관리를 위하여 품질 책임자(Quality Assurance Officer)를 두어 프로젝트 산출물에 대한 일정 이상의 품질을 확증하는 계획과 활동을 하기도 한다. 품질관리활동은 QAO가 단독으로 컨설팅 산출물의 컨텐츠에 대한 검토를 실시하기도 하며, PM이나 내부 수행팀이 수행하기도 하고, 경우에 따라서는 제3의 외부기관에 의뢰하기도 한다. 품질관리활동을 통하여 높은 품질의 산출물을 내놓을 수 있게 되는데, 품질상의 결함이 발견되면 누가(by whom), 언제까지(by when) 수정할지를 결정하고 이를 다시 검토하는 관리활동을 하게 된다.

　　프로젝트 수행 경험에 의하면 대부분의 경영컨설팅 프로젝트에서 100점 만점의 품질을 추구하지 않고 고객이 수락하는 정도의 품질만을 지키려 한다. 팀원들은 너무 높은 품질은 요구하는 PM이 수행하는 프로젝트에 참여하기를 꺼려하고, 고객의 요구사항을 거절없이 수락하여 프로젝트 수행팀원들의 워크로드로 귀착되는 것에 대하여 민감하게 반응한다. 프로젝트의 품질은 사실 측정하기 어렵고, 또한 이에 대하여 PM의 협상력이 중요한 것이 사실이다. 그러나 적당히 고객만 만족시킨다는 커트라인 개념보다는 명작을 만들어 보자는 다부진 각오로 임하는 것이 매우 중요하다. 그것은 고객을 성장시키고 경영컨설턴트 자신을 성장시키는 지름길이기 때문이다.

　　요즘은 측정가능한 데이터에 의하여 정량적 분석 방법을 경영컨설팅에 가미하여 검수와 산출물 인수과정에서 일정 이상의 품질을 보증하는 방안도 사용되고 있다. 아무튼 일정관리와 품질관리는 프로젝트관리의 핵심으로서 일정을 지키는 일은 생명같이 소중히 여겨야 하며, 측정이 불가능한 품질이라고 할지라도 이의 완성도를 높이기 위하여 조금도 소홀함이 없어야 한다. '납기는 생명이요, 품질은 자존심이다.'

Pantech의 사례
품질관리관련

예전 스마프 폰으로 상당한 기업성장을 했던 팬택. 부활의 몸짓에 품질문제가 발목을 잡았다. 통신장비업체 솔리드는 2015년 10월 팬택의 인수를 완료하고 스마트 폰 부활의 노력으로 2016년 6월 신제품 IM-100을 출시한다. 그러나 초기 티저광고의 인기와는 다르게 애초 판매량을 못미치고 인기가 식어버렸다. 가격의 차별성, 시장타켓의 적절성 문제도 있었지만 가격대비 성능문제와 제품의 내구성 문제가 불거졌다. 특히 그래픽 프로세스 문제가 컸다. 동영상 시청 중 데드 픽셀이 뜨고 저절로 부팅이 되는 사례도 발생했다. 터치가 잘되는 문제도 있고 핸드폰이 휘어지는 내구성 문제도 발생했다. 디자인적으로 고려되어 사용한 폴리카보네이트의 재질은 손에 감기지 않고 미끄러워지는 문제도 발생했다. 사후관리도 잘 되지 않았다. 이렇게 품질의 기본이 기본사양에 대한 품질만족과 사용자의 편리성의 기본적인 두 가지 요소를 충족하지 못한 것으로 결국 제품은 성공을 거두지 못하고 회사는 다시 위기에 빠졌다. 소비자는 제품이 품질을 기본적으로 만족해야 제품을 구매하고 지속적인 매력을 가진다. 품질이 실패하면 소비자는 떠나버린다. 따라서 기업은 품질관리에 철저한 노력을 경주하여야 한다. 요즘은 QC보다는 QA를 중요시하고 전사적 품질관리 TQM(Total Quality Management)이 기본이다. 품질관리보다는 경여자가 품질책임을 지는 품질경영의 시대에서 품질관리의 중요성은 아무리 강조해도 지나침이 없을 것이다.

(9) 자원관리

프로젝트 자원 관리 영역에는 프로젝트를 성공적으로 완료하는 데 필요한 자원을 식별하고, 확보하여 관리하는 프로세스가 포함된다. 자원관리 프로세스들을 이용하여 프로젝트 관리자와 팀이 적시에 필요한 곳에서 올바른 자원을 확보하는 데 도움이 된다.

물적자원 대비 팀 자원을 관리하는 데 필요한 프로젝트 관리자의 기량과 역량 간에는 명확한 차이가 있다. 물적자원에는 장비, 자재, 설비 및 기반시설이 포함되고, 팀 자원 또는 직원은 인적자원을 의미한다.

다양한 기량을 갖춘 직원들이 전임제 또는 시간제 팀원으로 프로젝트에 배정될 수도 있고, 프로젝트가 진행됨에 따라 프로젝트 팀원으로 보충되거나 복귀되기도 한다.

자원관리는 프로젝트 팀을 구성하는 이해관계자 집단에 초점을 맞춘다.

▌ 프로젝트 자원관리의 조정 고려사항

프로젝트는 각각 고유하므로 프로젝트 관리자는 프로젝트 자원관리 프로세스의 적용방식 등을 조정한다. 다음은 조정을 위한 고려사항의 일부 예이다.

- 다양성: 팀의 다양성의 배경은 무엇인가?
- 물리적 위치: 팀원과 물적자원의 물리적 위치는 어디인가?
- 산업 특화 자원: 해당 산업에서 필요한 특수 자원은 무엇인가?
- 팀원의 확보: 프로젝트 팀원은 어떻게 확보할 것인가? 팀 자원의 프로젝트 참여는 전임제인가, 시간제인가?
- 팀 관리: 프로젝트에 있어 팀 관리는 어떻게 관리되는가? 팀 개발을 관리하는 조직도구가 있는가, 아니면 새로운 도구를 마련하여야 하나? 특별한 도움이 필요한 팀원이 있는가? 다양성 관리를 위한 특별한 교육이

팀에 필요한가?

- 생애주기 접근 방식: 프로젝트에 어떤 생애주기 접근 방식을 사용할 것 인가?

No	프로세스 명	프로세스 설명
9.1	자원관리계획수립 (Plan Resource Management)	물적 자원과 팀 자원을 산정, 확보 및 관리하고 활용하는 방법을 정의하는 프로세스이다.
9.2	활동자원산정 (Estimate Activity Resources)	프로젝트 작업을 수행하는 데 필요한 자재, 장비 또는 보급품의 종류 및 수량과 팀 자원을 산정하는 프로세스이다.
9.3	자원확보 (Acquire Resources)	프로젝트 작업을 완료하는 데 필요한 팀원, 설비, 장비, 보급품 및 기타 자원을 확보하는 프로세스이다.
9.4	프로젝트 팀 개발 (Develop Team)	프로젝트 성과를 향상하기 위해 팀원의 역량과 팀원간 협력, 전반적인 팀 분위기를 개선하는 프로세스이다.
9.5	프로젝트 팀 관리 (Manage Team)	프로젝트 성과를 최적화하기 위해 팀원의 성과를 추적하고, 피드백을 제공하고, 이슈를 해결하고, 팀 변경사항을 관리하는 프로세스이다.
9.6	프로젝트 팀 관리 (Control Resources)	프로젝트에 할당되고 배정된 물적자원을 예정대로 사용할 수 있는지를 확인하고 계획대비 실제 자원 사용을 감시하며 필요에 따라 시정조치를 수행하는 프로세스이다.

1) Plan Resource Management

자원관리수립은 팀 자원과 물적 자원을 산정, 확보 및 관리하고 활용하는 방법을 정의하는 프로세스이다. 주요 이점은 프로젝트의 유형과 복잡성에 따라 프로젝트 자원을 관리하는 데 필요한 관리작업과 수준을 정립한다는 점이다.

자원수립계획은 성공적인 프로젝트 완료를 위해 충분한 자원을 확보하기 위한 접근 방식을 결정하고 식별하는 데 사용된다. 프로젝트 자원에는 팀원, 공급업체, 자재, 장비, 서비스, 설비가 포함 될 수 있다. 효과적인 자원을 기획하려면 부족한 자원의 가용성 도는 경합을 고려하여 합당한 계획을 수립하여야 한다.

자원은 조직의 내부 자산 또는 조달프로세스를 통해 조직 외부에서 확보할 수 있다. 프로젝트에 필요한 동일한 자원을 두고 같은 위치에서 동시에 다른 프로젝트와 경쟁할 수가 있다. 이런 경우 비용, 일정, 리스크, 품질 및 기타 프로젝트영역에 큰 영향을 줄 수가 있다.

▎ 자원관리계획 프로세스에서 필요한 요소들

프로젝트 헌장(Project Charter)

상위수준의 프로젝트 설명과 요구사항 정보를 제공한다. 이해관계자 목록, 요약 마일스톤 및 프로젝트의 자원관리에 영향을 미칠 수 있는 사전 승인된 재무자원이 포함된다.

프로젝트관리계획서(Project Management Plan)

다음의 일부의 예이다.

- 품질관리계획서: 정의된 품질수준을 달성 및 유지하고 프로젝트 매트릭스를 충족하는 데 필요한 자원수준을 정의하는 데 도움이 된다.
- 범위 기준선: 관리해야 하는 자원의 종류와 수량에 영향을 주는 인도물을 식별한다.

프로젝트 문서(Project Documents)

- 프로젝트 일정: 필요한 자원에 대한 일정을 보여준다.
- 요구사항 문서: 프로젝트에 필요한 자원의 종류와 양을 나타내며 자원관리 방법에 영향을 줄 수 있다.
- 리스크 관리대장: 자원계획수립에 영향을 미칠 수 있는 위협과 기회에 대한 정보를 기술한다.
- 이해관계자 관리대장: 프로젝트에 필요한 자원에 대한 특별한 이해관계가 있거나, 영향력을 행사할 이해관계자를 식별하는 데 유용하다. 또한 다른 자원대비 특정 유형의 자원사용에 영향을 줄 수 있는 이해관계자 식별에 도움을 준다.

▎ 자원관리계획 프로세스에서 사용하는 대표적 도구 및 기법

데이터 표현

팀원의 역할과 담당업무를 다양한 형식으로 문서화하고 공유할 수 있다. 대부분 계층구조, 매트릭스, 텍스트 형식으로 분류된다. 팀원의 역할 및 책임사항을 문서화한다.

계층 구조형 도표로 표시된다.

- 작업분류체계(WBS, Work Breakdown Structure): 프로젝트 인도물을 작업 패키지로 분할하는 방법을 보여주기 위해 고안되었으며 담당업무를 개괄적으로 보여준다. 상위 수준의 책임사항을 보여주는 방법을 제공하고 프로젝트 인도물을 분할한 것이다.
- 조직분류체계(OBS, Organizational Breakdown Structure): 조직의 현재 부서, 단위 또는 팀에 따라 정렬하고 프로젝트 활동 또는 작업 패키지를 각 부서 아래 열거한 것이다. 즉 프로젝트의 모든 담당 업무를 확인할 수 있다.
- 자원분류체계(RBS, Resource Breakdown Structure): 관련 팀 및 물적 자원을 범주 및 자원 유형 별로 분류한 계층구조 목록을 나타내며, 프로젝트 작업의 계획수립, 관리 및 통제목적으로 사용된다.

책임배정매트릭스

각 작업패키지에 배정된 프로젝트 자원을 보여주는 RAM(Role Assignment Matrix). 매트릭스 기반 도표의 한 예로 작업패키지에 배정된 프로젝트 자원을 보여주는 책임배정매트릭스(RAM)가 있다.

샘플 RACI 차트

RACI 차트	사람				
활동	Anna	Benny	Carlo	Bina	Edward
헌장 만들기	A	R	I	I	C
요구사항 수집하기	I	A	R	C	I
변경요청사항제출	I	A	R	R	C
시험계획개발	A	C	I	C	R
	R(Responsible), A(Accountable), C(Consult), I(Inform)				

조직이론(Organizational Theory)

개개인, 팀, 조직 단위의 행동 방식에 대한 정보를 제공한다. 조직론에 명시된 공통적인 기법을 효과적으로 활용하면 자원관리계획수립 프로세스 산출물을 생성하고 기획의 효율성을 개선하는 데 필요한 시간, 비용 및 노력을 줄일 수 있다. 조직론에서는 프로젝트 생애주기 전반에 걸쳐 프로젝트 팀의 성숙도 변화에 따라 적절한 리더십을 활용하도록 권장한다.

조직의 구조와 문화가 프로젝트 조직 구조에 영향을 미친다는 사실을 인지하여야 한다. 조직이론은 개인이나 팀 혹은, 조직 단위의 행동 방식에 대한 정보를 제공한다. 이러한 조직이론에는 매슬로우의 욕구 5단계, 맥그리거의 X이론, Y이론이 있고, 윌리엄 오우치의 Z이론, 브롬의 기대이론, 맥클랜드의 성취동기 이론, 허즈버그의 2요인 이론 등이 있다.

회의(Meetings)

프로젝트관리팀이 인적자원관리계획을 수립하면서 회의를 주최한다. 이 회의를 통해서 인적자원관리계획서에 대해서 모든 프로젝트 팀원들이 동의하도록 유도한다.

■ 자원관리계획 프로세스의 산출물

자원관리계획서(Resource Management Plan)

- 프로젝트 조직도: 보고체계를 보여주는 도표이다.
- 프로젝트 팀 자원관리: 자원을 정의, 충원, 관리 및 최종적으로 복귀시키는 방법에 대한 지침이다.
- 교육: 팀원에 대한 교육 전략이다.
- 팀 개발: 프로젝트 팀을 개발하는 방법이다.
- 자원통제: 필요한 적정 물적 자원을 확보하고, 확보된 물적자원이 프로젝트 요구에 맞게 최적화 되도록 하는 방법이다. 프로젝트 생애주기 전반에 걸친 재고, 장비 및 보급품 관리에 대한 정보가 포함된다.
- 인정계획: 팀원에게 제공되는 인정과 보상, 제공시점이 기술된다.

팀 헌장

팀 헌장은 팀 가치, 협약 및 팀의 운영지침을 규정하는 문서이다. 다음은 일부 예이다.

- 팀 가치
- 의사소통 지침, 의사결정기준 및 프로세스
- 갈등 해결 프로세스, 회의 지침
- 팀 협약
- 팀 헌장은 프로젝트 팀원에게 허용되는 행동에 대한 명확한 기대사항을 규정한다.

- 초기부터 명확한 지침을 정하면 오해를 줄이고 생산성을 높일 수 있다.
- 행동강령, 의사소통, 의사결정 또는 회의예절 등의 주제를 논의함으로써 팀원들이 서로에게 중요한 가치를 발견할 수 있다.
- 팀원들이 직접 개발하거나 최소한 개발에 기여하는 경우 가장 효과적이다.
- 팀원은 모두 팀 헌장을 준수해야 하며, 주기적으로 업데이트하면서 기본규칙을 이해하고 방향을 제시하고 팀을 합류시킬 수 있다.

2) 활동자원 산정(Estimate Activities Resources)

프로젝트 작업을 수행하는 데 필요한 팀원 및 자재, 장비 또는 보급품의 종류와 수량을 산정하는 프로세스이다. 주요 이점은 프로젝트를 완료하기 위해 필요한 자원의 종류와 수량, 특성을 식별한다는 점이다. 활동자원산정 프로세스는 원가산정 프로세스와 같은 연관 관계가 있다.

건설 프로젝트 팀은 현지 건축 법령을 숙지하여야 한다. 일반적으로 현지 판매자로부터 구할 수 있다. 경험이 부족하면 추가적으로 컨설턴트를 활용하여 현지 건축 법령을 파악하는 것이 가장 효과적이다.

자동차 설계팀은 최신 자동조립기법을 잘 알고 있어야 한다. 필요한 지식은 컨설턴트 고용, 로봇공학 세미나에 설계사 파견 도는 제조공정의 인력을 프로젝트 팀원으로 투입하는 등의 방법을 통해 얻을 수 있다.

▌ 활동자원 산정 프로세스에서 필요한 요소들

프로젝트 관리계획서(Project Management Plan)

- **자원관리계획서**: 프로젝트에 필요한 다양한 자원을 식별하기 위한 접근 방식이 정의된다. 각 활동에 필요한 자원을 정량화하는 방법이 정의되며 이정보를 집계한다.
- **범위기준선**: 프로젝트 목표를 달성하는 데 필요한 프로젝트 및 제품 범위를 식별한다. 이 범위는 팀 자원과 물적자원에 대한 요구에 영향을 미친다.

프로젝트 문서(Project Documents)

- **활동 속성**(Activity Attributes): 활동목록의 각 활동에 필요한 팀 자원과 물

적자원을 산정하는 데 사용하는 주요 데이터 소스를 제공한다.

- **활동 목록**(Activity List): 활동목록에는 자원을 필요로 하는 활동들이 열거된다.

- **가정사항기록부**: 생산성 요인, 가용성, 원가 산정치를 비롯하여 팀 자원과 물적 자원의 특징과 수량에 영향을 주는 작업방식에 대한 정보가 포함된다.

- **원가 산정치**: 자원원가는 수량 및 기술 수준관점에서 자원선택에 영향을 미칠 수 있다.

- **자원 달력**(Resource calendars): 특정 자원(인력, 장비, 재료 등)의 가용 작업일과 변동 내역을 식별하고 인력의 숙련도, 경험도 그리고 지역적인 위치 등을 고려해야 한다.

- **리스크 관리대장**: 리스크 관리대장에는 자원선택과 가용성에 영향을 미칠 수 있는 개별 리스크가 기술된다. 인적자원관리계획서(Human Resource Management Plan)

■ 활동자원산정 프로세스에서 사용하는 대표적 도구 및 기법

- **전문가 판단**(Expert judgment): 팀 자원 및 물적 자원 계획수립과 산정에 대한 전문 교육을 이수했거나 지식을 갖춘 집단 또는 개인이 제공하는 전문 기술 분야를 고려해야 한다.

- **상향식 추정**(Bottom-up estimating): 팀 자원과 물적자원은 활동수준에서 산정된 다음에 집계과정을 거쳐 작업패키지, 통제단위 및 요약 프로젝트 수준에 대한 산정치가 개발된다. 즉 WBS의 최하위 단계의 산정치들을 합산하면서 상위 단계의 일정과 원가를 추정하는 기법이다.

- **유사산정**: 이전 유사 프로젝트의 자원에 대한 정보를 향후 프로젝트 산정을 기반으로 사용한다. 이 기법은 신속산정방법이며 프로젝트 관리자가 작업분류체계(WBS)의 몇몇 상위수준만 식별할 수 있는 경우 사용할 수 있다.

- **모수산정**: 선례 데이터와 기타 변수의 통계적 관계 또는 알고리즘을 사용하여 선례정보와 프로젝트 모수를 기반으로 활동에 필요한 자원수량을 계산한다. 예) 활동 3,000시간의 코딩이 필요하고 1년 안에 코딩을

완료하는 경우, 2명의 코딩 담당자가 필요하다(1인이 1년에 1,500시간 코
딩수행). 이 기법은 모델을 만드는 데 기반이 되는 데이터와 정교함에
따라 더 높은 정확도를 산출할 수 있다.

- **데이터 분석**: 예로 대안분석이 있다. 대안 분석(Alternative analysis)에는
활동을 완료하기 위한 다양한 방법들이 존재한다. 자원의 능력이나 기
술, 다양한 규모 및 형태의 장비, 다양한 도구(수작업 혹은 자동화), 생산,
외주결정 등이 있다. 대안분석은 정의된 제약 내에서 프로젝트 활동을
수행하기 위한 최고의 솔루션 제공에 도움을 준다.

- **프로젝트관리 정보시스템**: 프로젝트관리 정보시스템에는 자원 풀 계획을
수립하고 구성 및 관리할 수 있으며 자원 산정치를 개발할 수 있는 자
원관리 소프트웨어가 포함될 수 있다(예: MS – Project, 프리마벨라). 소프
트웨어의 성능에 따라 자원활용도를 최적화하는 데 유용하도록 자원
분류체계(RBS), 자원가용성, 자원단가 및 다양한 자원달력을 정의할 수
있다.

- **회의**: 프로젝트 관리자는 기능조직 관리자들과 함께 활동당 필요한 자
원, 팀 자원의 노력수준(LOE) 및 기량수준, 필요한 자재 수량을 산정하
기 위한 계획수립 회의를 개최할 수 있다. 프로젝트 관리자, 프로젝트
스폰서, 선별된 프로젝트 팀원과 이해관계자, 그 밖의 필요한 인원이 이
회의에 참석할 수 있다.

▌ 활동자원산정 프로세스의 산출물

- **자원 요구사항**(Resource requirements): 각 작업패키지(Work Package) 또는
작업패키지의 활동에 필요한 자원의 종류와 수량을 식별하며 이 요구사
항을 집계하여 각 작업패키지, 각 작업분류체계(WBS) 분기 및 프로젝트
전체의 산정 자원을 판별할 수 있다.
자원 요구사항에 대한 설명의 상세도와 전문성 수준은 응용분야에 따라
달라진다. 자원 요구사항문서에는 적용되는 자원종류, 자원 가용성 및
필요한 수량을 판별하기 위하여 작성된 가정사항이 포함될 수 있다.
- **산정 기준서**: 산정된 근거는 반드시 명확하고 정확하게 제시해야 한다.
  - ▶ 산정치 개발에 산정되는 방법 및 사용되는 자원(예: 유사 프로젝트 정보)

▶ 산정치와 연관된 가정사항

▶ 알려진 제약사항, 산정치 범위

▶ 산정치의 신뢰도 수준, 산정치에 영향을 주는 식별된 리스크 문서

• **자원 분류 체계**(Resource Breakdown Structure)

자원분류체계는 범주와 유형별로 자원을 분류한 계통도이다([그림 5-3] 참조).

자원 범주의 일부 예로 노동, 자재, 장비, 보급품 등이 있다.

RBS는 자원을 확보 및 감시하기 위해 사용될 완성된 문서이다

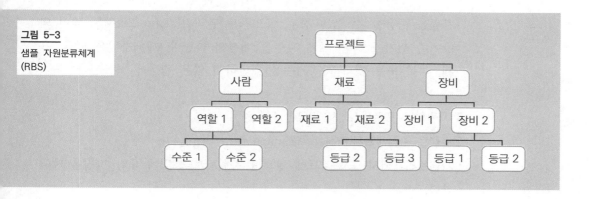

그림 5-3
샘플 자원분류체계
(RBS)

3) 자원확보(Acquire Team)

자원확보는 프로젝트 작업을 완료하는 데 필요한 팀원, 설비, 자재, 보급품 및 기타 지원을 확보하는 프로세스이다.

주요 이점은 자원선정에 관한 기존 지침과 방향을 제시하고 각각의 활동에 대해 자원을 할당한다는 점이다.

프로젝트에 필요한 자원은 프로젝트 수행조직의 내부 또는 외부 자원일 수도 있다. 내부자원은 기능조직 또는 자원관리자로부터 획득(배정)한다. 외부자원은 조달 프로세스를 통해 획득한다.

프로젝트관리팀은 단체교섭 협약, 하도급업체 직원 활용, 매트릭스 프로젝트 환경, 대내외 보고체계, 또는 그 밖의 이유로 인해 자원선택에 대한 직접적인 통제권을 행사할 수도 있고, 없을 수도 있다.

자원을 확보하는 프로세스는 다음과 같은 요인을 고려해야 한다.

- 프로젝트 관리자 또는 프로젝트팀은 프로젝트에 필요한 팀 자원 및 물적 자원 공급 업무 담당자와 효과적으로 협상하고 영향력을 행사해야 한다.
- 프로젝트에 필요한 자원을 확보하지 못하면 프로젝트 일정, 예산, 고객만족도, 품질 및 리스크에 영향을 미칠 수 있다. 자원수량 또는 역량이 부족하면 성공확률이 감소하며, 최악의 경우 프로젝트가 취소될 수 있다.
- 경제적 요인이나 다른 프로젝트에 배정되는 등의 제약사항으로 인해 팀 자원을 사용할 수 없는 경우, 프로젝트 관리자 또는 프로젝트 팀이 역량이나 원가가 다른 대체 자원을 배정해야 한다. 대체자원은 법률, 규제, 의무 또는 기타 특정기준을 위반하지 않은 경우에 허용된다

▎자원확보 프로세스에서 필요한 요소들

프로젝트 관리계획서(Project Management Plan)

- **자원관리계획서**: 프로젝트에 필요한 자원확보 방법에 대한 지침을 제공한다.
- **조달관리계획서**: 프로젝트 외부에서 확보될 자원에 대한 정보를 포함한다. 이 정보에는 조달업무가 다른 프로젝트 작업에 통합되는 방식과 이해관계자의 자원 조달 관여 방식에 대한 정보가 포함된다.
- **원가기준선**: 원가기준선은 프로젝트 활동에 대한 전체 예산을 제공한다.

프로젝트 문서(Project Documents)

- **프로젝트 일정**: 활동과 함께 자원을 확보 및 획득해야 하는 시점을 판별하는 데 도움이 되는 예정된 활동 시작 및 종료 날짜를 보여준다.
- **자원달력**: 프로젝트에 필요한 각 자원을 프로젝트에 투입할 수 있는 기간이 표시된다.
- **자원요구사항**: 자원요구사항은 확보해야 하는 자원을 식별한다.
- **이해관계자 관리대장**: 프로젝트에서 사용되고 자원 확보 프로세스에서 고려되어야 하는 특정 자원에 대한 이해관계자의 요구 또는 기대사항이

나타날 수 있다.

▌자원확보 프로세스에서 사용하는 대표적 도구 및 기법

의사결정

자원확보 프로세스에서 사용할 수 있는 의사결정기법의 예로 다기준의사결정 분석이 있다. 다음은 사용 가능한 선정기준의 일부 예이다.

- 가용성: 필요한 기간 내에 프로젝트 작업에 자원을 투입할 수 있는지 확인한다.
- 원가: 자원 추가비용이 미리 정해진 예산 범위를 벗어나지 않도록 확인한다.
- 능력: 팀원이 프로젝트에 필요한 역량을 제공하는지 확인한다.
- 다음은 팀 자원에 고유한 선정기준의 일부 예이다
- 경험: 팀원이 프로젝트의 성공에 기여할 관련 경험 보유자인지 확인한다.
- 지식: 팀원이 고객, 과거의 유사 프로젝트, 프로젝트 환경의 미묘한 차이에 대한 관련 지식 보유자인지 확인한다.
- 기량: 팀원이 프로젝트 도구를 사용할 수 있는 관련 기량을 보유하고 있는지 판별한다.
- 태도: 팀원에게 다른 팀원들과의 팀워크 수행능력이 있는지 판별한다.
- 국제적 요인: 팀원의 근무지역, 시간대, 의사소통 역량을 고려한다.

대인관계 및 팀 기술

프로젝트관리팀에서 협상해야 할 사항에 다음과 같은 것들이 포함될 수 있다.

기능조직 관리자: 프로젝트에 필요한 기간 동안 및 담당업무를 마칠 때까지 최고의 자원을 확보한다.

수행조직 내 다른 프로젝트관리팀: 희소성이 있거나 특별한 자원을 적절하게 배정 또는 공유한다.

외부조직 및 공급업체: 적절하거나 희소성이 있거나 특별하거나 적격하거나 인증을 받은 기타 특정 팀 자원 또는 물적 자원을 제공한다.

사전배정

프로젝트의 물적 자원 또는 팀 자원이 미리 결정되는 경우 사전 배정된 것으로 간주된다. 프로젝트가 경쟁 입찰의 일환으로 식별되는 특정자원의 결과이거나, 프로젝트가 특정인의 전문성에 의존하는 경우가 발생할 수 있다.

명시된 경우, 프로젝트가 특정 개인의 전문성에 달려 있는 경우 등을 사전배정이라 한다.

가상팀(Virtual Teams)

팀원들이 서로 같은 장소에서 일하지 않고 서로 떨어져서도 한 팀으로서 프로젝트를 수행할 수 있으므로 가상팀을 구성하여 프로젝트를 진행한다. 서로 떨어져 있기 때문에 의사소통은 매우 중요한다.

장점: 국제 프로젝트 관리 환경에 유리하다. 적절하게 시스템과 기본규칙을 운영한다면 좋은 결과를 이끌어낼 수 있다.

단점: 의사소통이 아무래도 Co-location보다는 좋지 않고 문화적인 차이도 있기 때문에 중요안건에 대해 서로 이해의 차이가 생길 수 있고, 팀원들 간의 지식이나 경험을 공유하지 못하고, 가상팀 간의 의사소통 수단 제공 비용이 증가하는 등의 단점도 있다.

▌ 자원확보 프로세스의 산출물

• **물적 자원배정표**: 자재, 장비, 보급품, 위치 및 프로젝트 과정에서 사용될 기타 물적자원이 기록된다.

• **프로젝트팀 배정표**: 팀 배정 문서에는 팀원과 프로젝트에 있어 그들의 역할과 담당업무가 기록된다. 문서에는 프로젝트 조직도, 일정 등 프로젝트관리 계획서에 삽입되는 프로젝트 팀 명부와 이름이 포함될 수 있다.

• **자원달력**: 자원달력에는 각각의 특정 인적자원을 투입할 수 있는 근무일, 근무교대시간, 정상근무 시작 및 종료시간, 주말과 공휴일이 표기된다. 예정된 활동기간에 잠재적인 가용자원(팀 자원, 장비, 자재)에 대한 정보는 자원 가용량 산정에 활용된다. 프로젝트 기간에 식별된 팀 자원과 물적자원을 사용할 수 있는 시기와 기간이 명시된다. 활동 수준 또는 프로젝트 수준으로 제공되며, 자원 경험 및 기술 수준, 다양한 지리적 위치와 같은 속성도 함께 고려한다.

- 변경요청: 자원 확보 프로세스를 수행한 결과로 변경이 발생하는 경우
  (예: 일정에 미치는 영향), 시정조치, 또는 예방조치가 프로젝트관리 계획
  서나 프로젝트 문서의 구성요소에 영향을 미치는 경우, 프로젝트 관리
  자는 변경요청을 제출해야 한다.

4) 프로젝트팀개발(Develop Project Team)

팀 개발은 프로젝트 성과를 향상시키기 위해 팀원들의 역량과 팀원간 협력, 전반적인 팀 분위기를 개선하는 프로세스이다.

주요 이점은 팀 워크 개선, 대인관계 기술 및 역량 향상, 팀원에게 동기부여, 팀원 이탈 감소 등 전반적 프로젝트 성과 향상을 실현한다는 점이다. 프로젝트 전반에 걸쳐 이 프로세스가 수행된다.

프로젝트 관리자는 우수한 팀 성과를 달성하고 프로젝트 목표를 충족하기 위해 프로젝트팀을 식별, 구축, 유지, 동기부여, 통솔 및 격려하는 능력이 필요하다.

팀워크는 프로젝트 성공에 결정적인 요인이며 과제와 기회를 제공하고 필요에 따라 시기 적절한 피드백과 지원을 제공하며 뛰어난 성과를 인정 및 보상하여 팀워크를 촉진하고 팀에 지속적으로 동기를 부여하는 환경을 조성해야 한다.

뛰어난 팀 성과를 얻기 위한 행동 요건은 다음과 같다.

- 개방적이고 효과적인 의사소통 구현
- 팀 구성 기회확보
- 팀원간 신뢰구축
- 건설적인 방식의 갈등관리
- 협력적인 문제해결 장려
- 협력적인 의사결정 장려

▌ 팀 개발 프로세스에서 필요한 요소들

프로젝트 관리계획서

자원관리 계획서(Resource Management Plan): 프로젝트 팀원 보상, 피드백, 추가 교육제공, 팀 성과평가결과에 따른 훈육 조치이행 및 기타 형태의 프로

젝트팀 관리에 대한 지침을 제공하고, 팀 성과 평가기준이 포함될 수 있다.

프로젝트 문서(Project Documents)

교훈 관리대장: 팀 개발과 관련하여 프로젝트 초반에 얻은 교훈을 이후 단계에 적용하여 팀 성과를 향상시킬 수 있다.

프로젝트 일정: 프로젝트팀에 교육을 제공하고 다양한 단계에서 필요한 역량을 개발하는 방법과 그 시점이 정의된다.

프로젝트팀 배정표: 팀 배정표에는 팀과 팀원의 역할 및 담당업무가 식별된다.

자원달력: 팀원들의 투입 기간이나 팀 개발 활동에 참여할 수 있는 시기가 정의된 자원 달력을 참고해야 한다.

팀 헌장: 팀 가치와 운영지침은 팀의 운영방식을 설명하는 체계를 제공한다.

▌ 팀 개발 프로세스에서 사용하는 대표적 도구 및 기법

동일장소배치(Co-location)

팀원들의 대부분 또는 전원을 한 공간에 배치함으로써 한 팀으로서 수행 능력을 높이는 방식이다. 같은 공간에 있어야 팀 개발에 용이하다.

가상팀

가상팀 활용을 통해 기량이 더 뛰어난 자원활용, 원가절감, 출장 및 재배치 비용감축, 공급처와 고객과 기타 주요 이해관계자와 팀원간 근접성 확보 등의 혜택을 누릴 수 있다. 가상팀은 기술을 활용하여 팀이 파일을 저장하거나, 대화기록을 사용하여 이슈를 논의하거나, 팀 달력을 유지할 온라인 팀 환경을 조성할 수 있다.

의사소통 기술

의사소통 기술은 동일장소 배치 및 가상팀의 팀 개발 이슈를 해결하는 데 중요한 역할을 한다. 다음은 사용 가능한 의사소통 기술의 일부 예이다.

공유포털, 화상회의, 오디오 회의, 이메일/채팅

대인관계 및 팀 기술(Interpersonal skills)

흔히 소프트스킬(Soft Skill)로 불리는 효과적 의사소통, 문제해결 기법 등이 프로젝트 팀을 개발하는 데 사용된다. 대인관계 및 팀 기술의 일부 예이다.

- 갈등관리: 적시에 건설적인 방법으로 갈등을 해결하여야 한다.
- 영향력 행사: 상호 신뢰를 유지하면서 중요한 이슈를 해결하고 합의에 도달하기 위해 관련성이 있는 중요한 정보를 수집하는 것이다.
- 동기부여: 의사결정 과정에 팀을 참여시키고 독립적인 업무처리를 장려함으로써 팀에 동기를 부여할 수 있다.
- 협상: 팀원간 협상은 프로젝트 요구에 대한 합의를 도출하는 데 사용된다. 협상을 통해 팀원간 신뢰와 화합을 도모할 수 있다.
- 팀 구성: 팀의 사교관계를 개선하고 협력적인 작업환경을 구성하는 활동이다. 프로젝트 관리 팀에서 프로젝트 팀원의 정서를 이해하고, 팀원의 행동을 예견하고, 관심사를 살피고, 문제에 대한 후속 처리를 지원함으로써 문제를 상당히 줄이고 협력 증대 가능

인정과 보상(Recognition and rewards)

팀 개발 프로세스의 일환으로 바람직한 행위에 대해 인정하고 보상하는 제도를 마련한다. 자원관리 계획서 작성시 모범적 행동을 인정하고 보상하는 체제를 마련하여 공식적 또는 비공식적으로 내려진다. 인정과 보상 대상자를 결정할 때 문화적 차이를 고려해야 한다

교육(Training)

프로젝트 참여 팀원들이 모두 적절한 능력을 갖고 있지 않을 수 있으므로 필요한 훈련이 수반되어야 한다. 교육은 공식적 또는 비공식적 형태로 제공한다. 계획되어 있는 교육은 자원관리 계획서에 따라 실시를 하고, 계획되지 않은 교육은 팀원들에 대한 관찰이나 대화 및 프로젝트 성과 평가의 결과를 참고하고 프로젝트 예산 내에서 실시한다.

개인 및 팀 평가

팀원들 각자의 강점과 약점에 대한 통찰력을 제공한다. 프로젝트 관리자가 팀의 선호도, 열망, 팀원들이 정보를 구성하고 처리하는 방법 그리고 선호하는 대인관계 기술 등에 대해서 평가할 수 있도록 도움을 준다. 이런 도구를 사용하여 팀원간 이해, 신뢰, 소속감, 의사소통을 향상시키고 프로젝트 전반에 걸쳐 생산성을 높일 수 있다.

회의

회의는 팀 개발과 관련된 주제를 논의하고 처리하는 데 사용된다. 프로젝트 관리자와 프로젝트 팀이 회의에 참석하며, 회의 유형으로는 프로젝트 오리엔테이션 회의, 팀 구성 회의, 팀 개발 회의가 있다.

팀 구축 5단계

- 미국 심리학자 ─ 터그만(Bruce Wayne Tuckman) 이론
- 형성기(Forming) ─ 팀이 구성되어 프로젝트 자체, 각자의 공식적인 역할, 책임사항에 대해 파악하는 단계이다. 팀원들이 독자적으로 행동하고, 개방적이지 않는 경향을 보인다.
- 혼돈기(Storming) ─ 팀이 프로젝트 작업이나 기술적 의사 결정 및 프로젝트 관리 방식을 다루기 시작한다. 팀원들이 다른 사고와 관점에 협조적, 개방적이지 않으면 팀 구축활동들이 역효과를 가져올 수 있다.
- 규범기(Norming) ─ 팀원들이 협력하고, 팀을 지원하는 행동을 하며 각자의 작업 습관을 조율하기 시작하면서 팀원들이 상호 신뢰를 하기 시작한다.
- 성과기(Performing) ─ 팀이 잘 구성된 한 몸처럼 운영되며, 팀원들이 상호 의존하면서 원활하고 효과적으로 팀 내부 혹은 프로젝트의 문제를 해결한다.
- 해산기(Adjourning) ─ 팀이 작업을 완료하고 프로젝트에서 이동하는 단계이다.

▌ 팀개발 프로세스의 산출물

팀성과평가(Team Performance Assessments)

프로젝트 관리 팀은 주기적으로 팀의 성과를 공식 혹은 비공식적으로 측정한다. 팀 효율성 평가 항목에는 개인의 기량의 향상, 팀의 성과 향상에 도움이 되는 역량의 향상, 직원들의 이직률 감소, 팀 응집력의 향상이 있다. 이런 팀성과평가를 통해서 프로젝트 관리 팀은 프로젝트 성과 향상을 위해서 프로젝트 팀에게 교육이 필요한지 혹은 코칭이나 멘토링이 필요한지 아니면 지원이나 절차의 변경 등이 필요한지를 파악할 수 있다.

5) 팀관리(Manage Team)

팀 관리는 팀원의 성과를 최적화하기 위하여 팀원의 성과를 추적하고, 피드백을 제공하며, 이슈를 해결하며, 팀의 변경사항을 관리하는 프로세스이다. 주요 이점은 프로젝트팀의 행동에 영향을 미치고 갈등을 관리하며 이슈를 해결한다는 점이다.

프로젝트 팀 관리에는 팀워크를 촉진하고 팀원의 업무를 통합하여 팀 성과를 향상시킬 수 있는 다양한 관리 및 리더십 기량이 필요하다. 의사소통, 갈등관리, 협상, 리더십에 중점을 두고 다양한 기량을 통합하는 일이 팀 관리에 포함된다. 프로젝트 관리자는 팀원이 업무를 수행하려는 자발적인 자세와 능력에 모두 민감하여야 하며 그에 따라 자신의 리더십 스타일을 수정해야 한다.

▌ 팀관리 프로세스에서 필요한 요소들

프로젝트 관리계획서(Project Management Plan): 자원관리 계획서(Human Resource Management Plan)

프로젝트 문서(Project Documents) − 다음은 프로젝트 문서의 일부 예이다.
- 이슈 기록부: 특정 이슈를 해결할 책임자를 명시하고 감시하는 데 유용하게 사용된다.
- 교훈 관리대장: 초반에 얻은 교훈을 이후 단계에 적용하여 팀 관리의 효율성과 효과를 향상시킬 수 있다.
- 프로젝트팀 배정표: 팀원의 역할과 담당업무가 식별된다.
- 팀헌장: 팀의 의사결정, 회의진행 및 갈등 해결방법에 대한 지침을 제공한다.

작업성과 보고서(Work Performance reports)

작업성과 보고서는 의사결정, 조치사항, 현황파악 목적을 가진 유형의 또는 전자형식의 작업성과보고서이며, 예측 자료는 향후 자원 요구사항, 인정 및 보상, 팀원관리 계획 갱신을 결정하는 데 도움을 준다. 성과 보고서에는 일정통제, 원가통제, 품질통제, 범위확인의 결과가 포함된다.

팀 성과 평가서(Team performance assessments)

프로젝트 관리 팀은 프로젝트팀 성과에 대한 공식적 또는 비공식적 평가를 지속적으로 수행한다.

　프로젝트 팀의 성과를 지속적으로 평가함으로써 이슈를 해결하고, 의사소통 문제를 보완하고, 갈등을 처리하고, 팀 상호작용을 향상시키기 위한 조치 수행이 가능하다.

▍팀 관리 프로세스에서 사용하는 대표적 도구 및 기법

대인관계 및 팀 기술

갈등관리(Conflict Management)

　갈등을 잘 관리하는 것이 프로젝트 성공에 도움이 된다. 갈등의 당사자들은 갈등 해결에 일차적 책임이 있지만 갈등이 고조된다면 프로젝트 관리자가 양측이 만족할 만한 해결책을 제시해야 한다. 팀 내에 기준 규칙이나 규정을 수립하고 프로젝트 관리 실무 사례를 활용하면 팀 내의 발생되는 갈등을 줄일 수 있다. 갈등을 해결하기 위한 방법은 많지만, 5가지에 대해서 설명하면 다음과 같다. 다양한 배경을 가진 팀원들이 함께 일을 하다 보면 갈등이 생길 수 있으며, 갈등을 잘 관리하는 것이 프로젝트 성공에 도움이 된다. 갈등의 당사자들은 갈등 해결에 일차적 책임이 있다. 필요 시 중재자가 갈등해결에 도움을 준다.

- 갈등해결방식에 영향을 미치는 요인들
- 갈등의 중요성과 강도
- 갈등해결에 대한 시간적 압박
- 갈등에 연루된 사람의 상대적인 권한
- 좋은 관계 유지의 중요성
- 장기적 또는 단기적으로 갈등해결에 대한 동기부여

▍갈등해결기법

철회/회피(Withdraw/Avoid)

　갈등 상황으로부터 일시 후퇴하는 것을 말하는 것으로 갈등 해결을 위한 보다 나은 상황이 만들어질 때까지 갈등 해결을 연기하는 것이며 일시적으로 상황을 진정시키는 효과는 있다.

완화/수용(Smooth/Accommodate)

상대의 의견보다는 팀 전체 또는 문제의 이슈 전반에 대해 합의를 강조하는 것으로 완화/수용 기법은 갈등의 근본 원인 해결은 피하게 된다.

타협/화해(Compromise/Reconcile)

타협은 갈등 당사자들이 어느 정도 만족을 가져올 수 있는 교섭과 해법으로 전체가 아닌 갈등의 부분에 대해서 서로 조금씩 양보해서 원하는 결과를 얻기 때문에 만족의 정도는 적다. 서로 양보하기 때문에 Lose－Lose라고 표현이 되지만 Force보다는 좋은 갈등 조정 방식이다.

강요/지시(Force/Direct)

갈등의 당사자 중 권한이 큰 한 사람의 관점에서 다른 당사자에게 압력을 가하는 것으로 항상 Win－Lose 상황이 발생하게 되고 갈등 해결 방법으로서는 가장 안 좋은 방법이다.

협업/문제해결(Collaborate/Problem Solve)

직접적으로 문제해결을 위해 문제를 당사자들과 함께 정의하고 정보를 모으며 대안을 분석하고 개발하며, 가장 적절한 대안을 선택하여 직접적으로 갈등의 문제 해결에 목적을 두는 것으로 시간이 다소 오래 걸리는 단점이 있지만 갈등해결 방법 중 가장 좋은 방법이다. Win－Win전략으로 볼 수 있다.

의사결정

조직 및 프로젝트관리팀과 타협하고 영향을 미칠 수 있는 능력과 관련된 것으로 몇 가지 지침이 있다.

- 도달할 목표에 초점을 맞춘다.
- 의사결정 프로세스를 따른다.
- 환경요인을 연구한다.
- 가용정보를 분석한다.
- 팀의 창의력을 촉진한다.
- 리스크를 고려한다.

대인관계기술(Interpersonal Skills)

프로젝트 관리자는 기술적, 개인적, 및 개념적 기술을 조합하여 상황을 분석하고 팀원과 적절히 교류하기 위해서 대인관계기술이 필요하다. 리더십,

영향력 행사, 효과적인 의사결정이 핵심적인 대인관계기술 능력이다.

리더십은 비전을 전달하고 프로젝트 팀을 격려할 때 중요하다. 프로젝트 진행에 따라 항상 똑같은 리더십으로 일관하기보다는 시기적으로 맞는 리더십을 발휘하는 것이 바람직하다.

프로젝트 초기 탐색기에는 우왕좌왕하는 시기이므로 직접 지시하는 Directing Leader 형태가 좋으며, 그 다음 혼돈기에는 Coaching Leader, 그 다음 규범기에는 Supporting Leader, 그 다음 성과기에는 Laissez-Faire Leader, 마지막으로 해산기에는 Directing Leader 형태가 바람직하다.

참고로 카리스마리더십(Charisma Leader)이란 구성원들이 어떤 개인의 비범하고 초인간적인 힘이나 영웅적인 힘에 대한 애착을 기초로 한 권한을 말한다. 이러한 카리스마를 가지고 있는 리더를 카리스마 리더라고 한다. 카리스마 리더는 혁신이나 도전 혹은 모험이라는 단어로 표현할 수 있으며, 현 상태에 반대하며 변화를 시키려고 노력하면서 구성원들에게 비전을 제시한다. 그러나 자아도취가 되어 대인관계가 부족하거나 큰 그림만 제시할 뿐 세부적인 계획을 세우지 못하거나 충동적이고 비관습적인 행동으로 인해 부정적인 결과를 초래하는 등의 문제점도 갖고 있다. 영향력 행사와 관련하여 프로젝트 관리자는 주기적으로 이해관계자에게 영향력을 행사하여 프로젝트 성공으로 유도해야 한다. 효과적인 의사 결정이란 조직 및 프로젝트 관리 팀과 협상하고 영향력을 행사하는 능력을 말한다.

▌ 팀 관리 프로세스의 산출물
변경요청(Change Requests)

팀원이 자체 능력 부족 및 상황에 따라 다른 업무를 맡거나 업무를 아웃소싱하건 간에 전체적으로 인력의 교체투입 등의 팀원들에 대한 변경은 정식 변경요청을 통해 해결해야 한다.

6) 자원통제

자원통제는 프로젝트에 할당되고 배정된 실제자원을 예정대로 사용할 수 있는지 확인하고 계획대비 실제 자원 활용률을 비교하며 필요에 따라 시정조치를 수행하는 프로세스이다.

주요 이점은 배정된 자원이 적시에 프로젝트에 투입되고 더 이상 필요 없는 자원을 해산할 수 있도록 한다는 점이다

자원통제는 다음활동과 관련이 있다.

- 자원 지출감시
- 부족/여유 자원을 적시에 식별 및 처리
- 계획 및 프로젝트 요구에 따른 자원 사용과 해산
- 관련 자원에 대한 이슈가 발생하는 경우 이해관계자에게 통지
- 자원 활용 변경을 야기할 수 있는 요인에 대한 영향력 행사
- 실제로 발생하는 변경관리

▌ 자원통제 프로세스에서 필요한 요소들

프로젝트 관리계획서(Project Management Plan)

자원관리 계획서(Human Resource Management Plan)

프로젝트 문서(Project Documents)

다음은 프로젝트 문서의 일부 예이다.

- 이슈 기록부: 자원부족, 원자재 보급 지연 또는 낮은 등급의 원자재와 같은 이슈를 식별하는 데 사용된다.
- 교훈 관리대장: 초반의 교훈을 이후에 적용하여 물적 자원통제를 향상시킬 수 있다.
- 실물 자원배정표: 예상 자원 활용도와 유형, 수행, 위치를 비롯하여 자원의 출처가 조직내부인지 또는 아웃소싱인지와 같은 상세정보가 기술된다.
- 프로젝트 일정: 필요한 자원, 필요한 시기 및 필요한 위치를 보여준다.
- 자원분류체계(RBS): 자원을 대체 또는 재 확보해야 하는 경우 참조 정보를 제공한다.
- 자원요구사항: 필요한 자재, 장비, 보급품 및 기타자원을 식별한다.
- 리스크관리대장: 장비, 자재 또는 보급품에 영향을 미칠 수 있는 개별 리스크를 식별한다.

작업성과데이터

사용된 자원의 수, 유형과 같은 프로젝트 상태에 대한 데이터가 포함된다.

협약

조직외부의 모든 자원에 대한 기본이 되고, 계획에 없는 새로운 자원이 필요한 경우나 기존 자원에 이슈가 발생하는 경우에 대한 절차를 정의해야 한다.

▌ 자원통제 프로세스에서 사용하는 대표적 도구 및 기법

데이터 분석

- 대안분석: 자원활용의 차이를 바로 잡기 위한 최적의 방안을 선택할 수 있다. 초과 근무에 대한 추가지출 또는 팀 자원 추가와 같은 대안은 납기 지연 또는 단계별 인도물과 비교 검토될 수 있다.
- 비용−편익분석: 이 분석은 프로젝트 편차에 따른 비용관점에서 가장 효과적인 시정조치를 판별하는 데 도움을 준다.
- 성과검토: 성과검토는 예정된 자원 활용을 측정하여 실제 자원활용과 비교 분석을 한다. 원가 및 일정 작업성과 정보를 분석하여 자원활용에 영향을 미칠 수 있는 이슈를 찾아낼 수도 있다.
- 추세분석: 프로젝트가 진행됨에 따라 현재 성과정보를 기반으로 한 추세분석을 통해 예정된 프로젝트 단계에서 필요한 자원을 판별할 수 있다. 추세 분석에서는 시간 경과에 따른 프로젝트 성과를 분석하여 성과 향상 또는 저하여부를 판별하는 데 사용할 수 있다.

문제해결

- 다음과 같은 단계에 따라 문제해결을 처리해야 한다.
- 문제식별
- 문제정의
- 조사
- 분석
- 해결
- 솔루션 점검

대인관계 및 팀 기술

연성기량(Soft skill)이라고도 하는 대인관계 및 팀기술은 개인의 역량이다.

- **협상**: 프로젝트 관리자는 추가 물적자원, 물적자원변경 또는 자원관련 비용을 협상할 필요가 있을 수 있다.
- **영향력 행사**: 프로젝트관리자가 문제를 해결하고 필요한 자원을 적시에 확보하는 데 도움을 줄 수 있다.

▋ 자원통제 프로세스의 산출물

작업성과정보

프로젝트 활동전반에 걸쳐 자원을 활용하기 위한 자원 요구사항과 자원 할당을 비교하여 프로젝트 작업이 어떻게 진행되는지에 관한 정보를 포함한다. 이 비교 결과로 처리해야 하는 자원가용성의 차이를 알 수 있다.

변경 요청(Change requests)

자원통제 프로세스를 수행한 결과로 변경요청이 발생하는 경우, 시정조치 또는 예방조치가 프로젝트 관리계획서나 프로젝트 문서의 구성요서에 영향을 미치는 경우, 프로젝트 관리자는 변경요청을 제출해야 한다.

▋ 중요 인적자원 이론들

매슬로우 욕구 5단계

아브라함 H 매슬로우(Abraham Harold Maslow, 1908-1970)는 사람들의 다양한 욕구를 5가지 차원으로 정리하였다. 하나의 욕구가 만족되면 다음 단계의 욕구가 나타나서 충족을 요구한다는 욕구 5단계를 제시하였다.

- **1단계**: 생리적 욕구(Physiological Needs)
- **2단계**: 안전 욕구(Safety Needs)
- **3단계**: 소속감과 애정 욕구(Belongingness and Love Needs)
- **4단계**: 존경 욕구(Esteem Needs)
- **5단계**: 자아실현 욕구(Self-Actualization Needs)

허즈버그의 2요인 이론(Two Factor Theory)

허즈버그는 "개인의 동기에 영향을 주는 요인들은 서로 다른 두 가지, 즉 동기요인-Motivating Agent(만족의 요인)와 위생요인-Hygiene Factor(불만족의 요인)로 구분하였다.

- **동기요인**(Motivating Agent): 개인으로 하여금 직무에 대해 만족하고 긍정

적인 태도를 갖게 하며, 열심히 일하게 하는 요인을 말한다. 성취감, 안
정감, 책임감, 도전감, 성장, 발전 및 보람 있는 직무내용 등과 같이 개
인으로 하여금 보다 열심히 일하게 성과를 높여주는 것들이다.

- **위생요인**(Hygiene Factor): 직무에 불만은 없지만 일단 충족하게 되면 만
  족이 되는 것은 아니고 불만족의 제거인 상태인 것으로 보수, 작업조건,
  승진, 감독, 대인 관계, 관리등과 같이 주로 개인의 불만족을 방지해주
  는 효과를 가져오는 요인들이다.

맥그리거의 X이론과 Y이론

미국의 경영학자 맥그리거(Douglas McGregor)는 1960년대에 관리나 조직
에 있어서의 인간관 내지 인간에 관한 가설을 주장하였다. 기본적으로 인간
본성에 대한 부정적인 관점을 X이론(X Theory)이라 하고 긍정적인 관점을 Y이
론(Y Theory)이라 하였다.

- **X이론**: 종업원은 선천적으로 일을 싫어하고 가능하면 피하려고 하기 때
  문에 바람직한 목표를 달성하기 위해서는 그들은 반드시 강제되고 통제
  되고 처벌로 위협해야 한다. 그리고 종업원은 책임을 회피하고 가능하
  면 공식적인 지시에만 따르려 한다.
- **Y이론**: 종업원은 일하는 것을 휴식이나 놀이처럼 자연스러운 것으로 보
  면서 자신에게 주어진 목표 달성을 위해서 스스로 지시하고 통제하며
  관리해 나간다. 그리고 보통의 인간은 책임을 받아들이고 스스로 책임
  을 찾아 나서기까지 한다.

오우치의 Z이론

미국 윌리엄 오우치(William Ouchi) 교수가 제창한 경영이론으로서 X이론,
Y이론의 절충형 이론이다. 일본기업의 경영 특징인 장기고용, 순환근무제, 상
호신뢰를 바탕으로 집단적 의사결정을 통한 생산성 향상 등의 장점을 미국기
업의 특징인 명시적인 관리시스템과 데이터와 전문화에 의한 경영, 개인책임
등의 장점에 결합시켜 만든 이론이다.

브롬의 기대이론(Vroom's Expectancy Theory)

브롬에 의하면 동기는 유의성(Valence), 수단(Instrumentality), 기대(Expectancy)
의 3요소에 의해 영향을 받는다고 했다. 유의성(Valence)은 특정 보상에 대해
갖는 선호의 강도이고, 수단(Instrumentality)은 어떤 특정한 수준의 성과를 달성

하면 바람직한 보상이 주어지리라고 믿는 정도이며, 기대(Expectancy)는 어떤 활동이 특정 결과를 가져오리라고 믿는 가능성을 말하는 것으로서, 동기의 강도＝유의성×기대로 나타낼 수 있다.

즉, 브룸의 이론은 어떤 일을 하게 되는 사람의 동기는 적극적이든 소극적이든 간에 자신의 노력의 결과에 대해 스스로 부여하는 가치에 의해 결정될 것이며, 또한 자신의 노력이 목표를 성취하는 데 실질적으로 도움을 줄 것이란 확신을 갖게 될 때 더욱 크게 동기부여를 받는다는 뜻이다.

맥클랜드의 성취동기 이론(McClelland's Achievement Motivation Theory)

맥클랜드(David C. McClelland) 교수는 조직 내 개인의 동기 부여시키는 욕구를 성취욕구(Need for Achievement), 권력욕구(Need for Power), 친화욕구(Need for Affiliation)의 세 가지 형태로 파악함으로써 동기부여를 이해하는 데 공헌하였다.

- 성취욕구(Need for Achievement): 성취욕구가 강한 사람은 성공에 대한 강한 욕구를 가지고 있으며, 이런 사람은 책임을 적극적으로 수용하며, 행동에 대한 즉각적인 피드백을 선호한다. 따라서 이런 사람은 도전할 가치가 없거나 우연에 의해서 목표를 달성할 수 있는 직무보다는 개인에게 많은 책임과 권한이 주어지는 도전적인 직무에 배치하는 것이 동기부여가 된다.
- 권력욕구(Need for Power): 권력욕구가 있는 사람은 리더가 되어 남을 통제하는 위치에 서는 것을 선호하며 타인들로 하여금 자기가 바라는 대로 행동하도록 강요하는 경향이 크기 때문에 타인의 권력이 미치는 직무에 배치하는 것보다는 자기가 타인에 행동을 통제하는 직무에 배치하는 것이 동기부여가 된다.
- 친화욕구(Need for Affiliation): 친화욕구가 높은 사람은 다른 사람들과 좋은 관계를 유지하려고 노력하며 타인들에게 친절하고 동정심이 많고 타인을 도우며 즐겁게 살려고 하는 경향이 크기 때문에 독립적으로 직무를 수행하는 곳에 배치하는 것보다는 다른 사람과 밀접한 관계를 유지할 수 있는 직무에 배치하는 것이 동기부여의 효과가 있다.

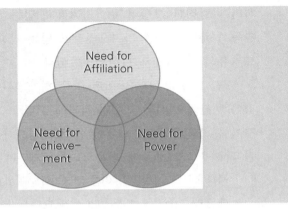

그림 5-4
맥클랜드의 3대 욕구

■ 용어 이해-Perquisites와 Fringe Benefit

• Perquisites: 특전이라는 의미로 지위에 따르는 특권을 말한다. 그 예로
  는 한 회사의 이사가 되면 빌딩에 개인 주차공간을 제공하는 것 등이
  있다.

• Fringe: 전체 모두에게 혜택이 있는 것을 말한다. 그 예로는 종합검진이
  나 식당 제공 등이 있다.

후광 효과(Halo Effect)

미국의 심리학자 손 다이크(Edward Lee Thorndike)가 연구한 후광 효과는
사람이나 사물을 평가할 때 나타나는 오류를 뜻하는 심리학 용어이다. 인물이
나 사물 등 일정한 대상을 평가하면서 그 대상의 특질이 다른 면의 특질에까
지 영향을 미치는 일을 하며 광배효과(光背效果)라고도 한다. 예를 들면 포장이
세련된 상품을 고급품으로 인식하거나, 근무평정(勤務評定)을 산정할 때 성격
이 차분한 직원에게 업무수행능력의 정확성 면에서 높은 평점을 주는 경우,
엔지니어가 기술에 대해 뛰어난 능력을 보이면 관리자로서도 역할 수행을 잘
할 거라는 생각에 관리자로 승격시키는 경우 등이 있다. 이와 같은 효과를 방
지하기 위해서는 선입관이나 고정관념 및 편견 등을 없애고, 평점 요소마다
분석 평가함으로써 한꺼번에 전체적인 평정을 하지 않아야 한다.

관리 스타일

관리자의 관리스타일은 여러 가지가 있을 수 있다.

• 민주적(Democratic): 프로젝트 팀원의 참여를 권장함

- 독재적(Autocratic): 프로젝트 관리자가 독단적으로 처리
- 자유방임적(Laissez−Faire): 프로젝트 팀원에 대해 간섭하지 않음

▌ 역사에서 본 리더십 스타일

독단적 리더십의 예
- 연산군−권력을 향유하며 독단적인 정치를 한 경우
- MF글로벌 CEO 존 코자인−유로존 국채 투자반대의견에도 불구하고 독단적인 강행을 하면서 합리적인 고언하는 직원을 방출하고 결국 위험을 감수하고 투자하다 파산을 하게 만듦
- GM 전 회장 로저 스미스−초기에는 토요타와 합작기업설립 등 이윤을 창출하다가 미국 내 공장의 대규모 구조조정을 실시하여 미국 내 공장 11곳을 폐업하고 임금이 저렴한 멕시코로 공장을 이전시킴. 또한 비관련 다각화의 부문인 무기제조회사를 인수 하는 등 무모한 성장을 추진하다가 자신의 정책에 반대하면 좌천이나 해임을 실시하였다. 결과적으로 제품의 품질이 저하되고 자동차 경쟁력이 상실되어 경영이 악화되는 사태를 가져오게 된다. 이처럼 독단적 리더십은 때로는 기업을 위기로 몰고 가는 경우가 발생하기도 한다.

자유방임형 리더십의 예
- 조선 중종−공신들에게 권력을 위임한 경우로 왕권을 제대로 발휘 못하고 신하들에게 끌려다니는 경우가 된다. 결국 조광조라는 걸출한 인물이 있었음에도 반대세력의 모함으로 조광조를 사사하고 결국 왕권정치를 제대로 못한 경우가 된다.
- 조선 철종−강화도 도령이란 별명을 가지고 있듯이 본인은 왕이 되고 싶지 않았기에 위임형 정치를 하였다. 세도정치에 휘둘리며 인재들이 클수 있는 환경을 조성를 못하고 방치하였다. 세도정치가 왕권보다 강해져서 정치는 혼란에 빠진다.

거래적 리더십의 예
- 조선 선조−저신에게 이익이 될 때만 구성원에게 무언가를 안겨주는 리더십으로 선조는 왕권수호에 집착하였다. 동인과 서인을 이용하여 왕권확보에 악용하였다. 때론 이순신 같은 전쟁영웅을 라이벌로 인식하기도

한다. 이런 거래적 리더십은 늘 의심이 많고 믿음이 부족하여 올바른 리더십으로 볼 수 없다.

성공적인 리더십의 예

• 영국 여왕 엘리자베스 1세 – 자신의 트라우마를 극복하고 성공한 리더로 간통죄로 참수당한 어머니의 사생아이기도 했던 그녀는 독신 트라우마를 극복하며 동인도 회사를 설립하고 식민지를 개척하면서 해상권을 장악하며 영국을 해가 지지않는 나라로 만들었다.

비전형 리더십의 예

• 마틴 루터 킹 목사 – 나에게는 꿈이 있습니다. "I have a dream" 인격으로 인정받는 그런 나라를 만들고자 평화롭게 민권운동을 한 리더이다.
• 스티브 잡스 – 창의성으로 혁신을 이룬 리더로 각광을 받았다. 정작 본인은 어려운 경험을 하였지만 그런 과정을 긍정적인 경험으로 포장하면서 혁신으로 애플을 일류기업으로 키웠다.

(10) 의사소통관리

프로젝트의사소통관리는 프로젝트 정보의 생성, 수집, 배포, 저장, 검색, 그리고 최종 처리가 적시에 적절히 수행되도록 하기 위해 필요한 모든 프로세스를 포함한다. 의사소통관리계획(Plan Communications Management) 프로세스는 기획프로세스그룹에 속해 있다. 프로젝트 이해관계자의 정보 요구 사항을 식별하고 의사소통방식을 정의하는 프로세스이다. 의사소통관리(Manage Communication) 프로세스는 실행프로세스그룹에 속해 있다. 의사소통계획에 부합되게 프로젝트의 정보를 생성, 수집, 배포, 저장, 조회 및 최종적인 처리를 하는 프로세스이고 제일 중요한 프로젝트 작업성과보고서를 배포하는 프로세스이다. 의사소통통제(Control Communication) 프로세스는 감시 및 통제 실행프로세스그룹에 속해 있다. 이해관계자들과 의사소통 및 협력을 통해 이해관계자의 요구사항을 충족시키고 발생하는 이슈를 처리하는 프로세스이다. 의사소통관리 지식영역의 프로세스는 다음과 같다.

[표 5-7] 의사소통관리 프로세스 개요

프로세스	설명
의사소통관리계획 (Plan Communications Management)	이해관계자들의 정보 필요성 및 요구사항과 사용 가능한 조직의 자산을 기반으로 프로젝트의 의사소통에 대한 적합한 전략과 계획을 수립하는 프로세스.
의사소통관리 (Manage Communications)	의사소통계획에 부합되게 프로젝트의 정보를 생성, 수집, 배포, 저장, 조회 및 최종적인 처리를 하는 프로세스로 작업성과보고서를 이해관계자들에게 배포한다.
의사소통감시 (Monitor Communications)	프로젝트 이해관계자들의 정보 욕구가 만족되도록 프로젝트 전 기간을 통해서 의사소통을 감시하는 프로세스

1) 의사소통관리계획(Plan Communication Management)

의사소통관리계획수립은 프로젝트 이해관계자의 정보 요구 사항을 식별하고 의사소통 방식을 정의하고 이해관계자들과 가장 효과적으로 그리고 효율적으로 의사소통할 방법들을 식별하고 문서화한다. 효과적인(Effective) 의사소통은 정보가 적합한 양식, 적절한 시점, 적절한 이해관계자에게 전달되는 것으로 효율적인(Efficient) 의사소통은 필요로 하는 정보만을 제공하는 것이다. 의사소통관리계획의 산출물은 프로젝트 전 생애주기 동안 검토 및 수정되어야 한다. 의사소통관리계획 시 다음과 같은 부분이 고려 사항이 되어야 한다.

- 어떤 정보를 누가 필요로 하며, 누가 정보에 접근할 권한을 갖고 있는가?
- 정보를 언제 필요로 하는가?
- 정보가 어디에 저장되어야 하며, 어떤 형태로 저장되어야 하는가?
- 정보가 어떻게 조회되어야 하는가?
- 시간대(Time Zone), 언어 장벽, 다문화 등을 고려해야 한다.

▌의사소통관리계획 프로세스에서 필요한 요소들

프로젝트관리계획서(Project Management Plan)

프로젝트가 어떻게 수행되고, 감독되고, 통제되고 종료되는지의 정보를 제공한다.

프로젝트 문서(Project Document)

이해관계자관리대장(Stakeholder Register)

이해관계자들과 의사소통하기 위한 계획을 세우는 데 정보를 제공한다. 식별된 이해관계자와 관련된 모든 상세 정보를 포함하고 있다.

▌의사소통관리계획 프로세스에서 사용하는 대표적 도구 및 기법

의사소통요구사항분석(Communication Requirements Analysis)

프로젝트와 관련된 이해관계자의 정보 요구사항을 분석 및 이해관계자에게 제공할 정보의 종류와 형식 및 빈도 등을 파악한다. 가능한 의사소통 채널의 총수는 아래 공식으로 구할 수 있다.

의사소통 채널의 총수=n(n-1)/2　n: 전체 이해관계자 수

프로젝트의사소통 요구사항을 결정하는 데 일반적으로 다음과 같은 것들이 포함된다.

- 조직도/프로젝트 조직 및 이해관계자 책임 관계
- 프로젝트 관련 전문 분야(Discipline), 부서 및 특수 분야
- 프로젝트 관련 인원 수 및 장소에 대한 세부 계획
- 내부 정보 요구사항(예: 조직간 상호 의사소통)
- 외부 정보 요구사항(예: 매체, 대중 또는 계약자와의 의사소통)
- 이해관계자관리대장의 이해관계자 정보 및 이해관계자 관리 전략

의사소통기술(Communication Technology)

의사소통에 영향을 줄 수 있는 요소들, 즉 요구의 긴급성, 주기, 빈도, 기술의 가용성, 활용 가능성, 정보의 접근 용이성, 난이도, 프로젝트 기간, 종료 전 변경 가능성 여부 및 프로젝트 환경, 대면/비대면 등의 요소들의 기술적인 요소들이다.

의사소통모델(Communication Models)

상호간에 의사소통 시 기본적인 의사소통 Flow를 모델화 해 놓은 것이다.

- 암호화: 다른 사람들이 이해할 수 있는 언어로 변환하는 것
- 메시지: 암호화 산출물
- 전달매체: 메시지 전달에 사용되는 방법 및 도구
- 잡음: 메시지 전송 및 이해를 방해하는 모든 것

  (예: 거리, 생소한 기술, 불충분한 배경 정보)
- 해독: 메시지를 의미 있는 견해나 아이디어로 변환하는 것

의사소통방법(Communication Methods)

의사소통방법은 다음과 같은 것들이 있다.

[표 5-8] 의사소통방법의 종류

방법	내용
대화식 의사소통 (Interactive Communication)	둘 이상의 대화 당사자가 여러 방향으로 정보 교환을 수행하는 방식으로 서로 간 이해를 이끌어내는 가장 효율적인 방법이다. 예) 미팅, 전화 통화, 화상 회의 등
전달식 의사소통 (Push Comm)	일방적으로 정보를 보내는 방식으로 수신자에게 실제 도달했는지 또는 수신자들이 이해했는지는 분명하지 않은 방법이다. 예) 편지, 메모, 보고서, email, fax, 음성 메일, 보도 자료 등
유인식 의사소통 (Pull Comm)	대용량 정보 또는 대규모 수신자 그룹에 사용하는 방식으로 수신자들이 정보에 대 해 자기 자신의 재량으로 접근해야 한다. 예) Intranet, 온라인 학습 및 Knowledge Management System 등

회의(Meetings)

회의를 통해 의사소통에 대한 많은 정보를 정리하고 만들 수 있다.

▌의사소통관리계획 프로세스의 산출물

의사소통관리계획서(Communications Management Plan)

다음과 같은 것들이 포함되어 있다.

- 이해관계자 의사소통 요구사항/정보(언어, 형식, 내용 등)/정보의 배포 사유
- 정보의 배포 시간 및 주기/정보 전달 책임자/정보 공개 책임자
- 정보 수신 개인 및 그룹/정보 전달 수단 및 도구/정보 전달 프로세스 및 체계
- 의사소통관리계획서를 갱신 및 개정 방법/용어 정리집
- 목록, 미팅 계획 등이 포함된 작업 흐름/의사소통 제약사항/다양한 지침 및 템플릿 등

프로젝트문서갱신(Project Document Updates)

프로젝트 일정, 이해관계자 등록 부 및 이해관계자 관리 전략 등이 포함된다.

2) 의사소통관리(Manage Communications)

의사소통계획에 부합되도록 프로젝트의 정보를 생성, 수집, 배포, 저장, 조회 및 최종적인 처리를 하는 프로세스로 이해관계자들 간 효율적이고 효과적인 의사소통의 흐름을 가능하게 한다.

▎ 효과적인 의사소통을 위한 기법 및 고려사항

발신자-수신자 모델/매체의 선택/쓰는 유형

회의관리기법/발표기법/촉진기법/청취기법

▎ 의사소통관리 프로세스에서 필요한 요소들

프로젝트 관리계획서(Project Management Plan)

의사소통관리계획서(Communications Management Plan)

프로젝트의 의사소통이 어떻게 계획되었고, 구조화되고, 감시되고 통제되는지 기술한다.

프로젝트 문서(Project Document)

작업성과보고서(Work Performance Reports)

프로젝트 성과와 프로젝트 상태에 대한 정보를 담고 있다. 성과보고서는 이해하기 쉽고, 정확하고, 시의 적절하게 접근 가능해야 한다.

▎ 의사소통관리 프로세스에서 사용하는 대표적 도구 및 기법

의사소통기술(Communication Technology)

의사소통에 영향을 줄 수 있는 요소들, 즉 요구의 긴급성, 주기, 빈도, 기술의 가용성, 활용 가능성, 정보의 접근 용이성, 난이도, 프로젝트 기간, 종료 전 변경 가능성 여부 및 프로젝트 환경, 대면/비대면 등의 요소들의 기술적인 요소들이다.

의사소통모델(Communication Models)

상호간에 의사소통 시 기본적인 의사소통 Flow를 모델화 해 놓은 것이다.

의사소통방법(Communication Methods)

개인 및 그룹 미팅, 화상 및 음성 회의, 컴퓨터 채팅 및 기타 원격 의사소통방법 등이 있다.

정보시스템(Information System)

선택한 의사소통방법에 따라 의사소통의 도구를 선택하면 된다.

• 문서 관리 시스템(Hard Copy): 편지, 메모, 보고서 등
• 전자적 의사소통관리: 이메일, 팩스, 음성 메일, 전화 등
• 전자적 프로젝트 관리 도구: 웹을 통한 프로젝트 관리 SW, 가상 회의

도구 등

▌의사소통관리 프로세스의 산출물

프로젝트의사소통(Project Communications)

의사소통의 대상이 되는 모든 것을 말하는 것으로 성과보고, 인도물의 완료율 상태, 일정 진행 상태, 프로젝트 원가 상태 등을 포함하여 긴급도 및 내용의 영향도 등 전달 방법과 내용의 보안 정도에 따라 매우 다양하다.

프로젝트관리계획서갱신(Project Management Plan Updates)

프로젝트의 기준선들(범위, 일정, 원가 Baseline), 의사소통관리 및 이해관계자 관리에 대한 내용들이 갱신된다.

프로젝트문서갱신(Project Documents Updates)

이슈로그, 프로젝트 일정, 프로젝트 자금 요청 등이 갱신된다.

조직프로세스자산갱신(Organizational Process Assets Updates)

이해관계자에게 통지, 프로젝트 리포트, 프로젝트 발표, 프로젝트 기록, 이해관계자로부터의 피드백, Lessons Learned 문서 등이 갱신된다.

3) 의사소통감시(Monitor Communications)

프로젝트 이해관계자들의 정보 욕구가 만족되도록 프로젝트 전 기간을 통해서 의사소통을 감시하는 프로세스로 의사소통에 참여하는 사람들 간의 최적의 정보 흐름을 보증하는 프로세스이다.

▌의사소통감시 프로세스에서 필요한 요소들

프로젝트관리계획서(Project Management Plan)

의사소통통제에 대한 정보를 지침을 제공하면서 다음과 같은 부분을 포함한다.

- 이해관계자의 의사소통 요구사항
- 정보 배포에 대한 사유
- 필요한 정보 배포에 대한 주기
- 정보에 대한 의사소통 책임자(개인 혹은 그룹)
- 정보를 수신하는 개인 혹은 그룹

프로젝트 문서(Project Document)

• 이슈로그(Issue Log)

이슈로그를 통해 의사소통이 활발해지거나, 이슈에 대한 공동의 합의가 촉진됨. 이슈 기록부(Issue Log) 또는 조치 항목 기록부는 이슈 해결책을 문서화하고 감시하는 데 사용된다.

작업성과데이터(Work Performance Data)

의사소통에 대한 효율성, 피드백 등 상세자료를 포함하고 있다.

조직프로세스자산(Organizational Process Assets)

보고서 템플릿, 의사소통에 정책, 표준 및 절차들, 의사소통기술에 사용될 특정 기술, 의사소통에 허용된 도구, 의사소통 기록에 대한 저장 정책, 보안 요구사항

▌의사소통감시 프로세스에서 사용하는 대표적 도구 및 기법

프로젝트관리 정보시스템(Project Management Information Systems)

프로젝트의 원가, 일정 진척 및 성과에 대한 정보를 수집, 저장 및 이해관계자에게 배포하는 표준화된 도구로 테이블 형식, Spread Sheet 형식 등으로 다양하다.

전문가판단(Expert Judgment)

프로젝트의사소통의 영향, 필요한 활동, 행위 및 의사소통에 대한 책임자, 활동이 필요한 시기 등에 대한 전문가적인 판단이다.

회의(Meetings)

프로젝트 성과를 갱신하고 의사소통하기 위한 가장 적합한 방법을 결정하고, 정보에 대한 이해관계자의 요청에 대응하기 위해 논의와 대화가 필요하다.

▌의사소통통제 프로세스의 산출물

작업성과정보(Work Performance Information)

프로젝트에 대한 상태와 진행에 대한 정보로 이해관계자에 따라 상세 정도를 달리 해야 한다.

변경요청(Change Requests)

의사소통 관련하여 조정사항이 발생하면 변경요청을 통해 개선한다.

프로젝트관리계획서갱신(Project Management Plan Updates)

프로젝트의사소통관리계획서 및 이해관계자 및 인적자원관리계획서 등의 프로젝트관리계획서 갱신한다.

프로젝트문서갱신(Project Documents Updates)

미래 예측, 성과보고서, 이슈로그 등이 포함된다.

조직프로세스자산갱신(Organizational Process Assets Updates)

보고 양식 및 교훈 관련 문서 등이 갱신된다.

의사소통의 사례

제록스 사례 — 의사결정을 기반으로 하는 조직구조 변경으로 10억 달러 절감

적자에 시달리던 제록스는 2001년 앤 멀케이 CEO 지휘로 경영진은 의사결정기반한 조기 재편을 착수한다. 기본원칙은 명확성과 단순성이었다. 이를 위해 산업별로 글로벌팀을 구축해서 가격결정을 내렸던 과거구조를 해체하고 국가별 조직으로 나눠 해당국가에서 관련된 결정은 현지 영업팀이 내리도록 하였다. 또한 중간 관리조직을 없애고 현지지사의 권한을 확대하였다. 이 결과 불과 2년 만에 10억 달러의 기업 비용을 절감했다. 이처럼 결정권함을 분명하게 위임한 제록스는 기업 회생을 하게 된다.

벌꿀의 의사소통 사례

벌꿀은 춤을 통해 의사를 전달한다. 이런 부분을 폰 프리슈 박사가 밝혀냈는데 행택학의 선구자이기도 하다. 꿀이 있는 꽃들을 발견한 꿀벌들은 둥지에 돌아와서 꼬리춤(Waggle dance)를 추기 시작한다. 이 춤에는 꽃밭과의 거리 및 방향에 관한 정보를 담고 있다. 꽃밭과의 거리가 100미터 이하이면 원형춤을 추고, 이상이면 8자형 춤을 춘다. 꼬리춤을 추는 속도로 거리를 나타내고 빨리 흔들면 가까운 거리, 천천히 흔들면 먼거리를 의미한다. 15초당 9~10회는 100미터 거리, 15초당 7회는 200미터, 15초당 4~5회는 100미터 거리를 나타낸다. 또한 꼬리춤을 추며 직직하는 선과 중력사이의 각도로 먹이의 방향을 나타낸다. 이처럼 꿀벌의 꼬리춤 속의 정보는 아주 정확해서 움직임을 보고 꿀의 위치를 인간도 찾아 날수 있다.

이렇게 꿀벌들도 생존을 위해 동족끼리 끊임없는 의사소통을 정확히 하려고 애를 쓴다. 우리가 하고 있는 의사소통은 프로젝트 성공을 좌우한다. 프로젝트 관리자는 의사소통의 중요성을 인식하고 이해관계자 관리 부문과 더불

어 효과적이고 효율적인 의사소통 관리에 노력을 다해야 한다.

(11) 리스크관리

리스크란? 리스크란 불확실한 사건들로서 발생한다면, 프로젝트 목표 달성에 영향을 미치는 것을 말한다. 리스크의 종류로는 기회(Opportunity)와 위협(Threat)으로 구분이 되고 리스크의 심각도는 확률(Probability)과 영향(Impact)으로 구성된다. 리스크 관리는 위기(危機)관리로 번역되기도 하며 위험(危險)과 기회(機會)를 모두 포함하는 포괄적인 의미로 해석된다. 프로젝트에서 리스크는 프로젝트의 성공을 방해하는 이벤트가 될 수도 있고, 프로젝트의 성공을 도와줄 수도 있다. 따라서 프로젝트를 성공시키기 위해서는 부정적인 리스크와 긍정적인 리스크를 적절히 식별하고 리스크 발생 시 사전에 정의한 대응계획대로 처리하여야 한다.

프로젝트 리스크 관리의 목표는 프로젝트의 성공을 위한 긍정적인 사건의 확률과 영향은 증가시키고 부정적 사건의 확률과 영향은 감소시키는 것이다.

[표 5-9] 리스크관리 프로세스 개요

프로세스	설명
11.1 리스크 관리 계획 (Plan Risk Management)	프로젝트에 대한 리스크 관리 활동을 수행하는 방법을 정의하는 프로세스
11.2 리스크 식별 (Identify Risks)	포괄적 프로젝트 리스크의 원인과 개별 리스크를 식별하고, 각 리스크의 특성을 문서화하는 프로세스
11.3 정성적 리스크 분석 수행 (Perform Qualitative Risk Analysis)	리스크의 발생 확률과 영향, 그 밖의 특성을 평가하여 추가분석 또는 조치를 위한 개별 리스크의 우선순위를 결정하는 프로세스
11.4 정량적 리스크 분석 수행 (Perform Quantitative Risk Analysis)	식별된 개별 리스크와 그 밖의 전체 프로젝트 목표에 영향을 미치는 불확실성의 원인을 수치로 분석하는 프로세스
11.5 리스크 대응 계획 (Plan Risk Response)	개별 프로젝트 리스크를 다룰 뿐만 아니라, 포괄적 프로젝트 리스크 노출도를 낮추기 위해 옵션을 마련하고 전략을 선정하고, 대응조치에 대한 합의를 도출하는 프로세스
11.6 리스크 대응 실행 (Implement Risk Responses)	합의된 리스크대응 계획을 실행하는 프로세스
11.7 리스크 감시 (Monitor Risks)	프로젝트 전반에 걸쳐, 합의된 리스크 대응계획이 실행되는지 감시하며, 식별된 리스크를 추적하고, 새로운 리스크를 식별 및 분석하고, 리스크 프로세스의 효율성을 평가하는 프로세스

그림 5-5
리스크의 분류

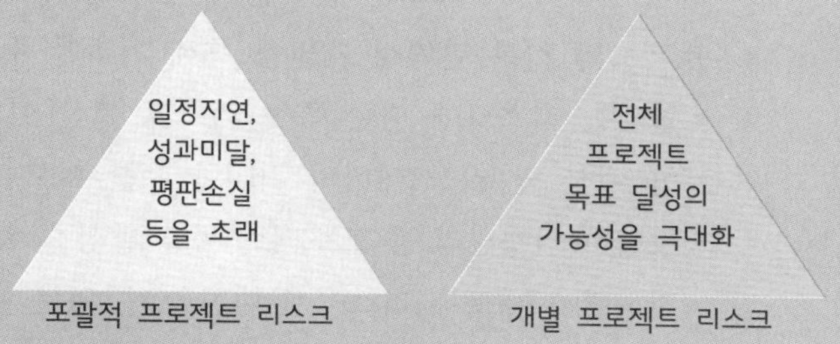

일정지연,
성과미달,
평판손실
등을 초래

전체
프로젝트
목표 달성의
가능성을 극대화

포괄적 프로젝트 리스크   개별 프로젝트 리스크

리스크의 분류(리스크는 다음과 같이 분류 될수 있다)

- **개별 프로젝트 리스크**: 리스크가 발생한 경우에 한 가지 이상의 프로젝트 목표에 긍정적 또는 부정적인 영향을 미치는 불확실한 사건이나 조건이다.
- **포괄적 프로젝트 리스크**: 개별적인 리스크를 포함한 모든 불확실성의 원인으로부터 나오거나, 이해관계자가 프로젝트 결과물의 긍정적 또는 부정적 모든 변이에 노출되어 나타나는 프로젝트 전반의 불확실성의 영향이다.

프로젝트 리스크 관리의 추세의 새로운 실무사례

- **비사건 리스크**: 발생할 수도 있고, 발생하지 않을 수도 있는 불확실한 미래사건에 대한 리스크만 초점을 둔다. 예) 주요판매자가 폐업하는 경우, 설계가 완료된 후 고객이 요구사항을 변경하는 경우, 하도급업체가 표준 운영 프로세스 개선을 제안하는 경우 등

비사건 리스크에는 2가지 유형이 있다.

  ▶ **가변성 리스크**: 계획된 사건이나 활동 또는 의사결정의 일부 주요특성에 대한 특성에 대한 불확실성이 존재한다. 예) 생산성이 높거나 낮은 경우, 테스트과정에서 발견된 오류수가 예상보다 많거나 적은 경우, 건설단계에서 이상기후가 나타나는 경우 등

  ▶ **모호성 리스크**: 미래 어떤 일이 발생할지에 대한 불학실성이 존재한다. 불완전한 지식이 프로젝트 목표 달성 역량에 영향을 줄 수 있는 프로젝트 영역은 요구사항 또는 기술적 해결책, 향후 규제 프레임워크 개발 또는 프로젝트에 내제적인 전반적인 복잡성을 들 수 있다.

- **프로젝트 회복 탄력성**: 새로운 리스크 존재 사실이 명확해지고 소위 말하는 "예측 불가능 리스크(unknown – unknown)"에 대한 인식이 증가

한다. 이러한 리스크는 발생한 후에만 알 수 있다. 새로운 리스크는 프로젝트의 회복 탄력성 개발을 통해 처리할 수 있다.

▶ 알려진 리스크에 대한 특정 리스크 예산 이외에 새로운 리스크에 대한 예산 및 일정 대비의 적절한 수준 확보

▶ 강력한 변경관리 등 프로젝트 목표 달성을 위한 전반적인 방향성은 유지하면서 새로운 리스크에 대처할 수 있는 유연한 프로젝트 프로세스

▶ 명확한 목표를 갖고 합의된 한계 내에서 작업을 완료할 수 있다는 신뢰가 있는 권한을 부여 받은 프로젝트 팀

▶ 새로운 리스크를 최대한 빨리 식별하기 위한 조기 경고 신호에 대한 빈번한 검토

▶ 새로운 리스크에 대응하여 프로젝트 범위 또는 전략을 조정 할 수 있는 영역을 명확하게 하기 위한 이해관계의 명백한 투입물

• 통합 리스크 관리

▶ 프로젝트는 조직적 맥락에서 존재하며 프로그램 또는 포트폴리오의 일부를 구성할 수 있다.

▶ 수준별 적절한 수준에서 리스크가 담당되고 관리되어야 한다.

▶ 상위 수준에서 식별된 일부 리스크는 관리를 위해 프로젝트팀에게 위임되고 일부 프로젝트 리스크는 프로젝트 외부에서 효과적으로 관리되는 경우 상위수준으로 상신될 수 있다.

▶ 전사적 리스크 관리 대한 조율된 접근 방식은 모든 수준에서 리스크를 관리하는 방식으로 일치성과 일관성을 확보한다.

▶ 이를 통해 프로그램 및 포트폴리오 구조에 리스크 효율성이 반영되므로 지정된 리스크 노출도에 가장 큰 전반적 가치를 제공할 수 있다.

• 조정사항

프로젝트는 각각 고유하므로 프로젝트 리스크 관리 프로세스의 적용방식을 조정해야 한다. 다음은 조정을 위한 고려사항의 일부 예이다.

▶ **프로젝트 규모**: 예산, 기간, 범위 관점에서 프로젝트 규모 또는 팀 규모가 리스크 관리에 대한 더 상세한 접근법을 요구하는가? 또는 단순 리스크 프로세스에 대한 소규모인가?

▶ **프로젝트 복잡성**: 높은 수준의 혁신, 신기술, 상업 계약, 인터페이스 또

는 프로젝트 복잡성을 증가시키는 외부적 의존관계에 따라 강력한 리스크 접근 방식이 필요한가? 또는 축소된 리스크 프로세스로 충분할 정도로 간단한 프로젝트인가?

▶ **프로젝트 중요성:** 프로젝트가 전략적으로 어느 정도 중요한가? 프로젝트가 획기적인 기회 도출을 목표로 하거나 조직성과에 대한 중대 장애물을 다루거나 주요 제품 혁신과의 관련 문에 리스크 수준이 증가하는가?

▶ **개발방식:** 리스크 프로세스가 연이어 반복적으로 이해될 수 있는 워터폴 방식 프로젝트인가? 또는 실행과정뿐만 아니라 각 반복의 시작 시점에 리스크를 다루는 애자일 접근 방식을 따르는 프로젝트인가?

• 애자일/적응형 환경을 위한 고려사항

▶ 가변성이 큰 환경은 그 정의처럼 보다 많은 불확실성과 리스크를 발생시킨다.

▶ 적응형 접근 방식을 상용하여 관리되는 프로젝트 점진적으로 증가하는 작업 결과물과 여러 조직의 구성원이 참여하는 프로젝트팀을 빈번하게 검토함으로써 지식 공유를 가속화하고 리스크에 대한 이해와 관리를 지원한다.

▶ 리스크는 각 반복의 내용을 선택할 때 고려되며 각 반복과정에서도 식별, 분석 및 관리된다.

▶ 요구사항은 정기적으로 업데이트되는 문서로 보존되며, 현재 리스크 노출도에 대한 개선된 이해를 바탕으로 프로젝트 진행에 따라 작업 우선순위가 변경될 수 있다.

1) 리스크관리계획(Plan Risk Management)

리스크 관리 계획 수립은 프로젝트에 대한 리스크 관리 활동을 수행하는 방법을 정의하는 프로세스이다 주요 이점은 조직과 그 외 이해관계자의 관점에서 리스크관리의 수준, 유형 및 가시성이 프로젝트의 중요성과 리스크 모두에 비례한지 확인한다는 점이다.

리스크관리계획을 신중하고 명확하게 수립하여야 나머지 리스크관리 프로세스를 제대로 수행할 수 있다. 프로젝트의 리스크 관리는 프로젝트 계획 단계에서부터 미리 리스크를 식별하고 분석하고, 대응 방안을 세우는 등의 계획을 먼저 수립한 후, 프로젝트를 진행하면서 리스크관리계획서와 리스크 관리대장을 지속적으로 수정하는 반복적인 작업이다.

리스크 관리 계획수립은 리스크 관리 활동에 충분한 자원과 시간을 투입하고 리스크 평가와 관련하여 합의된 기준을 설정하기 위해서도 중요하고 모든 이해관계자의 합의와 지원이 필요하다.

▌리스크관리계획 프로세스에서 필요한 요소들

프로젝트헌장(Project Charter)

상위수준의 프로젝트 설명 및 경계, 상위수준의 요구사항, 리스크를 기술한다.

프로젝트관리계획서(Project Management Plan)

리스크관리계획이 보조관리계획과 일치되도록 모든 보조관리계획들이 고려되어야 한다. 다른 프로젝트관리계획서 구성요소에서 설명하는 방법론이 리스크 관리 계획 수립 프로세스에 영향을 줄 수 있다.

프로젝트 문서(Project Documents)

대표적으로 이해관계자 관리대장이 있는데 이해관계자의 프로젝트 역할과 해당 프로젝트의 리스크에 대한 이해관계자 태도의 전반적인 정보를 제공한다. 이는 리스크 관리를 위한 역할과 책임을 결정하고 프로젝트에 대한 리스크 한계선을 정하는 데 유용하다.

꼭 알아야 할 핵심 용어

리스크 선호도(Risk Appetite or Risk Attitude)   영어 단어 Appetite는 우리말로는 식욕, 욕구를 의미한다. 이 식욕, 욕구라는 의미가 리스크라는 Risk와 조합이 되면 리스크에 대한 식욕, 욕구 즉, 리스크를 받아들이는 성향을 말하며, 리스크 선호도 즉, Risk Appetite라고 한다. 리스크 선호도에 따라 의사 결정자의 성향을 리스크 선호자(Risk Taker), 리스크 중립자(Risk Neutral), 리스크 기피자(Risk Avoider)의 3가지 유형으로 나눈다. 리스크 한계(Risk Threshold)는 조직이나 개인이 특별한 관심을 가지고 있는 리스크의 발생 확률 혹은 영향의 수준이라고 할 수 있다. 예를 들어, 여러분이 속한 조직에서는 리스크 점수가 0.7 이상은 관심 단계로 무조건 리스크대응계획을 세워야 하는 등의 정책이 있을 경우, 0.7이 리스크 한계라고 볼 수 있다. 리스크 허용한도(Risk Tolerance)는 개인(이해관계자) 혹은 조직이 견뎌 낼 수 있는 리스크의 정도, 개수 혹은 크기이다. 리스크 책임자(Risk Owner)는 리스크식별, 리스크 분석 및 대응 계획을 세우면서 각 리스크에 대한 발생 여부, 발생시 처리 및 제거 여부에 대한 확인 등에 대해서 책임이 있는 개인 혹은 조직을 이야기 한다. 리스크 담당자(Risk Actioner)는 리스크 책임자의 인솔하에 특정 리스크를 대응 방법에 따라 해결을 하는 담당자를 지칭한다. 리스크 담당자는 리스크의 발생 여부, 리스크 처리 여부, 리스크 추적에 대한 모든 사항들을 실질적으로 담당한다. 리스크 책임자와 리스크 담당자는 다른 사람일 수 있지만, 같은 사람일 수 있다.

▌ 리스크관리계획 프로세스에서 사용하는 대표적 도구 및 기법
전문가판단(Expert Judgment)

전문적인 지식을 가진 그룹 또는 개인 또는 전문적인 교육을 받은 개인 또는 조직이 제공하는 전문성을 고려해야 한다.

- 수행한 전사적 리스크 관리를 포함한 리스크 관리에 대한 조직의 접근법에 대한 전문성
- 프로젝트의 특정 요구에 맞게 리스크 관리의 조정
- 같은 영역에서 프로젝트에 발생할 수 있는 리스크 유형

데이터 분석(Date Analysis)

대표적인 예로 이해관계의 리스크 선호도를 판별하기 위한 이해관계자 분석이 있다.

회의(Meeting)

프로젝트 착수회의 일부로 리스크 관리계획서가 개발되거나 특정 계획수립회의가 개최 될 수 있다. 프로젝트 관리자, 프로젝트 스폰서, 팀원, 이해관계자, 프로젝트의 리스크계획 및 실행 활동을 관리할 수 있는 책임 있는 조직원이 참석할 수 있다.

리스크관리 활동을 수행하기 위한 계획이 이 회의에서 정의되며 리스크관리계획서에 기록된다.

▌ 리스크관리계획 프로세스의 산출물
리스크관리계획서(Risk Management Plan)

리스크관리계획서는 프로젝트관리계획서의 일부분으로 프로젝트 리스크 관리를 어떻게 수행할 것인지에 대한 내용들을 기술한 계획이다. 리스크관리계획서를 구성하는 요소는

- **리스크 전략**: 리스크 관리를 위한 일반적인 접근 방식을 설명
- **방법론**(Methodology): 리스크관리를 수행하는 데 사용할 특정 접근 방식, 도구 및 데이터의 출처 정의
- **역할과 담당업무**(Roles and responsibilities): 리스크관리 계획서에서 설명하는 활동 유형별 리더, 지원자, 리스크 관리 담당 팀원 지점 및 담당업무의 명확한 기술
- **자금조달**: 프로젝트 리스크 관리 관련 활동을 수행하는 데 필요한 자금 파악, 우발사태 및 관리 예비비의 사용규약제정
- **시기선정**(Timing): 프로젝트 생애주기에 걸쳐 프로젝트 리스크 관리 프로세스의 수행시기와 빈도를 정의하고, 프로젝트 일정에 포함시킬 리스크관리 활동 설정
- **리스크 범주**: 리스크의 잠재적 원인을 보여주는 계통조인 RBS를 사용하는 것이다.

[표 5-10] RBS(Risk Breakdown Structure)의 예

RBS수준 0	RBS수준 1	RBS수준 2
0. 프로젝트 리스크의 모든 출처	1. 기술적 리스크	1.1 범위정의
		1.2 요구사항 정의
		1.3 기술적 프로세스
		1.4 기술
		1.5 기술적 인터페이스
		1.6 연구 리서치
	2. 관리 리스크	2.1 프로젝트 관리
		2.2 프로그램
		2.3 운영관리
	3. 상용 리스크	3.1 계약 약관…

- **이해관계자 리스크 선호도**: 프로젝트에 대한 주요 이해관계자의 리스크 선호도는 리스크 관리 계획서에 기록되며 리스크 관리 계획수립 프로세스의 세부사항을 알려준다. 특히 이해관계자 리스크 선호도는 각 프로젝트 목표에 대한 측정 가능 리스크 한계선으로 표시되어야 한다. 이 한계선은 포괄적 프로젝트 리스크 노출도의 허용 수준을 결정하며, 또한 개별 프로젝트 리스크를 평가하고 우선순위를 정할 때 사용될 확률－영

향 정의를 알려주는 데 사용된다.

- 리스크 확률-영향 정의: 리스크 확률-영향 수준 정의는 프로젝트 환경에 따라 다르며 조직과 주요 이해관계자의 리스크 선호도 및 한계선이 반영된다.
  - ▶ **확률(Probability)에 관한 척도(Scale):** 확률의 척도는 용어와 수치로 정할 수 있음 예) '매우 적음', '거의 확실' 0.1, 0.3, 0.5, 0.7, 0.9
  - ▶ **영향(Impact)에 관한 척도(Scale):** 예) 매우 낮음, 낮음, 보통, 높음, 매우 높음 0.1, 0.3, 0.5, 0.7, 0.9
- **보고 형식(Reporting format):** 보고 형식은 프로젝트 리스크관리 프로세스의 결과물을 문서화, 분석 및 의사소통 방법을 정의한다. 관리대장(Risk register)의 양식 및 리스크 관리에 필요한 문서 형식을 정의한다.
- **추적(Tracking):** 리스크 관련 활동의 모든 면이 어떻게 기록되는지 문서화하고 리스크관리 프로세스를 감시하는 방법을 문서화한다.

[표 5-11] 확률-영향 정의 예

척도	확률	+/- 프로젝트 목표에 미치는 영향		
		시간	원가	품질
매우 높음	>80%	6개월 초과	$6M 초과	전체 기능에 매우 큰 영향
높음	51-80%	3-6개월	$1M~$6M	전체 기능에 큰 영향
보통	31-80%	1-3개월	$501K~$1M	주요 기능 영역에 다소 영향
낮음	11-30%	1-4주	$100K~$500K	전체 기능에 작은 영향
매우 낮음	1-30%	1주	$100K 미만	보조 기능에 작은 영향
0	<1%	변화 없음	변화없음	기능에 변화 없음

그림 5-6
확률-영향 매트릭스 예와 점수 산정 방식

꼭 알아야 할 핵심 용어

리스크분류체계(RBS: Risk Breakdown Structure)   리스크분류체계는 프로젝트에 대한 리스크를 체계적으로 분류한 것으로 그 모양은 트리 모양이거나 텍스트 형태로 기술 될 수 있다. 프로젝트 관리자나 프로젝트 팀은 조직내에서 이미 보유하고 있는 리스크분류체계가 있다면 이를 참고하여 프로젝트의 리스크들을 식별할 수 있으며, 만약 리스크분류체계가 없다면 다양한 이해관계자들과 회의를 통해 새롭게 만들 수 있다.

2) 리스크식별(Identify Risks)

리스크식별 프로세스는 프로젝트에 영향을 미칠 수 있는 리스크를 식별하고, 식별된 리스크들의 특성을 문서화하는 프로세스이다. 리스크식별 프로세스에는 프로젝트 관리자, 프로젝트 팀, 리스크 관리 팀, 고객을 포함한 모든 내·외부 이해관계자가 참여할 수 있다. 리스크에 관련된 정보를 수집하여 '리스크 관리대장(Risk Register)'을 생성하며, '리스크 관리대장'에 명시된 리스크들은 향후 정성적, 정량적리스크분석을 통해 리스크 속성을 파악하고 각 리스크 별로 대응전략을 수립하는 데 기초가 된다.

일반적으로 프로젝트 리스크는 여러 부문에서 발생이 되는데 대표적으로 범위/일정/예산 부분에서 많이 발생한다.

다음은 범위부분에 대한 리스크 발생요인이다.

• 프로젝트 범위의 크고 작음에 따라 리스크 심각도가 달라진다.

• 고객이 높은 기대성과를 요구할 때 리스크 심각도가 달라진다.

• 범위에서 새로운 기술을 요구하는 요구사항범위가 발생 시 리스크가 발생한다.

• 초기 불확실한 요구사항이 존재하거나 수시로 변경이 많으면 리스크가 커진다.

• 범위에 대한 부분에 대해 알지 못하는 것을 인지 못하면 리스크가 발생한다.

다음은 일정부분에 대한 리스크 발생 부분이다.

• 고객 및 협력사와 의존관계가 많으면 리스크가 발생한다.

- 일정 제약조건은 리스크이다.
- Critical path가 많으면 리스크이다.
- 일정 추정을 잘못하면 리스크이다.
- 다량의 선행활동이 있으면 후 공정에 리스크가 발생한다.
- 활동수행에 있어 자원부족현상이 발생하면 리스크이다.
- 많은 자원을 요구하는 활동은 리스크가 크다.

다음은 예산부분에 대한 리스크 발생 부분이다.
- 예산이 부족하면 리스크이다.
- 자원가용에 따라 예산 집행의 시기에 예산이 부족하면 리스크이다.
- 계약이행부분에 있어 Payment term준수여부도 리스크 요인이다.

▌ 리스크식별 프로세스에서 필요한 요소들
프로젝트 관리계획서
- 리스크관리계획서(Risk Management Plan)

리스크관리계획서에 정의된 도구 및 기법을 사용하여야 하며, 특히 리스크 해결에 대한 책임과 역할, 예산과 일정, 리스크 범주들을 참고하면서 리스크식별을 진행 한다.
- 원가관리계획서(Cost Management Plan)

리스크식별시 원가관리계획서에 있는 예산 측정 단위, 정확도(소수점 이하), 통제한계 등을 참고한다. 관리프로세스가 허술하면 리스트가 크다.
- 일정관리계획서(Schedule Management Plan)

리스크에 의해 영향을 받을 수 있는 프로젝트의 일정 목표를 고려할 수 있도록 일정관리계획서를 참고한다. 관리프로세스가 허술하면 리스트가 크다.
- 품질관리계획서(Quality Management Plan)

품질 측정치 및 품질 기준에 대한 설명이 있는 품질관리계획서를 참고한다. 품질 관련 관리프로세스가 허술하면 리스트가 크다.
- 자원관리계획서(Resource Management Plan)

프로젝트에 투입되는 인적자원들을 정의하고, 조직하고, 관리하고, 해제하는 것뿐만 아니라 책임과 역할, 조직도, 직원 관리 계획 등의 중요한 내용들이 기술되어 있어 이것들을 참고한다.

인력관리부분은 리스크가 매우 크다. 직원관리계획이 제대로 되어있지 않으면 직원이 회사를 떠나는 이유가 될 수도 있다.

• 범위기준선(Scope Baseline)

프로젝트범위기술서에 포함된 가정(Assumptions) 사항들의 불확실성은 프로젝트 리스크의 원인으로 고려되어야 하며, 범위기준선에 포함된 WBS는 프로젝트의 범위와 관련된 리스크 사항이 무엇이 있을지 식별하는 데 도움을 주기 때문에 이를 참고한다.

• 일정기준선(Schedule Baseline)

• 원가기준선(Cost Baseline)

프로젝트 문서(Project Documents)

프로젝트에서 작성되는 여러 다양한 문서들을 검토하면서 리스크를 식별할 수 있다.

• 가정사항 기록부

• 이슈 기록부

• 교훈관리 대장

• 요구사항문서

• 자원요구사항

• 활동원가 산정치(Activity Cost Estimates)

활동원가 산정치는 해당 활동을 완료하는 데 얼마만큼의 자금이 들어가지는지에 대한 예측이므로 실제로 각 활동에 대한 산정치가 제대로 추정된 것인지 아닌지에 대한 것을 검토할 필요가 있다. 추정치의 산정치의 폭이 클수록 불확실성이 많은 것이므로 이를 리스크식별에 반영한다.

• 기간 산정치(Duration Estimates)

기간 산정치 역시 활동원가 산정치와 마찬가지로 산정치의 폭이 크다는 것은 불확실성이 커서 산정에 어려움이 많다는 것이다.

• 이해관계자관리대장(Stakeholder Register)

리스크의 식별대상이 이해관계자관리대장이다. 여러 이해관계자들로부터 인터뷰나 회의를 통해 리스크 정보를 얻을 수 있고, 또한 적극적으로 프로젝트 리스크식별 활동에 참여시키기 위하여 이해관계자관리대장 를 참고한다.

협약(Agreements)

조달문서(Procurement Documents)

외부에서 조달해야 할 인적자원 혹은 재료 및 조달문서 등을 검토하면서 프로젝트에 대한 리스크 요인을 식별할 수 있으므로 조달문서를 참고한다.

기업환경요인(Enterprise Environmental Factors)

상용 데이터베이스를 포함하여 출간된 정보(학술 연구, 출간된 점검목록, 벤치마킹, 산업체 연구 자료, 리스크 대응 태도), 외부의 산업체 연구 자료 및 조직의 리스크에 대한 선호도 등이 리스크식별 프로세스에 영향을 줄 수 있다.

조직프로세스자산(Organizational Process Assets)

과거 유사한 프로젝트의 리스크 정보와 교훈, 리스크 기술에 관련된 양식이나 템플릿, 조직의 리스크 관리 프로세스 등이 리스크식별 프로세스에 영향을 줄 수 있다.

▌ 리스크식별 프로세스에서 사용하는 대표적 도구 및 기법

전문가판단(Expert Judgment)

프로젝트 관리자는 과거 유사한 프로젝트를 수행한 경험자로부터 조언을 얻을 수 있다. 그러나 전문가별로 경험과 지식의 차이가 있으므로 당연히 시각차이가 있을 수 있다는 것은 고려하여야 한다.

데이터 수집(Data Gathering)

여러 이해관계자들로부터 리스크에 대한 정보를 얻기 위해서 다양한 기법을 사용하게 되며, 요구사항수집에 사용된 기법이 주로 사용된다. 이러한 정보수집기법의 예로는

- 브레인스토밍
- 인터뷰
- 점검목록분석(Checklist Analysis)

점검목록들은 과거 유사한 프로젝트에서 얻은 경험이나 지식 등을 기반으로 만들어진다. 그러나 점검목록들은 간단한 양식이므로 이 점검목록들만 체크함으로써 리스크식별 프로세스가 완료되었다고 볼 수 없다. 따라서 프로젝트 팀은 주기적으로 이 점검목록을 확인함으로써 점검목록을 추가 혹은 삭

제하는 등의 활동을 하여 이 점검목록이 조직의 지식 자산으로 쌓여 추후 유사 프로젝트에서 재사용될 수 있도록 하여야 한다.

데이터 분석(Data Analysus)

• 원인분석

인과 관계도(Cause-and-Effect Diagram), 시스템의 다양한 요소들이 서로 어떻게 영향을 주는지 보여주는 시스템 또는 프로세스 흐름도(System or Process Flow Charts), 혹은 영향도(Influence Diagram)가 있다.

• 가정사항분석(Assumptions Analysis)

프로젝트는 미래에 대한 가정을 바탕으로 계획을 작성하게 되는데, 가정이 부정확하거나 불일치, 혹은 불완전할 경우 프로젝트에 리스크가 발생될 수 있으므로 프로젝트의 가정 사항을 지속적이고 주기적으로 검토하여 가정 사항이 변경되거나 불완전한 것이 있는지 확인해야 한다.

• SWOT분석(SWOT Analysis)

SWOT분석은 기업이나 조직 혹은 프로젝트의 강점(Strength), 약점(Weakness), 기회(Opportunity), 위협(Threat)에 대한 분석을 통해 강점과 기회를 살리고 약점과 위협을 보완하고 극복할 수 있는 방안을 식별하고 문서화할 수 있다.

• 문서분석

리스크식별을 위한 첫 번째 도구 및 기법은 문서 검토가 되는 것이다.

대인관계 및 팀 기술

촉발 목록

회의

▌ 리스크식별 프로세스의 산출물

리스크 관리대장(Risk Register)

리스크식별 프로세스의 산출물로는 식별된 리스크 목록 및 잠재적 리스크 대응 목록을 포함한 리스크 관리대장이 생성된다.

리스크 보고서
프로젝트 문서 업데이트

3) 정성적리스크분석수행(Perform Qualitative Risk Analysis)

정성적리스크분석수행 프로세스는 리스크의 발생 확률과 리스크 발생시의 영향도를 각각 정성적인 방법을 사용하여 측정하고, 이를 결합하여 리스크 점수(Risk Score)로 산정한 후, 점수가 높은 리스크에 대해서 추가적인 분석을 하거나 어떤 조치를 취하기 위해 점수가 높은 순서대로 정렬하는 프로세스이다. 정성적리스크분석 프로세스는 빠르고, 적은 비용으로 리스크대응계획을 수립하기 위한 좋은 방법이며, 필요에 따라 이후에 정량적리스크분석 프로세스를 수행할 수 도 있고, 정성적리스크분석수행 후 바로 리스크대응계획 수립 프로세스로 넘어갈 수 있다.

▌ 정성적리스크분석수행 프로세스에서 필요한 요소들
프로젝트 관리 계획서
• 리스크관리계획서(Risk Management Plan)
정성적리스크분석수행은 리스크관리계획서에 기술한 계획대로 진행되어야 한다. 리스크 관리 수행을 위한 책임과 권한, 리스크 관리 예산, 리스크 관리를 위한 활동과 각 활동의 일정, 리스크 분류, 리스크 발생 확률과 영향에 대한 정의, 확률-영향 매트릭스, 이해관계자의 리스크 선호도 등의 자료를 참고로 한다.
프로젝트 문서
• 리스크 관리대장(Risk Register)
리스트등록부는 리스트 분석의 대상이다. 정성적 분석을 하기 위해서는 분석 대상이 있어야 한다.

- 가정사항 기록부
- 이해관계자 관리대장

기업환경요인(Enterprise Environmental Factors)

리스크관리 전문가의 연구결과, 산업체에서 사용되는 리스크 관련 데이터베이스 등을 이용하여 정성적리스크분석을 수행할 수 있다.

조직프로세스자산(Organizational Process Assets)

이전 유사한 프로젝트의 정성적리스크분석 자료 등을 조직프로세스자산으로 이용할 수 있다.

▌정성적리스크분석수행 프로세스에서 사용하는 대표적 도구 및 기법

전문가판단(Expert Judgment)

유사 프로젝트에 대한 경험이 많거나 특정 산업에 대한 지식과 경험이 많은 전문가들이 리스크에 대한 식별, 평가 등을 할 수 있다.

데이터 수집
　인터뷰

데이터 분석
　리스크 데이터 품질평가
　리스크 확률 - 영향 평가
　기타 리스크 모수 평가

대인관계 및 팀 기술
　촉진

리스크 분류

데이터 프레젠테이션
　확률 - 영향 매트릭스

계층 구종형 도표

회의

▌정성적 리스크분석수행 프로세스의 산출물

프로젝트문서갱신(Project Documents Updates)

정성적 리스크분석을 통해 리스크 관리대장이나 가정 사항 로그가 수정

될 수 있다.

- 가정사항 기록부
- 이슈 기록부
- 리스크 관리대장
- 리스크 보고서

4) 정량적 리스크분석수행(Perform Quantitative Risk Analysis)

정량적 리스크분석수행 프로세스는 식별된 리스크들이 프로젝트의 전체 목표에 어떤 영향을 주는지를 수치적으로 분석하는 프로세스이다. 정량적 리스크분석은 정성적리스크분석을 통해 우선순위를 매긴 목록에서 상위에 속한 리스크 목록들을 대상으로 하거나, 기타 프로젝트의 상황 등을 고려했을 때 분석대상이 될 만한 리스크들을 선정하여 수행한다.

❚ 정량적 리스크분석수행 프로세스에서 필요한 요소들
프로젝트 관리 계획서
리스크관리계획서에는 정량적 리스크분석에 필요한 방법과 도구, 지침을 정의한다.

- 리스크관리계획서(Risk Management Plan)

정성적 리스크분석수행은 리스크관리계획서에 기술한 계획대로 진행되어야 한다. 리스크 관리 수행을 위한 책임과 권한, 리스크 관리 예산, 리스크 관리를 위한 활동과 각 활동의 일정, 리스크 분류, 리스크 발생 확률과 영향에 대한 정의, 확률-영향 매트릭스, 이해관계자의 리스크 선호도 등의 자료를 참고로 한다.

- 범위기준선(Scope Baseline)

프로젝트의 유형은 매우 다양하다. 과거와 유사한 프로젝트를 하는 경우도 있고, 최신 기술을 사용하거나 매우 복잡한 형태의 프로젝트도 있다. 최첨단 기술을 사용한 프로젝트나 복잡한 형태의 프로젝트는 당연히 프로젝트에 리스크 사항들이 많이 있을 것이고, 유사한 프로젝트들은 익숙하여 그다지 리스크 사항들이 많이 있지 않을 수 있다. 이러한 것을 파악하기 위해서는 범위기준선에 포함되어있는 프로젝트범위기술서를 검토하면 확인할 수 있다.

- 일정기준선
- 원가기준선

프로젝트 문서

리스크 관리대장(Risk Register) 리스크 관리대장에는 식별된 리스크 목록, 리스크 근본 원인, 리스크 범주, 정성적리스크분석의 결과 등이 기록되어 있기 때문에 정량적리스크분석수행시 참고한다.

- 가정사항 기록부
- 산정기준서
- 운가 예측치
- 기간 산정치
- 마일스톤 목록
- 자원요구사항
- 일정 예측

기업환경요인(Enterprise Environmental Factors)

수행한 유사 프로젝트에 대한 연구 자료나 산업 또는 독점적 출처로부터 구할 수 있는 리스크 데이터베이스 등을 이용할 수 있다.

조직프로세스자산(Organizational Process Assets)

과거에 완료된 유사한 프로젝트 정보나 이전 프로젝트에서 수행한 정량적 리스크분석 도구 및 방법 등을 참고할 수 있다.

▌ 정량적 리스크분석수행 프로세스에서 사용하는 대표적 도구 및 기법

전문가판단(Expert Judgment)

전문가들은 확률을 구하기 위한 투입 값에 대해 판단하거나, 리스크가 일정 및 원가에 미치는 확률 값에 대한 평가를 할 수 있고, 조직의 문화나 능력 수준에 맞는 정량적 분석 도구를 추천할 수도 있다.

데이터수집

- 인터뷰(Interviewing): 경험과 과거 데이터를 활용하여 특정 리스크가 발생을 확률과 영향을 수치로 환산한다.

대인관계 및 팀 기술

- 촉진

데이터 분석

정량적리스크분석을 위한 도구 및 모델링기법으로는 다음과 같은 기법 등이 있다.

- 민감도 분석(Sensitivity Analysis)

종속 변수(입력 값)들이 독립 변수(결과 값)에 미치는 영향력의 크기를 분석하는 방법으로, 리스크에 대한 평가 시 프로젝트 리스크에 영향을 줄 수 있는 중요한 요인들을 규정하고, 변수들이 변경되면 결과가 어떻게 변화되는지를 알기 위해 활용된다. 영향력이 큰 순위부터 차례대로 나열을 하면 모양이 토네이도와 모양이 비슷하다고 하여 이를 토네이도 다이어그램이라고 부른다.

- 의사결정나무

발생할 수도 있고 발생하지 않을 수도 있는 불확실성의 시나리오가 미래에 포함될 때 각 사안별로 확률의 가중치를 합한 값을 말한다. 일반적으로 긍정적일 때는 양수의 값을, 부정적일 때는 음수의 값으로 표현된다. 따라서 금전적 기대값 분석은 리스크에 대한 중립적인 입장에서 계산을 하기 때문에, 긍정적일 때의 값과 부정적일 때의 값을 모두 합하면 금전적 기대값이 나오게 된다. 특히, 금전적 기대값 분석의 한 유형이다.

- 시뮬레이션(Monte Carlo Simulation)

난수를 써서 수치적·모형적으로 실현시켜 그것을 관찰함으로써 문제의 근사 해를 얻는 방법을 말한다. 몬테카를로 분석은 가능한 원가 또는 기간의 확률 분포에서 임의로 선정한(Random) 값을 사용하여 프로젝트 원가나 프로젝트 일정을 여러 차례 계산하거나 반복하는 방법으로 가능한 총 프로젝트 원가 또는 완료날짜의 분포를 산출하는 기법으로 사용된다.

- 영향관계도

▌ 정량적 리스크분석수행 프로세스의 산출물

프로젝트문서갱신(Project Documents Updates)

정량적 리스크분석을 수행한 후의 결과로 인해 프로젝트문서들이 수정되는데, 특히 리스크 보고서의 다음 내용들이 수정된다.

4) 리스크 대응계획 수립(Plan Risk Responses)

리스크대응계획 프로세스는 프로젝트 목표에 대한 기회는 증대시키고 위협은 줄일 수 있는 선택사항과 행동을 개발하는 프로세스이다. 각 리스크별로 리스크 책임자와 리스크 담당자를 반드시 배정함으로써 책임과 역할을 명확히 하여야 한다. 정성적 리스크분석수행 프로세스와 정량적 리스크분석수행 프로세스(사용한 경우) 이후에 진행한다. 리스크대응계획수립은 우선순위에 따라 처리하며, 필요하면 예산, 일정 및 프로젝트관리계획서에 자원 및 활동을 추가되며 계획된 리스크 대응은 리스크의 중요도에 적합하고, 비용 효율면에서 시도할 가치가 있고, 프로젝트 리스트 상황에 실질적으로 도움이 되어야 하며, 관련된 모든 당사자들의 동의와 책임자 배정이 필요하고, 시기 또한 적절해야 한다.

리스크대응계획 수립의 주요 활동
- 각 리스크별 대응전략을 수립한다.
- 각 리스크를 책임질 한 명 또는 그 이상의 책임자를 식별 및 배정한다.
- 리스크 발생 시 실행할 비상 계획(Contingency Plan) 및 대체 계획(Fallback Plan)을 예비 일정 및 예비비용을 포함하여 수립한다.

리스크대응계획(Risk Contingency Plan)
식별된 리스크가 발생할 경우를 대비하여 리스크 상황에 대처하기 위해 수립해 놓는 비상 대책 계획이다.

2차 리스크대응계획(Fallback Plan)
Fallback Plan은 첫 번째 Contingency Plan이 실패할 경우 사용하려고 추가로 준비한 Contingency Plan이다. 보통 첫 번째 Plan A가 실패할 경우 가용할 'Plan B'라고 부르기도 한다.

기타 용어 이해
잔존 리스크(Residual Risk): Contingency Plan을 가동하였지만 완전히 리스크가 제거되지 않고 남아있는 것을 말한다. 리스크 대응방안이 잔류 리스크를 너무 많이 남긴다면 추가적인 리스크 대응방안을 사용해야 할 필요가 있다.

2차 리스크(Secondary Risk): 원래의 리스크는 제거되더라도 Contingency

Plan을 가동하여 생긴 부작용으로 발생하는 신규리스크로 2차 리스크라 부른다. 발생된 2차 리스크는 리스크 관리대장에 기록하고 관리해야 한다.

▌ 리스크대응계획 프로세스에서 필요한 요소들
프로젝트 관리계획서
• 리스크관리계획서(Risk Management Plan)

리스크에 대한 역할 및 책임, 리스크 한계점, 리스크 관리 수행에 필요한 시간 및 예산, 리스크 분석에 대한 정의, 분석된 리스크에 대한 재평가 시기 등에 대한 정의가 리스크관리계획서에 기술되어 있기 때문에 이를 참고한다.
• 자원관리계획서
• 원가기준선
프로젝트 문서(Project Documents)
• 리스크 관리대장(Risk Register)

리스크대응계획을 수립하기 위해서는 당연히 리스크 관리대장에 있는 식별된 리스크, 정성적 및 정량적 리스크 분석의 결과를 검토하여야 한다.
• 프로젝트 일정
• 프로젝트 팀 배정표
• 자원달력
• 리스크보고서
• 이해관계자 관리대장

▌ 리스크대응계획 프로세스에서 사용하는 대표적 도구 및 기법

리스크대응계획에는 부정적 위협에 대한 대응과 기회에 대한 대응이 각각 있다.
전문가판단(Expert Judgment)

리스크대응계획 수립 시 지식, 기술, 경험 등이 있는 전문가들의 도움을 받을 수 있다.
데이터 수집
인터뷰

대인관계 및 팀 기술

촉진

우발사태 대응전략(Contingent Response Strategies)

특정 사건이 발생하는 경우에 사용할 전략으로 대응 계획을 수행할 특정 조건이 되었을 경우를 대비해 작성한다. 우발사태 대응전략을 통해 수립된 계획들을 비상계획(Contingency Plan)이라고도 한다.

위협에 대한 전략(Strategies for threats)인데 전략별 내용은 다음과 같다.

- 회피(Avoid): 회피는 위협을 완전히 제거하기 위해 프로젝트 관리 계획서를 변경하는 조치 포함하고 일정 연장, 전략 변경 또는 범위 축소 등이 있다. 가장 극단적인 회피 전략은 프로젝트를 완전히 중단하는 것이다. 프로젝트 조기에 발생하는 일부 위기는 요구사항의 명확한 규명, 정보의 입수, 의사소통 개선 또는 전문가 확보를 통해 회피한다.

- 전가(Transfer): 전가는 제3자에게 이전, 위기를 떠맡는 측에 위기에 대한 보수를 지불하는 것으로 보험 활용, 이행 보증, 각종 보증 및 보장, 원가정산방식(Seller → buyer), 고정계약(Buyer → Seller) 등이 있다.

- 완화(Mitigate): 완화는 불리한 위기 사건의 확률 및 영향을 수용 가능한 한계로 낮추는 것이다. 위기 발생 확률 및 영향을 줄이기 위해 조기에 조치를 취하는 것이 대개 위기가 발생한 후에 피해를 복구하는 것보다 효과적이다. 예를 들어 덜 복잡한 프로세스를 선택하고, 추가적인 테스트를 시행하며, 더 안정적인 공급자를 선정하고, Prototype making를 수행하는 것이 리스크 완화의 대응전략이라 하겠다.

- 수용(Accept): 수용은 프로젝트 팀에서 위기 대응 방법으로 프로젝트 관리계획서를 변경하는 방법을 채택하지 않기로 결정했거나 다른 적절한 대응 전략을 강구할 수 없는 상황을 의미한다. 보통은 위기 사건에 대한 시간, 비용, 자원에 대한 예비(Contingency reserve)를 설정하고 리스크가 발생하면 이에 대응하는 것을 말한다.

프로젝트에서는 반드시 부정적인 리스크만 있는 것은 아니다. 물론 부정적인 부분이 많이 존재하지만 기회의 측면도 리스크관리의 한 부분이다. 따라서 기회에 대한 대응 전략(Strategies for opportunities)은 다음과 같다.

- 활용(Exploit): 활용은 위기와 관련된 불확실성을 제거하여 기회가 확실 히 일어날 수 있도록 하는 것이다. 일반적으로 프로젝트에 유능한 자원 을 더 많이 배정하여 프로젝트를 일찍 끝내거나 더 좋은 품질을 제공 또는 비용과 시간을 줄이기 위해 새로운 기술을 사용하는 것으로 기회 가 확실히 실현되도록 함으로써 특정 상위 위기와 연관된 불확실성을 제거하기 위해 가장 유능한 자원을 프로젝트에 투입하는 전략이다.

- 공유(Share): 공유는 기회를 더 잘 살릴 수 있는 다른 회사와 위기를 공 유하여 프로젝트 이익을 추구하는 것으로 모든 당사자가 수혜를 볼 수 있도록 기회 활용이라는 분명한 목적이 있다. 예를 들어 협력사, 팀, 특 수 목적의 회사 또는 합작 회사와 협력 관계를 구축하는 일이 공유전략 의 예라 하겠다.

- 증대(Enhance): 증대는 긍정적 영향을 미치는 위기의 주요 요인을 식별 하여 기회의 규모를 더 키우는 것으로 기회의 확률 및 긍정적 영향을 증가시키기 위해 사용되는 전략이다. 긍정적 영향을 미치는 위기의 주 요한 유발원을 식별하여 극대화, 발생 확률을 증가시키면 프로젝트를 조기에 종료할 수 있는데 예를 들면 활동 자원을 보충하는 전략이 좋은 증대전략이다.

- 수용(Accept): 수용은 말 그대로 별도 조치를 취하지 않고 수용하는 것 이다. 만일 기회가 오면 기존 계획대로 실행하는 것으로, 별도 적극적으 로 추구하지는 않는 것이 수용전략이다.

이렇게 부정적인 부분과 긍정적인 부분에 리스크 대응전략이 있다. 리스 크 관리는 예방이 목적이기 때문에 리스크 발생 징후가 있을 때 빨리 대응하 는 것이 효과적이다. 이에 리스크는 전사적인 노력과 효율적인 프로세스가 필 요적이면 대응 프로세스의 효과적인 운영이 필수적이다. 프로젝트 리스크 관 리에서 프로젝트는 불확실성이 초래하는 리스크가 존재한다. 리스크는 부정적 영향과 함께 긍정적인 영향을 미칠 때도 있다. 리스크 관리는 기회는 살리고 위협은 감소시키는 것을 목적으로 한다. 프로젝트의 성공을 위해 체계적인 리 스크 관리를 해야 한다.

데이터 분석

대안분석

비용 - 편익분석

의사결정

다기준 의사결정분석

▌ 리스크대응계획 프로세스의 산출물

승인된 변경요청

프로젝트 관리계획서 업데이트

일정관리계획서

원가관리계획서

품질관리계획서

조달관리계획서

자원관리계획서

범위기준선

일정기준선

원가기준선

프로젝트문서갱신(Project Documents Updates)

가정사항 기록부

원가예측치

교훈 관리대장

프로젝트 일정

프로젝트 팀 배정표

리스크 관리대장

리스크 보고서

5) 리스크 대응 실행

리스크대응 실행은 합의된 리스크 대응 계획을 실행하는 프로세스이다. 이 프로세스의 이점은 포괄적 프로젝트 리스크 노출도를 해결함과 동시에 개별 프로젝트 위협은 최소화하고 프로젝트 기회는 최대화하기 위해 합의된 리스크 대응조치가 계획대로 정확히 실행되도록 한다는 점이다.

▌ 리스크 대응 실행 프로세스에서 필요한 요소들

프로젝트관리계획서(Project Management Plan)

프로젝트관리계획서를 구성하는 다양한 관리 계획서들이 리스크통제시 참고가 될 수 있으며, 특히 리스크관리계획서는 리스크통제와 감시의 지침을 제공한다.

프로젝트 문서(Project Documents)

• 리스크 관리대장(Risk Register)

리스크대응실행을 당연히 리스크 관리대장에 있는 식별된 리스크의 결과를 검토하여야 한다.

• 리스크보고서

현재 포괄적 프로젝트 리스크 노출도 평가와 합의된 리스크 대응전략이 포함된다. 또한 개별 프로젝트 리스크를 계획된 대응과 함께 설명한다.

• 교훈 관리대장

프로젝트 초반에 얻은 리스크대응 실행에 대한 교훈을 이후 단계에 적용하여 프로세스의 효과를 향상시킬 수 있다.

▌ 리스크대응 실행프로세스에서 사용하는 대표적 도구 및 기법

전문가판단(Expert Judgment)

리스크대응계획 수립 시 지식, 기술, 경험 등이 있는 전문가들의 도움을 받을 수 있다.

대인관계 및 팀 기술

영향력 행사

프로젝트관리 정보 시스템(PMIS)

▌ 리스크대응 실행 프로세스의 산출물

변경요청

프로젝트 문서 업데이트

이슈기록부

교훈관리대장
프로젝트 팀 배정표
리스크 관리대장
리스크 보고서

6) 리스크 감시(Monitor Risks)

리스크 감시 프로세스는 프로젝트 전반에서 리스크대응계획을 수행하고, 식별된 리스크를 추적하며, 잔존 리스크에 대한 감시 및 새로운 리스크식별과 리스크 관리 프로세스의 효과성을 평가하는 프로세스이다. 리스크통제 프로세스의 목적은 프로젝트 가정사항의 유효성이 지속되는지 여부를 확인하고, 평가된 리스크의 변경 여부 또는 철회 가능성이 있는지, 리스크 관리 정책 및 절차가 준수되고 있는지, 현재 리스크 평가 결과에 따라 원가 또는 일정에 대한 우발사태 예비비 혹은 예비일정을 수정해야 하는지 여부를 지속적으로 확인하는 것이다. 따라서 리스크감시에서 수행하는 주요 활동은 다음과 같이 정리할 수 있다.

- 새로운 리스크식별, 분석, 계획
- 식별된 리스크 및 리스크 감시 목록의 지속적인 추적
- 기존 리스크의 재분석(리스크는 시간에 따라 성질이 변함)
- 우발사태 계획에 대한 원인 감시
- 잔존 리스크 감시
- 리스크 대응 실행에 대한 효과성 평가
- 프로젝트 가정이 아직도 유효한가에 대한 판단
- 적절한 리스크관리 정책 및 절차를 따르고 있는지 확인
- 남은 리스크에 대한 우발사태 예비비 혹은 예비 일정이 적정한지 확인
- 교훈(Lessons Learned)정리

▌ 리스크통제 프로세스에서 필요한 요소들
프로젝트관리계획서(Project Management Plan)

프로젝트관리계획서를 구성하는 다양한 관리 계획서들이 리스크통제시 참고가 될 수 있으며, 특히 리스크관리계획서는 리스크통제와 감시의 지침을

제공한다.

프로젝트 문서

리스크 관리대장(Risk Register)

리스크 대응계획까지 완료된 리스크 관리대장을 가지고 검토하게 된다.

이슈기록부

교훈 관리대장

리스크보고서

작업성과데이터(Work Performance Data)

리스크에 영향을 받는 인도물의 상태, 일정 진척 현황 및 발생된 원가 등의 프로젝트 수행에 관련된 작업성과데이터를 참고한다.

작업성과보고서(Work Performance Reports)

계획대비 성과의 차이 분석, 획득가치 데이터 및 예측 데이터를 포함한 작업성과보고서에는 프로젝트 성과가 얼마나 좋은지 또는 나쁜지 알 수 있으며, 성과가 안 좋을 경우 리스크 발생 가능성이 더 높아지므로 리스크 감시 및 통제를 더 강화해야 한다.

▎리스크 감시 프로세스에서 사용하는 대표적 도구 및 기법

데이터 분석

• 기술적성과측정(Technical Performance Measurement)

기술목표의 성과보다 실제 성과가 떨어진다면 리스크가 증가될 수 있으므로 '기술적성과측정(Technical Performance Measurement)'을 수행하는 것도 리스크에 대한 감시 및 통제 활동이다.

• 예비분석(Reserve Analysis)

프로젝트의 임의 시점에서 향후 리스크 관리대장에 남아있는 리스크 대응을 위해 준비된 비용과 시간의 양과 실제 사용하고 남아있는 우발사태 예비비 혹은 시간과의 비교를 통해 현재의 우발사태 예비비용과 예비 시간이 적절한지를 판단한다.

감사(Audits)

감사는 식별된 리스크와 그 근본 원인을 처리하는 리스크 대응 방안의 효과와 리스크 관리 프로세스의 효과성을 검토하고 문서화한다. 프로젝트 관리

자는 리스크감사가 리스크관리계획서에 정의된 절차와 주기대로 실시되도록 하여야 하며, 리스크감사는 프로젝트의 정기 회의나 별도의 리스크감사를 위한 회의를 통해 실시된다.

회의(Meetings)

리스크 관련 정보는 주기적인 프로젝트 현황 회의에서 하나의 안건으로 논의하여야 한다. 주기적인 회의를 통해서 리스크의 식별, 분석 및 대응 방안들을 논의함으로써 모든 사람들이 리스크 관리에 참여할 수 있다.

▌리스크통제 프로세스의 산출물

작업성과정보(Work Performance Information)

작업성과정보는 리스크통제의 산출물로서 리스크재평가나 리스크감사, 차이 및 추세분석, 예비비 혹은 예비 일정 분석, 기술적성과측정 등의 결과들을 정리하여 제공함으로써 프로젝트 관리 의사결정을 지원한다.

승인된 변경요청(Change Requests)

우발사태 계획(Contingency Plan)이나 Workaround를 수행하게 되면 때때로 변경요청이 발생하게 되며, 이러한 변경요청은 통합변경통제수행 프로세스의 투입물로 사용된다. 또한 변경요청은 시정조치나 예방조치를 포함할 수 있다.

Workaround란 계획되지 않은 리스크가 발생할 때, 즉각적인 대응이 되어야 하는데, 이것을 Workaround라고 한다. 해결책이 리스크가 발생되기 전에 미리 계획하는 것이 아닌 점에서 우발사태 계획(Contingency Plan)과 다르다.

프로젝트관리계획서갱신(Project Management Plan Updates)

승인된 변경사항이 반영되면 리스크 관리 프로세스에 영향을 주게 되며, 이러한 영향은 프로젝트관리계획서의 수정이 발생될 수 있다.

프로젝트문서갱신(Project Document Updates)

리스크통제 작업의 결과로 갱신될 수 있는 가능한 문서들로써 리스크 관리대장을 예로 들면 리스크 관리대장 항목 중 신규 리스크의 추가, 리스크재평가를 통해 리스크 발생확률과 영향도의 수정, 리스크 대응전략의 수정 및 리스크 담당자의 변경 등이 있다.

조직프로세스자산갱신(Organizational Process Assets Updates)

리스크 관리 프로세스를 통해 생산된 정보들은 향후 조직의 다른 프로젝트에 사용될 수 있도록 리스크관리계획서, 리스크 관리대장, P*I 매트릭스 등의 템플릿이나 리스크분류체계(RBS), 혹은 리스크 관리 활동들로부터 얻은 교훈 사항들로 정리될 수 있다.

요약하면 리스크관리는 프로젝트의 리스크를 사전에 예방함으로써, 리스크를 피하는 방법이다. 프로젝트의 경험을 바탕으로 ① 리스크계획을 수립하여 예상되는 리스크요소를 설정하고 ② 리스크를 식별하며 ③ 리스크를 분석하고 그에 따른 대응방안을 수립하여 프로젝트에 임하며, ④ 파악된 리스크에 대하여 수행주체를 결정하여, 정형화된 절차에 따라 조치계획을 수립하는 활동이다. 즉 프로젝트의 리스크 요인을 조기 식별하고, 식별된 리스크를 철저히 분석하여 우선순위를 파악하여 우선순위별로 구체적인 대응전략을 수립한다.

PMBOK는 리스크관리를 프로젝트 리스크를 식별하고 분석하여 대응방안을 수립하고 해결하는 것으로 정의하여 다음과 같은 활동을 순차적으로 행하는 것으로 설명하고 있다.

- 리스크계획 수립: 리스크의 식별, 정성. 정량적 분석, 대응계획수립, 모니터링과 통제를 어떻게 수행할 것인가를 구체적으로 정의한다.
- 리스크대응 계획시 유의 사항

  리스크는 제거하는 것이 아니라는 것이다. 리스크는 일정 이하 수준으로 줄이는 것이고 모든 리스크에 대하여 대응하는 것이 아니라는 점이다. 리스크는 일정 수준 이하의 리스크는 수용 가능한 것이며 리스크는 상호 연계되어 있어서 전체 프로젝트 입장에서 종합하여 리스크 대응계획을 수립하는 것이 바람직하고 또한 리스크는 내외부 상황에 따라 변해 간다는 점이다.
- 리스크 식별: 리스크관리의 출발점이다.
- 정성적 리스크 분석: 우선순위를 부여하는데 리스크 노출도에 따라 결정한다.
- 정량적 리스크분석: 프로젝트 목표(원가, 일정)를 달성할 가능성을 확률적으로 분석하거나 프로젝트 리스크요소를 고려한 예상원가나 일정을 계량적으로 분석한다.

- 리스크 대응계획 수립: 리스크를 줄이거나 제거하기 위한 계획 수립한다.
- 리스크 대응실행: 합의된 대응전략 실행한다.
- 리스크의 감시: 삭별된 리스크의 노출도를 지속적으로 모니터링하고 통제한다.

PM은 리스크 체크리스트를 가지고 있도록 하며 유사 프로젝트의 리스크 관리 결과를 참조한다. 리스크요인이 발생할 경우 리스크를 평가하고 어떻게 대처하고 있는지 추이보고서를 작성하도록 하여 리스크요인이 프로젝트에 미치는 영향을 피하거나 최소한으로 줄여 나가도록 하여야 한다. 경영컨설팅 프로젝트의 리스크요소로는 ① 기대치, ② 요구사항 변경, ③ 요구사항 불충분, ④ 사용자 위임결여, ⑤ 잘못된 산출물, ⑥ 산출물 품질, ⑦ 인적구성의 결함, ⑧ 프로젝트 요원의 인력손실 등을 들 수 있다. 이들 각각에 대하여 살펴보면 기대치가 리스크요소로 되지 않도록 정기적으로 고객의 기대치를 확인하여 관리하고 의사결정요청 및 변경절차를 확립하여 진행상황을 기록함으로써 비용 및 일정의 변경을 초래하는 영향요소 통제하도록 해야 한다. 또한 단계적인 검토를 통하여 변경요구를 변경 제안조치로 수용하도록 하여 리스크를 관리하도록 하는 방안도 강구할 수 있고, 요구사항이 불충분한 경우에는 지속적인 고객 사용자 면담을 통한 정확한 요구사항 추출하여야 한다. 잘못된 산출물이 도출되지 않도록 프로젝트 수행범위와 산출물을 계약서에 명확하게 정의하여야 하며, 납품된 문서의 품질을 확보하기 위하여는 납품문서를 공식화하고 피드백 조기 실시로 표준을 준수하고 표준준수를 워크스루의 한 항목으로 독립시켜 워크스루를 실시하도록 해야 한다. 리스크성이 높은 액티비티에서는 충분한 기술력을 가진 인력을 투입하고 필요시 자문그룹을 활용한다. 투입인력의 결원 발생시, 동급이상의 인력선발 을 고객사의 승인 후 최단시간 내 교체하여 리스크를 최소화하도록 관리한다.

▌ Issue log, Change log and Risk register management

Issue, Risk, Change Request. 이 3가지를 2가지로 관리한다면 어떻게 구성하는 것이 좋은가? PMO 입장에서는 Issue와 Risk를 같이 관리하는 게 좋을 수 있다. 현재 이슈와 미래발생 가능한 리스크는 연관이 있다. 리스크는 터지

[표 5-12] 리스크 요소 및 대책

리스크요소	대 책
기대치	정기적으로 CMC와 기대치를 확인하여 관리 의사결정요청 및 변경절차를 확립하여 진행상황을 기록함으로써 비용 및 일정의 변경을 초래하는 영향요소 통제
요구사항 변경	변경가능성의 억제와 다른 시스템에의 영향을 최소화하기 위해 정보은닉 방식으로 설계 단계적인 검토를 통하여 변경요구를 변경 제안조치로 수용
요구사항 불충분	지속적인 CMC사용자 면담을 통한 정확한 요구사항 추출
사용자위임 결여	정기보고와 승인 절차를 철저히 거침으로써 이슈 공유 분석 결과물에 대한 워크스루에 CMC가 참여할 수 있도록 함
잘못된 산출물	목표 분석 및 사용자에 대한 조사 프로젝트 수행범위와 산출물을 계약서에 명확하게 정의
납품산출물의 품질	납품문서를 공식화하고 피드백 조기 실시로 표준준수 표준준수를 워크스루의 한 항목으로 독립시켜 워크스루를 실시함
인적구성의 결함	리스크성이 높은 액티비티에서는 충분한 기술력을 가진 인력을 투입 필요 시 자문그룹을 활용 충분한 오리엔테이션 제공
프로젝트요원의 인원손실	투입인력의 결원 발생시, 동급이상의 인력선발을 고객사의 승인 후 최단시간 내 교체

면 이슈가 될 수 있기 때문에 status checking에 유리하다. 반면 Change log 는 별도 관리하는 게 좋다. 프로젝트별로 승인된 변경만 Change log에 담는 경우가 있는데 승인 또는 거부된 이력을 전부 포함하는 것이 맞다. 이유는 이력로그 파일이기 때문이다. PMS를 구축하면서 어떻게 구성할 건지 고민이 많을 것이다. 정답은 조직이 감내할 수 있는 수준의 간결함이다. 필수요소를 포함하되 너무 복잡하지 않게 만들어야 한다. 왜냐하면 직원들의 시스템 적응능력도 고려해야 하기 때문이다. 현대프로젝트는 스피드와 간결함을 추구하는 방향으로 가는 추세이다. Agile이 PMBOK 6th에 많이 반영되는 것이 실증적으로 말해 준다.

사례

1982년 가을 미국 시카고에 있는 한 약국에서 타이레놀을 구입해 복용한 일곱 명이 사망하는 사건이 발생한다. 이들이 먹은 타이레놀에 독극물이 주입되어 있었던 것이다. 어떤 사람이 타이레놀에 청산가리를 주입하고 제조과정에는 문제가 없었던 것으로 후에 밝혀졌다.

짐작할 수 있듯이 도시, 아니 나라 전체가 충격과 공포에 뒤집혀졌다. 과자에 단순한 이물질이 들어 있어도 손이 선뜻 가지 않는데 타이레놀을 먹으면 목숨을 잃을 수도 있다는데 먹을 수 있을리가 없었다.

존슨 앤 존슨은 신속하게 위기관리에 들어간다. 사장의 진두지휘 아래 대책본부를 설치했다. 이 시기 존슨앤존슨사의 CEO였던 제임스 버크 (James Burke) 사장은 타이레놀 위기 대응 프로젝트의 PM, 주축 얼굴이 되었다.

기자회견에 나와 입장을 표명하고 기자들의 질문을 받았다. 첫 사망자가 나온 첫날, 소비자 핫라인을 설치했고 병원과 의사, 도매상에 전화를 하여 주의를 요하였고, 타이레놀 광고 역시 당장 중단하였다. 또한 막대한 손해를 감수하면서까지 동시기에 제조된 전 제품을 즉시 회수하였다. 1억 달러에 달하는 손해를 감수했고 보험처리도 되지 않았다.

연구 결과에 의하면 FDA와 FBI조차 이런 리콜조치가 오버라고 생각했다고 한다. 사건을 은폐하지 않았다. 대량 사망 사건이라 이슈화되어 그럴 수도 없었겠지만 FDA에 사실을 즉각 보고하고 '경고! 가족과 사랑하는 삶을 지키기 위해 타이레놀을 절대 복용하지 마십시오'라는 광고까지 게재하였다.

또한 초창기 언론보도에서는 존슨앤존슨사를 직접 언급하지 않고 맥닐사의 타이레놀이라는 보도자세를 취했다. 맥닐 컨슈머 헬스케어는 존슨앤존슨의 자회사이다. 존슨앤존슨사는 유아용품, 로션, 치약 등 광범위한 제품을 생산, 판매하고 있었다. 아마 처음부터 존슨앤존슨사 이름이 언론에 대대적으로 거론되었다면 다른 제품에도 피해가 갔을 것이다. 이는 존슨앤존슨 사가 평소 연론과의 관계를 잘 유지해서 우호적인 관계를 유지했기 때문이다.

이때 언론대응에서의 에피소드가 있다. 사건 직후 존슨앤존슨은 공장 내 청산가리가 없다는 성명을 발표

했다. 며칠 후 언론담당 부사장인 포스터는 AP 통신 기자에게서 자기가 취재해 보았더니 청산가리가 공장 내부에 있으니 확인해 달라는 요청을 받는다. 포스터는 조사 후 공장 내부에 품질테스트를 위해 소량의 청산가리가 있고 원래 기록된 양 그대로 남아 있어서 제조 과정에 청산가리가 들어갈 가능성은 전혀 없다는 것을 확인했다. 그는 AP기자에 즉시 전화를 걸어 사실을 밝힌 후 잠시 보도를 늦출 것을 요청하였다. 그러나 얼마 후 Newarkdml Star−Ledger 기자가 또 사실을 확인해 왔다. 그는 또 똑같이 설명하고 자신을 믿고 보도를 보류해 달라고 부탁하였다. 이때도 AP통신 기자에게 전화해 양해를 구한다.

이제 또 NewYork Times기자에게서 전화가 왔다. 이제는 안 되겠다 싶어서 사실을 밝히고 앞 두 기자에게도 전화를 해 그들이 낙종하지 않도록 안배하였다.

위기상황이 끝난 후 많은 사람들은 타이레놀이라는 브랜드 이미지가 회복이 어려울 것이라고 생각하였다. 35%에 달하던 타이레놀 시장점유율은 7% 이하까지 떨어졌다. 여론조사에서도 타이레놀에 대한 소비자들의 부정적 인식이 감지되었다. 하지만 타이레놀은 1982 3분기 존슨앤존슨 매출의 19%을 차지한 제품이었다. 쉽게 버리기도 어려웠고 새로운 제품을 런칭하고 막대한 마케팅 비용을 들이는 것도 쉽게 할 수 있는 결정이 아니었다.

존슨앤존슨사는 타이레놀이라는 브랜드를 회생시키기로 결정했다. 그나마 다행인 점은 여론조사결과 시민들이 존슨앤존슨 사가 사건에 잘못이 없다는 점은 믿어 주었다는 것이다. 사건 후 삼중포장된 타이레놀을 재출시히고, 4천만 달러치 쿠폰을 주고 25%까지 할인을 해 주었다. 기존에 타이레놀을 구입했던 소비자들이 무료로 새 제품을 받을 수 있도록 하였다.

1986년 유사한 사건이 발생해 한 명이 사망하자 아예 타이레놀 디자인을 바꿨다. 1986년 버크 사장은 기자회견을 열어 약물을 주입할 수 있는 캡슐 모양의 타이레놀 대신 알약 모양의 타이레놀을 판매한다고 밝혔다. 어떤 기자가 더 빨리 그런 조치를 취하지 않은 것에 대해 미안해 하냐고 묻자 버크 회장은 대답했다.

"네, 정말 그렇습니다."("Yes, indeed I am.")

거의 3년 만에 타이레놀은 예전의 제품점유율을 회복하였다. 대중들의 용서를 받고 다시 신뢰를 회복한 것이다.

출처: 네이버, 타이레놀 위관리사례.

고분을 통한 사례-Risk Management
왜 신라고분은 도굴이 안되었을까?

고구려와 백제의 왕무덤은 상당수 도굴이 되었다. 대부분 돌무지 무덤양식으로 밖에서 안으로 진입하기가 용이해서 쉽게 도굴꾼들이 무덤을 찾고 도굴이 가능했다. 백제무덤의 경우 돌무지무덤양식에서 굴식돌방무덤양식으로 변화했지만 근간은 유사해서 도굴을 피할 수가 없었다. 신라는 좀 달랐다. 돌무지덧널무덤양식으로 무덤 위에 전체적으로 돌을 채운 후 봉토를 하여 어디가 입구있지 알 수가 없었다. 상당히 도굴이 어려운 구조였다. 따라서 천마총 같은 것이 온전히 보전이 가능하였다. 아마도 도굴이라는 리스크 관리를 염두해두고 그렇게 만들었을 수도 있고 아닐 수도 있지만 결과적으로는 신라의 왕무덤양식이 도굴에 대비한 리스크 대응대책이 잘된 경우라 할 수 있을 것이다.

불확실성에 대한 대응 코닥과 후지의 차이점-Risk Management 사례

코닥은 망하고 후지는 살았다. 아니 더 성장했다. 세계 사진 필름시장의 양대산맥인 두 회사는 매출의 60% 정도가 필름제품이었고 이익의 2/3도 그곳에서 창출되었다. 그러나 시간이 지나면서 두 회사의 운명은 달라진다. 코닥은 파산했고 후지는 승승장구 했다. 이 둘간의 차이점은 무엇일까? 먼저 코닥은 기존 필름 현상소에서 나오는 Cash flow 때문에 쉽게 기존 필름 시장을 포기하지 못했다. 디지털사진에 대한 기술이 있었음에도 개발을 적극적으로 하지 않았다. 바로 기득권의 무서움이다. 결국 2012년 코닥은 파산했다. 반면 후지는 다르게 대응을 하였다. 변화의 흐름을 일고 재빠르게 환경변화에 대한 대응조치를 취하였다. 제2창업을 선포하고 회사가 보유하고 있는 기술의 재평가를 실시하여 대체 수익사업을 찾기 시작했다. 결국 본업의 기술경쟁력을 이용하여 현상 프린트 장치, 카메라 렌즈, 인공위성에 탑재하는 렌즈 등 디지털 부문과 관련된 기술을 이용하여 사업을 확대한다. 또한 컴퓨터 화상장치, 디지털 유방촬영검사시스템을 제품화하기도 한다. 의료부문뿐 아니라, 필름의 주원료인 코라겐의 항산화 기술을 이용하여 화장품 분야까지 사업을 확대하여 성공을 거둔다. 이런과정을 후지는 기술의 재고정리라고 부른다. 환경을 분석하고 본업에서 해답을 찾았던 후지는 커다란 성공을 하였고 그렇지 못한 코닥의 사례는 환경의 변화에 따라 기업이 어떻게 대응하여야 하는지를 보여준다.

도미노 피자의 리스크 관리사례

미국의 도미노 피자는 1967년에 본격적인 프랜차이즈사업에 나섰다. 1983년에 캐나다에 해외 1호 점포를 내고 세계각국에 지점을 열었다. 그러다 2009년에 대형악재가 터졌다. 그해 4월 미국 노스캐롤라이나주의 작은 마을에 있는 매장에서 일하던 직원들이 고객들에게 배달할 피자를 만들면서 찍은 동영상이 문제였다. 그들은 킥킥거리며 피지에 들어가는 재료를 콧속에 넣었다 뺐다 했다. 엉덩이 근처로 가져가 방귀를 뀌거나 일부로 재채기를 크게 해서 침이 튀게 하기도 했다. 이런 동영상이 유튜브에 유포된 것이었다. 단 사흘 만에 100만명이 이 동영상을 시청했다. 사람들은 기겁했고 다시는 도미노 피자를 안 먹겠다는 여론이 확산되었다. 언론에 보도되면서 도미노 피자는 매출량이 갑자기 떨어지기 시작했다. 위기가 발생한 것이다. 그럼 이런 상황에서 도미노 피자는 어떻게 이 위기를 극복했을까?

답은 진정성과 소통에 있었다. 도미노 피자는 정공법을 택했다. 총괄사장이 직접 사과는 영상을 유튜브에 올렸다. 사태가 발생한지 44시간 만이었다. CEO의 솔직하고 정확한 상황설명과 사과, 재발방지 약속 등에 소비자들은 이번 사태가 철없는 직원들의 장난이었고, 도미노 피자와는 관계가 없다고 인식을 하기 시작했다. 또한 도미노 피자는 대대적인 혁신을 통해 피자의 조리법을 변경하는 등 소비자들이 만족하는 부분으로 제품을 개선하였다. 결과적으로 도미노에 닥친 위기는 기회가 되었다. 매출과 이익이 다시 증가하였다. 도미노 피자사례에서 보듯이 모든 정보가 재빠르게 확산되는 요즘시대에서는 기업이 어떤 전략을 취해야 하는지를 명확하게 보여준다. 무조건 감추는 시대는 지났다. 가감없이 소통하고 공개하는 기업에게 소비자는 공감하고 박수를 보내준다. 물론 진정성이 소통의 중심이 있어야 한다.

집단사고가 초래한 재앙-리스크 관리 사례
개미의 원형선회의 위험성

한 무리의 병정개미들이 큰원을 지어 움직이고 있는데 그 둘레가 몇 백미터는
되었고 개미가 그 자리에 다시 돌아오는 데 2시간이 넘었다고 한다. 개미들은 앞
에가는 개미를 따르라는 한 가지 간단한 규칙만을 따르면서 쫓아간다는 것이다.
그런 결과로 원형선회(Circular Mill)에 빠지면 개미들은 며칠 동안 원을 돌다가
대부분 죽고 만다. 평상시 아주 잘 돌아가는 개미집단도 한번 이런 원형선회에
빠지면 떼죽음이 발생한다. 기업도 이런 경우가 발생할 수가 있다.
1960년대 초 쿠바에 카스트로 공산혁명정부가 들어서자 미국이 캐네디 정부는
이를 전복시키고자 카스트로에서 쫓겨난 반정부 군인과 미 1,400명 민병대를 훈
련시켜 쿠바 피스만에 침투시켰다. 결과는 참패였다. 대부분 죽거나 포로가 되었
다. 케네디대통령 자신도 내가 왜 그런 멍청한 결정을 했을까 후회하였다고 한
다. 당초 예상은 쿠바에 미 민병대가 도착하면 민병대에 호응하는 민중봉기가
일어나고 카스트로 정권은 붕괴될 것으로 쉽게 예상했다. 쿠바 침공 당시 대통
령이 마음을 굳혔기 때문에 반대의견을 말하지 못하는 분위기가 내부에 강하게
존재하였다고 한다. 이런 부분을 집단사고로 보는 부분도 있다. 독단이건 집단사
고이건 결국 커다란 리스크를 가져오게 한다. 특히 응집력이 강한 조직에서 이
런 문제가 발생하는데 앞서 개미들의 원형선회의 위험성처럼 기업 내의 조직도
한 방향으로 의사결정하는 문화가 존재한다면 리스크는 더 커진다.

기) 조달관리

프로젝트조달관리(Project Procurement Management)란 사실상 계약관리이
고 Make or Buy가 주요 용어이다. 조달관리는 수행하는 프로젝트 팀이 외부
로부터 상품, 서비스, 결과를 획득하기 위해 필요한 프로세스(The processes
necessary to purchase or acquire products, services, or results needed from outside
the project team)이다. 조달관리계획 프로세스에서는 프로젝트에서 무엇을, 언
제, 어떻게, 얼마나 외부로부터 구매하고 조달할 것인가를 계획하는 프로세스
이다. 조달계획에서 준비하는 많은 부분들이 있어서 자세히 살펴볼 필요가 있
다. 조달수행프로세스는 프로젝트를 실행하면서 진척에 맞게 조달문서를 판매
자에게 설명 및 전달 한 후, 판매자로부터 제안서 같은 응답을 받고 계약을 체
결하는 프로세스이다. 제안을 보내고 받고 업체선정을 하고 계약을 체결하는

[표 5-13] 조달관리 프로세스 개요

프로세스	설명
조달관리계획 (Plan Procurement Management)	프로젝트의 구매조달에 대한 결정사항을 문서화하고 조달방식을 규정하여 잠재적인 판매자를 식별하는 프로세스로 계약유형 등을 준비하고 업체선정과 관련된 문서 업체 선정 평가기준들이 준비된다.
조달수행 (Conduct Procurements)	판매대상자를 모집하고 판매자를 선정하며 계약을 체결하는 프로세스로 제안을 하고 제안을 받아서 심사를 하고 조달협상을 통해 최종적으로 업체를 결정하여 계약체결을 하는 등 많은 활동이 이루어진다.
조달통제 (Control Procurements)	조달관계를 관리하고 계약의 이행 성과를 감시하며 필요한 변경 및 수정을 수행하는 프로세스로 계약을 기준으로 업체가 제대로 업무를 이해하는지를 감시 및 통제하며 승인된 변경요청을 확인한다.

부분까지 수행한다. 조달통제 프로세스는 구매자와 판매자 간의 관계를 관리하는 부분이며 주로 구매자가 판매자를 통제하는 개념의 프로세스이다.

8) 조달관리계획(Plan Procurement Management)

프로젝트에서 무엇을, 언제, 어떻게, 얼마나 외부로부터 구매하고 조달할 것인가를 계획하는 프로세스이다. 프로젝트의 구매조달에 대한 결정사항을 문서화하고 조달방식을 규정하여 잠재적인 판매자를 식별하는 프로세스로 리스크 완화 및 판매자에게 리스크 전가와 관련하여 사용할 계획인 계약 유형도 검토한다.

▌ 조달관리계획 프로세스에서 필요한 요소들
프로젝트 차터
비즈니스 문서
• 비즈니스 케이스
• 편익관리계획서
프로젝트관리계획서(Project Management Plan)
• 범위관리 계획서
• 품질관리계획서
• 자원관리계획서
• 범위기준선

프로젝트 문서(Project Documents)

• 마일스톤 목록

• 프로젝트팀 배정표

• 요구사항문서(Requirements Documentation)

프로젝트 요구사항(Project Requirement)에 관한 중요 정보와 보안(Security), 성과(Performance), 환경(Environment), 보험(Insurance), 지적재산권(Intellectual Property Right) 등에 포함될 수 있는 계약적 및 법적인 요구사항을 포함하고 있으며 고객에서 받은 그대로 판매자 에게 전달을 해야 향후 범위 확인시 문제가 발생하지 않는다.

• 요구사항 추적 매트릭스

• 리스크 관리대장(Risk Register)

리스크 관련 내용을 전부 포함하고 있다. 리스크대응계획의 결과로 리스크에 관한 각자의 책임을 구체화하기 위하여 보험, 증권(Bonding), 서비스 등의 계약서가 있다.

• 자원요구사항(Resource Requirements)

사람, 장비 등의 구체적 요구에 관한 정보를 포함하고 있다.

• 이해관계자관리대장(Stakeholder Register)

프로젝트 관계자가 프로젝트에서 중요하게 관심을 가지는 대상이다.

기업환경요인(Enterprise Environmental Factors)

시장조건, 시장에서 이용 가능한 제품, 서비스, 결과에 관한 전형적 조건 (Terms and Conditions) 등이다.

조직프로세스자산(Organizational Process Assets)

조달관리계획에 영향을 미치는 조직프로세스자산은, 공식적인 조달정책, 지침이며, 관리시스템은 조달관리계획과 계약하고 사용하는 것을 검토하는 데 사용된다. 계약은 조직프로세스자산 안에 있다. 계약의 유형은 일반적으로 크게 3가지 유형으로 나누는데 내용은 아래와 같다.

계약 유형(Contract Type)에는 Fixed Price or Lump-Sum Contracts(고정가/총액 계약)와 Cost-Reimbursable Contracts(원가정산 계약)과 Time and Material(T&M) Contract(단가 계약) 등이 있다. 이 중에서 상황에 맞게 공정한 계약을 하는 것이 중요한다.

Fixed Price Contract(고정가 계약)에는 다음과 같은 종류가 있다.

• Firm Fixed Price(FFP: 확정 고정가 계약)

일반적으로 많이 사용되는 형태로 Buyer가 유리한 계약형태이다.

모든 작업에 대해 한 가격(Price)으로 합의된다.

판매자는 원가 초가의 리스크를 감수해야 한다.

예) 계약＝$1,000,000

• FPIF(Fixed Price Incentive Fee: 성과급 가산 고정가격)

확정 금액 계약에 대해 인센티브가 있다.

상한선 가격(Price Ceiling)이 결정된다(예: $1,200,000).

예) 계약＝$1,000,000: 프로젝트가 합의한 것보다 일찍 끝나면 매달 $100,000 추가로 지급하기로 하는 것이다.

FP－EPA(Fixed Price Economic Price Adjustment)

장기 계약 시 환율 변경, 원가 상승 요인 등으로 가격 조정하는 방식이다.

가격 조정 정도 미리 결정되는 경우가 많다.

주로 수입부품 등이 많이 사용된다.

• Cost Reimbursable(CR: 원가 정산)은 원가 정산 계약 시, 구매자는 원가 초기의 리스크를 감수하는 계약방식이다. 원가 정산의 일반적 형태는 CPFF, CPIF가 있다.

Cost Plus Fixed Fee(CPFF: 고정 수수료 가간 원가 계약)

원가 보상 계약 중에서 가장 일반적인 형태이다.

구매자는 모든 원가를 지불하나, 요금(Fee) 또는 수익(Profit)은 특정 금액으로 고정된다. 모든 사용원가를 지불함으로써 Seller가 유리한 계약이다.

예) 계약＝원가＋Fee($50,000)

• Cost Plus Incentive Fee(CPIF: 성과급 가산 원가 계약)

구매자는 모든 시용원가와 합의된 수수료를 지불하고 별도로 Incentive를 지급하는 방식으로 역시 Seller가 유리한다. 일의 일정성과를 촉진시키기 위해 사용된다.

예) 계약＝원가＋Fee($100,000)＋Incentive

프로젝트가 합의한 것보다 일찍 끝나는 대로 매달 $20,000 추가로 지급한다.

　　Time and Material(T&T or Unit Price: 시간 및 자재 계약)은 Hybrid 계약이라고 하는데 그 이유는 시용하는 비용을 받는 것은 원가정산 방식이고, 시간당은 고정금액방식이기 때문이다. 범위가 불확실하지만 먼저 일을 추진하고자 할 때 사용된다.

　　보통 소규모의 계약에 적용한다.

　　시간별 또는 항목별로 금액 결정된다.

　　예) 계약＝시간별 $500＋원가자재비

▌조달관리계획 프로세스에서 사용하는 대표적 도구 및 기법

전문가판단(Expert Judgment)

　　구매 판단은 판매자의 청약(Offer) 또는 제안서(Proposal) 평가 기준을 판단한다. 수행조직 내의 다른 부문, 외부 컨설턴트, 전문가 협회 또는 기술협회 등이 예가 된다.

데이터 수집

• 시장조사(Market Research)

　　조달팀은 컨퍼런스, 온라인 리뷰와 같은 다양한 곳에서 정보를 수집을 한다.

데이터 분석

• 제작－구매분석(Make or Buy Analysis)

　　구매와 관련한 직접 비용과 구매 프로세스를 관리하기 위한 간접비용까지 모두 포함하여야 한다. 특정 제품을 수행조직 내부에서 효율적으로 생산할 수 있는지를 결정한다. 이때 조달할 것인지 아니면 자체적으로 할 것인지에는 다음과 같은 요소 등을 검토한다.

　　직접, 간접 원가(Cost)/자체 공급 능력(Productive Use of in House Capacity)

　　관리 업무 수준(Level of Control Requirement)

　　공급자의 가용능력(Supplier Availability)

　　공급자 선정분석

　　회의(Meeting)

　　잠재적인 공급자와의 공동으로 제품 또는 자재를 구입하는 경우, 제품에 대한 영향이 있을 수 있다.

▌조달관리계획 프로세스의 산출물

조달관리계획서(Procurement Management Plan)

조달문서 작성부터 조달종료까지 조달 프로세스가 어떻게 관리될 것인지 기술하고 있으며 다음과 같은 많은 내용을 포함한다.

프로젝트에 적용될 계약 유형

- 평가기준으로서 독자적인 추정(견적)이 요구되는 경우 누가 언제 준비할 것인가?
- 또한 그 추정치에 대한 평가기준은 무엇인가?
- 수행 조직에 조달 담당 부서가 있는 경우, 프로젝트 관리 팀과의 역할 및 책임의 분담 일정 및 성과보고 등과 같은 프로젝트의 기타 분야와 조달을 어떻게 조정할 것인가?
- 계획된 구매와 획득에 영향을 미치는 제약 사항과 가정들
- 필요한 리드타임과 프로젝트의 일정 간의 조정
- 제작－구매결정을 활동 자원 추정(Activity Resource Estimating) 프로세스 와 일정 개발(Schedule Development) 프로세스와 연결
- 각 계약에 따른 산출물에 대하여 일정을 확정하고, 일정 개발 및 통제 방법
- 판매자가 WBS를 작성하고 유지하기 위한 방향을 지시

조달문서(Procurement Documents)

잠재적 판매자들에게 제안(Proposal) 요청을 하는 데 사용되는 문서이다. 다양한 조달문서의 유형이 있다. 일반적으로 조달문서(Procurement Document) 에는 다음 사항들이 포함된다.

- 제안에 필요한 정보, 배경 정보
- 모든 응답자들이 응답을 공정하게 비교하기 위한 표준화된 제안서 작성 양식 등에 대한 설명
- 제안 평가 기준(Evaluation Criteria), 제안 가격 작성 양식
- 관련된 작업 기술서(SOW, Statement Of Work)
- 관련 계약서 조항, 표준 계약서, 사후보증(유/무상 지원), 저작권 소유, 비밀보호 조항 등이 포함된다.

입찰문서

조달작업기술서(Procurement Statement Of Work)

잠재적 판매자가 조달 항목들을 공급할 수 있는지를 판단할 수 있을 만큼 충분히 상세히 명확하고, 완전하며, 간결하게 작성되어야 하며, 이를 작업 기술서(SOW)라고 한다. 계약 SOW는 판매자가 납품하여야 할 제품, 서비스 또는 산출물에 대하여 기술하므로 시방서(Specifications), 수량, 품질 수준, 성능 데이터, 작업 기간, 작업 부하 및 기타 사항들이 포함된다.

공급자선정기준(Source Selection Criteria)

제안서에 등급 및 점수를 부여하는 데 사용되는 객관적/주관적 기준이다. 평가 기준은 종종 조달문서(Procurement Document)에 포함되기도 한다.

제작-구매결정(Make-or-Buy Decisions)

어떤 프로젝트 제품, 서비스 혹은 산출물을 자체 제작 혹은 외부에서 획득할 것인지를 결정한 문서이다.

독립원가 산정치

변경요청(Requested Changes)

구매와 획득 계획 프로세스를 수행 시 반영해야 할 변경들이다.

프로젝트 문서 업데이트

교훈관리대장

마일스톤 목록

요구사항 문서

요구사항 추적매트릭스

리스크 관리대장

이해관계자 관리대장

9) 조달수행(Conduct Procurements)

프로젝트를 실행하면서 진척에 맞게 조달문서를 판매자에게 설명 및 전달 한 후, 판매자로부터 제안서 같은 응답을 받고 조달협상을 통해 계약을 체결하는 프로세스이다.

▌ 조달수행 프로세스에서 필요한 요소들

프로젝트관리계획서(Project Management Plan)

조달문서 개발부터 계약 종료에 이르는 조달 프로세스 관리 방법이다. 어떻게 조달을 할 것인지 지침 및 방법을 정한 계획이다. Project Management Plan에는 조달계획이 포함되어 있다.

- 범위관리 계획서
- 요구사항관리계획서
- 의사소통관리계획서
- 리스크관리계획서
- 조달관리 계획서
- 형상관리 계획서
- 원가기준선

프로젝트 문서

각종 조달과 관련된 프로젝트 관련 문서들로 보면 된다.

- 교훈관리대장
- 프로젝트 일정
- 요구사항 문서
- 리스크 관리대장
- 이해관계자 관리대장

조달문서(Procurement Documents)

조달문서는 감사와 추적방법을 제공하고 잠재적 판매자들에게 제안(Proposal) 요청을 하는 데 사용되는 문서이다. 다양한 조달문서의 유형이 있다. 예를 들면 입찰 초청서(Invitation for Bid), 제안요청서(Request for Proposal), 견적요청서(Request for Quotation) 등과 같은 것들이다.

판매자제안서(Seller Proposals)

하나 이상의 성공적인 입찰자(판매자)의 기본정보를 제공 받는다. Buyer 로 부터 제안을 받은 판매자(Seller)가 제안하는 제안서로 보면 된다. 가격은 기술내용이 같이 있을 수도 있고 별도 구분하여 제출되기도 한다.

프로젝트문서(Project Documents)

조직프로세스자산(Organizational Process Assets)

조달수행에 영향을 미치는 조직프로세스자산들로 자격을 갖춘 판매자 리스트, 과거에 경험한 좋고 나쁜 판매자 이전 계약들이 포함된다.

▌조달수행 프로세스에서 사용하는 대표적 도구 및 기법

전문가판단(Expert Judgment)

판매자제안서 평가 시 활용될 수 있으며 제안된 계약서의 각 분야별로 계약, 법률, 재무, 회계, 연구, 개발, 영업, 생산 등 기능부서의 전문 지식을 가진 검토 팀이 수행하는 것이 최적이다.

광고(Advertizing)

신문이나 저널 등과 같은 간행물에 광고를 공고하면 잠재적 공급업자의 목록이 확장된다. 일부 공공기관 조달은 광고를 하도록 법적으로 요구되기도 한다.

입찰자회의(Bidder Conferences)

Contractor Conferences, Vendor Conferences, Pre−bid Conferences라고도 하고 제안서 작성 전에 잠재적 판매자들과 가지는 회의로 모든 잠재적 판매자들이 조달에 대해 분명하고 공통된 이해를 얻도록 보증하는 것이 회의의 목적이다.

데이터 분석

• 제안서평가기법(Proposal Evaluation Techniques)

제안서 평가기준에는 주관, 객관적인 부분이 모두 포함된다. 제안서평가 기법으로 선별 시스템을 채택할 수도 있으며, 판매자 등급 시스템을 거쳐 만들어진 데이터를 이용할 수도 있다.

대인관계 및 팀 기술

• 협상(Negotiations)

계약서에 서명하기 전에 계약의 구조와 요구조건을 명확히 하여 상호간에 합의가 이루어지도록 하는 것이다. 최종 계약서에는 도출된 모든 합의 사항들이 반영되어야 한다. 협상의 목적(Objectives of Negotiation)은 다음과 같다.

판매자/계약자와 좋은 관계를 설정하고 발전시키기 위함(Win−Win)이다.

구매자/발주자가 협상 과정에서 우월적인 지위를 이용하여 판매자/계약자를 압박하면 Win-Win 상황을 Win-Lose상황으로 바꾸어 놓게 된다.

주요 협상 대상(Main Items to Negotiate)은 다음과 같다.

책임(Responsibility), 권한(Authority), 적용 법률 및 조항, 기술, 관리 접근방법(Technical and Business Management Approach)

기술 솔루션(Technical Solution), 계약자금조달(Contract Financing)

일정(Overall Schedule), 가격(Price)

▌조달수행 프로세스의 산출물

선정된 판매자(Selected Sellers)

제안서/입찰 평가 결과 우수업체로 판단되는 판매자로 계약서 초안으로 협상 후 실제 계약으로 이어지는 판매자를 말한다.

협약(Agreements)

계약을 체결하면서 다음과 같은 계약서류(Contract Document)에 포함되는 아래 항목을 정의한다.

- 인도물(Deliverables), 일정기준선(Schedule Baseline)
- 성과보고(Performance Reporting), 이행기간(Period of Performance)
- 역할과 책임(Roles and Responsibility), 판매자의 이행장소(Seller's place of Performance)
- 가격(Pricing), 지급조건(Payment Terms), 인도장소(Place of Delivery)
- 검사 및 인수기준(Inspection and Acceptance Criteria), 보증(Warranty) 등

승인된 변경요청(Change Request)

계약 시 많이 발생하며 계약조항이 일부만 수정이 되어도 법적 구속력 대문에 정식변경승인을 받아야 한다.

프로젝트관리계획서갱신(Project Management Plan Updates)

요구사항관리계획서, 품질관리계획서, 의사소통관리계획서, 리스크관리계획서, 원가기준선, 범위기준선, 일정기준선, 조달관리계획서 등이 있다.

프로젝트문서갱신(Project Documents Updates)

교훈관리대장, 요구사항문서, 요구사항 추적매트릭스, 자원달력, 리스크관리대장, 이해관계자 관리대장 등이 포함된다.

[표 5-14] Centralized vs. Decentralized Contracting 비교

구분	Centralized Contracting (중앙집중 계약)	Decentralized Contracting (분산 계약)
장점	계약 전문가의 증가 표준화된 회사 실무	계약 전문가의 확보용이 프로젝트에 더욱 집중 프로젝트관리자의 권한이 확대된다.
단점	한 계약전문가가 여러 프로젝트에서 작업	프로젝트 종료 시 계약전문가가 갈 곳 없음 회사에서 높은 수준의 계약전문가 유지 어려움 전문가 중복 및 자원의 비효율적 사용 프로젝트별로 일관된 계약 표준 실무 확보 어려움

10) 조달통제(Control Procurements)

조달관계를 관리하고 계약의 이행 성과를 감시하며 필요한 변경 및 수정을 수행하는 프로세스로 구매자(Buyer)와 판매자(Seller) 간의 관계를 관리하는 부분이며 주로 구매자(Buyer)가 판매자(Seller)를 통제하는 개념의 프로세스이다. 기준으로의 입력물은 계약이고 실적으로는 업체의 작업성과데이터와 작업성과보고서이다. 기준과 실적을 비교하여 차이식별 및 검토를 하는 것이 감시통제 프로세스의 특징이다. 차이식별을 통해 차이를 시정하고자 변경요구를 하게 된다.

▌조달통제 프로세스에서 필요한 요소들

프로젝트관리계획서(Project Management Plan)

조달문서 개발부터 계약 종료에 이르는 조달 프로세스 관리 방법이다.

- 요구사항관리계획서
- 리스크관리계획서
- 조달관리계획서
- 변경관리계획서
- 일정기준선

프로젝트 문서(Project Documents)

- 가정사항기록부
- 교훈관리대장
- 마일스톤 목록

- 품질보고서
- 요구사항 문서
- 요구사항 추적매트릭스
- 리스크 관리대장
- 이해관계자 관리대장

협약(Agreements)

조달에서는 중요한 관리의 기준이 된다.

조달문서(Procurement Documents)

조달 계약 발주와 작업 기술서 등 조달 행정에 필요한 보조 기록이다.

승인된 변경요청(Approved Change Requests)

입력되는 이유는 승인된 변경으로 인도물이 제대로 변경이 되었는지 확인을 하고, 변경에 따른 계약서조항, 가격, 작업 기술서, 제공될 제품/서비스/산출물에 대한 계약 조항이나 서술이 변경될 수 있기 때문이다.

작업성과데이터(Work Performance Data)

완성된 산출물과 그렇지 않은 것은 무엇인지, 품질 표준이 충족된 정도, 발생원가, 판매자의 대금청구 등에 대한 품질기준 발생 또는 지불된 비용 판매자 송장과 같은 정보를 수집한다.

▌조달통제 프로세스에서 사용하는 대표적 도구 및 기법

전문가 판단

클레임 행정관리(Claims Administration)

쟁점 변경(Contested Changes)은 배상요구(Claim), 분쟁(Dispute) 혹은 재심청구(Appeal) 등으로 클레임은 계약기간 동안 계약 조항에 따라 반드시 문서화되고, 처리, 감시, 관리되어야 한다.

데이터 분석

- 성과검토

계약 내용과 비교하여 주어진 비용과 일정 내에서의 프로젝트 범위, 품질을 만들어나가는 판매자의 공정 진척을 구조적으로 검토하는 것으로 판매자가 작성한 문서에 대한 검토, 구매자 검사(Inspection), 품질 감리 등이 포함된다.

- 획득가치 분석
- 추세분석

검사(Inspection)

감사(Audits)

계약서에 기술된 내용에 따라 구매자의 요구에 판매자가 지원여부 확인 및 판매자의 작업 프로세스 또는 산출물상의 결함을 찾아내는 데 목적이 있다.

■ 조달통제 프로세스의 산출물

조달종료

구매자는 일반적으로 권한이 부여된 조달행정 담당자를 통해 계약이 완료 되었음을 알리는 공식적인 통지서를 판매자에게 전달한다. 일반적으로 정시에 제공되고 기술 및 품질 요구사항을 충족하여야 하며 미결 클레임 또는 청구서가 없어야 하고 모든 최종 지불이 이행되어야 한다. 프로젝트관리팀은 종결하기 전에 모든 인도물을 승인해야 한다.

작업성과정보(Work Performance Information)

나중에 청구하거나, 새로운 조달을 지원하기 위해 현재 또는 잠재적인 문제 식별을 위한 정보를 제공하고 작업성과정보는 개선, 예측 및 리스크관리 및 의사결정의 자료로 활용하며 공급업체에서 받은 산출물을 추적할 수 있는 방법을 제공한다.

승인된 변경요청(Change Requests)

계약 관리 프로세스를 수행하면서 프로젝트관리계획서나 프로젝트 일정, 조달관리계획서와 같은 부속 계획서에 대한 변경 요구가 발생할 수 있다. 변경요청은 통합변경 통제 프로세스를 통하여 검토와 승인을 거쳐 처리된다.

프로젝트관리계획서갱신(Project Management Plan Updates)

조달 관리에 영향을 미치는 승인된 변경요청에 대해서 해당 내용 반영하고 일정기준선(Schedule Baseline), 원가기준선(Cost Baseline)의 변경과 관련되어 조달관리계획서를 갱신한다.

프로젝트문서갱신(Project Documents Updates)

조달문서는 모든 지원 일정과 조달 계약을 포함 승인되지 않은 계약 변경을 요청하고, 변경요청을 승인한다. 조달문서는 판매자 개발 기술 문서 및 기타 작업 실적 정보 등 산출물로서 판매자 성능 보고서 및 보증, 인보이스 및 결제 기록 등의 금융 문서, 및 계약 관련 검사의 결과가 포함한다.

조직프로세스자산갱신(Organizational Process Assets Updates)

공문 등 주요문서가 갱신되어야 한다. 공문은 구매자/판매자간 의사소통의 측정 측면에 대해서 서면화된 문서로 요구된다. 외부 지불시스템을 이용할 경우에만 해당되는 지불 일정과 요청(Payment Schedule and Requests)내용도 갱신되어야 하고, 판매자가 프로젝트 작업을 얼마나 잘 수행하였는지에 대해서 구매자가 작성하여 향후 프로젝트 참여 허용 여부를 결정하는 판매자 성과 평가 문서(Seller Performance Evaluation Documentation)도 갱신된다.

(12) 이해관계자 관리

프로젝트 관리에서 초기 이해관계자들을 식별하는 것은 중요하다. 이해관계자들은 프로젝트의 의사결정이나 활동 및 결과 등에 영향을 주거나 혹은 받는 모든 사람, 단체 혹은 조직을 이야기한다. 따라서 초기에 정확히 식별하고, 각각의 관심사항이나 프로젝트에 대한 참여도, 이해관계자들 간의 상호의존관계 및 프로젝트에 대한영향력 혹은 잠재적 영향이나 프로젝트 성공에 미치는 영향력에 관한 정보를 문서화하는 부분도 중요하다. 그런 다음에 각 이해관계자들에게 대해 대응전략을 준비하는 것이 프로젝트 성공을 위해서 필요한 부분이다.

프로젝트 이해관계자 관리 지식영역은 프로젝트의 산출물에 영향을 주거나 영향을 받을 이해관계자들을 프로젝트 초반부터 식별하고, 분석하여 이해관계자들이 적절히 프로젝트에 참여하도록 하는 프로세스들로 이루어져 있다. 프로젝트 이해관계자 관리는 프로젝트에 관계된 이해관계자들이 누가 있는지를 파악하는 이해관계자식별(Identify Stakeholder) 프로세스, 식별된 이해관계자들을 어떻게 관리할 것인지를 계획하는 이해관계자관리계획(Plan Stakeholder Management) 프로세스, 계획한 대로 이해관계자들을 프로젝트에 참여시키고 관리하는 이해관계자참여관리(Manage Stakeholder Engagement) 프로세스, 마지막으로 이해관계자들을 제대로 관리하였는지 확인하고 새롭게 등장한 이해관계자들은 없지 확인하고 계획한 대로 수행한 이해관계자 관리가 잘못된 것은 없는지를 확인하고 수정하는 이해관계자참여통제(Control Stakeholder Engagement)

프로세스로 구성되어 있다. 만약, 중립적인 입장의 이해관계자들이라면 적극적인 지지의 입장으로 바뀌게 하거나 혹은 중립적인 입장을 지속적으로 유지하도록 하여야 하며, 부정적인 입장의 이해관계자들은 최소한 중립적인 입장이 되도록 유도하여야 프로젝트가 성공적으로 완료될 수 있다.

[표 5-15] 이해관계자관리 프로세스 개요

프로세스	설명
이해관계자식별 (Identify Stakeholders)	프로젝트의 의사결정이나 활동 및 결과 등에 영향을 주거나 혹은 받는 모든 사람, 단체 혹은 조직을 식별하고, 각각의 관심사항이나 프로젝트에 대한 참여도, 이해관계자들 간의 상호의존관계 및 프로젝트에 대한 영향력 혹은 잠재적 영향이나 프로젝트 성공에 미치는 영향력에 관한 정보를 문서화하는 프로세스로 착수 프로세스 그룹에 속해있다. 프로젝트헌장이 승인되자마자 바로 이해관계자 식별을 시작해야 된다.
이해관계자 참여 계획수립 (Plan Stakeholder Engagement)	프로젝트의 성공에 대한 이해관계자들의 요구사항이나 관심 혹은 잠재적 영향력 등에 대한 분석을 기반으로 프로젝트 생애주기 동안 이해관계자들을 효과적으로 참여시킬 수 있는 적합한 관리전략을 수립하는 프로세스로 이해관계자 등을 여러 가지 측면으로 분류하는 프로세스이다.
이해관계자참여관리 (Manage Stakeholder Engagement)	프로젝트 전체 생애주기 동안 이해관계자들의 요구사항 혹은 기대사항을 만족시키고, 발생된 문제들을 다루고, 적합한 이해관계자들을 프로젝트 활동에 참여시키기 위해 이해관계자들과 지속적으로 의사소통하고 함께 일을 하는 프로세스이다.
이해관계자참여감시 (Monitor Stakeholder Engagement)	이해관계자들의 지속적인 참여 유지를 위해, 전체 이해관계자들 간의 관계를 감시하고, 이해관계자에 대한 전략과 계획을 적절히 변경하는 프로세스이다.

이해관계자(Stakeholder)

프로젝트의 이해관계자는 프로젝트에 적극적으로 참여하거나 프로젝트의 결과에 긍정적 또는 부정적 영향을 미치는 개인 또는 조직을 말한다. 이러한 이해관계자들은 단순히 프로젝트 관리자와 프로젝트 팀 및 고객만 있는 것이 아니라 프로젝트를 둘러싼 다양한 환경에서 활동하고 있으면서 영향을 주고받는 여러 개체들을 모두 포함한다.

최고 경영자

프로젝트에 관심을 가지고 후원을 하는 스폰서의 역할을 하기도 한다. 최고 경영자는 조직 전체의 리스크로 환경의 형성에 큰 영향을 주기 때문에 프로젝트의 성공과 실패에 중요한 의미를 부여하기도 한다. 따라서 최고 경영층의 지원을 확보하는 것은 프로젝트 성공에 매우 중요하다 할 수 있다.

상급자

일반적인 업무 환경을 조성하는 역할로 내부 자원을 통제하는 권한을 가지고 있는 경우가 많다. 상급자는 프로젝트의 원활한 진행에 도움을 줄 수도 있고, 부정적인 영향을 줄 수도 있다.

동료

프로젝트 리더의 입장에서 도움을 받을 수 있는 대상인 동시에 경쟁자이기도 한다. 중요한 정보와 인적, 물적 자원을 제공하고 조직 내에서 일이 추진되도록 도움을 주는 조력자이기도 하지만, 승진이나 프로젝트의 성공에 핵심인 인력들에 대한 확보에서는 경쟁자이기도 한다.

고객

프로젝트의 결과로 인해 직접적인 영향을 받거나 관심을 가지고 상황 보고를 받기 원하는 조직 혹은 개인이나 그룹을 말한다. 이 고객이 조직이나 그룹의 내부에 있으면 내부 고객, 외부에 있으면 외부 고객이라고 한다. 외부 고객의 경우에는 프로젝트를 발주한 주체라고 할 수 있다.

스태프

한시적으로 투입되는 경우가 많으며 이들은 프로젝트 팀원일 수도 있고, 프로젝트의 행정 업무를 도와주는 사람일 수도 있다.

정부

법적인 규제와 정책을 통해 기업의 외부 환경을 형성하는 데 큰 영향을 준다. 예를 들어 터널 공사를 하기 위한 작업 전에 반드시 환경 영향 평가를 한다든가 기업 회계의 투명성을 위한 다양한 법률과 규제의 적용 등이 그 예라 할 수 있다.

협력업체

프로젝트의 일부분을 하청 받아 작업을 수행하는 외부 용역 업체이다. 따라서 프로젝트의 성공이 부분적으로 협력 업체의 작업성과에 의존되기 때문에 협력 업체 또한 이해관계자에 포함되어야 한다.

공급 업체

협력 업체와 유사하지만 굳이 구분을 한다면 협력 업체는 인력을 공급 업체는 프로젝트에 자재와 장비 등을 공급하는 외부의 개인이나 기업으로 이해하면 된다. 따라서 협력 업체나 공급 업체는 신뢰할 수 있는 개인이나 업체를 구하는 것이 프로젝트 성공에 관건이라 하겠다.

1) 이해관계자식별(Identify Stakeholders)

이해관계자식별 프로세스는 프로젝트의 의사결정이나 활동 및 결과 등에 영향을 주거나 혹은 받는 모든 사람이나 단체 혹은 조직을 식별하고, 각각의 관심사항이나 프로젝트에 대한 참여도, 이해관계자들 간의 상호 의존관계 및 프로젝트에 대한 영향력 혹은 잠재적 영향이나 프로젝트 성공에 미치는 영향력에 관한 정보를 문서화하는 프로세스이다. 프로젝트 초반에 이해관계자들을 식별하여, 그들의 요구사항과 기대사항뿐만 아니라, 중요도와 영향력을 파악하는 것은 프로젝트의 성공에 매우 중요하다. 프로젝트 관리자는 한정된 시간에 많은 이해관계자들을 상대해야 하기 때문에 이들의 프로젝트에 대한 관심도와 프로젝트에 미치는 영향도 및 참여도 등에 따라 그들을 분류하고 분석하여 이해관계자 각각에 대한 적절한 관계 유지를 해야 한다. 또한, 이해관계자에 대한 초기 분석 및 평가는 프로젝트 생애주기 동안 주기적으로 검토되고, 수정되어야 한다.

▌ 이해관계자식별 프로세스에서 필요한 요소들
프로젝트헌장(Project Charter)
내부 및 외부 이해관계자(프로젝트 스폰서, 고객, 팀원 및 그룹, 프로젝트에 영향을 받는 개인이나 조직 등)에 대한 정보를 제공한다.
비즈니스 문서
- 비즈니스케이스
- 편익관리계획서
프로젝트 관리계획서
- 의사소통관리계획서
- 이해관계자 참여계획서
프로젝트 문서(Project Documents)
- 변경사항 기록부
- 이슈기록부
- 요구사항문서

협약

기업환경요인(Enterprise Environmental Factors)

조직 또는 회사의 문화 및 구조, 정부 또는 산업 표준, 국제적·지역적 트렌드 등이 이해관계자식별에 중요한 영향을 줄 수 있다.

■ 이해관계자식별 프로세스에서 사용하는 대표적 도구 및 기법

전문가판단(Expert Judgment)

관계자들에 대한 식별과 분석을 위해서 다양한 경험과 지식을 보유한 전문가들의 조언을 참고할 수 있다.

데이터 수집

• 설문지 및 설문조사

• 브레인스토밍

데이터 분석

• 이해관계자분석(Stakeholder Analysis)

이해관계자분석(Stakeholder Analysis)은 프로젝트 전반에서 이해사항, 관심도, 기대사항 및 영향력을 고려해야 하는 관련자들을 결정하기 위한 정성적 및 정량적 정보를 체계적으로 수집하고 분석하는 기법으로 이해관계자들은 프로젝트의 각 단계별로 다른 관심과 영향력 등을 미칠 수 있다. 다음은 이해관계자를 식별하는 방법이다.

• Step 1: 이해관계자식별

• Step 2: 이해관계자 정보 수집

• Step 3: 이해관계자 분류

• Step 4: 이해관계자 강점 및 약점 분석

• Step 5: 이해관계자 관리 및 대응전략 개발

• Step 6: 이해관계자 대응전략 실행

• Step 7: 대응 결과 평가 및 전략 수정

이해관계자분석 모델

이해관계자들을 분석하는 방법은 일반적으로 이해관계자들이 프로젝트에 대해 갖고 있는 요소들을 2차원적으로 구분하여 분석하는 방법이 있다. 이해관계자들이 프로젝트에 대해 갖고 있는 요소는 다음과 같다.

권한(Power)	이해관계자가 갖고 있는 권한의 수준
관심도(Interest)	이해관계자가 프로젝트에 갖고 있는 관심 수준
참여도(Influence)	이해관계자가 프로젝트에 적극적으로 참여하는 수준
영향도(Impact)	이해관계자가 프로젝트의 계획이나 실행에 미치는 영향의 수준

이 4가지 요소를 각각 x축 혹은 y측에 각 요소를 배치하여 권한/관심도 Grid, 권한/참여도 그리드, 참여도/영향도 그리드로 조합하여 분석할 수 있다.

그림 5-7
Power-Interest Grid

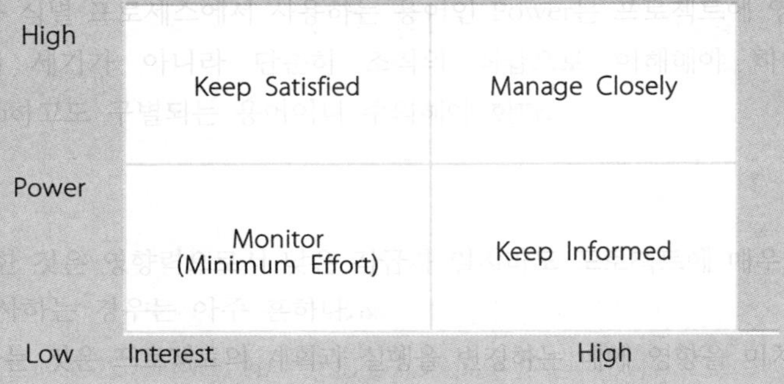

프로젝트에 참여하는 각 이해관계자들에 대한 역할, 지식수준, 직급 등 다양한 정보들을 서로 공유하고 분석하게 된다.

문서분석
데이터 표현
이해관계 매핑/표현
회의(Meetings)

▌ 이해관계자식별 프로세스의 산출물

이해관계자관리대장(Stakeholder Register)

가장 중요한 산출물이 이해관계자관리대장이다. 프로젝트 생애주기 동안 이해관계자관리대장은 주기적으로 수정되어야 한다. 이해관계자들에 대한 모든 상세 정보들이 기술된다.

- 식별정보: 이름, 직급, 위치, 역할, 연락처 등
- 평가정보: 주요 요구사항, 기대사항, 잠재적 영향력, 관심사항 등

• 이해관계자 분류: 외부/내부, 지지자/중립자/반대자 등

승인된 변경요청

프로젝트관리계획서

프로젝트 문서 업데이트

2) 이해관계자참여 계획수립

이해관계자관리계획 프로세스는 이해관계자들의 프로젝트에 대한 요구사항이나 관심 혹은 잠재적 영향력 등에 대한 분석을 기반으로 프로젝트 생애주기 동안 프로젝트 성공을 위해 이해관계자들을 효과적으로 프로젝트에 참여시킬 수 있는 적합하고 실행 가능한 관리전략을 수립하는 프로세스이다.

▌이해관계자참여 계획수립 프로세스에서 필요한 요소들

프로젝트 헌장

프로젝트관리계획서(Project Management Plan)

이해관계자참여 관리계획서를 작성하기 위해서는 프로젝트관리계획서의 다음과 같은 것들을 고려하여 작성한다. 이해관계자들에 대한 관리를 프로젝트의 어느 단계에서 할 것인지를 결정하기 위해 프로젝트관리계획서에서 프로젝트의 생애주기나 프로젝트 관리 프로세스 및 프로젝트의 목표 달성을 위해 업무를 어떻게 수행해야 할 것인지에 대한 기술과 인적자원 요구사항, 책임과 역할, 보고 체계, 인적자원 및 프로젝트 조직도 등이 필요하다. 따라서 자원관리계획서, 의사소통관리계획서, 리스크관리계획서를 포함하여 준비하여야 한다.

프로젝트 문서

• 가정사항기록부

• 변경사항 기록부

• 이슈 기록부

• 프로젝트 일정

• 리스크 관리대장

이해관계자관리대장(Stakeholder Register)

이해관계자들을 관리하기 위한 계획을 작성하기 위해서는 당연히 식별된

이해관계자들의 다양한 정보들이 있기 때문에 이해관계자관리대장을 확인하여 각각의 이해관계자에 맞는 관리 계획을 수립한다.

협약

• 기업환경요인(Enterprise Environmental Factors)

모든 기업환경요인들이 이해관계자관리계획을 위한 투입물로 사용될 수 있지만 특히, 조직 문화나 조직 구조 및 사내 정치적인 환경 등이 이해관계자들을 관리하기 위한 계획서 작성에 중요한 요인으로 작용한다.

• 조직프로세스자산(Organizational Process Assets)

모든 조직의 프로세스 자산들이 투입물이 될 수 있지만, 특히 과거 유사 프로젝트에서 결정한 의사결정들과 그 결과 및 그에 따른 교훈사항들은 현재 프로젝트에서 이해관계자 관리에 대한 통찰력을 제공해 줄 수 있기 때문에 참고한다.

▌ 이해관계자참여계획수립 프로세스에서 사용하는 대표적 도구 및 기법

전문가판단(Expert Judgment)

프로젝트관리자는 전문가들로부터 이해관계자들이 어느 단계에서 어떤 수준의 참여가 필요한지에 대한 조언을 받을 수 있다.

데이터 수집

• 벤치마킹

데이터 분석

• 가정 및 제약 분석

• 원인분석

의사결정

• 우선순위지정/등급지정

데이터 표현

• 마인드매핑

• 이해관계자 참여평가 매트릭스

▶ Unaware(미확인): 프로젝트의 이해관계자 및 잠재적인 영향에 대해 미확인된 상태

▶ Resistant(저항): 프로젝트의 이해관계자로 확인하고 잠재적인 영향을

확인하였으나 변화에 저항하는 상태

▸ Neutral(중립): 프로젝트의 이해관계자로 확인하였으나, 지지하지도 저항하지도 않는 상태

▸ Supportive(지지): 프로젝트를 지지하고 변화에도 적극적인 상태

▸ Leading(선도): 프로젝트의 성공을 확신하며 적극적으로 프로젝트에 참여하는 상태

회의(Meetings)

모든 이해관계자들의 참여수준을 정의하는데 전문가 및 프로젝트 팀원들과 함께 회의를 통해 결정할 수 있다.

[표 5-16] 이해관계자 평가 매트릭스의 예

이해관계자	미확인	저항	중립	지지	선도
Thomas		C		D	
Siemen			C	D	
Sue			C	D	
Jang				CD	
Esabel		C	D		

C: 현재 참여수준, D: 미리 정의한 참여수준(기대수준)

분석기법을 통해 나온 결과를 근거로 프로젝트와 관련하여 중립적인 입장의 이해관계자들이라면 적극적인 지지의 입장으로 바뀌게 하거나 혹은 중립적인 입장을 지속적으로 유지하도록 하여야 하며, 부정적인 입장의 이해관계자들은 최소한 중립적인 입장이 되도록 유도하려는 노력을 하여야 한다.

▌이해관계자참여계획수립 프로세스의 산출물

이해관계자 참여계획서(Stakeholder Engagement Plan)

이해관계자참여계획 프로세스의 주요 산출물로는 프로젝트관리계획서의 하나인 이해관계자 참여계획서가 작성된다. 이해관계자관리계획서는 다른 계획서들과 같이 매우 상세하게 작성될 수도 있지만, 개략적이 수준으로 작성될 수도 있다. 다음은 이해관계자 관리 계획서에 포함되는 내용들을 나열하였다.

• 이해관계자들의 요구되는 참여 수준과 현재 참여 수준

• 이해관계자에 영향을 미치는 변경의 범위와 그 영향

- 식별된 이해관계자간 상호 간의 관계 및 잠재적인 중첩
- 현재 프로젝트 단계에서 이해관계자 의사소통 요구사항들
- 이해관계자들에게 배포되는 정보(언어, 형식, 내용, 상세의 정도)
- 정보배포 이유와 이해관계자 참여로 인해 예상되는 영향
- 이해관계자들에게 필요한 정보의 배포 시기와 주기
- 프로젝트 진행에 따른 이해관계자관리계획의 갱신 및 상세화 방법

위에서 설명한 이해관계자 관리대장, 이해관계자 참여계획서 등의 이해관계자 관리와 관련된 문서들은 이해관계자에 대한 민감한 정보들이 포함되기 때문에 프로젝트 관리자는 문서들의 관리에 세심한 주의를 기울여야 한다. 만약 관련 문서들을 프로젝트에 부정적인 이해관계자가 보았다면 프로젝트에 주는 영향은 상상하고도 남을 것이다. 따라서 프로젝트 관리팀 내부의 보안문서로 분류되고 관리가 되어야 한다.

프로젝트문서갱신(Project Document Updates)

이해관계자관리계획에 의해서 다양한 일정들이 추가될 수 있기 때문에 프로젝트 일정이 변경될 수 있으며, 추가로 분석된 내용이나 변경이 필요한 내용으로 인해 이해관계자관리대장이 변경될 수 있다.

3) 이해관계자참여관리(Manage Stakeholder Engagement)

이 프로세스는 프로젝트 전체 생애주기 동안 이해관계자들의 요구사항 혹은 기대사항을 만족시키고, 발생된 문제들을 다루고, 적합한 이해관계자들을 프로젝트 활동에 참여시키기 위해 이해관계자들과 지속적으로 의사소통하고 함께 일을 하는 프로세스이다. 프로젝트 관리자는 이해관계자에게 다양한 전략을 실행함으로써, 지지(Supportive)한 이해관계자들과는 관계를 돈독하게 하고, 지속적으로 관계를 유지하고, 저항(Resistance)하는 이해관계자들과는 이해관계자를 중립 혹은 지지로 끌어 올리는 전략 실행하고, 중립(Neutral)한 이해관계자들과는 중립적인 관계를 지속적으로 유지하거나, 지지로 끌어 올리는 전략 실행함으로써 이해관계자들에게 프로젝트의 목표, 목적, 이점 및 리스크들을 이해시켜, 이해관계자들의 적극적인 참여를 유도하고, 결국에는 프로젝트를 성공시키고자 하는 프로세스이다.

이해관계자참여관리 프로세스는 다음과 같은 활동들을 포함한다.

프로젝트의 성공에 대한 지속된 헌신을 얻거나 확인하기 위한 이해관계자들의 참여 독려한다.

프로젝트의 목표를 달성하기 위해 협상이나 의사소통을 통해 이해관계자들의 기대사항을 관리한다.

아직 이슈화되지 않은 잠재적 문제점들이나 향후 문제가 될 것으로 보이는 것들을 프로젝트 리스크와 연관되어 평가하기 위해 식별하고 논의한다.

식별된 이슈들을 명확하게 하거나 해결한다.

▌ 이해관계자참여관리 프로세스에서 필요한 요소들
프로젝트 관리 계획서
• 이해관계자관리계획서(Stakeholder Management Plan)

다양한 이해관계자들이 프로젝트에 어떤 방식으로 참여하는지 혹은 이해관계자와의 의사소통방법과 기법들이 기술되어 있는 이해관계자 관리 계획서를 참고한다. 따라서 이와 같은 정보들을 고려하여 다양한 이해관계자를 식별하고 관리할 전략들을 수립할 수 있다.

• 의사소통관리계획서(Communication Management Plan)

이해관계자들의 기대사항을 만족시키기 위해 어떤 정보들을 누구에게 어떤 방법으로 전달할지 기술이 된다.

• 변경관리계획서
• 리스크관리계획서
프로젝트문서(Project Documents)
• 변경사항기록부(Change Log)

이해관계자들에게 프로젝트 중 발생되는 변경사항들 특히, 일정, 원가, 리스크 사항들에 대해서 의사소통을 해야 하므로 변경로그(Change Log)가 투입물로 사용된다. 변경 로그(Change Log)는 통합변경통제수행프로세스의 산출물이다.

• 이슈기록부
• 교훈관리대장
• 이해관계 관리대장

조직프로세스자산(Organizational Process Assets)

조직의 의사소통 관련 요구사항이나 이슈 관리 절차 혹은 변경 통제 절차 및 선례 정보들과 같은 조직프로세스자산이 이해관계자참여관리의 투입물로 사용된다.

▌ 이해관계자참여관리 프로세스에서 사용하는 대표적 도구 및 기법

전문가 판단

의사소통스킬(Communication Skills)

의사소통관리계획서에 기술된 정의된 방법대로 식별된 이해관계자들에게 적합한 의사소통방법을 이용한다. 따라서 그 방법대로 프로젝트 관리자는 언제, 어떤 방법으로 누구에게 의사소통할지를 결정한다.

대인관계 및 팀 기술

이해관계자들에게 의사소통을 하기 위해서는 단순히 프로젝트와 관련된 정보만을 전달하는 것이 아니라 다음과 같은 대인 관계 기술들이 필요하다.

• 상호간에 신뢰를 구축해야 한다.
• 프로젝트 내에서 발생한 갈등의 적극적인 해결을 해야 한다.
• 회의나 대화할 때 상대방의 이야기를 적극적으로 청취해야 한다.
• 변경에 대한 저항을 극복할 수 있도록 설득해야 한다.

기본규칙

회의

▌ 이해관계자참여관리 프로세스의 산출물

승인된 변경요청(Change Requests)

이해관계자들이 프로젝트에 적극적으로 참여를 하기 때문에 프로젝트나 제품에 대한 다양한 변경요청들이 발생하는 것은 당연하다.

프로젝트관리계획서갱신(Project Management Plan Updates)

새로운 이해관계자가 식별되거나, 이해관계자의 요구가 변경될 수 있다. 이해관계자 관리 계획서나 의사소통관리계획서를 포함한 프로젝트관리계획서가 수정될 수 있다.

프로젝트문서갱신(Project Documents Updates)

- 이슈로그(Issue Log)

이해관계자들이 새로운 이슈들을 만들고, 현재의 이슈들이 해결된다.

- 이해관계자 관리대장

이해관계자가 도중에 변경되거나 이해관계자의 프로젝트에 대한 요구사항이나 기대 등의 원인으로 인해 이해관계자관리대장이 수정될 수 있다.

- 교훈관리대장
- 변경사항 기록부

4) 이해관계자참여감시(Monitor Stakeholder Engagement)

이해관계자참여감시프로세스는 프로젝트의 성공을 위해 이해관계자들의 적극적인 프로젝트 참여를 유도하거나 프로젝트나 제품에 대한 다양한 요구사항이나 의사소통을 촉진시키기 위한 프로세스였다면, 이해관계자참여감시프로세스는 전체 이해관계자들 간의 관계를 감시하고, 이해관계자 관리 계획서에서 정의한 이해관계자에 대한 전략과 계획을 적절히 변경하는 프로세스이다.

▌이해관계자참여감시 프로세스에서 필요한 요소들

프로젝트관리계획서(Project Management Plan)

- 이해관계자 관리 계획서
- 자원관리계획서

정의된 인적자원 요구사항에 대한 해결 방법, 프로젝트에 대한 자원들의 역할과 책임, 보고 체계, 조직도 등

- 의사소통관리계획서
- 정의된 이해관계자간 의사소통 요구사항과 기법

프로젝트 문서(Project Documents)

- 이슈기록부(Issue Log)

이해관계자참여관리 프로세스의 산출물인 이슈로그의 새롭게 식별된 이슈나 해결된 이슈들이 이해관계자참여통제의 투입물로 사용된다.

- 교훈관리대장
- 리스크관리대장
- 이해관계자 관리대장

작업성과데이터(Work Performance Data)

프로젝트 작업들의 실행 산출물로서 작업의 진척률, 기술적성과측정, 작업의 시작일과 종료일, 변경요청의 수, 결함 개수, 실제 비용, 실제 소요기간 등이 포함된다.

▌ 이해관계자참여통제 프로세스에서 사용하는 대표적 도구 및 기법

데이터 분석

의사결정

데이터 표현

의사소통 스킬

대인관계 및 팀 기술

회의(Meetings)

현황검토 회의는 이해관계자 참여에 대한 정보를 교환하고 분석하는 데 유용하다.

▌ 이해관계자참여감시 프로세스의 산출물

작업성과정보(Work Performance Information)

작업성과정보는 이해관계자와의 의사소통을 통해 만들어진다.

승인된 변경요청(Change Requests)

프로젝트 성과 및 이해관계자들에 대한 분석은 변경요청을 발생시킬 수 있다.

프로젝트관리계획서갱신(Project Management Plan Updates)

이해관계자 관리 전략의 전반적인 효과성에 대한 평가의 결과로 아래의 내용을 포함한 프로젝트관리계획서가 수정될 수 있다.

프로젝트문서갱신(Project Document Updates)

이해관계자관리대장이 수정되며, 새로운 이슈가 발생하거나 이슈가 해결되는 등 이슈에 대한 상태가 변경되므로 이슈로그로 수정된다.

조직프로세스자산갱신(Organizational Process Assets Updates)

이해관계자참여통제 프로세스의 결과로 다음을 포함한 조직프로세스자산들이 수정될 수 있다.

사례

이해관계자란 우리 프로젝트에 영향을 주거나 우리 프로젝트에 의해 영향을 받게 될 개인이나 조직이다. 왜 영향을 주거나 받는가 하면, 그들이 바로 프로젝트를 필요로 했고 프로젝트에 투자했고 프로젝트의 결과물을 통해 이익을 얻고자 하는 사람들이기 때문이다. 따라서 그들은 프로젝트의 범위, 일정, 원가, 품질 등의 중요사안을 다루는 회의에 참석하여 자신의 아이디어와 필요한 정보를 제공해 주고 프로젝트 팀으로부터 피드백도 받고 싶어하며 때론 의사결정권자가 되기도 한다. 대개 그들은 프로젝트에 참여하여 도움을 주지만 반면에 프로젝트의 추진을 달갑게 생각하지 않는 저항세력이 되기도 한다.

그렇다고 해서 그 모든 이해관계자들을 모두 만나서 성실하게 의견을 들어야 할 것인가?

이해관계자들을 많이 그리고 자주 만날수록 요구사항은 많아지고 기대치는 높아지고 간섭이 많아져서 프로젝트의 신속한 추진에 방해가 될지도 모른다. 이렇게 생각하는 PM은 오직 프로젝트에 도움이 되는 사람들만 만나려고 하거나, 촉박한 일정상 될 수 있으면 핵심멤버들로만 구성된 TFT(Task Force Team)만을 상대하려 하기도 한다.

어디까지를 이해관계자로 볼 것인가? 정말 다양한 종류의 사람들이 자신의 입장이나 자신의 조직과 약간만 관계가 있어도 프로젝트에 요구사항을 반영시키려 하고 보고서도 받고 싶어한다. 그와 정반대로 중요한 이해관계자임에도 불구하고 바쁘다는 이유로 참여를 못하거나 무관심할 수도 있다. 프로젝트 착수 초기에 우선 PM은 이들을 구분할 필요가 있다.

그 업무가 바로 이해관계자 식별(Identify Stakeholders)이다.

어떻게 식별하는가? 어떤 프로젝트는 프로젝트에 영향을 주는 실제 권한을 가진 사람들을 가장 중시해야 하는가 하면, 어떤 프로젝트는 조직의 권한보다는 그들의 아이디어와 경험이 가장 중요하기도 하다. 대개 이런 두 가지 상황을 모두 고려하여 그들의 관심과 참여를 필요로 하면서 어느 정도 실제 권한도 있는 사람들을 이해관계자로 설정하여 이들이 프로젝트에 미치는 영향은 어떠할 것이며 이들을 어떻게 관리할 것인가를 구상하는 일을 이해관계자 식별이라고 한다.

■ 이해관계자 식별하기 순서
① 우선, 그들이 누구인지부터 구상해 봐야 한다.
무작정 프로젝트에 관련 있을 것 같은 사람들을 바로 찾아가서 만나보는 것은 체계적인 프로젝트 관리가 아니다. 이해관계자들을 분류하는 방법은 여러 가지가 있는데 세 가지 예를 들어 본다.

<인도물(Deliverables) 중심의 분류>
• 인도물을 제안한 사람들
• 인도물을 판매할 사람들
• 인도물을 구매할 고객들
• 인도물을 설계하고 제작할 사람들
• 인도물을 시험하고 승인할 사람들
• 인도물을 관리할 사람들

<PMBOK의 분류>
• 고객/사용자: 프로젝트의 결과물을 사용할 것이다.
• 스폰서: 프로젝트를 위해 재정적 자원을 제공한다.
• 프로젝트 관리오피스(PMO): 프로젝트들을 통합 관리한다.
• 운영관리자: R&D, 설계, 제조, 공급, 시험, 유지보수
• 기능관리자: HR, 재무, 회계, 조달 등 행정적 업무
• 판매자: 프로젝트에 필요한 제품이나 서비스를 제공하기 위해 계약을 체결한 외부회사로서 용역제공업체, 개발업체, 공급업체, 계약업체 등으로 부름
• 비즈니스 파트너: 외부회사 중에서 특수한 관계를 가지거나 인증 프로세스를 통해 확보된 회사로서 전문 기술력을 제공하거나 교육 또는 지원 등의 역할을 함

<제럴드 이건(Gerard Egan)의 분류>
• 동반자: 변화를 지지하는 사람
• 협력자: 충분히 설득하면 변화를 지지할 사람
• 동조자: 변화는 지지하지만 당신을 지지한다고는 할 수 없는 사람
• 관망자: 누구에게 충성하는지 불분명한 사람
• 통제불능자: 어디로 뛸지 모르는 사람
• 반대자: 변화엔 반대하지만 당신에게 적의는 없는 사람
• 적: 변화에 반대하고 당신도 싫어하는 사람
• 임시동맹: 변화를 지지하지만 당신을 완전히 믿지는 않는 사람
• 벙어리: 변화를 지지하거나 반대할 만한 힘이 없는 사람

제럴드 이건의 이해관계자 분류는 정치와 매우 관련이 깊다. 즉, 동반자와 협력자는 옆에 두고 그들의 지지를 강화하고, 반대자와 적은 평판을 나쁘게 만들거나 소외시키는 것이 좋으며, 관망자와 벙어리가 상대편으로 넘어가지 않도록 잘 관찰하고 가끔은 그들과 어울리며 그들의 생각을 확인해야 한다고 했다.

실제 프로젝트에서는 다음과 같이 이해관계자들의 구조를 그림으로 그려보면 더 도움이 될 것이다. 나하고 좀더 긴밀한 관계이면 굵은 선으로 표시하고, 정보를 주고 받는 방식은 화살표로 표시해 본다.

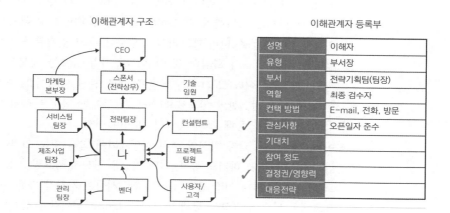

이해관계자 관리대장에는 우선 사내 조직도를 입수하여 기본사항을 적고, 향후 인터뷰를 통해 나머지 항목들을 채워 나간다.

② **면담일정을 잡는다.**

프로젝트 초기라고 해서 이해관계자들을 만나 단순히, "반갑습니다. 이번 ○○ 프로젝트를 맡은 누구누구입니다. 잘 부탁드립니다"라는 인사 정도만 나누고 헤어질 수는 없다. 그들도 바쁘고 PM도 바쁜 와중에 소중한 시간을 내서 만나는 것이기 때문에 일상적인 주변 얘기를 할 정도로 한가하지 않다.

이해관계자들을 만나는 중요 포인트는,

첫째, 그들이 어떤 특성을 가진 이해관계자인지 상세히 파악하고자 하는 것이며,

둘째, 그들에게 꼭 물어봐야 할 내용과 요청해야 할 자료목록을 전달하는 것이다.

PM은 스폰서와 만나 자신이 식별한 이해관계자들 중에 직접 인터뷰해야 할 이해관계자들의 범위를 최종 확정하고, 핵심팀원과 함께 이해관계자들과 인터뷰가 가능한 일정을 잡는다.

프로젝트 초기에 만나는 이해관계자들은 상위 관리자나 임원진인 경우가 많다. 따라서 그들은 자신의 비즈니스 니즈에 대해 소상히 잘 알고 있으며 향후 프로

젝트에 관여할 방향성에 대해 가장 잘 설명해 줄 수 있다. 따라서 무조건 만나기보다는 반드시 사전 준비가 있어야 한다.

③ 인터뷰할 내용을 점검한다(사전 준비).

이해관계자 관리대장 양식만으로는 불충분하다. 그 양식에 채워 넣을 내용을 프로젝트 팀원들이 어떤 식으로 이해하고 어떤 질문을 준비해서 인터뷰에 임해야 하는지를 지시하고 확인해야 한다.

- 우선, 이해관계자들과 만나기 전에 미리 EEF(기업환경요인), OPA(조직프로세스자산) 정도는 파악하여 기초적인 질문은 생략하고, 이해관계자 관리대장에 기록할 핵심질문을 미리 메모하거나 염두에 두고 인터뷰를 하도록 해야 한다.
- 인터뷰 시에 반드시 확실히 알아내야 할 가장 중요한 항목은 관심사항, 참여 정도, 결정권한이다(그렇다고, 무엇에 주로 관심 있으세요? 어느 정도 참여하실 거예요? 결정권한이 있으세요? 따위의 무지한 질문은 하지 말아야 한다. 요령 있는 대화를 통해 눈치껏 알아 내어야 한다.).
- 이해관계자들은 각자 자신의 부서 사업계획에 잡혀 있는 일정에 반드시 맞춰야만 한다고 압박을 하기도 하고, 어떤 기능은 반드시 필요한 기능이라고 강조하기도 하는 등 저마다 가장 중요시 하는 관심사항이 제각각 다를 수 있는데, 이것은 프로젝트 착수 워크샵을 통해 반드시 조율하고 넘어갈 대상이므로 잘 기록해야 한다(프로젝트 착수 워크샵에서, 이해관계자들이 제각각 중요하다고 말한 것들의 보따리를 풀어 놓으면 반드시 상충되는 내용들이 나오기 마련이며, 이를 이해관계자들과 함께 재정리할 수 있다면 프로젝트 성공에 엄청난 기여가 된다.).
- 그들이 얼마나 깊이 참여할 것인가를 알아보는 것은 그들과의 의사소통계획을 수립하는 데에 매우 중요한 기준이 되며, 그들의 권한이 어느 정도인지를 알아보는 것은 어느 프로젝트에나 있게 마련인 정치구조를 파악하여 프로젝트에 도움이 되는 방향으로 정치력을 활용하는 데에 많은 도움이 된다. 의사소통과 정치구조, 바로 이것이 참여 정도와 결정권한을 알아내기 위한 인터뷰 시에 PM이 머리 속에 떠올려야 할 키워드이다.
- 이해관계자가 해당 부서의 최상위 책임자(경영진)라면, 프로젝트 헌장에 실무적으로 기술된 내용 이외에 최상위 책임자가 보는 관점을 인터뷰해야 한다. 즉, 경영자가 그 부서를 운영하는 데에 있어서 가장 중요하게 생각하는 문제점과 개선점들, 경영진의 니즈나 목적 등이 있다.
- 이외에 향후 요구사항을 수집하는 과정에서 필요로 하게 될 자료들의 목록을 미리 전달해 주거나, 요구사항을 가장 잘 설명해 줄 담당자들을 알아두는 것도 매우 좋은 인터뷰 요령이다.

그 외에도 만약 이번 프로젝트에 관여하는 이해관계자들이 좀 더 특이하다고 생각되는 경우에는 다음과 같은 항목을 추가하는 것도 좋다.

- 능력: 지식, 경험, 기술, 업적과 같은 것은 직접 당사자에게 물어보기 보다는 사전에 다른 경로로 파악하는 것이 좋으며, 직접 당사자와 인터뷰할 때에는 그가 가진 백그라운드 능력이나 대인관계, 표현력, 교섭능력 등을 파악하는 것이 좋다.
- 개성: 개성이 개 같은 성질의 약자라 할 정도로 개인마다 성격이 다르며, 이것은 향후 프로젝트 도중에 갈등의 원인이 되기도 한다. 기능 하나를 가지고도 단순함, 다양함, 최신성, 안정성, 편리성, 디자인 등의 선호도가 많이 다를 수 있고 일하는 절차, 태도, 방식, 분위기도 다를 수 있으며 각자의 역할과 책임을 이해하는 정도도 다를 수 있다. 특히 그 사람이 얼마나 꼼꼼한지, 예민한지, 느린지, 급한지, 자기 목소리를 크게 내려고 하는지, 적극적인지, 행정관료적인지, 포용력과 유연성이 있는지 하는 특성을 알아내는 것은 프로젝트를 요령 있게 관리하는 데에 큰 도움을 준다.
- 욕구: 물질적, 인간관계적, 명예, 허세, 인정, 인지적, 심미적 욕구 등이 있다. 모든 사람들은 자신의 욕구수준에 따라 기대치가 달라지고 만족도가 달라지고 동기부여 정도가 달라지고 성취수준도 달라진다. 이것은 직접적으로 파악하기가 매우 힘들기 때문에 주변인의 도움을 얻을 필요가 있으며 이것을 알면 이해관계자에게 도움을 얻거나 동기부여를 어떻게 해야 할지 방법을 알 수 있다.
- 상대 비교: 상대적으로 어떤 점을 중시하는가? 단순히 기능, 납기, 예산, 품질, 최신기술 등이 아니라 어떤 점은 매우 중시하고 어떤 점은 별로 중시하지 않는지를 비교 질문하여 알아내면, 만약 나중에 곤란한 상황이 생겨 Trade-off를 해야 할 경우에, 여러 이해관계자들과 협상해야 할 포인트를 알 수 있다.
- 참여 성향: 이해관계자를 다음과 같이 5가지로 구분해 본다.

Unsure(어느 정도 참여할지 불확실)

Resistant(저항, 매우 반대하거나 약간 반대함)

Neutral(중립)

Supportive(지원, 약간 지지함)

Leading(선도, 매우 지지함)

※ 저항 성향을 보이는 이해관계자에 대해.

어떤 프로젝트이든 저항세력을 관리해서 참여로 유도하는 것이 중요하다.

저항 성향 이해관계자들의 주요한 특징으로는, 자신의 경험과 감각에 의해 막연하게 이번 프로젝트는 비현실적이고 사업성이 없다는 말을 자주 하며, 프로젝트 추진의 당위성을 구체적으로 증명할 자료를 요청하면서도 그들에게 프로젝트 참여를 요청하면 시간이 없다는 핑계를 대고 터무니 없는 언행으로 갈등을 조장하기도 한다.

물론 이외에도 그들의 특징은 아주 다양하기 때문에 과연 그들이 기술적 전문성으로 저항을 하는 것인지 정치적인 의도를 가지고 저항을 하는 것인지 그들의 저항 유형과 저항 원인을 분석하여 기록할 필요가 있다. 물론 이는 대응 전략을 구상하기 위함이다.

저항 성향의 이해관계자들에게 가장 일반적인 대응전략으로는, 그들이 요청하는 구체적인 정보를 제공하면서 그들에게 프로젝트 요구사항의 아이디어를 요청하는 방안(참여를 유도하는 방안)과, 검증된 타사 사례를 제공하는 방안이 있다. 하지만 실제 프로젝트에서는 검증된 사례가 없거나 타사 사례와는 Gap이 큰 경우가 많기 때문에 이러한 경우에는 자체적인 노력으로 가시적인 프로토타입 모델을 시연해 가며 참여를 유도하는 것이 효과적이다. 만약 자체적으로 프로토타입을 만드는 것이 귀찮다면 저항세력의 공격을 크게 받으며 진행할 수밖에 없다. 유능한 PM일수록 귀찮은 것을 잘한다.

또 한 가지 유용한 대응방안으로는, 저항 성향 이해관계자를 회의 석상에서 공식적으로 Devil's Advocate로 지정하는 것이다. 그가 뒤에서 유치하게 비난하고 방해하는 것을 진지하게 공식화 시키면 서로 윈-윈 할 수 있을 것이다.

(Devil's Advocate: 대다수가 동의하는 내용에 대해 일부러 상반된 의견을 제시하는 사람을 두어 미처 생각지 못한 점을 비판하는 기회로 삼음.)

④ 인터뷰한 내용을 바탕으로 하여, 이해관계자들의 특성을 사분면 방식으로 구분해 본다.
이는 마치 고객관계관리(CRM)에서 고객세분화를 하고 Target 고객별로 마케팅을 하려는 것과 아주 유사하다.

PMBOK에 나와 있는 이 사분면은, 원래 제리 존슨(Gerry Johnson), 케빈 스콜스(Kevin Scholes), 리처드 위팅엄(Richard Wittingham)이 만든 이해관계자 지도이다.

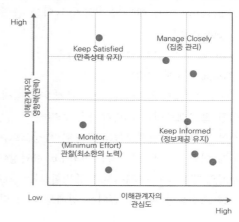

이해관계자들이 프로젝트 팀에 얼마나 관심을 갖는지를 조사하고, 이해관계자가 프로젝트 팀에 얼마나 영향력을 행사할지 또는 프로젝트로 인해 그들이 얼마나 영향을 받게 될지를 파악하는 것이다.

- 영향력도 적고 관심도 적은 그룹(Monitor): 이들과 직접 의사소통 하려고 너무 많은 시간을 사용하지 않는다. Web-site나 사내 정보시스템 등을 통해 프로젝트 진행현황을 알려준다.
- 영향력은 작지만 관심이 많은 그룹(Keep Informed): 이들과는 자주 대화하는 것이 좋다. 중요한 결정권한은 없지만 세부적인 기능과 전문성 면에서 많은 도움을 얻을 수 있으며 그들을 통해 다른 이해관계자들을 설득할 수도 있다. 특히 프로젝트 초기단계에 중요한 도움이 된다.
- 영향력이 강하지만 관심이 적은 그룹(Keep Satisfied): 비록 이들이 프로젝트에 깊게 관여하기는 싫어하지만, 이들은 의사결정 권한을 행사할 수 있는 사람들이므로, 이들에게 지속적으로 요약된 정보를 제공해 주고 프로젝트에 대한 관심을 유도하여 Key Man으로서 프로젝트에 참여할 수 있도록 리드해야 한다.
- 영향력도 강하며 관심도 많은 그룹(Manage Closely): 이들은 한 마디로 Key Man이다. PM은 특히 이들에게 집중해야 한다. 이들에게 전폭적인 도움을 요청하고 이들이 중요한 의사결정에 참여하도록 해야 한다.

영향력이 강한 이해관계자들을 프로젝트에 호의적으로 만들면, 그들은 그들의 영향력을 활용하여 다른 여러 이해관계자들에게 프로젝트에 도움이 되도록 영향력을 행사할 것이다.

※ 사분면 분석의 목적

사분면 분석의 목적은 사람을 구별하기 위함이 아니다. 심지어, PM은 모든 이해관계자들을 모두 만족시킬 수 없으니 핵심 이해관계자들만이라도 만족시킬 수 있도록 구분해 보는 것이라고 생각한다면 그 PM은 스스로 문제를 일으키는 꼴이 된다. 이해관계자를 사분면으로 분석해 보는 목적은 이슈의 중요도에 따른 PM의 의사소통방식을 결정하기 위함이며, 어떻게 하면 가장 효율적으로 의사소통 할 것인가? 를 적극적으로 탐색하는 활동인 것이다.

어떤 이해관계자의 파워가 아무리 높아도 사소한 이슈일 수가 있고, 다른 이해관계자가 제기하는 이슈가 프로젝트의 제약사항을 통합적으로 고려해봐야 하는 중대한 문제일 수도 있기 때문에 PM의 의사소통 시간과 노력을 할당하는 우선순위 기준은 이슈들의 상대적 중요도에 따라 판단되어야 한다.

사분면 분석은 이해관계자들을 어떤 식으로 프로젝트에 참여시키고 어떻게 관리해야 하는지를 구체적으로 파악하기 위한 사전작업이기도 하며, 어떤 이해관계자가 프로젝트에 향후 부정적인 영향을 미칠 것인지 또는 긍정적인 영향을 미칠 것인지를 알아내기 위한 작업이기도 하다. 만약 PM이 이런 작업을 소홀히 한다면, 그것은 향후 프로젝트 리스크를 크게 증가시키는 것과 같은 의미이기도 하다.

※ 사분면 분석의 두 축

가장 많이 사용되는 사분면의 두 축은 권력과 영향력(Power vs. Impact)이다.

• 권력

권력은 조직도에 분명하게 나타나 있기 때문에 비교적 쉽게 파악될 수 있으나 직급이 높다고 해서 프로젝트에 영향력(Impact)이 강한 것은 결코 아니다.

이해관계자 식별 프로세스에서 사용하는 용어인 Power는 프로젝트에 영향을 끼치는 힘의 세기가 아니라 단순히 조직의 직급으로 이해해야 하며 또한 Ownership하고도 구별되는 용어이니 주의해야 한다.

• 영향력

진짜 중요한 것은 영향력으로서 낮은 직급자 일지라도 프로젝트에 매우 강한 영향력을 행사하는 경우는 아주 흔하다.

영향력이라는 것은 프로젝트의 계획과 실행을 변경하는 데에 영향을 미치는 능력을 말하는데, 물론 권력도 높고 영향력도 높은 사람이 가장 핵심인물임에는 틀림없으나 대부분의 프로젝트에서 직급이 높은 사람은 전략적인 측면에서 이미 프로젝트 초기에 영향을 미쳤기 때문에 실제 프로젝트 도중에 계획을 변경하거나 실행을 조정하는 데에 지대한 영향을 미치는 사람들은 직급이 중간급이면서 참여도가 아주 높고 실제 결과물을 직접 관리할 사람들이 되곤 한다.

여기서 주의할 것은 만약에 프로젝트가 여러 조직 간에 걸쳐져 있는 공통의 전사적 과제를 해결하기 위한 형태라면, 어떤 특정 부서 내에서만 권력이 높고 전사적으로는 효력이 없는 권력은 비교적 낮게 평가되어야 하며, 다른 조직에도 권한이 행사될 수 있는 overall organizational power를 가진 이해관계자의 참여가 중요하다.

※ 또 다른 두 축 관심도와 관여도

• 관심도

프로젝트의 결과물에 대해 관심을 갖는 정도를 말하며, 관심을 많이 갖는다는 것은 그만큼 결과물을 사용하게 될 역할과 책임이 깊이 연관되어 있다는 것을 의미한다. 이것이 높은 이해관계자들은 프로젝트 팀원들이 결과물(인도물)을 만들어 내는 과정과 결과물의 가시적인 모습에 매우 밀접하게 관여를 한다.

• 관여도

프로젝트에 얼마나 적극적으로 관여하는가 하는 정도를 말하며, 이들은 프로젝트의 대부분의 회의에 참석한다.

관심도는 높은데 바쁘다는 이유 등으로 중요회의에 거의 참석하지 않는(높은 관심도, 낮은 관여도) 이해관계자의 경우 프로젝트 중반을 넘어 결과물에 대해 변경요구를 할 가능성이 매우 높으므로 프로젝트 도중에 항상 정확한 의사소통관리가 되는지 확인할 필요가 있다.

이해관계자 분석을 좀 더 잘 하려면, 이해관계자들의 이해관계, 관심사항, 기대치가 서로 상충되는 부분은 있는지 그리고 어떻게 상충되는지도 파악해야 한다.

⑤ 이해관계자 관리전략을 세운다.

• 관리전략은 주로 핵심 이해관계자를 대상으로 세운다.

이해관계자 관리 전략

이해관계자	관심사항	영향력	이익	손해	전략

이해관계자 관리 점검표

	일자	스폰서	전략팀장	재무팀장	IT팀장
착수보고	2011.9.1	✓	✓	✓	
메모A	2011.9.6		✓	✓	
경과보고A	2011.9.19				✓
메모B	2011.9.22		✓		✓
경과보고B	2011.9.30	✓	✓		

왜냐하면 그들이 주로 핵심사안을 다루기 때문에 마치 파레토의 80대20 법칙처럼 몇 개 안 되는 이슈가 프로젝트 전체를 뒤흔들 가능성이 매우 크기 때문이며, 이해관계자들 모두에 대해 개별적으로 관리전략을 세우고 일대일로 대응하려고 하는 것은 매우 비효율적이다.

• 이해관계자 분석결과에 기반하여 이해관계자의 그러한 상태가 프로젝트에 어떠한 이익과 손해를 줄 수 있는지를 고려해서, 이익이 되는 방향으로 도움을 얻어내거나 손해가 되는 문제점이나 장애를 줄이기 위한 전략을 적는다. PM 혼자만의 생각으로 대응전략을 구상해 내기는 어려울 것이며 스폰서나 핵심팀원 또는 긴밀하게 협조를 해 줄 사람들의 도움을 얻는 것이 좋다.

• 이해관계자들간의 균형을 생각해야 한다.

예를 들어, 뉴스 편집국의 경우, 뉴스로 발표되고 홍보되기를 원하는 다양한 이해관계자 집단과 이슈들이 얼마나 많을 것인가? 정당이나 정치인, 경영인, 상인, 근로자, 단체, 학생, 주부 등등. 이런 다양한 이해관계자들마다 각자의 이슈를 가장 중요하게 생각할 것이며, 심지어 뉴스 편집국에 영향력을 행사하려고 할 수도 있다. 그러니 이런 상황에서 중구난방 직관에 의존하거나 이해관계자들의 영향력에 따라 크게 흔들려서는 제한된 시간에 공정한 뉴스를 적절히 배분하여 방송할 수 없을 것이다.

• 관리전략은 중대 이슈가 생겼을 때에 PM에게 도움이 된다.

이해관계자 관리전략은 프로젝트 초기에 PM이 프로젝트를 성공적인 방향으로 리드해 나가는 데 매우 중요한 도움이 되며, 프로젝트 도중에 중대한 이해관계가 충돌하여 이슈가 발생하였을 시에도 막연히 골치 아파하지 않고 우선 어떻게 대응해야 할지 방향을 잡을 수가 있게 해준다.

그러한 때에 가서야 뒤늦게 이해관계자의 특성을 파악하려고 인터뷰를 하는 PM은 없을 것이고 설령 파악하려고 하더라도 좀처럼 알 수가 없다. 하지만 착실히 준비한 PM을 상상해 보라. 아주 어려운 이해관계자로 인해 심각한 문제가 발생하려 할 시에 PM이 신중하게 비상한 머리를 굴리는 것처럼 보이면서 팀원들에게 향후 행동방향을 지시하는 모습을. 그게 다 프로젝트 초기에 잘 준비한 덕분인 것이다.

⑥ 상기 내용들은 철저히 대외비로 관리한다.

민감한 내용이므로 이해관계자들에게 알려지지 않도록 주의한다.

여기까지 우리는 프로젝트의 개략적인 전체 내용(프로젝트 헌장)과 이 프로젝트에 지속적으로 영향을 미치게 될 중요한 이해관계자들을 식별했다.

그 다음으로 중요한 핵심 키워드를 하나만 말하라고 한다면 아마도 "이해관계자의 기대치"라 할 수 있을 것이다.

프로젝트가 탄생하게 된 비즈니스 니즈 역시 이해관계자의 기대치에서 비롯된 것이고 앞으로 프로젝트가 나아가게 될 방향 역시 이해관계자의 기대치에 따라 좌우된다.

그것을 우리는 요구사항(Requirements)이라는 말로도 표현하고 기대치(Expectation)라는 말로도 표현하는데, 기대라는 단어의 비슷한 말을 찾아보면, 희망, 소망, 바람, 상상, 가정, 가설, 약속, 계약, 믿음, 신뢰, 예상, 추정, 가능성 등이 있으며, 실제 프로젝트에서는 이 모든 것이 모두 다 프로젝트에 반영된다.

프로젝트에서 이해관계자의 기대치는 프로젝트에 가장 중요한 원동력이자 가장 중요한 관리요소라 할 수 있다. 프로젝트의 제약사항(Constraints: 일정, 원가, 품질, 자원이 제약된 상황)을 프로젝트 관리에서 가장 중요한 관리요소로 생각하는 PM은 초보PM이라 할 수 있으며, 좀 더 성숙해 질수록 이해관계자의 기대치를 관리하는 방향으로 포커스가 옮겨간다.

그런데 여기서 또 하나 중요한 것이 있다. 세상의 모든 현상에는 양면이 있는데, 이해관계자의 기대치를 중요시하고 잘 관리해야 한다면, 그 이면에 있는 경우도 마찬가지라는 것을 알아야 한다. 즉, 이해관계자가 기대하지 못하는(Unexpected)

것 역시 매우 중요하다는 것이다. 이것을 중요시하고 잘 관리하고자 하는 것이 위험관리(Risk Management)이다.

프로젝트 헌장이 승인되고 어느 정도 이해관계자를 파악하였다면, 이제부터 해야 할 일은 이해관계자들의 기대치와 기대하지 못하는 것에 대한 위험성을 구체화하는 일이다. 그것이 바로 요구사항 수집작업과 리스크 식별작업이다.

프로젝트 관리 Standard 가이드에는 요구사항 수집을 해서 인도물의 범위가 구체적으로 정의되고 나서야(WBS 작성 이후) 리스크를 식별하는 것으로 프로세스가 설명되어 있지만 실제 프로젝트에서는 결코 그렇지 않다. 크고 중요한 리스크들은 항상 프로젝트가 공식적으로 착수되기 이전에 거의 다 이미 존재하고 있다는 것을 인식해야 한다.

즉, 리스크관리 업무의 비중은 프로젝트 착수 이전에 가장 크며 효과 역시 그 때가 가장 크다. 범위가 구체화되고 난 이후에 리스크 식별작업은 프로젝트가 실행되는 과정을 관리하기 위함이며 착수나 계약 이전에 하는 리스크 식별작업은 그야말로 뛰어난 통찰력을 필요로 하는 작업으로서 PM보다는 그 상위관리자나 경영층의 우수성에 의해 결정된다.

출처: 네이버, 이해관계자 만나기.

(13) 기타 관리

1) 산출물관리

산출물관리는 작성된 단계별 산출물의 표지와 넘버링체계, 수정번호(버전) 표기 등 산출물의 외적 관리에 대한 포괄적 절차로서 PM은 적절한 담당자에게 이들 권한을 위임할 수 있다. 이 경우 권한을 위임받은 사람은 산출물관리 승인에 대한 총괄책임을 진다. 산출물관리의 구체적인 활동은 ① 문서가 작성되면 문서의 표지 및 내부에 식별표시를 하는 것, ② 문서발행 목록표에 등재하고 관리마스터에 문서 개정이력을 작성하여 승인권자의 승인을 득하는 것, ③ 해당문서 사용자가 업무에 활용될 수 있도록 제공하는 것 등을 포함한다. 이력관리는 프로젝트 활동을 효과적으로 수행하기 위한 중요한 활동인데, 각종 산출물들은 정해진 절차에 따라 식별, 수집, 색인, 파일링, 보관을 실시한다.

- 작성: 문서가 작성 되면 문서의 표지 및 내부에 식별표시를 함.
- 승인: 문서발행 목록표에 등재하고 관리마스터에 문서 개정이력을 작성

하여 승인권자의 승인을 득함.

• 공유: 해당문서 사용자가 업무에 활용될 수 있도록 공유함.

이력관리: 각종 산출물들은 정해진 절차에 따라 식별, 수집, 색인, 파일링, 보관 실시함.

단계별 모든 산출물 및 보고서는 디스켓 또는 CD과 함께 고객에게 제출한다.

2) 보고 관리

보고관리는 단계별 산출물 및 보고서를 작성하고, 모든 산출물 및 보고서는 디스켓 또는 CD와 함께 제출하는 것도 포함하는 활동으로서 프로젝트 관리자가 기업측의 프로젝트 추진팀에게 프로젝트 진척사항과 이슈 등을 보고하고 상의하여 산출물의 품질과 납기 등 성과를 보고하는 것을 말한다. 프로젝트 수행원은 매주, 매월 말 업무수행상황을 프로젝트 관리자에게 보고하는데 프로젝트 관리자는 이 보고서들을 토대로 실무 추진팀에 정기적으로 보고서를 제출한다. 이를 통해 실무추진팀과 상호 업무수행 진척도 및 쟁점사항 등을 공유함으로써 상호 지속적인 의사소통이 가능하게 된다.

통상 경영컨설팅 프로젝트의 경우 착수시에는 착수보고, 종료시에는 종료보고(혹은 최종보고)를 실시하며 [현업분석]단계 종료 후 중간보고 1회 실시하며, 매주 주간 보고(weekly report), 매월 월례보고(monthly report) 등의 정기 보

[표 5-17] 경영컨설팅의 의사소통 보고내용, 주기 및 방법

구 분	보고 및 검토내용	시기 및 방법
실무추진팀	보고검토 결과 및 문제점 통보 추가 지시사항 전달 프로젝트 정기적 점검	검토회의시 필요시 수시검토
프로젝트 관리자	업무진행 현황 및 진행일정을 실무추진팀에 보고 업무협조 요청사항 발생시 실무추진팀에 요청 품질관리 및 팀원에게 조치사항 전달	주간 보고 월간 보고 수시 보고
프로젝트팀	업무진행 현황 및 진행일정을 프로젝트 관리자에게 보고 문제, 리스크, 형상변경 발생시 수시로 보고	주간 보고 수시 보고
사업관리	투입인원 관련 사항 보고 자원 및 예산, 비용관련 사항 보고	주간 보고 수시 보고
품질관리	품질검토 결과 보고 리스크관리 결과 보고	주간 보고 수시 보고

고를 실시하며, 고객측과 수시로 만나 공식적·비공식적으로 수행하는 수시보고(interim report)를 통하여 열린 소통을 유지하는 것이 매우 중요하다. 주기적(주별, 월별) 보고를 원칙으로 하고 긴급사항 발생시 수시보고를 함으로써 프로젝트 현황 및 문제점을 보고하여 사업수행의 일정을 검토하고 피드백하여 방향을 수정한다.

3) 보안관리

프로젝트 수행에 관여하는 모든 인원과 조직은 보안활동 및 관리의 대상으로 프로젝트 수행과정 중에 인원 및 조직에 관련된 위협요인을 파악하고 대응책을 제시한다.

프로젝트 수행중에 지득(知得)한 고객측의 기밀사항의 보안유지에 대한 보안관리 활동이 있다. 일반적으로 프로젝트 수행을 통해서 얻어진 고객의 정보자산을 보호하기 위하여 협력업체 인력을 포함한 모든 프로젝트 수행인력이 기밀보안 서약서를 제출하며, 고객과 경영컨설팅 firm의 정보보호 기준을 준수하고, 프로젝트 완료 후에는 산출물 및 지적재산권에 대한 소유권과 저작권을 고객으로 이전한다. 인원 및 조직 보안활동은 취급주의를 요하는 정보에 접근할 수 있는 요원에게 적절한 권한을 부여하는 수단을 강구하며, 이러한 정보를 조직적인 차원에서 보호할 수 있도록 관리의 운영절차, 책임체제, 통제대책을 수립한다.

고객의 중요한 정보자산을 보호하기 위하여 협력업체 인력을 포함한 모든 프로젝트 수행인력이 기밀보안서약서를 제출하며, 고객 정보보호 기준을 준수하고, 프로젝트 완료 후에는 산출물 및 지적재산권에 대한 소유권과 저작권을 고객에게로 이전하는 활동을 포함한다.

이 밖에도 프로젝트를 수행하면서 발생하는 사업전반에 대한 검토와 이슈에 대한 의견조정, 산출물의 변경관리 및 품질보증 검토, 리스크요소의 사전평가를 통한 리스크관리를 위해서 실무추진팀과 각 단계의 종료시점 또는 필요시에 검토회의를 실시하기도 하며 사후보증 관리를 위하여 고객측과 협의하고 이를 준수한다.

병원 사례: 범위관리
회사: C병원
프로젝트명: C병원 ISP/BPR(Information Strategic Planning & Business
　　　　　　 Process Re-engineering)
기간: 5개월
투입인원: 6명

이슈

　　C병원 ISP/BPR프로젝트는 애초 범위설정에 이견이 있었다. PM인 김수석이 프로젝트 범위를 제안서에 ISP(정보전략수립)으로 명확히 하였으나 C병원으로부터 프로세스도 점검해 달라는 암묵의 요구사항을 거절하지 못한 채 프로젝트가 시작되었다. C병원 담당 영업사원(수석급)이 매킨지 컨설팅사로부터 1차 경영컨설팅을 받았을 때 매킨지 컨설팅 최종보고서에 추후 ISP가 필요하다는 보고를 받은 C병원은 ISP수행을 위해 몇 개 IT컨설팅사에 제안요청서를 발송하였고 김수석은 C병원 제안서를 받고 사내 병원전문 컨설턴트들을 어렵사리 찾아내어 제안팀을 꾸린 후 제안서를 작성하고 직접 제안 발표를 하여 프로젝트를 수주하였다.

　　회사는 본 ISP프로젝트수행 이후 더 큰 후속 IT개발 프로젝트가 수주되기를 기대하고 있던 터라 김수석으로서는 C병원의 요구사항을 거절하기 쉽지 않았다. 그랬다가는 고객관계나 추후 잠재 컨설팅 사업에 영향을 끼치리라고 판단하였다. 이러다 보니 보통의 정보전략수립(ISP)프로젝트와 달리 추진범위가 많아져서 프로젝트 관리툴이 필요하지 않을까도 판단하였다. 더군다나 프로젝트 수행범위의 변경은 팀원들의 부담으로 이어지고 수행기간이 길어질 경우에는 그 기간만큼 투입인력이 늘어나는 것이므로 수익성이 나지 않은 프로젝트가 되고 말 것이었다. 수많은 프로젝트를 수행하였지만 김PM은 엑셀과 그리고 매일 갖는 회의에서 일정을 파악하기 때문에 프로젝트 관리툴이 오히려 거추장스러웠다. 어차피 프로젝트를 마무리하면 종료보고를 회사 지식관리 시스템에 별도로 입력하게 되어 있고, MS사의 프로젝트 관리툴과 연계되어 있지도 않았다. 우선 프로젝트 수행 범위를 조정하고 명확히 하는 것이 급선무였다.

해결방안

프로젝트는 수행기간 내에 잘 마무리하는 것이 중요하다. [납기는 생명, 품질은 자존심]이라고 하지 않았던가. 새로운 프로젝트 관리툴을 사용하려면 별도의 프로젝트 관리인원이 필요한데 6명 모두 프로젝트 수행인원이므로 애초의 수행범위라면 문제가 없을 것이므로 다음과 같이 해결방안을 모색하였다.

❶ PMO를 구성하기에는 인원이 부족하므로 김수석(PM)은 소속회사에 C병원 ISP프로젝트의 마스터 프로젝트 관리자를 요청하여 프로젝트 진행과 일정관리를 총괄 점검할 수 있도록 요청하였다(승인).

❷ 병원 ISP 프로젝트에 경험을 지닌 책임급 컨설턴트가 수시로 C병원을 방문하여 품질측면을 점검하여 줄 것을 요청하였다(승인).

❸ [행정 - 진료 - 원무]로 나누어 계약서에 명시된 기간내에서 현황파악을 하여 프로세스 이슈를 도출하고 시간이 허락하는 범위에서 벤치마킹(해외포함)까지는 수행하되 미래 프로세스 모형설계는 별도의 계약에 의하여 수행하기로 논의하였다(3차 회의 이후 협의됨).

(대학 사례: 인력교체)
회사: W학원
프로젝트명: W 학원 발전전략 수립
기간: 3개월
투입인원: 5명

이슈

W학원 발전전략수립(경영컨설팅 프로젝트)은 애초에 국내에 사례가 없는 프로젝트로서 국내 어떤 대학보다도 선구자적 역할을 자임하는 W학원이 가장 앞서서 교육인적자원부의 시행요청을 받아들여 자비로 대학 미래 발전전략 수행을 국내 컨설팅사에 의뢰한 경우이다. W학원은 지방에 소재하고 있는 관계로 팀원들을 몇 개월씩 지방에서 프로젝트를 수행하도록 하기에는 애초부터 무리가 없지 않았으나 회사에 소속된 직원으로서 프로젝트 수행을 거절할 명분도 없었다.

팀원 중 이동준 선임이 애초부터 지방에 내려가기를 꺼려했으나, 제안서에 이미 수행인력으로 명기하였고 교육서비스 컨설팅프로젝트를 수행해 본 경험이 있어서 W학원에 적합한 팀원이었다. 이동준 선임이 신혼이었고 지방에서 프로젝트를 수행하는 것에 대하여 편견이 있다는 것이 다소 문제거리였다.

프로젝트 수행이 한참 무르익어 가는 시기에 김PM소속회사의 한 PM으로 전화가 걸려 왔다. 다른 교육서비스프로젝트가 수주되었는데 이동준 선임 외에는 적합한 인력이 없으므로 서울로 올려 달라는 요청이었다. 수행중인 프로젝트에서 인력을 빼내어 간다는 것이 이해가 되지 않았는데 이동준 선임은 막무가내식으로 서울로 올라 가겠다고 김PM을 졸랐다. 특히 W학원은 이동준 선임의 성실성과 역량을 잘 간파하고 있었던 터라 인력교체를 받아 들이지 않고 있었으나 그것을 아는지 모르는지 이동준 선임은 당장 내일 서울로 올라 가겠다는 기세였다. 문제는 고객이 애초에 이동준 선임을 비롯한 모든 팀원들의 인력프로필을 보고 프로젝트를 계약하였던 것인데 인력조정문제를 이해해 줄지 판단이 서지 않았다.

해결방안

❶ 고객의 의견이 중요하므로 고객사가 승인될 때까지 이동준 선임은 본 프로젝트를 수행하기로 상의함.

❷ 고객사에게 인력조정이 불가피함을 설득함.

❸ 교육서비스 컨설팅 프로젝트 수행이 경험은 다소 약하나 성실하고 분석력이 뛰어난 회사 책임급 인력을 섭외하여 품질과 납기에 전혀 지장이 없도록 할 것임을 확신시킴.

❹ 김PM은 소속 회사의 컨설팅 본부장에게 전화로 책임급 컨설턴트를 섭외요청하고 필요시 W학원 총장에게 인력교체 투입의 불가피성을 설명하도록 요청함.

❺ W학원은 새로 투입될 책임급 컨설턴트의 프로필을 보고 인력교체 투입을 승인함.

건설사 사례: KPI선정문제
회사: P건설사
프로젝트명: P건설사 영업부문 PI 상세설계(2차)
기간: 6개월
투입인원: 18명

이슈

P건설사는 국내 굴지의 건설사로 이미 김수석 소속회사와 함께 몇 해전 영업부문에 대한 PI(Process Innovation)-1차-를 수행하여 영업부문에 대한 대체적인 프로세스 맵과 이슈와 개선안이 진단된 상태였다. 이번에 영업부문에 IT시스템 개발을 위하여 2차(상세설계)를 위한 새로운 프로젝트를 발주하여 김PM은 외국계 컨설팅회사와 컨소시엄으로 본 프로젝트를 수주하였다.

김PM소속회사는 IT개발이 장점이었고, 외국계 컨설팅회사는 현황분석과 해외사례에 강점이 있었다. 2차 상세설계에서는 새로 설계하거나 재설계되는 각 유관부서의 프로세스마다 KPI(Key Performance Index)를 설정하여 각 프로

세스의 성과지표를 선정하는 것까지가 수행범위였다. 사실 프로세스를 설계한
다는 것은 (1) 프로세스 자체 (2) 시스템 개발 (3) R&R(Role and Responsibility)
(4) R&P (Rule and Policy) (5) KPI(주성과지표)를 선정하는 것인데 — 이를 5 DPA
(design parameter analysis)라고 지칭함 — 선정된 KPI가 자신들의 부서와 관련이
없고 또한 선정된 KPI로 성과측정하면 자신들 부서의 고과가 엉망이 될 것이
라고 하면서 선정에 동의할 수 없다고 항의하였다.

해결방안

❶ 모든 부서가 동의하는 KPI는 선정될 수 없음을 설파함.

❷ 선정된 18개 KPI에 동의하는 부서는 거의 없었음.

❸ KPI선정이 안 되어 프로젝트가 지연되고 있었으므로 P건설사의 Task
Force 팀장과 협의하여 일괄 시행을 사내공고하기로 함.

❹ 유관부서의 항의가 계속되어 T/F팀장과 KPI선정을 위한 방안을 모
색함.

❺ 프로젝트 조정위원회(Steering Committee)의 본부장(상무) 참석하에 KPI
선정회의를 가지기로 합의함.

❻ 본부장 참석하에 회의를 몇 차례 가진 결과 다음과 같이 합의 봄: 18
개 KPI를 제시하되 이를 순차적으로 시행하기로 함. 모든 부서가 대
체적으로 동의할 수 있는 3개부터 시행하고 나머지는 일정계획에 따
라 순차적으로 수행하기로 합의함

❼ KPI 18개를 정의하는 보고서를 끝으로 모든 산출물에 대한 검수를
마침

❽ 프로젝트 종료보고 후 프로젝트를 종료함.

프로젝트 구축사례와 성공 실패 사례

사례 1

공개SW 활용사례: 우아한형제들, 'WoowahanJS' 소스 공개로 기여 문화 확대

[컴퓨터월드] 웹 개발의 경우 안드로이드나 iOS, 윈도우의 경우와 달리 플랫폼 벤더가 주도하는 특정 프레임워크가 존재하지 않는다. 오픈된 형태로 발전하는 기술이기 때문에 표준화 된 프레임워크가 존재하지 않는 대신 프레임워크의 개발자가 중요하다고 생각하는 요소를 강화한 다양한 형태의 프레임워크가 제안되는 편이다. 배달의민족을 서비스하고 있는 우아한형제들은 최근 자체 개발 프레임워크를 깃허브(Github)를 통해 공개하고 기술블로그를 통해 이를 밝혀 눈길을 끌고 있다.

'빠른 생산성'을 갖춘 프레임워크의 필요

프레임워크는 또렷하게 정의되기 어려운 단어다. GoF(Gang of Four)로 불리는 네 명의 컴퓨터과학 연구자 중 한 명인 랄프 존스(Ralph Johnson)는 프레임워크를 '소프트웨어의 구체적인 부분에 해당하는 설계와 구현을 재사용이 가능하게끔 일련의 협업화된 형태로 클래스들을 제공하는 것'으로 정의하고 있다.

프레임워크란 효과적인 개발을 위해 다양하게 제안되는 일련의 개발 가이드라인으로 볼 수 있다. 어떤 방식이 더 효과적인지, 정의하는 사람·조직에 따라 상이하며, 이에 따라 사용하고자 하는 목적을 분명히 하고 선택하는 것이 중요하다. 최근에는 앵귤러JS(AngularJS)나, 리액트(React.js) 등이 주목받고 있으며, 국내 외로 많이 사용되고 있다. 구글이나 페이스북도 자체 개발한 프레임워크를 가지고 있고 이들 프레임워크는 개발자들에게 많은 관심을 받고 있다.

우아한형제들의 경우 자바스크립트를 능숙하게 다룰 수 있는 프론트엔드 엔지니어의 수보다 HTML과 CSS를 사용하는 웹 퍼블리셔의 수가 많은 상태였다. 그러한 이유로 이들 퍼블리셔가 내부에서 생산하는 페이지도 많은 비율을

차지하고 있으며, 생산해야 하는 속도 또한 사업의 진행에 맞춰 빠르게 진행 돼야 했다. 기존 프레임워크는 이러한 점에서 원활한 협업이 어려웠다. 기존 프레임워크가 엔지니어 친화적이며, 자바스크립트를 익숙하게 다룰 줄 안다는 것을 가정하고 있기 때문이었다.

우아한형제들의 우아한JS(WoowahanJS)는 이 점에 주목해 만들어졌다. 기존의 프레임워크는 퍼블리셔의 입장에서 접근이 어려웠을 뿐 아니라, 많은 기술지원 요청들을 원활하게 해결하기 어려웠다. 게다가 기존 프레임워크가 장점으로 내세우는 성능 또한 일상적인 웹앱 개발에서 발생하지 않는 지나치게 극단적인 상황에서 테스트된 성능 지표이기에 성능에 대한 이점 역시 크지 않았다.

사용하기 편리하게 해 생산성 높여

우아한형제들이 개발해 공개한 우아한JS는 협업과 빠른 생산성에 초점을 맞춰 개발됐다. 기존 프레임워크와의 가장 큰 차이점은 자바스크립트를 HTML/CSS와 명확히 분리해냈다는 것이다. 자바스크립트를 모르는 웹 퍼블리셔도 HTML 파일로 쉽게 작업할 수 있다.

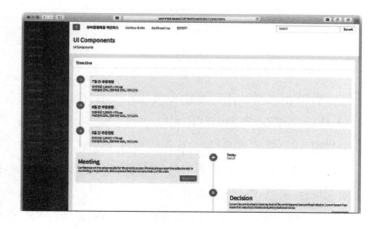

_우아한형제들 내부사용자용 'UI마트' 화면

아직 외부적으로 공개된 기능은 아니지만 내부적으로는 UI마트를 사용해 생산성을 높이고 있다. 전형적인 틀을 갖춘 웹페이지의 경우 쇼핑하듯 편하게 제작이 가능하다. 구성할 화면을 고르고 다운로드 받아 프로젝트의 API를 연결하고 화면에 맞춰 가공하면 웹페이지가 쉽게 생성된다.

우아한JS는 J쿼리(JQuery)와 백본JS(Backbone.js)를 기반으로 만들어졌다. 처음 개발될 당시에는 백본JS를 기반으로 그 위에 우아한형제들이 생각하는 웹개발 방식을 덧입힌 형태로 개발됐다. 따라서 현재까지는 백본JS를 많이 포함하고 있었지만 초기의 우아한JS와 다르게 현재는 사용되지 않는 기능 또한 많다. 따라서 개발자들은 우아한JS에서 백본JS의 주요 기능을 더욱 거둬내 자체 기능을 강화해 나갈 계획이다.

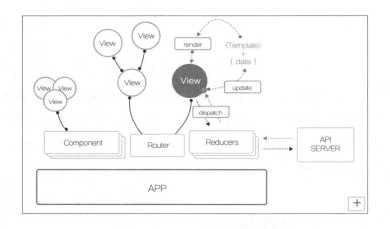

_우아한JS 아키텍쳐

하지만 프레임워크 개발이 처음부터 쉽지는 않았다. 자체개발 프레임워크에 대한 거부감 때문이었다. 비단 프레임워크뿐만 아니라 특정 솔루션을 자체개발해 내부에서 사용하는 경우 개발자 개인에게 종속성이 생기는 경향이 있다. 이러한 경우 개발한 인원이 회사를 떠나면 기술지원이나 후속개발이 불가능하다는 점이 리스크요소로 꼽힌다.

회사뿐 아니라 개발자 차원에서도 우려를 받는다. 현재도 개발자직군의 이직률은 굉장히 높은 편이다. 이들은 대부분 같은 직군으로 이직하기에 어떤 기술을 다뤄왔는지가 중요 이력사항이 되곤 한다. 사내 개발 프레임워크로만 일했을 때는 이직에 있어서 불이익을 받기 쉽다. 특히 우리나라는 인기있는 프레임워크 사용자를 우대하는 경향이 높아 개발자들도 이들 프레임워크를 선호하곤 한다.

소스 공개의 목적은 '동기부여'

이러한 우려를 타계하기 위한 방책으로 우아한형제들은 과감한 선택을 했다. 사내 프레임워크를 오픈소스로 공개한 것.

특히 우아한형제들이 '우아한JS'의 코드를 공개한 목표는 시장을 선도하는 프레임워크가 되는 것이 아니었다. 김민태 우아한형제들 수석연구원은 코드 공개의 목표를 크게 두 가지라고 설명했다. 하나는 공개라는 방식을 통해 프레임워크의 배포를 관리하는 것이고, 다른 하나는 내부 개발자의 동기부여였다.

소스를 공개함으로써, 누구나 접근할 수 있는 열린 공간에 새로운 버전을 배포하고, 릴리즈하는 주기를 관리할 수 있게 됐다. 별도 시스템을 사용하지 않고도 사내 사용자들이 프레임워크를 최신 버전으로 사용하는 데 큰 어려움이 없게 됐다.

개발자들의 동기부여 또한 중요한 목표 중 하나였다. 최근에는 공개SW에 코드를 기여하거나 커뮤니티에 참여하는 것이 개발자의 주요 능력 중 하나로 인정받고 있으며, 기업 차원에서 참여를 권장하기도 한다. 하지만 현실적으로 회사에 속한 개발자가 공개SW 개발에 참여하거나 코드를 기여하는 것이 쉽지는 않은 상황이다. 반면 우아한JS의 경우 자체 개발한 프레임워크를 공개하게 되면서 내부 개발자들이 오픈소스에 참여할 수 있는 진입 장벽은 낮아졌다.

이러한 변화는 일하는 방식의 전체적인 변화를 이끌었다. 기존에는 어떤 프로젝트건 프로젝트가 진행되면 사용된 정보와 지식들이 프로젝트 내부에 갇히는 경향이 있었다. 외부에서 프로젝트 개발에 대해 관여하기 어려웠던 것. 반면 우아한JS의 코드가 공개된 후 사내 피드백과 의견제시가 활발해졌다. 개선점에 대한 많은 의견과 필요한 기능에 대해 사내 사용자들이 손쉽게 제안할 수 있게 됐다.

" 인터뷰 "

"공개SW, 목적을 확실히 해야"

김민태 우아한형제들 CTO실 수석연구원

'우아한JS'의 소스를 공개하면서 가장 어려웠던 점은?

문서화가 가장 어려웠다. 처음부터 문서화에 많은 시간을 들였다. 소스 공개가 한 달 정도 늦어지더라도 문서화에 공을 들일 정도였다. 외부 사용자에게 개발 철학과 사용방법을 드러낼 수 있는 방법이 문서밖에 없다고 생각했다.

타 공개SW의 사용이 어려운 이유도 문서의 현행화가 지연되기 때문인 경우가 많다. 이런 경우 실제 동작과 문서상의 지시가 달라 시행착오를 겪어야만 한다. 규모가 작은 공개SW의 경우 코드를 확인하면 되지만 규모가 커질수록 녹록하지 않다. 문서의 유지보수가 코드보다 훨씬 중요하고 어려울 수 있다.

아쉬운 점은 현재까지 문서가 전부 한글로만 제공되고 있다는 점이다. 영어 사용자들의 경우 피드백을 훨씬 많이, 훨씬 쉽게 주고받는 경향이 있다. 한글 문서로 인해 이들이 역으로 진입장벽을 느끼는 것 같아 아쉽다. 아직 여력이 부족해 영문 문서 제공이 어렵지만 향후 제공하고자 한다.

코드를 공개하며 기대한 바가 있다면?

프레임워크의 경우, 유명프레임워크에 쏠림현상이 심한 경향이 있다. '우아한JS'의 경우, 애초부터 우리 프레임워크를 많이 가져다 쓰라는 의미로 코드를 공개한 것은 아니다. 유명 프레임워크를 뛰어넘으려는 것이 아니었음에도 '왜 만들었느냐'는 피드백을 가장 많이 받았다.

웹에는 표준화된 개발방식이 있을 수 없다. 다양하게 여러 사람들이 더 좋은 방식에 대해 제안해볼 수 있다. 그 중 효과적인 것이 시장에 안착하는 것이다. 프레임워크 선택에도 사용목적에 맞는 선택이 중요하다. 국내의 경우 유명 프레임워크를 우선적으로 취사선택하는 경우가 많다. 그런 부분이 아쉬웠다.

국내 공개SW 사용/공개 풍토에 대해서

라이선스상의 이유뿐 아니라 처음부터 공개는 의무라고 생각했다. 널리 알리거나 시장을 선도하는 것을 중요하게 생각하지는 않았다. 공개SW는 참여

자체가 큰 가치다. 커뮤니티의 규모나 코드의 기여 등으로 랭킹을 메기는 것이 중요하지 않다. 하지만 사실상 참여조차 시도하지 못하는 개발자가 많다.

공개SW의 장점은 양날의 검이다. 오픈돼 있다는 것은 소스코드가 어떻게 구현돼 있는 건지 저자의 설명 없이도 코드를 통해 읽어낼 수 있다는 것이다. 라이선스의 규제를 받지만 이러한 콘셉트와 기술력을 얼마든지 응용해 자산화할 수 있다. 단점이라면 코드를 봐야한다. 구매한 솔루션이라면 사용법이나 개선에 대한 요청이 가능하지만 공개SW의 경우 그것이 제한적이다.

결국 공개SW 사용에는 전략이 필요하다. 라이선스 전략이든 회사의 전략이든 목표를 분명히 하고 접근하는 것이 좋다. 어떠한 목표를 가지고 있느냐에 따라 공개SW 사용이나 소스코드 공개에 대한 전략 또한 달라진다.

그런 전략에 대해 이해 없이 상용 구매패턴과 많이 벗어나지 않은 공개SW 사용 경향은 아쉽다.

사례 2

공개SW 활용사례: 경찰청, 개방형OS '하모니카' 기반 '캠코더 단속영상 편집프로그램'

우리나라의 차량등록대수는 약 2,100만 대에 달한다. 이처럼 자동차가 늘게 되면서 교통질서를 준수하지 않는 '비양심 운전자' 또한 늘고 있다. 경찰은 교통법규 위반 차량을 단속하기 위해 캠코더로 단속을 실시하고 있지만 단속량이 폭증하며, 단속의 어려움을 겪어 왔다.

이러한 상황에서 경찰청은 미래부/정보통신산업진흥원(NIPA)과의 협업을 통해 일선 경찰관들의 단속업무를 도울 수 있는 '캠코더 단속영상 편집 프로그램'을 개방형OS인 '하모니카' 기반으로 개발해 눈길을 끌고 있다.

폭증하는 교통 단속업무, 개선이 필요하다

경찰청에 따르면 2015년 말 기준으로 우리나라의 차량등록대수는 2,098만 885대에 달한다. 자동차가 늘면서 교통법규를 위반하는 차량 또한 빠르게 증가하고 있다. 교통질서를 개선하기 위해 단속용 캠코더를 통한 현장단속을 시행하고 있다. 하지만 캠코더 영상 단속 건수는 지난 2014년 약 30만 건에서 2015년에는 약 62만 건에 달하는 등 한 해동안 두 배 이상 폭증했으며, 여전히 증가하는 추세다.

문제는 이렇게 확보된 캠코더 촬영 영상은 후처리를 통해 편집될 필요가 있다는 점이었다. 영상을 촬영하고 돌아와 일일이 증거화면 및 필요자료로 만들어주는 작업을 진행해야 했던 일선 단속관들의 업무 부담은 심각한 상황이었다.

한편 미래부와 NIPA는 윈도XP의 기술지원 종료에 따라 개방형OS 확산을 위해 고심하고 있었다. 이에 NIPA는 개방형OS '하모니카'의 보급을 확산하고 선순환적인 개방형OS 및 공개SW 생태계를 조성한다는 목적으로 '개방형OS 환경 개발 및 시범보급·확산 사업'을 추진했다.

때마침 폭증하는 업무로 인해 캠코더 단속업무를 개선하고자 했던 경찰청은 양 기관의 목적을 하나로 모아 시너지를 낼 수 있다고 판단, '캠코더 단속영상 편집 프로그램'을 '하모니카'용으로 개발하기로 결정했다.

'개방형OS 환경 개발 및 시범보급·확산 사업'에 선정된 경찰청은 2015년 11월 5일부터 '캠코더 단속영상 편집 프로그램'의 구축을 시작해 지난 2월 개발을 완료했으며, 3월 21일 서비스를 개시했다.

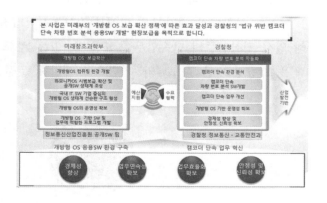

_'개방형OS 환경 개발 및 시범보급·확산 사업' 사업개요

영상 자동 분석해 증거자료 수집

그동안 일선 경찰관들은 캠코더 증거영상 수집을 위해 직접 캠코더를 활용해 교통법규 위반을 촬영하고 경찰서로 돌아와 해당 영상에서 증거화면을 일일이 편집해내야 했다. 사실상 촬영에 드는 업무보다도 편집이라는 뒤처리가 훨씬 고됐다. 하지만 '캠코더 단속영상 편집 프로그램' 구축 이후로 이런 점이 눈에 띄게 개선됐다.

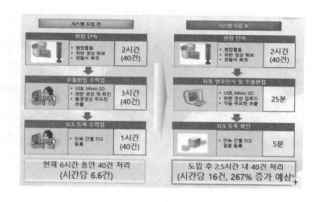

_시스템 도입 기대 성과

경찰청의 설명에 따르면 40건당 약 4시간에 달하던 영상 처리 시간이 30분으로 단축됐다. 기존에는 위반영상을 확인하고 촬영영상의 주요 장면을 추출하는 등 작업에 약 3시간, 이를 바탕으로 건별 TCS등록 작업에 약 1시간이 소요됐다. 시스템이 구축된 이후에는 위반영상을 업로드하는 것만으로 약 25분 만에 자동 주요컷이 추출되며, 단속 건별 TCS 등록은 5분 만에 일괄적으로 이뤄져 약 30분이면 기존 업무를 모두 처리할 수 있게 됐다.

2015년 한 해간 '캠코더 영상'의 단속 건수는 62만 건에 달했으며, 이를 기준으로 얼마의 인건비를 절감했는지 계산해 본다면, 약 8억 4천만 원에 달하는 인건비를 절약한 셈이 된다. 처음 시스템이 운영된 이후 시스템 사용량은 점차 늘어나 현재까지 총 처리건수는 10,924건에 이르며, 6월에는 근무일 기준 일평균 200여 건이 처리되는 등 서비스 안정화 단계에 이른 상태다.

_자동 분석을 통해 차량 정보가 자동으로 입력된다.

시스템은 크게 자동분석과 수동분석 기능을 내장하고 있다. 자동분석의 경우 캠코더 촬영 시 번호판을 줌인해 촬영한 부분을 시스템이 인식 해당 위반차량의 정보를 자동으로 추출하는 방식으로 동작하며, 자동 추출된 증거영상이나 잘못 인식된 차량번호 등은 쉽게 수정이 가능하다. 수동분석의 경우 직접 영상을 플레이하면서 원하는 장면을 쉽게 저장할 수 있도록 돕고 있다. 특히 경찰관들이 촬영하지 않은 영상제보(스마트제보, 국민신문고 등)의 경우 수동분석을 주로 활용해 처리하고 있다.

경찰청 측은 향후 해당 시스템은 현재처럼 특정 차량을 캠코더로 줌인해 촬영하지 않아도 교통법규 위반 차량을 시스템이 분류할 수 있고, 국민 제보 영상 또한 자동으로 처리가 가능하도록 시스템을 고도화할 계획이다. 다만 예산 확보의 어려움 등으로 고도화가 쉽지는 않은 상황이다.

공개SW 기반 시스템 향후 수출 확대 기대

이처럼 안정적인 시스템을 구축할 수 있었던 건 공개SW의 적극적 사용과 NIPA 및 관계 부처의 적극적인 도움을 통해 가능했다. 특히 시스템을 모듈화 하도록 적극 요구해 시스템 구성의 유연성을 높인 것이 주효했다.

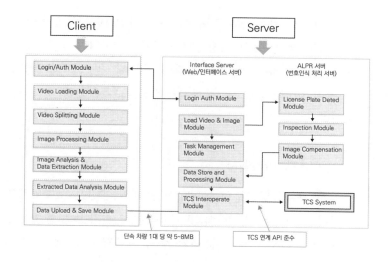

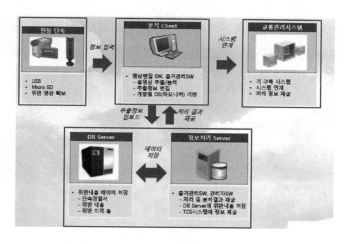

_시스템 구성도

이처럼 모듈화로 인해 번호인식 처리를 제어하는 메인 엔진을 제외하면 나머지 부분은 쉽게 대체 가능하다. 변종문 경찰청 정보통신 융합계장은 "이러한 모듈화 환경은 향후 개도국 수출에 필수"라고 강조했다. 메인엔진을 상용솔루션으로 대체하거나 새로 개발할 수 있으며, 원하는 기능을 쉽게 추가하거나 강조할 수 있는 것이 개도국에게 매력적인 제안이라는 것이다. 변 계장은 "실제로 해당 기능에 대한 동남아 등 개도국의 관심이 높아 향후 해외 수출도 쉽게 이뤄질 수 있을 것"이라고 진단했다.

이어 변 계장은 이러한 기술수출에는 공개SW활용이 필수적일 수밖에 없다고 설명했다. 특히 개방형OS인 하모니카 기반 응용SW로 개발된 해당 시스템은 어떠한 리눅스에서도 동작이 가능해, 윈도우 라이선스 비용 등을 부담하는 것이 어려운 개도국 공공시스템에 매우 유용할 것이라는 게 변 계장의 설명이다.

_시스템 아키텍처

시스템의 영상분석을 담당하는 메인 엔진은 구축업체의 상용솔루션이 사용됐지만, 이를 제외한 시스템 구축에는 전자정부 표준프레임워크와 MySQL, Tomcat, JSON 등의 공개SW가 주로 사용됐으며, 메인 엔진을 포함한 각 모듈들은 필요에 따라 대체될 수 있다. 시스템은 크게 번호를 인식하고 영상보정 및 처리를 진행하는 ALPR서버와, 인터페이스와 포털서비스를 제공하는 웹/인터페이스 서버, 수동분석 에디터와 정보 업로드 및 관리를 위한 클라이언트 프로그램으로 구성됐다.

" 인터뷰 „

"공개SW 활용은 수출 확대의 필수"

변종문 경찰청 정보통신융합계장/경정

'하모니카' 활용 시스템, 구축 과정에서 어려움은?

클라이언트PC까지 '하모니카'를 사용하는 것에 대해 초반 내부 설득이 필요했다. 다만 교통 업무의 경우 업무 자체가 한정적이었으며, 업무량이 심각한 상태였기에 시스템에 대한 불만은 상대적으로 적었다. 초창기는 인식률에서도 이슈가 있었지만 현재는 데이터가 쌓이며 인식률에서도 불편함 없이 시스템이 동작하고 있다.

'하모니카' 특유의 UI 친화성으로 일선에서도 빠른 속도로 적응해나가고 있으며, 시스템 운영 실적 또한 빠르게 늘고 있는 상황이다.

향후 발전 방향은?

현재 구축된 단속영상 처리를 자동화해 시스템 효과를 강화할 수 있을 거라 생각한다. 현재까지는 현장 일선의 담당자가 촬영하면서 '줌인'을 통해 시스템이 인식할 수 있도록 도와줘야 한다. 이러한 면까지 고도화를 통해 향후 해당 시스템을 개도국 등에게 전파할 수도 있을 것으로 보인다.

개도국을 포함한 많은 국가에서는 라이선스 비용 등 많은 문제로 인해 공개SW기반 기술들에 관심이 많은 상황이다. 공개SW 사용이 이들 국가로 수출할 수 있도록 하는 필수품이라 할 수 있다. 모듈화 돼 엔진을 교체하는 등 운영 유연성이 높은 시스템은 해외에서도 수요가 많을 것으로 판단한다.

사례 3

실패사례

보건복지부[의약품유통종합정보시스템]

_개발배경

의약품 유통관련 비리가 지속되고 실거래 가상환제의 도입이 결정된 상황에서 1998년 10월에 의약품 유통체계 현대화 및 의료보험 약제비 지불체계 개선을 내용으로 하는 '의약품 유통개혁방안'을 수립하고 그 일환으로 의약품 거래를 전사적으로 중개하는 '의약품유통종합정보시스템' 구축을 추진했다.

_개발내용

의약품유통종합정보시스템은 의약품전자상거래를 중개하는 시스템으로 요양기관 주문 및 재고관리, 대금정산, 거래정보관리, EDI 중계시스템으로 구성되었다.

2000년 3월부터 삼성SDS가 이 시스템을 개발해 2001년 7월부터 주문·거래·통계분석 등 일부 시스템을 가동하게 되었다. 약제비지급시스템의 시행은 1년 뒤로 연기되었다.

이와 함께 이 시스템의 운영기반이 되는 의약품의 주문과 배송을 담당하는 '의약품물류협동조합' 설립근거 및 의약품 대금을 건강보험 보험자가 제약 회사에 직접 지급할 수 있도록 하는 '직불제' 규정을 1999년 2월 제정된 국민 건강보험법에 규정했다.

_실패내용

2001년 12월 국민건강보험법이 개정되어 직불제 근거규정이 폐지되는 등 여건의 변화로 요양기관 등의 시스템 이용실적이 저조하게 됨에 따라 삼성 SDS는 시스템 운영이 어렵다고 판단, 2001년 10월 25일부터 인수독촉, 매수 청구, 중재신청 등을 거쳐 손해배상소송을 제기하였다.

_실패원인

제안요청서 작성을 할 때부터 잘못 한 프로젝트 같다. 시스템의 성공여부 중 한 가지는 개발한 시스템이 잘 이용되는 것도 포함된다. 여기 이 사례에서 는 제도적, 법적 준비가 되지 않는 상태에서 개발을 시작하여 무용지물에 시 스템을 개발한 것이다. 실패원인으로는 거래가격이 드러나는 것을 꺼리는 이 용자의 기피, 참여를 유도할 수 있는 법적 수단인 직불제 규정 폐지, 시스템이 용 촉진하기 위한 제도적, 법적 조치 미흡, 운영 부신 후에 실효성 있는 활성 화 대책 추진 미흡 등과 함께 시스템 개발자의 확산 노력 부족 등이 복합적으 로 작용하였다.

사례 4

맥도날드[이노베이트(글로벌 ERP 애플리케이션) 프로젝트]

1) 개발배경

본사에서 전 세계 지점을 관리 할 수 있는 시스템을 만들고자 하였다. 본사 메니저가 특정 지역의 매출이 떨어질 경우 즉시 이를 파악할 있게 해주며 런던 지점의 그릴 온도가 조리하기에 충분할 정도인지 아닌지를 실시간으로 점검할 수도 있게 해줄 것이라는 믿었다. 맥도날드의 '모든 매장을 연결하는 글로벌 ERP 애플리케이션' 구축, 즉 120여 국가의 3만여 매장을 연결하는 것이다.

2) 개발내용

맥도날드가 미국 증권거래위원회(SEC)에 제출한 문서에 따르면 이노베이트 프로젝트 컨설팅 및 기획, 구축 초기 비용으로 1억 7,000만 달러가 책정되어 있는 것으로 나타났다. 2003년에 이르러서는 이노베이트 프로젝트에 대한 '소멸'을 알리고 장기적인 기술 프로젝트를 철회한다고 명시했다.

3) 실패내용

맥도날드 수만 개의 매장에, 그것도 일부 국가의 경우 IT 인프라도 제대로 갖춰지지 않았음에도 전 세계적인 네트워크를 구축하겠다는 시도는 실패로 끝날 수밖에 없었을 것이다. 장기적인 관점에서 볼 때 많은 이점이 있다고 해도 시장 상황에 적합하지 않고 몸집이 거대한 '야심찬' 프로젝트는 야심으로만 머물게 된다. 애꿎은 인력과 비용만 허공에 날린 셈이 된 것이다.

4) 실패원인

맥도날드는 범위관리를 잘 못한 결과 이다. 자신들이 계획한 프로젝트 범위를 전 세계로 잡았다는 것은 프로젝트 범위에 관하여서는 생각하지 않은 것 같다. 세계화의 물결을 타고 시스템도 전 세계 만들겠다는 단순한 생각에서 나온게 아닐까 한다. 아마 각각 나라들을 사전조사를 철저히 하여서 몇몇 나라부터 하였다면 성공하지 하지 않았을까 한다.

사례 5

퍼스트 에너지[소프트웨어 버그에 의한 정전 사태]

1) 실패내용

350만 고객에게 전력을 공급하는 오하이오의 설비 회사인 퍼스트 에너지 (First Energy)회사이다.

당시 정전은 오하이오 지역의 전선이 큰 나무에 걸리면서 전선의 전류 흐름에 이상이 생겨 전선이 과열, 이로 인해 다른 전선까지 과부하가 걸리게 되어 정전 사고가 일어나게 되었다. 하지만 그보다 더 큰 원인은 퍼스트 에너지의 컴퓨터 부서에 근무하는 담당자들이 기본적인 운영 원칙을 지키지 못했다는 데에 있다. 문제가 확대되는 것을 충분히 방지할 수 있었음에도 초기 대응에 실패하면서 정전 사태가 걷잡을 수 없이 커지게 된 것이다. 아무리 자동화되어 있다고 해도, 그리고 직원들이 아무리 경험이 많다고 해도 국제적인 IT 서비스 관리 최적 구현 사례인 ITIL(Information Technology Infrastructure Library)에서 규정한 것처럼 기본적인 IT 관리 프로토콜을 준수해야 한다.

당시 정전 사태에서 퍼스트 에너지의 소프트웨어 경보 시스템이 제대로 작동했더라면 일부 지역만 정전되는 것으로 끝날 수도 있었다. GE는 추후 공식 논평을 통해 소프트웨어 코드 에러로 인해 경보 애플리케이션을 복구하지 않고 무한 루프로 전환되었다고 밝혔다. 오하이오에 위치한 퍼스트 에너지의 통제실 근무자들은 이러한 방어 체제가 무력화되었다는 것을 인식하지 못했는데, IT 담당자들이 재부팅 뒤에 모든 시스템이 온라인으로 복구되었는지를 확인해주지 않았기 때문이다. 더욱이, 불안정한 전력 상태가 급속도로 퍼져나가게 되었다.

IT 관리의 최적 실행 방안을 무시한 직원들은 중요한 시스템이 완벽히 복구되었는지의 여부를 확인하지 않았다. ITIL은 IT 부서에게 관리자가 중요 시스템을 재부팅할 경우 연락해야 하는 통화 목록을 작성하도록 권고하고 있다.

2) 실패원인

형상관리를 소홀히 한 결과이다. 형상관리는 시스템에 변화를 관리하는 것이다. IT프로젝트 마지막 단계가 유지보수이다. 가장 많은 비용이 들어가기도 한다. 그만큼 중요하기 때문이기도 할 것이다. 위 사례에서는 유지보수를 허술하게 하여서 성공적으로 해낸 프로젝트에 흠집을 낸 것이다.

그리고 한 가지 중요한 것은 문서화를 하는 것이다. 시스템 업그레이드 실행 방법을 비롯, 패치 관리와 유지 보수 등을 포함해 주요 하드웨어 및 소프트웨어 시스템의 테스트, 도입, 백업을 관리하는 데 필요한 정확하고 문서로 만들어 놓았다면 사건이 이렇게 커지진 않았을 것이다.

사례 6

닉슨 미디어 리서치[등급 시스템(Rating System) 개발 프로젝트]

1) 개발배경

1990년대 중반, TV 시청률 통계 제공 업체인 닉슨 미디어 리서치(Nielsen Media Research)의 기술 경영진들은 주요 프로젝트 진행에 어려움을 겪게 되었다. 이 회사는 핵심적인 등급시스템(rating system)을 재개발하려 했다.

2) 개발내용

시스템 재구축 하는 데 단순히 백오피스 부문의 주변 기기들을 변경한 것뿐만 아니라 닉슨의 핵심 사업의 주요 엔진을 바꾸는 것이 필요했다.

이 프로젝트는 메인프레임용으로 개발된 어셈블러 코드 기반의 등급 시스템을 클라이언트 서버 구조로 변환해 사용자의 친밀도와 유연성을 강화해 방송국 고객들에게 보다 정확한 데이터를 제공하는 것을 목표로 했다. 프로젝트의 복잡성을 감안한 닉슨의 기술 담당자들은 데이터 변환 작업 완료 시한을 3년으로 잡았지만 경영진들은 1년 이내에 완료하기를 원했다. 이에 따라 급하게 처리되게 되었다.

닉슨의 IT 부서는 로봇이 아니기 때문에 불가능하다는 의사를 표명했다. 하지만 한 외부 벤더가 가능하다는 의견을 제시했다. 이에 따라 닉슨은 1년 이내에 끝낼 수 있다는 그 아웃소싱 업체를 고용했다. 1997년, 닉슨은 텐폴드

(TenFold)와 소프트웨어 개발 계약을 체결했다.

3) 실패내용

텐폴드에서 마감 시한까지 끝낼 수 없다는 보고서가 잇달아 제출된 것이다. 또한 임의대로 코드나 개발 방법을 변경하는 일도 잦아졌다. 닐슨 내부에서는 되도록 텐폴드의 심기를 건드리지 않도록 내부 직원을 단속했지만 여기저기에서 텐폴드의 '막무가내 식' 진행 방법에 대해 불만을 제기했다.

결국, 닐슨의 IT 의사 결정자들도 텐폴드의 그런 태도에 질리게 되었으며 2000년 6월에 프로젝트를 종료시킨 뒤 450만 달러의 손해 배상을 청구했다. 양측은 합의에 도달했지만 닐슨의 문제는 거기서 끝나지 않았다. 프로젝트가 시작된 지 거의 10년이나 되었지만 여전히 시스템 업그레이드를 진행 중이다.

4) 실패원인

처음 요청할 때부터 3년 걸리는 프로젝트를 1년 만에 해달라고 한 것부터가 실패의 조짐이 보였다. 닐슨 IT 의사 결정자들은 불가능하다고 하였지만 IT를 모르는 경영자들이 무리한 요구를 한 것이다. 그래서 내부에선 불가능하다 하여 외주하여서 개발하였지만, 그 회사와를 관리할 때도 많은 문제점이 발생했던 것이다.

위 사례에서는 일정관리와 외주관리를 잘못하여 생긴 사건이다.

사례 7

영국 국가보건서비스(NHS)[IT현대화 프로그램]

1) 개발배경 및 내용

디지털화되어 가고 있는 시대에 발맞춰 영국에서도 국가보건서비스를 IT를 이용하여 현대화 시키려는 계획을 가지고 시작하였다. 여러 하청업체들에게 골고루 분산시켜 개발하게 하였다.

2) 실패내용

영국의 국가보건서비스(NHS; National Health Service) IT 현대화 프로그램은 최악의 IT 재난으로 언급되고 있는 프로젝트 중의 하나이다. 스케줄보다 2년이나 지체되었으며 100억 달러의 예산이 초과된 이 프로젝트의 주요 계약 업체 중의 하나인 헬스 케어 애플리케이션 제조업체 iSoft는 네트워크에 대한 자사의 소프트웨어 구축 지연으로 인해 도산 일보 직전에 있다. 이 회사는 애플리케이션이 실제로 도입될 때까지는 돈을 받을 수 없기 때문에 프로젝트의 지연은 회사의 운영에 엄청난 어려움을 안겨주고 있다. 이 프로젝트는 호환되지 않는 시스템을 결합시키려는 시도를 비롯해 프로그램 기능에 대한 충분한 컨설팅이 없었다는 의사들의 저항, 하청 업체들 간의 권한 다툼 등의 여러 요인들로 인해 지연되어 왔다.

이 프로그램을 담당했던 IT 경영진들과 정부 기관들은 프로젝트를 제자리로 돌리는 데 수년의 세월을 보냈다. 하지만 심각한 문제점이 계속 노출되었다. 올해에는 대규모 컴퓨터 고장이 발생해 영국의 노스웨스트와 노스미들랜드 지역의 80여 의료 설비에서 4일 동안 운영이 중단되는 사고가 발생했다. 원인은 환자의 기록과 의료 데이터를 저장하는 서버에 있었다. 해당 지역에 있던 의사들은 며칠 동안 적절한 데이터에 접근할 수 없어 환자 진료에 어려움을 겪었다. NHS는 공식 논평에서 환자의 안전에는 아무런 영향이 없었다고 밝혔다.

3) 실패원인

어리석은 리스크관리 계획을 펼친 것이 실패의 원인이다. 불확실성, 즉 발생가능성, 영향도, 대안의 적합성에 대해서 여러 사업체로 분산하여 리스크를 덜어 보려고 한 것이 과하게 된 것이다. 정부가 당시 프로젝트를 너무나 많은 벤더들에게 '분배'해줌으로써 서로 유기적으로 협력하는 데 문제가 있다 한다. 너무도 다양한 소프트웨어와 표준을 비롯해 그 밖에 너무나 많은 것들로 구성되어 있다.

많은 경우에 있어서 도입된 시스템들은 호환되지 않는 사례가 일반적이다. 이러한 호환성의 부족은 예산의 낭비에 머무는 것이 아니라 더 큰 희생을 치러야 하는 경우가 발생한다. 시스템들은 기본적으로 호환이 보장되어야 한다. 이번 프로젝트에 참여했던 액센츄어의 경우 최근 다른 업체에게 계약을 이양했다. 액센츄어는 프로젝트의 손실 비용이 약 4억 5,000만 달러에 달할 것으로 추산하고 있다.

대규모 아웃소싱 프로젝트의 경우 많은 벤더들이 개입하는 경향이 크다. 리스크를 줄이고 하청 업체 간 경쟁을 촉발하기 위해서이다. NHS 현대화 프로젝트의 경우 2차 하청업체까지 포함해 10여 벤더들이 참여하고 있다. 여러 벤더들이 개입할 경우 리스크 관리가 가능하다는 장점도 있지만 사공이 많으면 배가 산으로 올라갈 수도 있음을 간과해서는 안 된다.

사례 8

성공사례: 원자력의학원[지식관리시스템 구축사업]

1) 개발배경

원자력의학원은 2004년 문서관리 시스템 초기 도입 이후, 체계적인 정보화 계획을 설립하여 의료선두 대열에 진입하고 있다.

지식기반의 의료행정 업무를 실현하고, 업무 중심 지식관리의 핵심인프라 구축을 목표로 지식관리 시스템 도입을 필요로 했다.

2) 개발내용

프로젝트 기간: 2006. 9~2006. 12

지식관리 시스템은 기존 그룹웨어 기능을 이전하고, 그룹웨어 데이터를 마이그레이션 함은 물론 기존 업무시스템 및 신규 도입될 시스템과의 자유로운 연계/연동은 물론, 편리한 One-Stop 업무 포털 서비스를 제공하여야 하며, 동시에 안정적인 서비스를 위한 관련 장비의 확충을 병행하고, 새로운 통합검색 시스템의 도입 및 연계를 통해 원자력의학원의 의료행정 업무생산성 및 효율성을 높이고 업무경쟁력을 강화 시키는 데 중점을 두었다.

Destiny KMS : Ⅳ을 도입하여 새로 개편된 포털 서비스는 기존의 플러스 오피스 주요업무 기능인 전자결재, 전자우편을 연동을 통하여 모두 포함하고 업무 포털로서의 기본 기능을 충실히 함과 기존 플러스오피스 중심의 포털 서비스에서는 불가능했던 다양한 시스템과 연동하였다.

3) 성공내용

지식관리시스템은 업무상의 비효율성을 없애고 유관기관간의 지식공유인프라 구축을 통하여 '선도적 연구와 최상의 암 진료 서비스를 실시하자'는 차원에서 도입되어, 원자력의학원의 첨단 디지털병원으로의 변화에 중요한 기반이 되고 있다.

또한 최적화된 원자력의학원 고유의 업무서비스 인프라를 구축하게 되었다.

의료연구기관이라는 특성에 기인하여, 업무시스템 구축 및 운영에 제한을 받아오던 원자력의학원의 제약적 H/W infra는 독립적인 시스템의 구축을 바탕으로 체질개선을 이루어 내게 되었다. SSO(Single Sign On)를 통하여 한 화면에 다양한 것을 볼 수 있다.

이와 같이 2004년 전자문서관리시스템을 구축한 이래로 체계적인 정보화 계획을 설립하여 의료선두대열에 진입하였으며, 2010년까지 CTI기반의 콜센타 구축과 고객관리시스템 및 국가방사선비상진료센터의 DB를 구축하려는 체계적인 마스터 플랜을 수립한 만큼 향후 국내 최고의 암 전문 포털 서비스 기관으로서 역할을 수행할 전망이다.

사례 9

한국카드신용결제[신용카드 승인 DB 시스템 재구축]

1) 개발배경

한국카드신용결제사는 유무선 인터넷 단말기를 통합 카드 승인 관련 VAN 사업까지 영역을 확장해 온 종합지불결제 전문 기업이다.

2003년 9월 현재 국내 신용카드 시장 규모는 총 이용액 492조원이다. 지난 1999년 97조원에 불과하던 사용액이 불과 4년 만에 5배 이상 증가했다. 같은 기간 신용카드 발급 수도 3,931만 장에서 약 3.3배가 늘어난 1억 300만 장으로 증가했다.

한국신용카드결제 역시 VAN 업무를 처음 개시했던 2001년 2월 23일 이후로 처리해야 하는 데이터양이 급격한 증가 추세를 이어가고 있으며 향후 추가될 다양한 형태의 고객 서비스를 안정적이고 신속하게 처리해야 할 필요성이 대두되었다.

2) 개발내용

사업적인 측면에서 사업 확장에 따른 시스템 부하의 증가에 대처하기 위한 목적과 기술적인 측면에서 오라클8i 기반의 기존 DB 시스템은 시스템 안정성 확보를 위해 필요한 핫-스왑 기능이 지원되지 않았으며 트랜잭션 증가 시 안정성과 데이터 처리 속도가 떨어져 새로운 장비 도입하게 되었다.

시스템 전환다운 타임을 10 이내로 설정하였다. 기존 DB와 신규 DB 시스템의 이중화 운영을 통하여 서비스 중단 시간을 최소화하기로 결정하였다.

신규장비의 오라클 환경 설정을 기존 환경과 동일하게 설정한 후 DB서버에 구동되는 프로그램을 포팅하였다. DB성능 개선을 위항 I/O 분산 및 테이블을 파악하고 DB 데이터를 절차에 따라 백업하였으며 그 다음 데이터 이관을 시행하였고 모든 데이터가 이관이 완료된 후 기존 DB 서버를 분리하고 모니터링 및 안정화 등 사후 관리에 들어갔다.

백업 시스템을 포함한 시스템 구성을 모두 완료한 것은 프로젝트 마감 7일 전. 기존 DB를 오라클 9i가 설치된 신규 p670서버로 데이터를 이관하고 또 다른 p670신규 서버로 복제하는 작업을 마쳐야 했다. 특히 이 과정에서 '쉐어 플렉스(Share Plex)'라는 소프트웨어를 사용하여 가용성을 증대시켰다.

3) 성공내용

데이터 이관 작업에서 발생한 다운타임 시간은 4분 30초로 한국신용카드결제가 요구한 시간보다 절반이 채 걸리지 않았다.

보다 안정적인 승인 업무 운영을 통하여 서비스의 신뢰성 및 안정성을 높여 고객 서비스를 한층 향상시킬 수 있게 되었다. 또한 OPS(Open Profiling Standard) 도입이나 핵심 기능의 모듈화로 발 빠른 유지보수와 시스템 장애에 대한 실시간 모니터링 등 업무 처리의 신속성과 신뢰성을 높일 수 있었고 이는 곧 생산성 향상으로 이어졌다.

그리고 스마트카드와 현금영수증 제도 등 새롭게 등장하게 될 다양한 서비스에도 적극 대처할 수 있게 되었다.

사례 10

SBS[뉴스 디지털 시스템]

1) 개발배경

정부는 현재 디지털 ITV(Interactive TV) 산업을 신성장동력으로 정하고 관련 산업 육성을 위한 제도 및 지원 방안 마련에 한창이다. 이 같은 적극적인 정부의 정책 의지에 힘입어 현재 시험 방송 중인 디지털 방송은 전국망이 완성되는 오는 2005년부터 서비스가 본격화될 예정이다. 다채널 다매체 시대를 상징하는 디지털 방송 서비스 상용화가 초읽기에 들어감에 따라 그동안 방송 산업을 이끌어 왔던 지상파 방송국들 사이에 디지털화 열풍이 불고 있다. 디지털, 정보화 시대를 맞아 방송국의 역할이 단순한 프로그램 제작과 무선 송출국(station)의 범위를 넘어 다양한 멀티미디어 컨텐츠를 제작, 가공, 전달하는 컨텐츠 제공자(Contents Provider)로 확대되어 가고 있기 때문이다. 하지만 그에 반에 디지털 인프라가 약하기에 이 프로젝트를 계획한 것이다.

2) 개발내용

IBM 대용량 서버, 저장장치, 네트워크 및 보안 솔루션으로 디지털 뉴스룸 구축, 인프라 구축을 통해 방송 장비와 IT 장비의 통합을 구현하였다.

각 업무 그룹의 주요 시스템은 안정성 보장 및 내부 업무 그룹 간의 연계와 향후 다른 방송 분야까지 디지털화를 확대 적용할 것을 감안해 개방형 유닉스로 구축했다. 이를 각 시스템별로 살펴보면 보도정보 DB 서버, 보도정보 WAS 서버, MAM 서버, 검색 서버, CMS 서버 백업 서버는 p650 시스템으로 구축하였고 웹 서버의 경우는 p630 서버를 활용했다. 송출 DB 서버, 검색 영상 스트리밍 서버, EDL 영상 스트리밍 서버, MAM RPT 서버는 x360 서버로 INGEST 그룹은 방송 전용 장비로 구성했다. 디지털 미디어 관련 프로젝트 경험이 풍부한 IBM글로벌서비스의 AD(Custom Application Model)와 PI(Package Implementation) 방법론을 비즈니스 애플리케이션 개발 및 구현에 적용했다. 그리고 통합 DB 운영을 통해 데이터 공유에 문제가 없도록 하였다.

방송 관련 컨텐츠가 동영상이란 특성을 감안하여 향후 디지털 방송 시대를 대비한 저장장치 인프라 마련도 이번 프로젝트에서 빼놓을 수 없는 부분이다. 스토리지 저장장치 그룹은 중앙/아카이브 저장장치로 FAStT700(30TB), 장기 보존 아카이브 저장장치로 스토리지텍의 9310 테이프 라이브러리(380TB), 메타 데이터 저장장치로 FAStT700 스토리지 서버(1TB), EDL 편집 영상 저장장치/검색 영상 저장장치는 NAS(7TB)로 구성하였다. 이들 스토리지 시스템과 각 업무 그룹 시스템 간의 영상 정보 전달은 SAN과 기가비트 네트워크를 통해 처리하였다.

3) 성공내용

SBS는 이번 프로젝트를 통해 시청자의 요구에 실시간으로 부응할 수 있는 국내 최고 수준의 『디지털 방송사』로서의 면모를 갖추게 된 것으로 평가하고 있다. 또한 다양한 방송 컨텐츠의 재활용성이 높아져 컨텐츠 제작 및 인력 운영 면에서 직접적인 경비 절감 효과도 가져올 것으로 보고 있다.

개방형 시스템 인프라 기반으로 프로젝트를 추진하여 향후 전 방송 분야로 디지털화를 확대하기 위한 교부도가 마련되었고 업무 효율성 증대, 기술력 증가, 자산 재활용 극대화, 새로운 사업 모델 창출 부분에서 업계 선도적인 위치를 점할 수 있을 것으로 기대한다.

사례 11

삼성테스코[신 운영 시스템 구축]

1) 개발배경

포화상태인 할인점 시장에서 타 기업과는 차별화를 주기 위해서 개발하게 되었다. 이 프로젝트는 삼성테스코에게 두 가지 의미를 준다.

첫째, 유통산업 특히 할인점 시장에 있어서 후발주자의 우위를 확고히 하기 위한 또 하나의 수단이라는 점이다. 괄목할 만한 삼성테스코의 시장 전략은 고급화된 매장 이미지 전략, 고객의 기호에 맞는 상품 전략, 적시적소의 고효율적인 물류 전략, 그리고 탁월한 매장 입지 전략 등을 들 수 있다. 여기에 이번 신 운영시스템 구축으로 인해 보다 정확한 상품관리 능력 배가, 보다 신속한 조달·물류·유통·판매 프로세스 개선, 여러 가지 데이터를 기초로 한 수요 예측 등이 가능해졌다. 이는 경쟁이 치열한 유통산업에서 후발주자로서 반드시 확보해야 하는 생존 능력이다.

둘째, 국내 대형 유통업체에 Retek ERP 솔루션 기반의 최초 레퍼런스가 삼성테스코와 한국IBM에 의해 만들어진다는 사실이다. 이번 프로젝트에 참여한 삼성테스코 관계자는 "Ret다 ERP 솔루션은 상대적으로 기존 ERP 솔루션과 비교했을 때 국내 유통시장에 가장 최적화된 솔루션"이라며 "예를 들어 우유 3개를 사면 1개를 덤으로 주는 할인 행사에 대한 수익 결과를 나타낼 때 기존 시스템들은 4개의 원가를 기준으로 수익에 대한 통계를 냈지만 Retek ERP 솔루션은 시스템 자체에 에누리와 덤에 대한 개념이 들어 있어 할인 판매의 경우와 그렇지 않은 경우의 결과 값마저도 비교할 수 있다"고 설명했다. 그는 또한 "이러한 Retek ERP 솔루션을 국내 환경에 맞게 구축할 수 있었던 큰 원동력은 한국IBM의 체계적인 기술지원이 뒷받침됐기 때문"이라며 향후 이러한 시스템 구축의 중요한 예로서 활용 가능할 것"이라고 예상했다.

2) 개발내용

삼성테스코에는 한국IBM의 pSeries가 총 8대 구축됐으며 p690 2대, p660

2대, p640 4대, 3테라바이트급 스토리지 ESS800 1대, 테입 드라이브 백업 장비인 3584 LTO 1대와 TSM 백업 소프트웨어가 운영될 계획이다. 이번 프로젝트에는 32개의 CPU가 내장된 pSeries 유닉스 서버가 사용됐는데 이는 동급 성능을 발휘하는 타사의 제품에 비해 2~2.5배 정도 적은 CPU가 적용된 개수다. 따라서 타사 제품에 비해 원가 비용 절감이 탁월하다는 장점을 지니고 있다.

또한 삼성테스코가 구축 중인 신 운영시스템은 한국IBM Global Business Services 사업부의 업무분석 구현 프로젝트 결과를 기반으로 구축됐다. 이러한 업무분석 프로젝트가 선행된 이유는 삼성테스코의 점포 확장 계획이 빠르게 가속화할 예정이기 때문이다. 삼성테스코가 기존부터 IBM의 pSeries와 xSeries, 그리고 ESS스토리지를 사용하고 있었다는 점이 타 업체에 비해 사업자로 선정하는 데 유리하게 작용했다. 그리고 한국IBM의 파티셔닝 기술을 이용한 향후 시스템의 유연한 확장성 확보가 한국IBM을 프로젝트 사업자로 선정한 주된 이유였다.

3) 성공내용

삼성테스코는 Retek ERP기반 신 운영시스템 프로젝트를 성공적으로 완료함으로써 국내 유통 및 물류 산업 선두주자로 나설 수 있는 기반을 마련했을 뿐 아니라 크게 두 가지 효과를 기대할 수 있게 됐다.

첫째는 기존 시스템의 한계로 지적됐던 시스템 성능과 다이내믹한 물류 흐름을 뒷받침할 수 있는 솔루션을 확보했다는 사실이다. 그동안 선진국에서 시행됐던 새로운 마케팅 기법을 국내에 적용하려 해도 IT 기술이 발목을 붙잡는 경우가 종종 있는데 이번 프로젝트 완료로 선진 마케팅 기법의 원활한 적용뿐 아니라 발주·반품·가격 관리 등에서도 획기적인 비용 절감 효과를 얻게 되었다. 실제 이미 오래전 선진국에서 매출 증대 효과를 거둔 '1+1'마케팅의 경우, IT 기술이 뒷받침되지 못해 국내에 뒤늦게 적용되기도 했다.

둘째, 각 파트별로 따로 운영되던 레가시 시스템들을 전사적으로 통합 구축함으로써 보다 원활하고 효율적인 물류·유통 시스템 운영이 가능해졌다. 또한 이를 통해 효과적 데이터 관리가 가능해져 프로모션·진열 상태 등에 따른 소비자들의 수요까지도 예측할 수 있게 되었다. 삼성테스코 관계자는 "물류·

유통 산업에 있어서 소비자들의 수요와 패턴 예측은 물류에서 매장 관리에 이르기까지 비용 절감 효과가 무척 크고, 또한 고객이 요구하는 상품을 시의성과 취향에 맞게 공급함으로써 고객만족도 역시 높일 수 있었다.

결국 하드웨어에 대한 우위성을 지닌 한국IBM과 글로벌 경쟁력을 확보하기 위한 삼성테스코의 적극적인 노력이 유통업에 최적화된 솔루션을 확보할 수 있게 한 것이다. 또한 한국IBM은 유통 산업 최대 pSeries 사이트를 확보하게 됨으로써 향후 국내 유통 산업 솔루션에 대한 고객사들의 다양한 욕구를 만족시킬 수 있게 되었다.

사례 12

ING[계정관리 솔루션]

1) 개발배경

금융업에 대한 규제가 증가하고 비즈니스 서비스가 하루가 다르게 발전하면서 ING는 11만 3천명의 직원들의 정보 접근 권한 관리에 드는 시간과 비용을 절약하고 비즈니스 변화에 빠르게 대응해야 할 필요성을 느끼게 되었다.

종이 서류와 팩스를 통한 접근 권한 요청 및 승인 처리로 새로운 서비스가 출시되기까지 1주일 이상 걸리는 경우도 있다. 직원들의 정보가 서로 다른 보안 데이터베이스에 저장되어 있어 보안 관리자가 규제 당국에 보고하기 위해 필요한 정보를 수집하는 데 많은 시간이 걸렸고, 직원 퇴직 시에 모든 서비스에 대한 접근 권한이 폐지되었는지 확인하는 데에도 어려움이 있었다. 기업의 인프라 확장으로 인해 직원의 접근 권한을 관리해야 할 관리자의 수도 증가했다. 이러한 변화는 서비스 제공 표준에 영향을 미치고 관리와 지원 비용을 증가시켜 직원들이 시의 적절하게 감사 및 규제 의무를 준수하기 어렵게 만들었다.

2) 개발내용

ING는 IBM 글로벌 서비스의 도움을 받아 저렴한 비용으로 직원의 생산성을 향상시키며 보안을 강화할 수 있는 IBM Tivoli™, WebSphere 및 eServer™

기술이 장착된 혁신적인 Entitlement Program을 출시하였다.

ING는 프로그램의 첫 단계에서 IBM Tivoli Identity Manager와 IBM Tivoli Directory Integrator를 사용하여 기존 프로세스와 정보를 자동화하고 통합하였다.

프로그램의 두 번째 단계는 Tivoli Identity Manager의 지능형 프로비전(intelligent provision) 기능을 활용하는 강력한 접근 관리 시스템을 구축하는 것이었다. 인사 담당자가 새로운 직원 정보를 데이터베이스에 추가함과 동시에 직원의 인적 정보를 기초로 비즈니스 애플리케이션 접근 권한이 자동으로 부여되었다.

모든 ING 온라인 서비스에서 사용자 인증과 권한 부여 절차를 표준화하기 위해 IBM Tivoli Access Manager를 동시에 구현하였다. 또한 공통의 계정 관리 시스템으로 ING는 광범위한 전략적 서비스 기반 아키텍쳐(Service-Oriented Architecture, SOA) 환경을 구축할 수 있게 되었다. 공통의 중앙 집중화된 보안 통제를 통해 기업은 개발 및 구축비용을 절약할 수 있고, 일관성 있는 보안 정책을 적용할 수 있게 되었다. 사용자들은 단일 사용 승인(single-sign on)을 통해 다양한 범주의 서비스를 쉽고 간단하게 이용할 수 있게 되었다.

3) 성공내용

연간 총 1,500만 유로(미화 2,000만 달러)의 비용 절감, 18개월 내에 계정 관리 프로세스 지원 업무를 담당하는 관리자 수의 50퍼센트 감소, 헬프 데스크 운영 비용의 25퍼센트 절감, 규제 보고에 따르는 시간과 비용 절감, 신규 사용자의 접근 권한 승인에 소요되는 시간을 10일에서 24시간 이하로 단축하는 등의 기대효과를 바라볼 수 있게 되었다.

Lessons Larned

실패한 프로젝트에 관하여

성공한 프로젝트에 프로젝트 관리가 잘 되었다고, 그게 성공요인이라고 말하는 경우는 없을 것이다. 프로젝트 관리를 하는 것은 잘하면 본전이고 못하게 되면 실패요인으로 되어 화살이 돌아오게 된다. 하지만 그렇다고 프로젝트관리를 하지 않는다면 완성도 있는 프로젝트를 완성시킬 수는 없을 것이다.

위 사례에서 보았듯이 많은 프로젝트가 성공을 하여 잘 사용되고 있다. 성공한 프로젝트 뒤에는 반드시 프로젝트 관리가 있고 관리자가 있는 것이다.

핵심관리로는 범위관리(Scope Management), 일정관리(Time Management), 비용관리(cost Management), 자원관리로는 품질관리(Quality Management), 인적자원관리(Human Resource Management), 리스크관리(Risk Management), 조달관리(Procurement Mangement), 프로젝트통합관리(Procurement Management)를 효율적으로 관리 하여 성공적인 프로젝트로 연결시킨 것이다.

Lessons Larned

실패한 프로젝트에 관하여

1. 실패한 소프트웨어 프로젝트에 대한 분석

① 실패한 프로젝트의 75% 이상이 개발 또는 계획 초기단계부터 실패의 징후가 나타나기 시작한다.

② 프로젝트 실패 대부분(72%)은 관리자보다는 프로젝트 팀 내부에서의 문제로 부각된다.

③ '신기술'이 프로젝트 실패의 주요 원인이 되기도 한다. 개발팀이 신기술을 충분히 이해를 하지 못하거나 습득하지 못하는 경우 기술을 충분히 활용하지 못하여 실패한다.

④ 실시간 소프트웨어의 경우 performance requirement 때문에 실패한

프로젝트가 많다. 그래서 개발초기부터 performance에 대한 고려 및 분석이 꼭 필요하다.

2. 실패한 프로젝트의 주요요인

① 개발목표가 분명하지 않는 경우(51%)

요구사항을 제대로 분석하지 못한 경우에는 실패할 가능성이 높다. 꼭 필요한지와 제공되면 좋을지도 모르는 희망사항과는 엄격하게 나누고 분석해야 한다. 의뢰자 자신도 자신의 요구사항이 어떤 것인지 제대로 모르는 경우가 많다. 그렇기에 요구사항이 애매모호하게 시작하면 많은 변화가 요구되기에 실패할 확률이 높다.

위 사례 중 보건복지부의 의약품유통종합정보시스템을 사례를 봤을 때도 꼭 필요한 시스템이 아니었을 뿐더러 자신들이 지금 무엇이 필요한지도 모르는 상태에서 프로젝트가 시작이 되었기에 실패는 당연하였던 것이다.

② 불완전한 계획과 착수(48%)

일정관리의 경우 일정에 대한 지나친 강조로 각 과정에서 작업이 소홀하게 행해지는데 일정을 맞추는 것이 실제 작업의 완성도에 관계없이 프로젝트의 최대 목표가 되어 버릴 수 있다. 그렇게 되면 형상관리나 에러 관리가 제대로 행해지지 않을 것이다. 프로젝트의 범위나 목표가 분명하지 않은 상태에서, 성공적인 프로젝트의 수행을 기대하기 어렵다.

'On Technology'는 시스템에 저장된 파일이름의 index를 구하는 간단한 프로젝트로 시작하여, 파일의 내용까지 index를 하고, fuzzy search 기능까지 추가하는 것으로 프로젝트의 규모가 무분별하게 확장된 경우를 말한다.

③ 조직의 신기술(45%)

신기술에 대한 충분한 교육 또는 pilot project 없이 프로젝트에 적용되는 경우에는 꼭 필요한 기능을 제공하지 못할 수도 있음을 미리 파악하지 못하는 경우에는 실패할 가능성이 높다.

신기술은 화려하고 이론적으로는 쉽게 적용될 수 있을 것 같지만, 실제로는 신기술의 습득에는 많은 시간과 비용이 드는 게 현실이다.

④ 무능한 프로젝트 관리자(42%)

개발팀의 규모 또는 기술수준을 제대로 파악하지 못하는 경우와 프로젝트에 하청업자를 비롯한 여러 조직의 인원이 같이 참여하는 경우, 프로젝트의 관리가 가끔 또는 대충 행해지는 경우 모두 프로젝트가 실패할 확률이 높은 것이다.

시사점

지금까지 실패 프로젝트 사례와 성공 프로젝트 사례를 보았다. 프로젝트를 성공시키는 것이 얼마나 힘든 일인지 알게 되었다. 실패한 프로젝트를 보면 여러 가지 문제점이 연계되어 있지만 첫 번째 사례는 유일한 국내 사례로 보건복지부의 의약품유통종합정보시스템구축 프로젝트이다. 이 사례에서는 목표설정이 얼마나 중요한지를 보여준다. 시스템을 구축하는 데에는 어마어마한 비용이 들어간다. 그렇기에 처음 시작하기 전에 많은 분석을 한 후에 해야 하는 것이다. 제안요청서를 만든 보건복지부도 문제지만 그 의뢰를 맡은 SI업체에도 책임은 있는 것이다. 제안요청서를 보고 요청자가 무엇을 원하는지를 정확히 알아내야 하는 의무를 지고 있다. 제안에 대해서는 많은 노력을 하지 않는 것 같다.

또 한 가지 그 시스템만을 보지 말고 그 주위에 상황에 맞춰서 개발을 해야 하는 것이다. 아직 사회적으로 그 시스템을 사용하기에는 역부족인 상황에서 개발을 했기 때문에 더욱 실패를 했던 것이다.

두 번째 사례는 세계기업인 맥도널드의 이노베이트 프로젝트이다. 이 사례를 조사하면서 가장 매력적인 프로젝트라고 생각했다. 하지만 범위가 너무 광범위하여 비현실적인 프로젝트였다.

맥도날드 자사 입장에서는 전 세계를 통제할 수 있다면 많은 비용을 줄이고 효율적으로 업무를 수행할 수 있을 것을 예상했을 것이다. 하지만 세계에는 다양한 나라가 존재한다. 선진국이 있는가 하면 후진국이 있다. 그렇기에 IT 시스템을 개발한다 해도 사용하지 못할 것을 예상 못한 것이다.

　　IT 인프라를 구축하는 일은 그리 쉽게 이루어질 수 없는 일이기에 이노베이트 프로젝트는 실패한 것이다. 만약 인프라 구축이 쉬운 것이라면 프로젝트를 수행할 때 함께 설치하면 되는 것이다. 그렇게 쉽지 않는 것이기에 안타깝지만 결과가 실패로 돌아온 것이다.

　　범위관리는 핵심관리 3가지 중 한 가지이기도 하다. 그만큼 중요하다는 것이다. 만약 범위가 정해져 있지 않다면 100m 달리기 선수가 결승점도 지났는데 자신이 멈춰야 할 곳을 몰라 탈진해 쓰러질 때까지 달리는 것과 마찬가지일 것이다. 프로젝트 팀원들도 자신이 어디까지 해야 할지 몰라 혼란에 빠질 리스크가 있는 것이다.

　　세 번째는 미국 회사인 퍼스트에너지사의 소프트웨어 버그로 인한 정전사건을 다루고 있다. 이 사례에서는 유지보수, 즉 형상관리를 허술하게 하여서 생긴 사건이다.

　　사람들은 안전불감증에 걸려 있는 것이 사실이다. 자신에게는 일어나지 않을 것이라는 생각을 가지고 있는 것인데 이 회사 직원들도 안전불감증에 걸려 있었던 것 같다. 하지만 유지보수가 빈번하게 일어나는 IT 분야에서는 있어서는 안 될 일인 것이다. '설마 일어나겠어?'라는 몇몇의 어리석은 생각을 가진 사람 때문에 수많은 사람들은 정전속에서 공포와 싸워야 했을 것이다.

　　유지보수단계는 다른 단계보단 많은 비용이 소모된다. 그만큼 중요하다는 말일 수도 있다. 시스템은 많은 변화에 유연하게 변화를 할 수 있다. 고객이 원하는 방향으로 수정을 해줘야 한다. 형상관리에는 신경을 곤두세우고 있어야 하는 것이다.

　　유지보수를 할 때는 '별일 없겠지'라는 생각 말고 '혹시 무슨 일이 일어나면 어쩌지'라는 생각으로 바꿔야 할 것이다.

　　네 번째로는 닉슨미디어리서치의 등급시스템 개발 프로젝트이다. 여기에서의 실패 원인은 두 가지인데 첫 번째는 일정관리, 두 번째는 외주관리이다.

　　닉슨 회사 임원들은 너무나 성급한 나머지 3년 걸려서 개발될 프로젝트를 1년 만에 개발해 달라는 힘든 요구를 했다. 그 임원들은 10명이서 3년이면 30명이서 1년에 끝낼 수 있을 것이라고 생각했던 것일까? 하지만 현실에서는 그렇지 않다. 10명에서 3년간 개발하는 것이 1년 동안 30명이 개발하는 것보다 빠르다. 그 말은 1년 안에 그 프로젝트를 끝내지 못한다는 것이다.

이 사실을 아는 IT담당자가 충고를 했지만 그 말을 듣지 않고 외부에 외주를 주어 프로젝트를 시작하고 만것이다. 하지만 결과는 참패로 돌아왔다. 게다가 외주를 준 기업도 통제를 하지 못하여 기분을 맞춰주고 끌려가는 입장으로 변질이 되기도 하였다.

닉슨 회사 임원들은 IT에 관해서는 아무것도 모르고 있던 것 같다. 그렇지 않으면 이렇게 무식한 방법은 없었을 것이기 때문이다. 프로젝트가 일정에 쫓기면 안 되지만 일정계획을 세워 놓은 것은 그 시간 내에 끝낼 수 있도록 계획을 세운 것이다. 연장이 된다면 최대한 계획 세워 놓은 것을 따라가 줘야 한다. 그렇지 않으면 뒤에 해야 할 일들이 밀리면 비용부터 많은 것을 조정해야 하기 때문이다.

외주관리는 많은 장점을 가지고 있기도 하지만 많은 단점을 가지고 있다. 위 사례에서도 많은 장점은 활용하지 못하였고 단점만을 사용하였다. 외주업체는 계약을 불이행했고 또 외주업체를 통제를 제대로 하지 못하였다. 물론 개발 기간이 길어지면 계획했던 것보다 많은 비용이 지출될 것이다.

회사 임원들은 프로젝트가 성공적으로 완수되었을 때에 핑크빛 세상만을 상상하고 있어 현실에서 외주업체 선정 시 치밀하게 하지 못하였던 것이다. 자신들이 생각하는 기간에만 맞춰 준다면 다른 것은 보지 않은 것 같다. 그렇지 않고야 저렇게 불성실한 외주업체를 선정할 일이 없으니깐 말이다.

일정계획을 프로젝트의 이정표로서 잘 이용하고, 외주를 한다는 것은 약간의 리스크를 더 가지고 하는 것이라고 할 수 있다. 그렇기에 더욱이 신중하게 선정해야 할 것이다.

다섯 번째는 영국국가 보건서비스(NHS)의 IT 현대화프로그램이었다. 여기서의 실패한 이유는 리스크관리를 잘 못한 탓이다. 많은 업체를 선정하게 된다면 그만큼 리스크를 줄어 들게 마련이다. 리스크를 줄이려고 한다면 몇 개의 업체만을 적절하게 선정하여야 하는데 이 프로젝트에서는 너무 많은 업체들이 들어와서 개발을 하여서 마지막에는 퍼즐을 맞출 수 없는 퍼즐조각들만 즐비하였다.

각자 열심히 개발한 시스템은 호환이 되지 않아 통합을 시킬 수 없을 뿐

더러 2차 하청까지 있어 의사소통에도 많은 어려움이 있었다. 게다가 많은 관여까지 있어 많이 복잡한 프로젝트가 되었었다.

자사에게 있을 리스크를 정확하게 파악했다면 이렇게 많은 업체를 선정하지 않았을 테고 자신이 분석한 것에 자신이 없기에 더욱이 많은 업체를 선정한 것 같다.

사례분석을 마치며

프로젝트 사례분석을 모으는 것은 쉽지 않았다. 주제에 대하여 처음에는 진도가 진척이 되지 않았다. 검색어를 쳐도 아무것도 나오지 않고, 최근 자료를 활용하자니 윤리에 어긋나기도 하고, 그렇게 검색어 찾는 것에만 며칠을 투자한 것 같다. 드디어 자료들을 검색하여 자료를 모으기 시작하고 읽어 보면서 나는 조금 한심하다는 생각을 가지게 되었다.

뻔히 눈에 보이게 그 프로젝트는 실패할 것 같은데 엘리트들이 모인 거대기업 사람들이 그 일에 목숨을 건다는 것이 한심해 보였다. 하지만 내가 그 상황에 있다면 나도 보이지 않을 것 같다. 내가 사례를 보고 있는 건 수학문제와 해답을 동시에 보고 있는 것과 동일하기 때문이다. 답을 알고 있기에 문제가 쉬어 보이는 것일 뿐이지 나에게도 문제만 덩그러니 온다면 힘들고 답 찾기가 힘들었을 것이다.

프로젝트 관리자는 많이 힘들고 머리 아픈 자리인 듯하다. 다방면으로 생각을 해야 하고 분석해야 하기 때문인데 범위와 일정, 비용뿐 만 아니라 리스크, 의사소통 등 많은 것을 한꺼번에 관리하기 때문에 그렇게 생각했다.

프로젝트 관리의 최고의 지침서는 자신의 노하우일 것이다. 많은 프로젝트를 겪어 봐서 실패의 쓴맛도 느껴보고 성공의 단맛도 느껴보며 자신만의 노하우를 쌓는 길 밖에 없는 것 같다. 프로젝트 관리자는 자신의 노하우를 가지고 있고, 자신만의 신념을 가지고 있는 사람이 해야 한다. 이 성공사례를 작성하면서 무에서 유를 창조하는 SI업체 사람들이 존경스러워졌다. 다른 제조업체처럼 손으로 만질 수도 없는 것을 만들어 생활 편의를 제공하는 사람들이기 때문이다.

많은 프로젝트를 하면서 많은 실패를 겪기도 하지만 프로젝트가 성공하게 된다면 보람차다고 생각할 것 같다.

▶한 부분만 집중하지 말고 전체를 조명하여야 한다. ▶프로젝트에서는 정해진 계획대로 진행이 되는지 적극적으로 확인하여 ▶문제에 대한 선행조치가 이루어져야 한다. ▶인간의 본성에 대한 날카로운 통찰력을 개발하라. ▶누구에게 언제 어떻게 의지할 수 있는가를 배워라. ▶의사결정을 할 때 기술과 사람, 비즈니스를 동시에 고려하라. ▶모호하고 불완전한 정보를 가지고 의사결정을 하는 법을 배워라. ▶끊임없이 당신의 대인관계 기술을 개발하라. ▶정치적인 감각이 가지는 가치를 확실하게 인식하라.

07

프로젝트 관리 소프트 스킬

1 프로젝트 관리자의 10가지 역량

사람들은 일상에서 많은 사람과 교류하면서 여러 가지 경험을 체험한다. 프로젝트와 관련하여 프로젝트 관리자에게 필요한 자질은 무엇이며, 또 그 자질을 갖추기 위해 어떤 노력을 해야 할까? 필자는 오랫동안 프로젝트 관리자로서의 업무를 경험한바, 그동안의 생생한 체험을 바탕으로 나름대로 정의한 10가지 역량을 격언에 비유하여 제시함으로써 해답의 실마리를 찾는 데 도움을 주고자 한다. 이미 프로젝트 관리자의 능력이나 자질에 대하여 다룬 많은 자료들이 있다. 프로젝트 관리자로서 이 책에서 제시하는 10가지 역량을 더한다면 훌륭한 리더가 될 것이다.

(1) 겸손하여야 한다

"잘 익은 벼가 고개를 숙인다"라는 속담에서 알 수 있듯이, 사람은 겸손해야 결국 인정을 받는다. Position Power를 이용하여 팀 회의를 좌지우지하거나 전문 지식이 남들보다 우월하다고 빈번하게 개입하면, 팀 안의 커뮤니케이션에 여러 가지 문제가 발생한다. 다른 사람의 의견을 경청하고 이해하며, 장유유서(長幼有序)에 따른 연장자를 존경하는 마음을 가져야 한다. 사회 시스템이 성과 위주로 바뀌고 있지만 여전히 한국에서는 유교적 정서가 깊이 지배하고 있음을 생각해야 한다. 가끔 겸손하지 못한 독선적 리더들이 저지르는 실책을 보노라면 남을 배려하고, 존경하는 사회가 되면 프로젝트 환경조건들 역시 더 성숙할 것으로 생각한다. 프로젝트 관리자는 외유내강의 겸손한 사람이어야 한다. 조직의 문화가 건전해야 기업의 Governance가 건실하며 기업 문화가 발전한다. 이는 프로젝트 Governance에 영향을 미치는 중요한 요인으로, 기업의 내적 분위기가 기업이 성공하는 중요한 열쇠임을 알 수 있다.

(2) 자기계발을 꾸준히 하여야 한다

"하늘은 스스로 돕는 자를 돕는다." 이 속담은 남에게 선행을 베푼 사람에게는 반드시 좋은 일이 생긴다는 뜻이기도 하고, 노력하는 사람에게 기회가 오고 운도 따른다는 의미이기도 하다. 또한 "노력하지 않는 자는 아무것도 얻을 수 없다"라는 격언도 있다. 요즘처럼 사회가 급변하는 시대에는 짧은 기간이라도 지식 쌓기를 게을리 하면 거의 바보가 되어버린다고들 이야기한다. 노력하지 않는 것은 단순히 멈추어 있음을 일컫는 것이 아니라 후퇴를 의미한다. 부단히 책을 읽고 학습하지 않으면 타인의 경쟁력을 따라갈 수가 없는 세상이 되었다.

모 경영전문대학원 MBA 과정 입시 설명회에서, 이제는 MBA 과정이 다른 사람들보다 앞설 수 있는 경쟁력의 하나이기보다는 오히려 대등해질 수 있는 필수 과정이라는 설명을 들으면서 누구든지 한 걸음이라도 나아가려는 노력을 부단히 해야 함을 절실히 느꼈다. 노력은 혼자 하는 것보다는 주위 사람과 같이하는 것이 효율적이다. 도서관에 가서 공부하는 이유도 남들이 열심히 공부하는 모습을 보며 자극을 받아 스스로 열심히 공부하는 것과 같은 이치이다. 또한 한 가지를 성취했다고 해서 만족하지 말고 또 다른 꿈을 이루어야 한다. 성공은 성취가 아니고 성취하는 노력의 끝없는 과정이기 때문이다.

프로젝트 관리자는 계속 노력하는 사람이다. 그리고 주위 사람들이 노력하게 하는 동기를 유발하는 사람이다.

(3) 의사소통을 잘 해야 한다.

"말 한마디로 천 냥 빚을 갚는다." 말만 잘하면 어려운 일이나 불가능해 보이는 일도 얼마든지 해결할 수 있다는 뜻이다. 언어는 굉장히 중요한 의사소통의 도구이다.

"친절한 말은 왕관보다 낫다."
— 영국 속담
"한마디의 친절한 말은 겨울철 3개월 동안을 따뜻하게 살도록 만드는 것이다."
— 일본 속담

프로젝트 관리자 업무는 전체의 90% 정도가 의사소통과 관련 있다고 한다. Communication은 일방이 아닌 쌍방, 즉 Interactive Communication이다. 독선이 아닌 상대를 존중하며 이해하고, 어떤 장소나 공간에서든 제대로 된 의사소통이 이루어지도록 해야 한다. 프로젝트 관리자는 대인관계 기술을 키워야 한다. 감정이 실린 언어로 상대방의 자존심을 건드려 인간관계를 등지는 경우를 가끔 겪는다. 특히, Position Power를 가지고 있거나 직책이 높고 인사 고과권을 가지고 있는 경우 이에 해당한다. 함부로 내뱉는 말 한마디는 조직 내 갈등을 불러일으키고 서로를 고립화시킨다. 이는 스포츠 경기를 할 때 팀 워크(Teamwork)가 부족한 상태에서 경기를 하는 것과 같다. 프로젝트 관리자는 사람을 중요시하고 소통을 잘하는 사람이다.

(4) 옳은 결정을 잘해야 한다.

"오르지 못할 나무 쳐다보지도 말아라." 이룰 수 없는 일이라면 처음부터 바라지도 말라는 의미이다. 프로젝트에서 선택은 매우 중요하다. 불가능한 목표를 억지로 밀어붙이면 결과는 뻔하다. 설사 완수한다 해도 상당한 피해를 안고 마무리된다. 기업은 프로젝트를 진행할수록 리스크가 크고 실패 가능성이 높아도 프로젝트를 완료하여야 한다는 중압감에 중단을 못하고 끝까지 진행하고자 하는데, 이는 결국 비용의 증가와 함께 인력 낭비를 초래한다.

또한 능력 있는 프로젝트 관리자는 프로젝트의 타당성을 검토할 때 재무적인 관점으로만 바라보지 않는다. 회사의 전략적 방향과 연계하면서 타당성 검토를 한다. 회사는 리스크 관리 차원에서 포트폴리오를 구성하고 자원을 배분하며, 균형을 이루어야 한다.

프로젝트 관리자는 단위 프로젝트 관리는 물론, 폭넓게 회사의 전략과 일치하는 프로젝트 관리를 잘하여야 한다. 요즘은 단위 프로젝트의 성공이 회사의 경영 성과에 미치는 영향을 고려하는 프로젝트 경영 개념이 널리 확산되고 있다. 이제는 회사의 경영 성과에 도움이 되는 프로젝트를 우선시하여 추진하는 포트폴리오(Portfolio) 관점에서 접근하여야 한다. 기업은 제한된 자원으로 프로젝트를 수행하기 때문에 그렇게 하지 않으면 경쟁력에서 살아남을 수 없다. Making의 시대가 아닌 Creating의 시대인 오늘날 기업은 생존을 위해 프로젝트의 꾸준한 획득과 성공이 필수적이다. 최근 큰 프로젝트의 획득 실패로 인원을 대대적으로 정리하는 기업을 보면, 프로젝트의 지속성과 그 영향이 기업의 생존 여부에 얼마나 중요한지 실감한다.

(5) 여유를 가질 수 있는 내적 역량이 필요하다

"기는 놈 위에 나는 놈 있다." 전문가는 나는 놈이다. 경험과 실력을 갖춘 전문가이다. 여유는 전문가에게 배어 있는 향기이다. 스포츠 경기에서 경험이 부족한 팀이 서두르다 패하거나, 실력이 부족한 팀이 정신력만으로 버티다 결국 패하는 경우를 본다. 프로젝트는 어떤가? 수십억, 수백억, 수천억을 투입하여 진행하는 중요한 프로젝트는 때로 회사의 사활을 좌우한다. 또 경험과 실력이 부족한 프로젝트 관리자가 어설프게 관리한다면 프로젝트는 어떻게 될까? 프로젝트는 제한된 시간 내 완료해야 하는데 초보 프로젝트 관리자는 서두르면서 마음의 여유를 가지는 것이 쉽지 않을 것이다. 여유는 어디에서 생기는가? 프로젝트 관리 경험이나, 지식과 기법 등에서 생긴다. 그러므로 마음의 여유를 갖고 프로젝트 일정관리와 인적자원 관리를 능숙하게 함으로써 성공적인 관리자가 되도록 노력해야 한다. 능력 있는 프로젝트 관리자는 자기계발을 꾸준히 한다.

프로젝트 관리자는 단순히 프로젝트 관리 기술을 넘어 경영, 회계, 통계, 품질 기법, 금융, 경영정보, 시사 등 다양한 지식으로 무장하여 변화하는 환경과 산업의 변화에 적절하게 대처해야 한다. 왜냐하면 프로젝트의 성공에 미치는 영향에는 조직 내부의 프로세스 자산뿐만 아니라 대내외 환경요소 또한 민감하게 작용하기 때문이다. 어제의 정답이 오늘의 정답이 아닐 수도 있다. 최적의 방안을 검토하고 결정하기 위해서는 많은 부문의 정보가 필요하다. 또한 프로젝트 관리자는 대인 관계기술을 기반으로 실력 있고 믿음직한 존경받는 리더가 되어야 한다. 이와 같이 노력하는 프로젝트 관리자는 여유 있게 프로젝트 관리를 하면서 체계적이고, 적절한 방향을 제시하며, 올바른 결정을 함으로써 프로젝트의 성공 확률을 높인다.

(6) 가치를 추구해야 한다.

"고통 없이는 얻는 것도 없다." 또한 고진감래(苦盡甘來)라는 고사성어도 있다. 엄청난 노력 없이는 결과도 없다. 노력의 결과는 중요한 가치를 만들고 프로젝트의 성과로 나타난다.

인생에서 모든 존재 가치는 중요하다. 노력하는 가치, 가족과 함께하는 행복의 가치, 매 순간 현재 자신의 가치, 그리고 직장에서 업무 성과의 가치, 일의 성과인 획득 가치에 이르기까지.

현대 기업에서 프로젝트 관리자는 회사의 전략에 연계하여 일의 가치를 만들어 내는 사람이다. 또한 자신의 가치와 함께 다른 사람들의 가치를 인정하고, 모든 가치를 드높이는 노력을 한다. 관리하는 프로젝트 성과의 가치를 높이고, 회사의 가치도 높인다. 능력 있는 프로젝트 관리자는 가치 중심의 노력을 한다. 효율적인 업무 처리와 더불어 원활한 커뮤니케이션을 추구하고, 이해관계자 사이에서 균형을 유지하며 회사의 전략 목표를 성공하기 위해 헌신한다. 그 헌신의 결과로 프로젝트의 가치를 만들고 지속적인 성공을 이끌어낸다. 훌륭한 관리자는 가치를 추구하면서 일의 결과를 정량적으로 분석하여 보여주는 노력을 한다.

[7] 국제 경쟁력을 위하여 문화의 인식을 해야 한다.

"친구를 없이 함은 이 세상에서 태양을 없애는 것과 같다." 이제는 국제화 시대로 다변화된 시장에서 다양한 상품으로 경쟁하며 동시에 서로 협력한다. 수행 중인 프로젝트 가운데 이해관계자의 한 사람은 으레 외국인일 정도로 글로벌한 환경이다. 이러한 국제 프로젝트 환경에서 상대방의 문화를 이해하고 배려하면서 독특한 창조성을 발휘하여 경쟁력을 키워가는 것은 매우 중요하다. 그래서인지 요즘 중요 기업에서는 동서양 문화의 차이에 대한 인식을 제고하며, 극복 방안을 위한 세미나를 개최한다.

문화의 다양성이 경쟁력 있다는 사실은 이미 국제적 기업에서 증명되고 있다. 그래서 신규 조직이 발생하면 먼저 실시하는 것이 이문화 교육(Intercultural Training)이다. 이 교육은 조직 내부 외국인, 나아가 외국에 있는 업무 파트너와의 원활한 의사소통을 위해 상대방의 문화를 소개하고 이해하는 과정이다.

문화를 이해하고 배려하는 것은 우리가 생각하는 것만큼 쉽지 않다. 이것은 보이지 않는 것에 대한 이해이므로 객관성을 갖는 것이 쉽지 않다. 프로젝트 관리자 및 팀원이 이를 인식하고 준비하는 것은 매우 중요하다. 능력 있는 프로젝트 관리자는 국제 프로젝트 환경에서의 의사소통에 중요성을 많이 부여

한다. 효율적인 일 처리, 원만한 커뮤니케이션 추구, 이해관계자 사이에서의 균형 유지, 회사의 전략적 목표의 성공을 위해 헌신한다. 이문화 차이(Intercultural Difference)를 이해하고 준비하는 것은 국제 프로젝트를 성공으로 이끄는 시작이다.

(8) 계획에 맞게 실행해야 한다

"약속을 지키지 않는 자는 자신의 인생도 지키지 못한다." 계획한 약속이라도 지키기 어려운 것이 현실이다. 좋은 계획은 지옥으로 행한다는 말도 있다. 즉 계획을 세우고, 다른 사람과의 약속이나 심지어 자신과의 약속마저도 시간이 지나면서 실행으로 옮기기 어렵다는 것을 의미한다.

100명 중 자기계발을 위해 철저한 계획을 세우고 실행하여 성공하는 비율은 10% 미만이라고 한다. 물론 프로젝트 실행의 성공률은 이보다 훨씬 높다. 실행하는 것은 머릿속 생각으로만 가능한 것이 아니고 몸이 같이 움직여야 하고, 불확실성에 대한 도전이기에 누구나 쉽게 다가서지 못하는 것 같다. 그러나 겁 없이 달려드는 도전과 용기가 포기하는 것보다는 더 낫지 않을까? 요즘 필자는 주어진 일을 주저하지 않고 마구잡이로 하는 경향이 있다. 내가 포기하면 기회는 당연히 다른 사람에게 가기 때문이다. 일단 주어진 일을 열심히 하다 보면 배우는 것도 많고, 어려움에 부딪칠 때마다 스스로를 다독이며 인내와 끈기로 나아가야 하므로 자신을 사랑하게 된다. 하나의 스토리를 만들면서 경험과 가치가 향상되는 것을 느낀다. 능력 있는 프로젝트 관리자는 실행을 잘한다.

(9) 도전을 해야 한다

"도전하지 않는 삶은 죽은 삶이다"라는 격언이 있다. 내가 주저하고 지연하는 사이에 기회는 멀리 가버린다. 막상 시험공부를 하고서도 도전을 멈추면 시간은 덧없이 흐르게 되고, 3개월 이내 도전해야 할 일은 결국 1년이 넘어가 마침내 포기하고 만다. 도전은 바로 실행과 자기통제를 거쳐 완성된다. 일단 시험 응시를 위한 접수를 해야 시험 공부를 하듯이, 목표를 세우면 그것을 실천할 자기 시간의 제한 조건을 만들어야 한다. 때로는 억지로 하는 것이 쉽지만은 않다. 하지만 학생 증후군(Student Syndrome)과 파킨슨 법칙(Pakinson's

Law)에서 나타나듯이 Deadline이 있어도 제대로 지키지 못하는 경우가 많다. 왜냐하면 여유 시간에 대한 자만심과 Risk에 대한 대처가 부족하기 때문이다.

능력 있는 프로젝트 관리자는 도전을 잘한다. 그는 맥클랜드(Mc Clelland) 의 3대 욕구(권력, 성취, 친화) 중 비교적 성취욕구가 강한 편이다. 주어진 시간 안에서 목표를 제대로 성취하기 위해서는 일정을 관리하며 통제함으로써 도전 을 성공으로 이루는 사람이 되어야 한다.

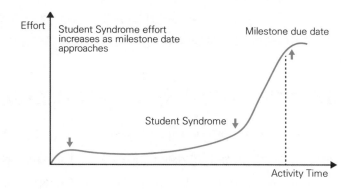

(10) 자기통제를 해야 한다

"사람 일은 마음먹기에 달렸다"는 격언은 세대를 뛰어넘어 누구나 공감한다. 사람들은 목표를 세우면 목표를 달성하기 위해 부단히 노력한다. 하지만 그 과정에서 이런 저런 이유로 목표를 이루고자 하는 의지가 시작할 때와는 달리 점차 흐지부지되는 경우가 많다. 대다수 사람들은 마음먹은 계획을 제대로 실 천하지 못한 경우를 경험했을 것이다. 왜일까? 자율적인 분위기, 즉 통제받지 않는 상태에서 자신의 의지에 따라 수립한 계획을 일관성 있게 실천하지 못하 는 이유는 무엇일까? 작심삼일(作心三日)이란 고사성어의 의미는 우리에게 잘 알려져 있다. 지속 가능한 실천이 어렵다면 어떻게 해야 하나? 자기통제를 통 한 동기부여 등을 하면 어떨까? 사람들은 대부분 새로운 기회가 주어지면 망 설인다. 설사 기회가 있어 참여하여도 궁극적 실행을 못하고 포기가 아닌 연 기라는 단어로 대충 넘어간다. 그때 나오는 단어가 "다음에"이다.

이 세상에서 가장 안타까운 말이 "했었더라면"이라고 한다. 기회를 놓치 거나 선택을 망설이거나 하지 않았거나, 거의 준비했지만 연기하다가 결국 이루지 못한 일들이 많다는 것이다. 실제로 국제 자격증 취득 교육 과정을 이수한 180명을 분석한 결과 도전한 사람은 20% 정도밖에 안 되었다. 도전하신 분들의 80~90%는 자격증을 획득하였다. 나머지 80%는 실력이 없어서 도전을 하지 않은 것일까? 아니다. 조금씩 시간을 미루다 포기해버린 경우가 대부분이다. 일단 맘을 먹으면 시험 신청을 하고 시험을 보아야 하는데, 조금만 더 공부해야 시험에 붙을 수 있을 거야, 조금만, 조그만 …. 그러나 결국 지쳐 포기하는 것이다. 사람은 스스로를 통제하기가 어렵다. 그래서 만들어진 환경으로 통제를 해야 성과를 만들 수 있다. 필자가 겪은 많은 사람들, 그리고 필자 자신 자기통제의 중요성 아무리 강조해도 지나치지 않다.

2 리더가 주의해야 할 것: 후광효과(後光效果, halo effect)

후광효과란 어떤 대상이나 사람에 대한 일반적인 견해가 그 대상이나 사람의 구체적인 특성을 평가하는 데 영향을 미치는 현상을 말한다. 사회심리학이나 마케팅, 광고 등의 분야에서 나타나는 현상이다. 사회심리학에서는 주로 어떤 사람에 대한 인상이나 인성, 업무수행 능력을 평가하는 데 나타나며, 마케팅에서는 상점, 상품, 브랜드에 대한 태도 및 평가와 관련하여 나타낸다. 미국의 심리학자 손다이크(Edward Lee Thorndike)는 어떤 대상에 대해 좋거나 나쁘다고 생각하고 그 대상의 구체적인 행위들을 일반적인 생각에 근거하여 평가하는 경향이라고 설명하였다.

그리고 블룸(Blum)과 네일러(Naylor)는 개인이 갖고 있는 특성에 대한 평가가 그 사람의 다른 다양한 특성들에 대한 평가에 미치는 영향이라고 보았다. 이 현상은 다양한 대상들에 대한 관점을 제시함으로써 사람들이 특정 대상을 어떻게 인지하고 평가하는지에 대한 설명을 제공한다는 점에서 중요성을 갖는다. 뉴컴(Theodore Mead Newcomb) 등의 학자는 논리적 오류(Logical Error)를 후광효과 개념 중의 하나로 포함시키기도 하였다. 그는 이러한 후광효과는 어떤 대상을 평가하는 데 불가피하게 발생하는 현상이며, 이것은 평가자가 논리적으로 관련된 행동들을 유사하게 평가하는 방식으로 작용한다고 결론지었다. 실제로 기업에서는 한 분야를 탁월하게 잘하면 다른 분야도 잘할 것으로 착각하여 승진을 시키거나 보직을 변경한다. 축구 포지션에서 수비를 탁월하게 잘하는 선수가 축구를 잘하니 이번에는 공격을 시키면 어떻게 될까? 아마도 훌륭한 골잡이가 되기는 어렵다. 기업에서 엔지니어를 관리자로 하였을 때 실제로 관리의 문제를 많이 일으키곤 한다. 영업 관리의 특유성을 무시한 채 모든 회의를 논리적인 관점으로 준비하고, 회의 주제가 있어야 약속을 잡고, 철저하게 회의 준비가 되어야 회의 참석을 허락한다면, 영업 활동에 큰 지장을 일으키게 마련이다. 적재적소에 능력 있는 인원 배치는 바로 기업의 경쟁력이다. 인사(人事)가 만사(萬事)란 말은 굉장히 중요함을 우리에게 전달한다.

(1) 프로젝트 관리의 일정관리 어려움

어느 기업이든 비슷한 유형의 문제를 가지고 있다. 일정관리가 잘 안 되고 있다는 점이다. 그런데 이것은 결론이며 나타난 이슈이다. 정작 원인은 잘 이야기 하지 않는다. 그러나 사실 문제의 원인은 요구사항의 관리의 부재와 프로젝트 진행 후에 발생하는 지속적인 변경으로 인해 수정이다. 거기에는 이해관계자 관리라는 큰 복병이 숨어 있다. 원칙대로 처리해도 안 되는 원인은 현실에서는 이해관계자의 주종관계로 인해 합리적인 프로세스의 준수에 대한 질서의 파괴이다.

경영진은 내부적인 일정관리의 문제만 지적하지만 프로젝트 관리자는 위에서 언급한 원인에 대한 여러 가지 문제(요구사항 관리의 부재, 진행 중의 지속적인 변경사항 발생, 이해관계자들의 비합리적인 요구 등)들이 복합적으로 나타나는 가운데 내부적으로 활동량의 증가에 따른 자원의 부족, 일정의 준수를 위한 피나는 노력, 오버타임 등 업무 과중과 스트레스로 인한 내부갈등 등의 공통적인 문제들이 반복적으로 나타난다. 아무리 프로젝트 방법론의 교육을 시켜도 잘 개선되는 않은 이 문제 해결 방안은 무엇일까?

(2) 음식과의 커뮤니케이션

음식도 우리 몸과 잘 맞지 않으면 소화가 안 되고 심하면 배탈을 나듯이 상호간 조화가 필요하다. 아마도 음식을 정성껏 준비하고 마음을 더 한다면 먹는 사람과 잘 커뮤니케이션되어 건강한 영양을 제공할 것이다. 어찌 그런지 오늘 아침 작은 딸과 같이 먹은 부대찌개는 맵지도 짜지도 않고 맛이 평범했으나 속이 편한 것을 보니 음식과 궁합이 잘 맞은 듯하다. 늘 먹는 음식과의 커뮤니케이션. 엄마 밥이 우리에게 잘 맞는 것은 맛보다 엄마의 사랑과 정성 때문이 아닐까?

(3) Gold plating의 좋은 예?

전주 예수병원 근처에 있는 현대차 블루서비스에서 에어컨 가스를 충전하였다. 충전 후 차를 리프트에 들어 하체에 헐겁게 되어 있는 다른 부분을 조이더니 완료했다. 여러 차례 에어컨을 작동하더니 시원한 바람을 확인할 수 있었다. 내가 시동을 걸고 길거리로 나서는데 정비기사가 막 뛰어오더니 다시 후진하라고 했다. 브레이크 등이 안 들어온다는 것이었다. 무료로 전구를 교환하고 브레이크를 밟아 확인까지 해주었다. 어찌 보면 큰 사고를 사전에 막아주신 것이나 다름이 없다. 사실 혼자 운전하면서 제동 등을 확인하기가 쉽지 않다. 이에 이 글을 읽으면서 본인의 제동 등의 이상여부를 확인해보는 계기가 되었으면 한다. 내 차의 양쪽 제동 등이 다 고장인지가 언제 있었는지 모르지만 사고가 발생하지 않은 것이 참 다행이다.

품질관리에서의 Gold Plating은 안전부문에 대해서는 해주는 것이 리스크 관리 측면에서도 나은 듯하다. 토요일 오후 4시에 퇴근하신다는 정비기사님의 고객의 차에 대한 관찰에 감사드린다.

(4) 하루에 5분이라도

황조롱이처럼 세상을 날다가 잠시 멈춰 정지 비행하면서 세상을 바라보는 것은 어떨까? 이보 전진을 위한 일보 후퇴. 때로는 이게 필요하다. 앞만 보고 달리다 자신의 존재를 다시 생각하고 다시 정리해보는 게 좋다. 하루에 조용한 음악을 들으며 할 수도 있고, 걸으며 생각할 수도 있고 버스창가에서 밖을 바라보며 할 수도 있을 것이다.

하루에 5분만 자신을 돌아보자. 그러면 사랑이 보이고 나의 존재가 보일 것이다. 그러면 지난날도 돌아보면서 이보 전진할 수 있을 것이다.

(5) 창조적인 PM이 반드시 가져야 할 역량, Design thinking의 효과

사람의 뇌에 종양이 발생하면 예전에는 방사선 치료나 물리적인 수술을 하였지만, 최근에는 의료 장비의 기술의 발달로 양성자치료기를 이용하여 치

료를 한다고 한다. 성인들의 경우에는 자기 통제력이 있어 거대한 의료기기 속으로 들어 갈 때 진동과 소음에 어느 정도 견디지만 어린아이들은 두려움에 거의 80% 이상이 수면마취를 하지 않으면 안 되는 상황이라는 것을 양성자 치료기 제작사 대표는 발견하고 깜짝 놀랐다고 한다.

아이들이 처음 체험하는 백색의 의료기기로부터 소음 및 진동의 발생을 느끼고 공포심을 가지게 되었다고 한다. 그래서 고심 끝에 대안으로 아이들이 좋아하는 캐릭터 그림을 통해 모험을 떠나는 이야기를 계속 들려주면서 실제 치료 시에는 모험에 성공하는 상황을 만들어 자연스럽게 아이들이 치료에 적용하게 만드는 과정을 연출하였던 것이다. 이처럼 Design Thinking은 어찌 보면 결과를 알고 보면 별것 아니지만, 창의적인 아이디어로 큰 문제를 해결하고 기술적으로 쉽게 풀지 못하는 문제를 다른 방법으로 시간과 비용을 절감하면서 해결하는 최적의 대안식별을 하게 되었다.

이에 많은 기술적인 검토를 하고 내부적으로 창의적인 생각으로 만들어 낸 방법은 의외로 단순했다. 아이들의 치료기에 대한 두려움을 없애기 위한

 방법으로 치료기 외관을 혁신적인 그림으로 만들었다. 치료기 표면들에는 해저 잠수함 그림을 그리고 그 안에 들어가기 전부터 모험을 떠나는 이야기를 들려주면서 실제 치료기에 들어가 치료하기 전까지 아이들로 하여금 낯설지 않은 환경을 만들었다고 한다. 실제 그런 방법이 적용된 후 아이들은 공포로부터 탈출했고 어떤 아이들은 다시 오고 싶다는 이야기를 할 정도였다.

이런 좋은 아이디어는 한 사람으로부터 우연히 나오는 것이 아니고 사람들의 네트워킹 과정에서 서로의 생각을 교환하는 과정에서 새롭게 탄생되는 경우가 많다고 한다. 요즘 조직학에서도 네트워크 이론이 대세인데 프로젝트 관리자가 반드시 가져야 하는 역량으로 Design Thinking은 절대적인 것으로 본다. 어려운 과제를 팀원들과 슬기롭게 해결하는 능력은 팀원들의 의사소통과 오픈 마인드 그리고 창의적인 생각의 마디를 잘 연결해주는 네트워크가 조화롭게 존재하기 때문이다.

(6) 가야금과 아쟁의 테일러링(Tailoring)

가야금은 우리나라 전통악기로 가야국왕이 명령하여 우륵이 만들었다는 설이 있다. 우륵은 당시 중국의 쟁, 동남아시아의 유사악기 등을 벤치마킹하여 가야금을 우리나라 전통악기로 만들었다. 반면 아쟁은 당악기로 고려시대에 들여온 것이다. 활을 이용해 지금의 첼로처럼 문질러서 소리를 내는 칠현악기이다. 초기 7현으로 들여왔으나 음역대를 더 나누어 10현으로 정악에서 사용하였다. 우리 실정에 맞게 음악악기의 테일링을 한 것이다. 가야금과 아쟁이 만나면 환상적인 음악이 나온다.

(7) 좋은 계획이 좋은 결과를 가져온다

잘된 계획은 시간과 비용을 절감한다. 반면 허술한 계획은 이리저리 갔다가 되돌아오고 다시 수정해서 다시 전진하는 등 반복되는 수많은 변경을 통해 종착점에 이른다. 잘된 계획의 길이 거의 직선이라면 허술한 계획은 꼬불꼬불 돌아가는 길이다. 직선거리보다 더 멀기에 늘 시간이 바쁘고 에너지가 많이 소모된다. 때론 뒤로 돌아가서 다시 길을 잡기도 하면서 동행하는 사람들과

언쟁을 하기도 한다.

목표는 같이 보여도 걸어가는 길이 이리 다른 것은 초기에 시간과 노력을 들여서 지도를 분석하고 가장 최단의 효율적인 길을 준비한 사람과 그렇지 못한 사람의 차이에서 나타난다. 사전에 낭비가 없이 치밀하게 준비하는 계획은 프로젝트 성공의 기본이다.

(8) 계사년 프로젝트

계사년 임진왜란 당시 논개가 의암바위에서 적장을 껴안고 물에 뛰어들어 남편 최장군의 복수를 한 것은 단순히 개인의 원한을 갚은 것 이상을 의미한다. 만일 적장이 죽지 않았다면, 일본군의 사기가 높아서 일본군이 지속적으로 진주성에서 호남지역으로 진출했다면 아마도 역사가 바뀔 수도 있었을 것이다. 먼저 논개는 최 장군을 남편으로 사랑했고 그 인간성에 존경을 했다. 자신이 어려운 처지에 있을 때 그의 집에서 일을 돕게 하여 생계를 유지시켰다. 그래서 인간적 존경심을 늘 가졌고 그로 인해 비록 후에 첩으로 아내가 되었지만 남편의 죽음에 대해 원수를 갚게 되는 원인이 되었다. 사랑보다 더 강한 존경심은 사람의 목숨까지도 기꺼이 바치는 것이 되었다는 것은 그만큼 숭고한 것이 아닐까 한다. 장군의 아내로 이미 얼굴은 알려져 있었으나 기생입적을 도와준 기생마담의 혼자 속삭이는 말이 생각난다.

"기생으로 구차하게 살다가 죽는 줄 알았더니 그래도 떳떳하게 죽는구나." 논개의 기생입적의 목적을 알고 있었던 기생마담의 도움이 없이는 논개는 진주 촉석루에 갈 수도 없었다. 이렇게 계사년 프로젝트는 이해관계자의 도움으로 준비될 수 있었다.

(9) 리더가 가져야 할 것 중 우선순위에서 최고는?

예전에 교육을 할 때 내가 던진 질문이다.

▸정직성 ▸앞을 내다보는 안목. 즉 선견지명 ▸준거적 리더십 ▸협상능력

물론 나라마다 우선순위가 다르지만 이번에도 역시 예상과 일치했다. 전 세계 80%는 이것이 최고 우선순위였지만 우리나라에서는 3위이다. 이것은 무엇일까? 바로 정직이다.

(10) Design Thinking의 조건, 이합집산을 좋아한다.

예전 모 국제컨퍼런스 주제 발표 중에 한 연사가 의사소통과 관련하여 한국과 외국의 모임 및 행사방식에 대한 내용을 이야기하였다. 그는 모임 시 이합집산을 좋아하고 부러워한다고 했다. 많은 외국인들의 모임에서 수많은 이합집산이 발생하고 서로 네트워킹 과정에서 각 분야 전문가들을 만나고 이야기하면서 모임이 끝날 때 하나의 기업이 탄생하기도 한다는 것이다. 수많은 의사소통채널의 열린 장을 그들은 잘 활용하고 우리는 잘 못한다는 것이다.

우리들은 모임 교육 행사 등에 가면 같은 자리에 앉아있는 사람들과 부분적으로 이야기하고 그냥 마무리 된다는 것이다. Design Thinking을 강조하는 연사는 이 점을 아쉬워하며 각 분야 전문가들이 서로 의사소통하고 다양한 주제를 이야기를 하다 보면 어떤 좋은 비즈니스 모델이 나오고 Proto model을 만드는 단계에 이른다고 한다. 브레인스토밍을 통한 적정기술개발과 새로운 기술은 결국 네트워킹에서 발생한다.

(11) 요즘 프로젝트 관리 교육에 대한 기업의 관심은

어느 기업이든 비슷한 유형의 문제를 가지고 있다. 일정관리가 잘 안 되고 있다는 점이다. 그런데 이것은 결론이며 나타난 이슈이다. 정작 원인은 잘 이야기하지 않는다. 그러나 사실 문제의 원인은 요구사항 관리의 부재와 프로젝트 진행 후에 발생하는 지속적인 변경으로 인한 수정이다. 거기에는 이해관계자 관리라는 큰 복병이 숨어 있다. 원칙대로 처리해도 안 되는 원인은 우리나라 현실에서는 이해관계자의 주종관계로 인해 합리적인 프로세스의 준수에 대한 질서의 파괴이다.

(12) Critical Chain Scheduling, Project Buffer정의

일정 네트워크 다이어그램을 작성하고, 주경로 계산은 CPM(Critical Path Method)과 유사하지만, 자원 제약 사항과 여유시간을 고려하여 작성한 것으로 각 활동들에 포함된 여유 시간을 없애고, 별도로 여유 시간을 모아서 관리한 것이다. 여기에 사용된 관련 이론은 학생 증후군(student syndrome), 파킨슨의 법칙(Parkinson's Law)이다.

사람들은 주어진 환경에서 일을 미루는 경향이 있고, 설사 빨리 끝나더라도 기다렸다 보고하는 습관 때문에 리스크가 발생하면, 일정은 지연되거나, 문제가 생긴다. 이런 부분을 연구하여 이스라엘 학자 엘드골드렛 박사의 책에 의해 Critical chain이란 용어가 사용되었다. A활동, B활동, C활동이 있는 경우 각 활동에 각 Buffer가 있었지만, 이것을 전부 뒤에 미루어 놓고 리스크 발생 시 보전하는 방식으로 접근하였다. 그 결과 일정이 약 15~20% 단축되었던 성공사례가 발생되었고, 그로 인해 많은 기업들이 TOC(Theory of Constraints)— 제약이론이라는 내용으로 Critical chain이 소개 되었다. Project Buffer는 이와 같이 마지막에 모은 buffer들의 합을 의미한다.

[13] 자전거 타는 방법 알기와 실제 타기의 차이점은?

자전거를 어떻게 타는지를 아는 것이 이론의 습득이라면 실제 타보는 것은 실행이다.

쉬울 것 같은 자전거 타기는 그리 녹록하지 않다. 한참 넘어지고 또 넘어져야 제대로 몇 미터를 달린다. 5미터만 가던 것이 10미터, 20미터 그런 다음 운동장 한 바퀴를 돈다. 우리는 자전거 배우기와 같이 실제 프로젝트를 해보고 경험을 통해 능숙해져야 한다.

이론만 잘 아는 사람들은 발표는 청산유수처럼 잘한다. 그러나 시간 속에 겪은 쓰라린 경험이 없기에 내용은 들을 때는 그럴싸해 보여도 뭔가 허전하다.

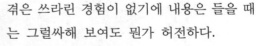

조직의 쓴 맛과 고통의 시간을 겪은 전문가는 멋은 좀 없으나 실체가 있고 진실이 있다.

(14) 말 한마디의 중요성과 이해관계자 관리

예전에 익산에서 기차를 탔다, 형님이 기차표를 준비해주셔서 그것을 가지고 탔다. 인터넷으로 예약되어 프린트가 되어 있었고 좌석까지 표시가 되어 있었다. 결제까지 하셨다 하여 안심하고 수원행 새마을호에 타서 자리에 앉았다. 약 20분이 지나자 승무원이 와서 나에게 좌석확인 요청하고 이 자리는 예약은 했으나 최종발권을 아니해서 결재가 취소되었다고 했다. 바로 형님에게 전화를 해보니 결재는 했는데 발권과정에서 컴퓨터 에러가 떠서 결재는 되었으니 그 상태에서 화면을 프린트했다고 한다. 난 승무원에게 형님의 실수였다고 정중히 이야기하고 바로 입석 발권처리를 하면서 형님이 저를 생각해서 예약을 하다가 나온 실수였다고 부가 설명을 하고 정중히 사과했다.

난 약 25분 정도 서 있다가 서대전역에 기차가 도착했을 때 잠시 빈자리에 앉았다. 그때 아까 그 승무원이 와서 혹시 기차에 식당칸이 있냐고 물어 보았다. 맥주 한잔 먹으며 피곤을 삭이고 싶었다. 그러자 여승무원은 없다고 이야기 하면서 아까 기차표를 잠깐 보자고 했다. 아까 입석을 끊었다고 이야기 하면서 지갑과 가방을 뒤졌다. 승무원은 조용히 쪽지를 나에게 주었다. 좌석이 하나 남았다고 그쪽으로 가서 앉으라고 했다. 작지만 고마운 정성에 고마웠다.

그러면서 생각을 했다. 아까 차표를 검사할 때 친절하게 상대하면서 협조를 해준 것이 영향이 있지 않았을까? 확실하지는 않지만 이해관계자를 잘 관리하는 게 좋은 결과를 가져온다는 작은 교훈을 느끼게 해준 하루였다.

프로젝트 관리에서 많은 이해관계자들과의 만남과 회의, 그리고 이야기들. 늘 배려와 좋은 Soft Skill로 대한다면 좋은 세상이 될 것이다.

(15) 조삼모사(朝三暮四)—자원관리

송(宋)나라 때 저공(猪公)이라는 사람이 있었는데, 원숭이를 사랑하여 이를 길러 여러 마리가 되었다. 그러기 때문에 저공이 능히 원숭이의 뜻을 알고 원숭이도 또한 저공의 마음을 알았다. 저공이 집안 식구들의 먹을 것을 줄여서 원숭이의 배를 채워 주더니 마침 먹을 것이 떨어졌다. 앞으로 그 먹이를 줄이고자 하나 여러 원숭이가 앞으로 말을 잘 듣지 않을 것을 두려워하여, 먼저 이를 속여 말했다. "너희들에게 먹이를 주되 아침에 세 개를 주고 저녁에 네 개를 주겠으니 좋으냐?"라고 말했다. 그러자 여러 원숭이가 다 일어나서 화를 냈다. 저공이 다시 말하기를 "너희들에게 먹이를 아침에 네 개를 주고 저녁에 세 개를 주겠으니 좋으냐?" 하니 여러 원숭이가 다 엎드려 절하고 기뻐했다.

위의 글에서 우리가 생각해야 하는 것은 똑같은 자원으로 이해관계자를 만족시키는 능력이다. 프로젝트 관리에서 한정된 자원이라도 Resource leveling이나, 효율적인 일정관리를 통해 이해관계자들이 모두 만족하는 결과를 가져오면 행복한 것이다.

조삼모사 — 프로젝트 관리자와 팀원이 잘 생각해야 하는 기법이다.

(16) 양극의 통합논리

중용에서 강조하는 키워드인 시중은 균형을 의미한다. 양극의 통합논리에서 우리는 균형을 유지하여야 한다. 균형유지가 어려운 것은 양쪽을 같이 만족스럽게 할 수 없기 때문이다. 예를 들면 배고픔과 배부름의 중간에는 적절한 식사가 필요하다. 그러나 우리는 과식을 하는지, 다이어트를 위해 식사를 거른다. 균형이 존재하기 어렵다. 우리 사회에도 극단적인 이해관계가 존재하고 그것의 중심 추의 균형을 잡아주는 협상의 기술부재와 서로간의 배려가 늘 부족하다. 균형잡기의 노력은 자기 자신의 조절과 상대방의 이해와 배려에서 시작된다. 프로젝트에서 관리자는 이해관계자들의 상충되는 요구사항의 균형을 잡아주는 역할을 한다. 그래서 프로젝트 관리자는 능숙한 소프트 스킬이 필요한 것이다.

(17) 돌솥비빔밥

프로젝트는 돌솥비빔밥처럼 모든 것을 포용하고 통합하고 달구어서 맛있게 성공시켜야 한다. 새로운 방식으로 음식을 통한 정의를 만들어 보았다. 가끔 맛이 없으면 동기부여라는 칭찬 참기름도 넣어 보는 것도 좋겠다.

(18) 음식의 Tailoring

맥 카페의 음식 현지화 ~ 홍콩 맥 카페의 한국음식 불고기세트, 밥과 소고기 … 현지에서 성공할 수 있는 고객만족과 수요분석이 중요하다. 실제로 많은 사람들이 햄버거도 먹었지만 한국식 불고기세트를 주문했다. 프로젝트의 tailoring도 기업의 상황과 고객의 대응을 위해 적절히 이루어지는 것이 성공요인이 아닐까?

(19) 삼국지에서 관우

인사전략의 실패

익주를 정벌한 후 유비는 형주의 수비를 관우에게 전담시킨다. 형주의 전략적 중요도를 감안할 때, 유비의 입장에서는 관우가 가장 적합하다고 느꼈을 것이다. 그러나 전략적 관점에서 보면 잘못된 선택이었다. 당시 유비가 택한 전략은 손권과 동맹하며 조조에 대적하는 것이었다. 조조에 비하면 유비나 손권의 세력이 훨씬 약했기 때문에 당연한 귀결이다. 그런데 관우는 자존심이 지나치게 강하고 손권을 무시하는 경향이 있었다. 손권이 관우의 딸과 자신의 아들을 결혼시키겠다고 제안했을 때, "어찌 호랑이의 딸을 개의 아들에게 시집보내겠는가"하며 거절한 인물인 것이다.

손권 역시 유비와 동맹을 유지하고 싶어 했지만, 결혼 제의가 거절당하자 관우에게 크게 화를 내게 된다. 그리고 관우가 조조의 군대와 전투를 벌이는 동안 기습하여 관우를 죽이고 형주를 손에 넣게 된다. 이처럼 적재적소의 상황에 맞게 인재를 배치하는 것은 리더의 역할이다.

자신이 총애하는 자를 임의적으로 배치하면 기업의 환경요인에 정확이 대응하지 못하고 치명적인 문제가 발생할 수 있는 것이다.

(20) 제갈량, 인사전략의 실패

Halo effect에 대해서 — 『삼국지』에서 찾아보는 사례

신출귀몰한 전략으로 잘 알려진 전쟁의 천재 제갈량. 그도 인사(人事)에서 실수를 저지른다. 우리가 흔히 가장 뛰어난 사람이나 물건을 백미(白眉)라고 부르는데, 그 유래는 삼국지에서 비롯된다. 양양에 살던 마씨 5형제가 모두 출중했는데, 그 중에서도 마량이 가장 탁월했다. 마량은 특이하게도 눈썹이 희었기에 별명이 백미였다. 제갈량은 마량의 동생인 마속이 총명하기에 기특히 여겨 총애했다. 제갈량은 유비가 죽은 후, 출사표를 띄우고 위(魏) 정벌에 나선다. 이 때 마속은 보급로에 해당하는 가정(街亭)의 수비를 맡을 것을 자청한다. 제갈량은 마속의 실전 경험이 부족하다고 생각하고 맡기지 않으려고 했으나, 마속은 잘못될 경우 자신의 목을 베어도 좋다고 장담한다. 제갈량은 마지못해 그에게 경험 많은 부장 왕평을 딸려 보내어 지키게 한다. 그러나 마속은 왕평의 말을 듣지 않고 실수를 거듭한 끝에 가정을 위에 빼앗기고 만다. 보급로를 잃은 제갈량은 결국 정벌을 포기한 채 퇴각할 수밖에 없었다. 패전의 책임을 물을 수밖에 없는 상황이기에 제갈량은 울면서 마속의 목을 베도록 하는데, 이것이 바로 한자의 사자성어로 유명한 읍참마속(泣斬馬謖)이다. 이처럼 인사는 Halo effect(후광효과)라는 것 때문에 그릇된 결과를 불러올 수 있고 이런 문제는 회사에서 비일비재로 발생하고 있는 것이 현실이다. 프로젝트 관리자는 이런 부분을 명심하고 팀원들에 대해 리더십을 발휘해야 한다.

(21) Problem, Issue, Risk의 차이점

『삼국지』에서 찾아보는 사례

오장원에서 사마의는 촉(蜀)의 병사로부터 제갈량에 대한 정보를 입수한다. "음식은 조금 먹고 일은 많이 하십니다. 아침에는 일찍 일어나고 밤에는 늦게 주무시며, 매 20대 이상의 일은 모두 직접 처리하십니다." 병사의 이 대답으로 사마의는 제갈량이 과로로 오래 버티지 못할 것을 예감한다. 천재형이었던 제갈량은 주위에 의견을 구하거나 부하들에게 권한을 위임하기보다는 모든 것을 스스로 처리하는 것을 선호했다. 청춘의 나이였다면 모르겠으나, 지나친 업무 부담과 과로로 인해 그는 적장에서 병사하고 만 것이다. 이 이야기에서 Problem, Issue, Risk를 구별할 수 있겠는가?

> ▸ "음식은 조금 먹고 일은 많이 하십니다. 아침에는 일찍 일어나고 밤에는 늦게 주무시며, 매 20대 이상의 일은 모두 직접 처리하십니다. ⇐ Problem
> ▸ 제갈량이 과로로 오래 버티지 못할 것을 예감 ⇐ Risk
> ▸ 지나친 업무 부담과 과로로 인해 그는 적장에서 병사하고 만 것이다. ⇐ Issue

　　Problem이란 정상적인 부분에서 벗어난 현상이나 행위가 되겠고, Issue란 문제가 결국은 발생되어 표면화된 것이다. Risk란 문제로 인해 아마도 예측이 되는 불확실이다. 프로젝트 상황에서 회의를 할 때 보면 위의 3가지를 조금씩 혼돈하여 사용하는 것을 볼 수 있는데 무조건 문제라고 말하는 부분과 리스크는 무조건 나쁘고 리스크한 것만을 나타내는 것으로 이야기하는 것은 주의해야 할 것이다. 프로젝트에서 리스크는 불확실성을 의미하기 때문이다. 따라서 Risk를 번역을 할 때 리스크보다는 위기로 번역이 되는 이유도 거기에 있다. "위기는 기회이다"라는 말은 우리가 사용하는 것도 맥을 같이 한다 보겠다.

(22) 못 먹어도 쓰리 고?

　　한국인의 특징은 끝장을 봐야 직성이 풀리는 민족적 DNA를 가지고 있다. 술을 마셔도 막판까지 가야 하고 완전 취해야 잘 마신 것이고 고스톱을 칠때도 리스크가 있어도 우린 "못 먹어도 쓰리 고"를 외친다. 물론 장점도 많다. 그 동안 경제성장의 이면은 이런 우수한 저력을 바탕으로 날을 새고 몸을 혹사하면서 남들이 못하는 기적을 이루어 온 것이 사실이다. 그렇다면 프로젝트에서 못 먹어도 쓰리 고를 외치는 것이 맞는 것일까? 결론적으로 이야기하면 "아니다"라는 것이 맞다. 프로젝트생애주기 동안 우리가 수행하고 있는 비즈니스케이스가 리스크에 노출되어 있거나 수행의 결과가 실패가 예상될 때는 단계에서 Pre-Mature Closing을 검토해야 한다. 그게 더 큰 손실을 예방하는 지름길이다. 실패해도 고(Go) 하는 경영자들의 고집에 많은 기업들이 흔들릴 수 있다. 프로젝트 관리는 감정보다는 합리적 이성과 객관적 판단에 기초하여 관리되어야 한다.

(23) 프로젝트 관리 능력과 기업 경쟁력의 관계는?

프로젝트 관리를 제대로 안다는 것은 프로세스를 효율적으로 잘 유지하는 것이고 전반적인 리스크 관리를 잘 한다는 의미이다. 기업은 업무 효율성이 높아지고 직원들은 행복해질 수 있다. GM대우자동차의 초창기 업무 시스템에서는 업무 불확실성과 잦은 회의에 늦은 시간까지 업무를 해도 업무 효율성과 직원들의 업무사기가 떨어지고 이직도 있었지만, 조금 시간이 지나고 GM의 업무 프로세스가 정착이 되니 제가 만난 직원들의 얼굴에 늘 생기가 돌고 업무 스트레스가 적어지는 것을 볼 수 있다. 자기가 책임지고 할 일만 다하면 되는 업무 시스템으로 효율성이 높아진 것이다. 프로젝트 관리 역시 프로세스가 생명인데 효율적인 프로세스를 준수하며 일을 하면 기업의 경쟁력이 높아지는 것은 당연하다. 강한 기업은 성과의 기복이 적다. 영국의 프리미어리그에서 작년에 반짝 우승을 한 레스터시티가 강팀으로 불리지 못한 이유는 작년에는 우승을 기적적으로 하였으나, 올해는 강등권에 머무르기 때문이다. 기복이 심하면 인정받기가 힘들다. 결국 개인의 역량과 안정된 전체 프로세스로 잘 무장된 기업이 강한 기업이 될 것이다. 프로젝트 관리는 Innovation management의 R/D Project management에서부터 Sales process를 거쳐 Project management까지 다 중요하게 관리가 되어야 한다. 기업의 윤리와 기업거버넌스가 이를 잘 지원하면서 발전하면 기업은 VRIO에서 강한 Input을 만들어 내며 지속적인 성장을 하게 될 것이다. VRIO은 기업의 성장전략의 일부로, VRIO를 전부 만족한다면 그 기업은 강한 기업이 된다는 것이다.

- Value(가치) – 가치가 있는 제품이 있는가?
- Rarity(희소성) – 그 제품은 시장에서 희귀한가?
- Imitation(모방성) – 경쟁사가 쉽게 흉내낼 수 있는가?
- Organization Support(조직지원) – 기업내부적으로 핵심역량의 지원이 되는가?

(24) 중국의 PM 열기는?

중국의 현재의 기업 경쟁력을 이야기할 때 중국인구의 무서움을 예로 들곤 한다. 한해 중국 대학생 졸업생수는 약 750만명, 이 중 석사나 박사로 진행하시는 분들이 약 150만 명 정도 된다고 한다. 우리나라 대학생 졸업생수보다 몇 배가 되는 사람들이 석사 및 박사로 진행하고 있는 것이다. 석사 및 박사 졸업자들은 대부분 국가 연구기관이나 중국에 있는 기업으로 취직을 하게 되는데 많은 사람들이 R/D분야, 기업사업화 및 프로젝트 관리 전문가도 포함이 되어 있다. 그러다 보니 기업들이 기술개발도 잘하고 프로젝트 관리능력이 향상되어 현재의 강한 중국이 되었다고 연관이 된다. 현재 중국은 무섭게 모든 분야에서 발전하고 있다.

(25) 문화의 이해 및 프로젝트 관리 방법론

각 나라별로 문화가 다르다. 미국에서는 동성간 손을 잡고 거리를 걷는 것이 ##로 오해 받지만 동양에서는 문제가 안 된다. 특히 인도에서는 손 깍지를 끼고 손을 잡기도 한다. 음식을 먹을 때도 서양에서는 소리를 내며 음식을 먹으면서 이야기하는 것이 상대방에게 혐오감을 줄 수 있지만 동양에서는 보편적일 수 있다. 이처럼 문화는 현지에 따라 다르게 표현된다.

프로젝트 관리도 나라별로 획일적으로 똑같은 방법으로 적용되는 것은 아니다. 특히 프랑스는 미국의 PMBOK프로세스보다는 프랑스 고유 방법론을 만들어서 적용을 하는데 프린스2의 심리적인 부분을 보편적으로 사용한다. PMBOK프랑스 번역판은 그러하기에 프랑스에서 많이 보는 것이 아니라 캐나다인을 위한 부분이 많다고 한다. 우리가 보편적으로 아는 상식을 뒤집는 이러한 정보는 실제 PMBOK 6판 번역에 참여하는 프랑스인과의 접촉에서 알 수 있었다. 네트워킹은 역시 좋은 정보를 안겨준다.

(26) 리스크 한계점(Risk Threshold)와 리스크 허용한도(Risk Tolerance)의 차이점은?

리스크 한계점(Risk Threshold)과 리스크 허용한도(Risk Tolerance)와의 관계를 혼동한다. 다음과 같이 이해하면 좀 더 쉽게 이해할 수 있을 것이다.

1) 리스크 한계점(Risk Threshold)이란?

리스크 한계점은 조직이나 개인이 특별한 관심을 가지고 있는 리스크의 발생 확률 혹은 영향의 수준이라고 할 수 있다. 예를 들어, 여러분이 속한 조직에서 "우리는 5천만 원 이상 그리고, 발생확률 50% 이상이 되는 리스크는 처리할 수 없다"라고 정의한다면, 5천만 원과 50%가 리스크 한계점이 되는 것이다

2) 리스크 허용한도(Risk Tolerance)란?

리스크 허용한도는 개인(이해관계자) 혹은 조직이 견딜 수 있는 리스크의 정도, 개수 혹은 크기를 말한다. 즉, 여러분이 속한 조직에서 "우리는 6천만 원까지는 견딜 수 있다"고 한다면 리스크 허용한도는 6천만 원까지가 되는 것이다.

용어를 정확히 이해하는 것은 프로젝트 관리의 기본 경쟁력이다.

(27) 프로젝트관리를 잘하려면? 7가지 조건

PMP자격증, PM교육, 실무경험, 대인관계기술, 기술지식, 고객지향마인드, 미래예측능력 등 많은 요소들이 있을 것이다. 필자가 26년간의 직장경험 속에서 그 중 16년간의 글로벌 기업의 경험 속에서 프로젝트 관리 부분을 경험한 결과 프로젝트 관리를 잘 하려면,

첫째는 관심이다. 잘하려는 관심 속에 노력이 발생한다. 노력 속에 자격증도 따고 지식도 얻는다.

둘째는 건전한 분위기이다. 흔히 거버넌스라는 것인데 기업 내 프로세스의 안정화, PM에 대한 경력계발, CEO의 지원 등 건전화 환경 문화이다.

셋째는 지식자산의 공유와 상위수준의 멘토링이다. 이는 PM리더의 역할일 수도 있고, PMO가 도와줄 수가 있다. 업무의 조율과 이슈코칭부분은 필요하다.

넷째는 네트워킹을 통한 벤치마킹이다. 늘 환경은 변한다. 때로는 제도적 동형화도 필요하다. 새로운 방법론의 tailoring도 필요하다. 이런 부분을 통해 환경에 맞게 프로젝트 관리도 optimization하여야 한다.

다섯째는 개인들의 역량강화를 통한 내부 핵심역량 강화이다. 늘 개개인이 자기

계발을 통해 깨어있어야 하는데 이는 기업의 관리 부분이고 리더의 역할이고 동기부여 부분과 자아실현 부분이 조화롭게 연결되어야 한다.

여섯째는 역시 시스템이다. PMIS가 업무를 수행하는 환경과 잘 맞아야 된다. 시스템에 대한 이해와 실제사용이 편리하고 효율적이어야 한다.

일곱째는 체계적인 PM관련 교육과 컨설팅이다. 교육은 일회성으로는 효과가 적다. 기업은 진단을 받으면서 지속적인 교육을 통해 앞서 이야기한 PM에 대한 관심을 높이고 동기부여를 하고 시스템효율성을 진단하면서 개개인에게는 능력을 높이고 조직에게는 PM에 대한 거버넌스를 좋게 만들어야 한다.

"Project management is core competence in Bosch"라는 글로벌 기업의 문구를 상기하면서 기업의 리스크 관리 부분으로 기업의 전략수행의 부분으로 PM분야가 성숙해지기를 기원한다.

(28) 적과의 동침에 대해

잠시 생각해 보면 영화 "적과의 동침"은 현 시대의 불확실성 속에서 고육지책이나, 어찌보면 Win-Win 전략이기에 가능한 것이다. 그러나 비즈니스 이익만을 추구하는 연합은 그리 성공하지 못한다. 인성을 바탕으로 작은 희생을 감내하고 신뢰가 쌓여야 시너지를 만들 수 있다. 무작정 돌진하는 코뿔소가 우리 밖으로 나오려 한다면 피하는 것보다 방비책을 세워야 하고 그 중 가장 좋은 방법은 코뿔소도 안전하고 인기도 얻을 수 있는 참신한 아이디어 만들기이다. 그래서 Networking이 필요하고 지식의 공유가 중요하다. Generation to generation의 Communication이 필요하고 다양한 분야의 전문가들의 경험과 의견이 필요하다.

적과의 동침은 쉽지가 않다. 왜냐하면 모든 것을 손해보지 않는 비즈니스 마인드와 상대방을 존중하지 않는 Mental이 있기 때문이다. 삼국지의 18제후가 동탁 타도를 위해 뭉쳤지만 결과는 어찌되었는가? 결국은 실속과 야망 속에 손견은 죽고 조조도 떠나고 유비 삼형제도 떠나고 불탄 낙양에 원소만이 남지 아니하였는가?

현대는 Networking이론이 대세이다. 개인 및 기업의 경쟁력 강화를 위해서는 융합과 협업이 필요하다. 이런 부분이 모아지면 국가 경쟁력이 강화될 것이다.

(29) 작은 감동 — 전철에서

분당선에서 있었던 일이다. 앞자리의 맨 끝에 앉아있던 여중생이 앞에 서 있는 좀 나이가 들어 보이는 아저씨에게 자리를 양보하려 한다. 2차례 일어났지만 그 아저씨는 여중생의 어깨를 누르며 그냥 앉으라고 한다. 그때 여중생이 내 앞에 앉아 있는 그 여중생의 엄마에게 눈길을 보낸다. 그녀 엄마는 눈길로 일어나라고 하고 여중생은 기어코 일어난다. 그러자 다른 아저씨가 대신 앉기는 했다.

좀 나이가 예전 아저씨보다 들어 보였다. 내가 바라본 것은 그 여중생과 그녀 엄마의 표정이었다. 엄마는 소박했고 여중생은 표정이 맑고 밝았다. 역시 부모의 교육이 제대로 된 듯하다. 자녀들의 교육은 역시 부모의 건전한 사고방식과 윤리정신이다. 당연한 자리양보의 과정에서 순수함을 본 것은 참 아름다웠다. 우리 사회가 이처럼 작은 실천에서 성숙되었다면 정치적으로 경제적으로 문화적으로 선진국이 되었을 텐데 참 아쉽다.

(30) 생활 속의 리스크 관리-우산리스크

예전에 첫눈이 올 때 길거리를 걷고 있었다. 망포동에서 수원 역전시장 역에서 내려 걷고 있을 때였다. 눈이 내리다 보니 여자분들이 우산을 쓰고 다니는데 앞 신사분의 얼굴이 지나가던 여자분의 우산 창살 끝에 갑자기 찔렸다.

일반적으로 여자분이 키가 남자에 비해 작기 때문에 우산을 들면 우산의 높이가 간혹 키가 큰 남자들의 얼굴과 높이가 비슷해진다. 부딪칠 확률이 높다는 것이다. 갑자기 우산 창살에 찔린 신사분은 엄청 놀란 표정과 기분이 안 좋아 보였다. 화를 내기 직전의 표정이었는데 애써 참는 것이 느껴졌다. 만일 눈에 찔렸더라면 큰일이 발생할 수도 있었을 것이다. 문제는 우산을 쓰고 가시는 분들은 이런 부분을 대수롭지 않게 생각한다는 것이다. 또한 우산 창살 끝이 우레탄 등으로 부드러웠으면 좋겠다는 생각을 늘 해본다. 리스크는 상대방에 해를 끼치면 책임을 져야 한다. 이에 눈이 많이 올 때 우산을 사용할 때 리스크 관리에 신경을 써야겠다.

(31) 점심은 짜장면. 건전한 중독이란?

알면서 유혹되는 것이 음식이다. 사실 짜장면을 먹으면 소화가 잘 안 되고 설사를 하는 경우가 많다. 먹고 나서도 약간 속이 불편하고 냄새도 난다. 그것을 알면서도 짜장면을 찾게 된다. 배가 고플 때 나타나는 일종의 중독인 것이다. 먹기 전 특유의 냄새에 이끌려 어릴적 장터에 가서 다른 것을 먹으려다 짜장면을 반복해서 먹게 되었던 추억, 이게 음식의 장난이다. 중독 속에 우리는 살고 있다. 스마트 폰 중독, 음식 중독, 흡연 중독 등. 그러나 중독이 다 나쁜 것은 아닐 것이다. 독서 중독, 가족사랑 중독은 좋은 것이다.

(32) 당신은 리더인가?

당신은 리더인가에 대한 자문을 한다면 리더의 역량 및 조건을 알면 답이 나올 수 있을 것이다.

- 타인의 모범이 될 정도로 당신은 정직한가?
- 향후 예측을 잘하는 선견지명이 있는가?
- 당신은 합리적인 의사결정을 할 수 있는 능력을 지녔는가?

이 세 가지만 만족할 수 있다면 당신은 진정한 리더의 자질을 가지고 있다. 아직 정직이 최고로 중요한 항목으로 선택을 받지 못한 우리나라이지만 조만간 그리 될 것이다. 우리가 문화 선진국으로 되어가는 시점에서는 윤리·정직·배려부분이 키워드로 자리 잡게 될 것이기 때문이다. 리더십은 다른 측면에서 보면 솔선수범이다. 내가 모범을 보여야 밑에 있는 직원들이 따라온다. 삼국지에서 조조가 군율로 이야기했지만 조조의 마차가 말이 흥분하여 농작물을 훼손했을 때 "나의 목을 내리쳐라"라고 이야기하면서 결국에는 상투를 칼로 잘라 모범을 보인 것은 리더로서 솔선수범의 예를 잘 나타낸 부분이라 보겠다. 진정한 리더가 되는 것은 쉽지 않다. 그래서 우리는 노력한다. 요즘에는 정직·선견지명·합리적인 의사결정능력 보유와 솔선수범에 꾸준한 자기계발에 정치적인 영향력과 사회적 네트워크까지 잘 갖추어야 하기 때문이다. 리더는 늘 고민하고 겸손하다.

(33) START UP Company의 기회와 약점

필자가 컨설팅하는 기업은 운이 좋게도 이제 비상하는 듯하다. 미국 박람회에 참가하여 긍정적인 비즈니스 기회를 얻은 듯하다. 샘플 준비도 착착 잘되고 있고 Teamwork도 좋다. 그러나 국제 비즈니스는 쉽지는 않다. 언어와 문화를 이해하여야 한다. 비즈니스 영어와 Presentation Skill도 좋아야 한다. 신뢰와 정직·윤리는 기본이다. 앞으로 코칭과 Business model 컨설팅을 하면서 많이 도와주고 싶은 기업이다. 20대 80, 마이크로스프트 빌게이츠는 관리의 능력을 80%로 간주했다. 혹시 기술능력이 80%라고 생각하고 관리능력(마케팅·영업·사업화·프로젝트관리·품질관리)에 소홀히 했다면 재고하여야 한다. 왜냐하면 우리는 사람들이 좋아하는 원하는 제품을 적시에 공급하여야 하기 때문이다.

비전, 미션을 생각해본다면 전략이 생기고 구체적인 목표가 생기고 정한 기준선이 만들어져 작은 프로젝트를 수행할 수 있을 것이다. 우리는 살기 위해 먹지만 먹기 위해 사는 삶도 있을 것이다. 매슬로우의 욕구 5단계를 음미해보며 가치 있는 삶의 그림을 한번 그려보자. 늘 사랑하는 마음으로 살며 겸손·정직·노력의 단어들을 간직한다.

(34) 포트폴리오. 컨설팅과 교육—리스크 관리 관점에서

일을 하다 보면 뭔가 지연이 되거나 취소되는 것도 많다. 일반적으로 교육은 문의대비 성사되는 확률이 높지 않다. 또한 시계열의 흐름처럼 주기가 있고 성수기와 비수기가 있다. 반면 기업 컨설팅은 비교적 완만한 흐름으로 수행한다. 거의 일년 내 지속된다. 그래서 필자는 컨설팅과 교육으로 분할해서 일을 추진한다. 교육은 오프라인과 온라인, 주관은 교육기관 또는 직접 등으로 Breakdown해서 한다. 거기에 집필 및 학교강의 등을 병행한다. 최근 교육부문에서 계획한 대로 안 되었다. 대신 컨설팅부문에서는 중소기업 컨설팅 코칭 및 비즈니스 모델 부문을 실시한다. 전문가 자문 부문 역할 풀에도 가입되었다. 이렇게 포트폴리오 관리를 하는 이유는 사실 리스크 관리이다. 기업에서도 다품종 개발 및 사업 다각화 노력은 일종의 포트폴리오 관리이다. 내부 핵심 역량과 기술과 전략이 조화를 이루면 기업은 지속성장이 가능하다. 우리도 늘 포트폴리오 관리가 좋다고 인식을 하지만 못하는 이유는 그게 쉽지 않기 때문이다. 그러나 이론과 실무의 균형을 갖추고 지속적인 자기계발을 한다면 개개인의 포트폴리오 관리는 가능하게 될 것이다.

(35) 볶은 밥 만들기 프로젝트

아내가 배가 고프다고 한다. 간단히 뭘 준비할까 생각하다, 고추장 볶음밥을 만들어보기로 했다. 재료는 대파, 쑥갓, 고추장 한 스푼, 밥 한 공기, 고추장 불고기 남은 것, 간장 한 스푼, 참기름이다. 먼저 대파로 파기름을 내고 쑥갓을 넣고 밥을 넣은 뒤 고추장과 비빈 다음 고추장 불고기를 넣고 마지막에 참기름을 넣고 비빈 다음에 가스 불을 끈다. 아내가 다행히 맛있게 먹어서 행복하다. 늦게 온 딸도 똑같이 해주었다. 역시 맛있게 먹었다. 아이들은 주먹밥으로 대신한다. 역시 잘 먹는다. 오늘 아빠는 요리사가 되었다. 라자냐, 볶음밥, 주먹밥에 계란 후라이까지, 그리고 하루를 고생한 작은 딸을 위한 복숭아 티를 가지고 북수원 KT지사까지 운전한 아빠는 아들, 딸, 아내가 모두 사랑스럽다.

(36) T-Type Human

요즘은 융합 및 하이브리드 등 용어가 경쟁력을 나타내는 단어가 되었다. 하이브리드 자동차, 융합기술 등에 많은 투자가 이루어지고 있다. 이런 추세 때문일까? 예전에는 한 가지만 깊이 있게 알면 좋았는데 그게 개인의 경쟁력이었는데 요즘은 그것만으로 부족하고 주변관련 지식 및 정보를 두루두루 함께 알아야 기술의 완성과 신기술이 만들어진다. 그래서 개인들의 경쟁력도 대학의 전공지식 외에 다른 부분의 지식까지 획득하는 노력을 하여야 한다. 그래서 이를 T-Type Human이라 부른다. 이제 엔지니어들도 경영지식도 두루두루 알아야 하고 인문학 등 다양한 지식습득에 노력해야 한다. 그 이유는 요즘 제품은 기술은 기본이고 여기에 사람의 감성과 특별함을 담고 있기 때문이다. 요즘 융합이라는 부분이 대세다. 한 가지 부분보다는 여러 가지 지식이 섞여 새로운 것을 만들어내는 것이 융합이다. ICT 융합, 기술융합, 중소기업 융합지원 등 지원책도 다양하다. 필자도 융합의 중요성을 잘 알고 있다. 최근 기술융합으로 무려 3,500억원의 기술 혁신을 이룬 치매진단 기술 등은 한 가지 지식으로는 완성이 어렵고 다른 영역의 전문 기술 지식의 도움의 필요성을 단적으로 보여준다. 필자는 T자형 인간이 요즘 같은 사회에서는 경쟁력을 가진다고 이야기를 많이 들었다. 공감한다. 공학인도 경영지식을 알아야 하고 인문학도 접근하여야 한다. 진화 창조 등은 융합지식을 통해 더욱 실현이 가능하리라고 본다. 융합의 중요성을 다시 생각해보자.

(37) 빈틈의 포용

사람의 마음이 꽉 차있으면 어찌 될까? 빈틈이 없는 사람, Logic 같은 사람, 시스템적인 사고로 무장된 사람, 완벽한 사람 … 어찌 부담스럽지 아니한가? 필자도 빈틈이 많다. 가끔 깜박깜박하고 때론 썰렁개그를 한다. 한쪽 빠진 동그라미처럼 남을 포용하고 싶다. 빈틈은 허점이 될 수도 있고, 약점이 될 수도 있지만, 다른 측면에서는 여유이고 포용이다. 물도 빈틈이 있어 잘 흘러가고, 마음도 빈틈이 있어야 녹아 들어간다. 남녀간에도 서로 빈틈이 있어야 사랑이 채워져 잘 안 끊어진다. 빈틈, 현대에 각박한 사회에서 다시 한번 생각해 보아야 하는 소중한 단어이다. 프로젝트 관리자도 이해관계자들과 공감을 나누기 위해 가끔 빈틈을 보이는 것도 좋지 않을까 한다.

(38) 배틀 플랜과 배틀 트립

비즈니스 전략에서 배틀 플랜은 타깃프로젝트에 대한 전략수립이다. TV 프로그램에서 인기중인 배틀 트립은 2가지 여행장소의 경제성, 유익성, 먹거리성, 기타 흥미를 기반으로 한다.

반면 배틀 플랜은 다수 경쟁에서 내가 이기는 경쟁전략이다. 벤치마킹, technical demo 등이 포함되며 정치력도 포함될 때가 있다. 국내회사는 좀 생소한 배틀 플랜, Battle Plan은 Business Plan의 중요성의 연장선에 있는 Customer Strategic Meeting의 결과물로 생성된 Target Project의 실질적으로 성공적 획득에 목표가 있다. 미리 준비하는 계획, Battle plan, War Game,

SWOT분석의 기법을 이용하여 구체적 전략이 완성된다.

(39) CD는 어디 가고, 산도는 그대로

기술의 발전에 따라 파괴기술이 늘어나면서 예전 인기제품이 쇠퇴해간다. 카세트 테입, CD, Desk top computer … 예전 700년의 발전이 요즘 70년에 다 이루어졌다고 하니 과히 그럴만하다. 앞으로 무엇이 태어나고 무엇이 사라질까? 주관성이 객관성으로, 정성적이 정량적으로 감정보다 이성적으로, 변해가는 순간순간 시간 속에서, 인간의 감성은 더 메말라가고 인간을 도구의 일부로 여겨진다면, Pareto 법칙의 20대 80은 5대 95로 변할 것이다.

산도는? 그 맛 그대로? 산도 때문에 성장한 크라운.

산도 때문에 정체기도 겪었던 크라운. 처음에는 가격이 저렴해서 성공했고 시간이 지나서는 가격이 저렴해서 찾지 않은 산도. 환경에 따라 부의 성장에 따라 기업은 변화에 대응하여야 하는 좋은 본보기 제품이다. 그래서 먹어보는 산도는 그때 그 맛이다. 필자도 반을 잘라 한쪽엔 크림, 한쪽에 크림 없는 쪽으로 억지로 분리한 다음 두 가지 맛을 음미한다. 장난치며 먹을 수 있는 산도의 매력은 역시 추억이다.

(40) 어린왕자의 빨간장미의 소중함

아내에게는 사랑을 받고 남편들에게 공공의 적이 되었던 시집 "아내에게 글로 보낸 선물" 다시 읽어보니 감회가 새롭다. 책 표지처럼 남편이 아내에게 주고 싶고 아내가 남편에게 받고 싶은 시집이고 싶다. 한 여름에 빨간 장미를 생각하며.

어린 왕자의 빨간장미가 이 세상 모든 아름다운 장미보다 더 소중한 것은 바로 장미를 키우는 사랑과 정성의 과정이라는 특별함이 있기 때문이다. 부부 사이도 서로를 생각하고 같이 지내온 과정이 있기에 서로 소중한 것이다. 우리가 하는 모든 일들도 과정도 중요하다. 결과만 중요시하는 풍습에 우린 많은 스트레스를 받고 있지만 과정에 충실하면 결과가 좋아지는 확률이 크다. 프로젝트 관리 프로세스가 지향하는 것도 차분한 프로세스의 준수이다. 프로세스의 과정을 준수하면서 계획과 실행을 철저히 지키는 것이다. 우리가 만드는 과정속의 결과물은 소중한 것이다. 무조건 결과만 따지는 관습보다 과정을 소중히 생각하는 기업 풍토도 자리잡았으면 좋겠다.

(41) 지금은 리스크 관리가 필요한가?

옛 선인들은 미리 사서 고생하는 것을 어리석다 했고 애써 근심하는 것을 미련한 것이라고 했다. 현재는 어떤가? 예전보다 불확실성이 더 크다. 아파트엔 엘리베이터가 수시로 고장이 나고 길가에 나서면 자동차가 씽씽 달린다. 수시로 보이스피싱으로 사람들을 현혹하며 카드사용에서는 카드정보가 국내 및 해외에도 유출이 된다. 필자도 지난주 그런 이유로 카드를 재발급 받았다. 자녀안전, 묻지마 범죄 등 불확실성의 연기로 혼탁하다. 늘 보안과 안전에 신경을 쓰는 시대가 되었다. 특허문제도 하나의 기회이자 위험이다. 변리사들의 헌신적인 협조가 기업경쟁력을 키운다. 보안, 안전, 리스크 관리 이런 부분이 많이 존재하기에 이제는 근심을 할 수밖에 없는 시대이다. 리스크관리의 시대이다.

(42) ~ 같아요. 라는 말은?

여기 오니까 좋은 것 같아요. 해보니 잘한 것 같아요. 만나니 좋은 것 같아요. 타보니 좋은 것 같아요. 같아요. 같아요. ⋯ 같아요. 끊임없이 나오는 말. 뭐뭐 같아요.

왜 단정적인 언어를 사용하지 못하고 확신의 절반만 있는 "같아요"를 사용하는 걸까? 필자는 TV를 보면서 인터뷰시 사람들이 ○○○ "같아요"로 마무리하는 문장을 보면 답답하다. 겸손의 표현은 아닌 것 같지만 주관이 없어 보이기 때문이다. 말끝마다 "같아요". 이젠 우리 좋아요. 맛있어요. 등 확실한 단어를 사용했으면 한다. 아마도 빅 데이터 분석을 하면 "같아요"가 많이 나올 것 같다. 비록 우리가 불확실성의 시대에 살지만 우리들의 주관은 확실해야 하지 않겠는가?

(43) 창조보다는 진화라는 관점으로

흔히 창조라는 말을 많이 사용을 하는데 창조를 통한 창업이 가능할까?

1) 창조에서 진화로

창조보다는 진화라는 관점을 더 우선시 하고자 한다. 당장 무엇인가를 새롭게 생각하고 창업을 통해 제품화 과정을 거쳐 쉽게 성공할 것이라고 생각을 한다. 새로운 부분을 만들었는데 새로운 것이 성공을 제대로 못하고 세상사람이 잘 찾지 않아서 사업화에 성공을 하지 못하고 실패한다.

2) 창업에서 실패로

왜 창업은 3년 이내에 대략 90% 이상이 실패를 하는 걸까? 물론 초기 창업시의 제품이 좋았지만 홍보 부족 및 운영자금 부족으로 Death valley에 빠져 헤어나오지 못하는 경우가 대부분이다. 제품을 제대로 개발했어도 시장이 찾아주지 않는 제품 또는 다른 제약조건에 걸려서 법적 승인을 못 받았거나 타이밍을 잘못 잡은 것일 수 있다.

3) 관점의 전환이 필요

제품진화의 관점에서 상업성과 예술성을 잠시 진화의 관점을 가지고 생각해보자. 예술적 소장 목적이 아니라면 실용적인 측면에서 품질이 좋은 제품을 구입할 것이다

(44) Communication에는?

- 기본 communication skill
- (Reading, writing, speaking, interview, presentation, meeting skill) + technology, Model, Method)
- 기업 Governance
- Culture
- Leadership
- Diversity 등이 다 포함된다.

여기에 대상이 이해관계자 관리부분까지 포함하여야 실질적인 의사소통의 적용이 이루어진다. Communication을 기본으로 하여 Network를 잘 쌓은

다음에 VRIO를 생각하고 늘 준비하는 사람만이 미래에 성공하듯 지쳐도 어둠 속에 지식을 찾아 깨우치는 이가 새벽의 시작을 볼 수 있을 것이다.

(45) Gold plating의 좋은 예

프로젝트 관리에서는 Scope creep과 더불어 피해야 할 것이 품질관리에 있어서 Gold plating이다. Goldplating은 고객이 원하는 품질 범위 이상을 스스로 추가하는 것을 의미한다. 이게 프로젝트에서는 문제가 될 수도 있다는 점이다. 그러나 생활속의 Gold plating은 다를 수 있다.

(46) 스포츠 거버넌스에서 넥센의 강점은?

넥센과 수원 KT와의 경기를 아들과 수원 KT응원을 하면서 경기 중 유심하게 살펴본 것이 있다. 첫째는 바로 선수들의 움직임과 커뮤니케이션이다. 수원 KT는 덕 아웃이 밑이라 보이지가 않아서 판단을 할 수 없지만 넥센은 반대편에 있어 잘 볼 수 있었다. 첫 번째 외야 플라이로 아웃을 잡고 덕 아웃으로 들어갈 때 우익수 플라이의 경우 2루수 서건창은 우익수가 올 때까지 기다렸다가 2루수 숏 스탑 우익수가 모여 덕 아웃으로 들어가면서 무슨 이야기를 주고 받았다. 둘째는 위계질서이다. 고참 이택근은 상당한 영향력이 있는 듯하다. 질루타를 치고 덕 아웃에 들어갈 때 거의 모든 선수들이 하이 파이브하며 맞이해주었다. 셋째는 타자로 타구를 치고 아웃이 되었을 경우 덕 아웃에 들어가지 않아도 옆 수비수가 글러브와 모자를 들고 와서 전달해준다. 이건 KT도 마찬가지였다. 마치 정해진 프로세스 같았다. 이렇게 스포츠 거버넌스는 질서 프로세스 팀워크로 이루어진다. 물론 감독의 영향이 큰 것은 말할 필요도 없다. 프로젝트 관리에서서 거버넌스는 무지하게 중요하다. 팀워크와 지배환경 및 프로세스는 프로젝트 성공에 지대한 영향을 준다. 특히 경영층의 프로젝트 관리에 대한 관심이 매우 중요한 부분이다.

(47) 생활 속의 리스크-자동차 안전시스템

리스크는 불확실성으로 운전을 하다 보면 언제 사고가 날지 모른다. 예전에는 사고가 발생하면 승객을 보호하는 리스크 완화기법을 사용했다. 대표적인 시스템이 에어백이다. 그러나 사고를 예방하는 것이 더 중요하다. 주로 환경적인 부분으로 도로상태 등을 감안한 미끄럼방지관련 ABS가 리스크 예방에 관한 기술이다.

　　시간이 지나면서 눈길에서 차량자세 조정인 ESP가 2012년부터 아예 의무로 장착되었다. 이제는 운전자를 위한 레인이탈 경보시스템, 졸음방지경고 시스템 등 가급적 자동적으로 차량의 안전을 위한 시스템으로 진행 중이고 아마도 2025년 정도가 되면 자동운전시스템이 실제화될 것 같다. 차는 자동으로 운전하고 사람은 차 안에서 커피와 빵은 즐길 수도 있다. 전자와 기계기술에 의존하게 되면서 그동안 인간이 가지고 있던 차량운전기술과 경험의 비중이 작아지게 되는 듯하다.

　　중요한 것은 시스템보다 안전을 생각하는 사고방식과 기본 안전의식에 따른 실천이 있어야 선진국이 된다.

(48) 이카루스 이야기의 뒤집어 보기

　　이카루스(Icarus)의 아버지 다이달로스(Daedalus)는 미노스의 뜻을 거역한 죄로 아들 이카루스와 함께 그 미로에 갇히게 된다. 그것에서 다이달로스는 기발한 탈출 계획을 세웠다. 몸에 날개를 달기로 한 것이다. 두 사람은 깃털과 밀랍으로 만든 날개를 달고 날아올라 미로를 쉽게 빠져 나왔다. 날아오르기 전 다이달로스는 아들에게 태양에 너무 가까이 가지 말라고 당부했다. 하지만 하늘을 나는 마법에 도취된 이카루스는 그 말을 까맣게 잊어버리고 점점 높이 올라갔다. 그 바람에 밀랍이 녹아 내렸고, 날개를 잃은 이카루스는 바다에 떨어져 죽음을 맞이했다. 자신의 능력을 과신하고 자만하다가는 결국 추락하게 된다는 교훈을 담은 그리스 신화에 나오는 이야기이다. 너무 높게 나는 것보다 너무 낮게 나는 것이 더 위험할 수 있다. 왜냐하면 '안전하다'는 착각을 주기 때문이다. 우리가 나아갈 길은 무모한 어리석음도, 자기 생각이 없는 복종도 아니다. 한 사람의 인간이 되고, 마음껏 높이 날아오르는 것이다. 지나친 자만도 경계해야겠지만, 도전이 두려워 너무 낮게 날고 있는 것은 아닌지 자신을 한번 돌아보는 계기가 되었으면 한다.

(49) 리스크관리와 품질관리에서 중요한 점은?

일본드라마 리스크의 신을 보고 느낀 점이 많다. 리스크는 다양한 형태로 나타나는데 기업내부 및 기타 환경에서 발생하는 제일 중요한 것은 초기대응을 잘 해야 한다는 것이다. 오너들이 자신감과 자만감만 가지고 관리할 부분이 아니고 매뉴얼과 절차를 리스크 내용과 잘 연결하고 분석하여 대응을 해야 한다는 것이다.

- 일단 문제가 발생하면 신속히 원인을 파악한다.
- 치명적인 품질문제는 신속히 공표한다.
- 소비자에 치명적인 품질문제는 가장 높은 자리에 있는 직분을 가진 자가 발표한다.
- 치명적 품질 문제는 외부에서 알기 전에 기업은 솔직히 문제를 먼저 공표하여야 한다.
- 기업 거버넌스에서 경직된 문화 및 성차별 등 작은 문제가 기업의 치명적인 문제를 야기시킬 수 있다.
- 모든 리스크는 다 한꺼번에 제거할 수 없어 우선순위를 정해서 처리하여야 한다.
- 리스크 전문가라고 자랑하는 전문가는 진짜 전문가가 아닐 수 있다.
- 리스크 식별에는 가능한 많은 정보를 모아야 한다.
- 기업은 리스크 관리 팀을 운영하고 전문가들로 이루어져야 한다.
- 기업 내에는 스핀닥터가 있을 수도 있다.
- 가족간의 불화는 기업의 큰 리스크이다.
- 성과 위주의 기업경영은 단기간의 성과를 올릴 수는 있지만 아주 부정적인 이해관계자가 발생하여 큰 리스크가 존재한다.
- 갑자기 승진을 한다면 그 이유를 잘 살펴보아야 한다. 만일 이유가 없는 승진이라면 나중에 회사의 방패막이가 될 수도 있다.
- 기업의 오너는 정치권과 투명한 관계를 유지하여야 한다.

(50) 삼국지에서 조조의 리더십이 프로젝트 관리자에게 주는 교훈

삼국지를 보면 조조에 대한 연구가 필요한데 약간은 주관적이지만 필자가 조조에 대해 리더로서의 강점, 약점을 다음과 같이 정리해 보았다.

1) 조조의 강점(장점)

- 부하들의 여러 의견을 고루 경청한다. ─ 적극적 커뮤니케이션
- 최종결정은 본인이 확신을 갖고 내린다. ─ 카리스마적 리더십
- 잘못된 결정으로 인한 실수는 자기가 책임진다. ─ 결과에 대한 책임감
- 양보다 질을 중요시하고 환경을 잘 살펴 적절한 전략을 실행한다. ─ 환경분석
- 인재를 중요시하여 얻고자 한다. ─ 자원획득
- 실속을 잘 챙기는 결정을 한다. ─ Benefit oriented
- 작은 희생으로 큰 성과를 추구한다. ─ 목적지향 관리기술
- 규율이 만들어지면 자신도 그 규율에 솔선수범으로 따른다. ─ Ground rule
- 게으름과 경계소홀로 인한 실패에는 과감히 처벌을 가한다. ─ 인정과 보상
- 인재를 볼 수 있는 역량이 있다. ─ 개인역량

2) 조조의 약점(단점)

- 너무 오만하며 세상이 자신에 대한 배반을 결코 용서치 않는다. ─ 독재적 리더십
- 자식들에 대한 관리가 부족하여 형제간 시기로 인해 희생이 발생했다. ─ trust building의 부재
- 윗사람인 황제로부터 마음을 얻지 못했다. ─ 성실과 신의의 문제
- 초심을 잃고 자신을 성공하게 한 전략가 순욱을 죽음에 이르게 했다. ─ 자만과 토사구팽의 전형
- 여자에 약했다. ─ 남자들의 공통적인 약점
- 말은 화려해도 인의 정신이 약했다. ─ 신의의 부족과 정직성의 부족
- 성질이 급하여 부하를 쉽게 죽이는 실수를 저지른다. ─ 인내의 부족

- 일관성의 부재를 만들어 시간이 지나면서 부하들의 신뢰를 얻지 못한다. — 존경적 리더십의 부재
- 지나치게 자기성과를 내세운다. — 명분 쌓기와 성과위주
- 감시적 리더십을 발휘하여 정보정치를 한다. — 신뢰의 문제

3 프로젝트 팀장

(1) 프로젝트 팀장은 어떻게 되나?

만일 당신이 준비 없이 프로젝트 팀장으로 임명된다면? 고민하라. 결정하라! 아무런 준비 없이 프로젝트 팀장에 임명되었다면 당신이 프로젝트 팀장이 되기 위한 준비가 되어 있는가? 당신이 진정으로 원하는 것이 무엇인가? 주어진 첫 번째 프로젝트를 성공적으로 수행한다면 이전과는 다른 새로운 경력에 발을 내디뎠다는 것을 의미한다. 후에 계속 새로운 프로젝트를 맡게 될 가능성이 크다.

프로젝트 팀장이 되는 경우의 장점은 다음과 같다.

> ▶ 승진에 대한 기회가 많다. ▶ 성취욕구를 충족할 수 있다. ▶ 업무의 다양성(프로젝트 특징 - 유일성)이 생긴다. ▶ 업무 선택의 재량권이 크다. ▶ 조직 내의 새로운 기회 발견이 가능하다.

프로젝트 팀장이 되는 경우의 단점은 다음과 같다.

> ▶ 조직 내 갈등에 대한 인내가 필요하다. ▶ 불확실성과 모호성 존재한다. ▶ 책임은 크지만 권한은 작을 수도 있다. ▶ 자신의 기능적 전문 분야로부터 멀어진다. ▶ 진정한 의미의 직무를 가지고 있지 못하다고 인지할 수도 있다.

만일 팀장이 된다면 당신은 프로젝트 팀장으로서 경험하게 될 상황은?
팀장이 되면 매우 보상이 많은 업무를 맡게 될 것이고 능력에 대한 시험대상이 될 것이라는 점을 고려하여야 한다. 프로젝트는 혼자 하는 것이 아니고 많은 다른 사람들에게 의존한다. 그런데 팀원 모두가 팀장만큼 기능 수준

이 높은 것은 아니라는 사실 인식하여야 한다.

그렇다면 당신은 프로젝트 팀장으로서 무엇을 알아야 하는가?

프로젝트 환경을 둘러싼 복잡성 속에서 당신은 팀장으로서 적어도 어느 정도는 알고 있어야 한다. 먼저 이해관계자들에 대한 이해가 필요하다. 그리고 행정문제를 처리할 수 있는 능력이 필요하다. 왜냐하면 당신은 조직 내/외부의 많은 사람과 원만한 협조관계를 만들고 유지할 수 있어야 하기 때문이다. 아주 빠른 시간 내에 누가 협력자이고, 누가 반대자인지를 파악해야 한다. 특히 부정적 이해관계자의 관리능력이 프로젝트 성공과 실패여부를 많이 좌우하기 때문에 많은 관심과 노력을 기울여야 한다.

조직 내의 핵심 인물들과의 면담이나 대화를 통해 여러분의 프로젝트를 위해 누가 당신과 협력할 사람이며 누가 당신의 프로젝트를 방해할 사람인가를 적극적으로 찾아내야 한다. 그들과 당신의 프로젝트에 관한 비공식적인 대화를 시도하라. 대부분의 경우 그러한 대화를 통해 그가 당신의 프로젝트를 위해 협조 관계를 유지할 수 있는 사람인가 아니면 매우 비협조적인 관계가 될 사람인가를 빠른 시간 내에 파악할 수 있다.

프로젝트 관리는 아트(Art)와 과학(Science)이라는 두 가지 측면을 가지고 있다.

Soft Skill + Hard Skill이 프로젝트 관리자의 능력에 필요하다. 여기서 아트(Art)는 프로젝트의 수행을 위해 사람들을 지도하고 리드하는 일을 의미하고 이것은 사람들을 지휘하는 대인관계 측면과 밀접하게 연결되어 있다. 즉 대인관계 기술을 의미하는 Soft skill 능력이 매우 중요하다. 과학(Science)은 수행하여야 할 일들을 정의하고 조정하는 일이고 과학 측면은 프로젝트 과정과 도구, 기법들을 포함하는 일을 중심으로 하는 관리 능력을 이야기한다. 프로젝트 팀장은 프로젝트관리의 과학적 측면에 대해 정통해야 한다. 이 영역의 전문지식 없이 팀장으로서 성공한다는 것은 불가능하다. 프로젝트 과정의 관리는 그래픽 도구들이나 문서들, 다양한 기법들을 필요로 한다. 예를 들어 도구는 프로젝트 필요분석서, 과업세부도, 네트워크 다이어그램 등이고 기법은 순현가분석, 프로젝트 제안서의 작성, 자체개발 혹은 구매분석 등이다. 이러한 프로젝트 관리 방법과 관련 Hard skill의 역량이 프로젝트 관리자에게 필요하다.

다시 말하면 프로젝트 관리는 과학적이며 예술적(Science & Art)이다. 과학적이란 차트, 그래프, 도구에 의해 지원되기 때문이며, 여기에는 하드스킬(Hard Skill)이 요구된다. 또한 프로젝트 관리는 정치적, 개인 간, 그리고 조직적인 요인들에 의해 수행되므로 예술적이다. 의사소통, 협상, 그리고 갈등 해결은 프로젝트 관리의 예술적인 측면에서 사용되는 몇 가지 소프트 스킬(Soft skill)이다.

프로젝트를 효율적이며 효과적으로 관리하기 위해서는 하드 스킬(Hard Skill)과 소프트 스킬(Soft skill) 모두가 필요하다. 성공적인 프로젝트 관리에는 '과학'과 '예술'이라는 두 가지 측면이 다 관련되어 있다. 우리들이 프로젝트를 효율적이며 효과적으로 관리하기 위해서는 이 두 가지 측면에 관련된 하드 스킬과 소프트 스킬 모두가 필요하다.

(2) 프로젝트 팀장의 역할은 무엇인가?

혹시 프로젝트 관리자가 되려면 '제너럴리스트처럼 사고하라'라는 말을 들어 본적이 있는가? 그 말은 프로젝트에 필요한 다양한 역할 중에서 당신에게 친숙하고 편한 것들에만 치중하지 말고 당신의 시간과 관심을 지나치게 많이 투자하는 경향을 극복해야 한다. 자기가 아는 분야만 집중하다 보면 전체적 균형을 이룰 수 없다.

1) 프로젝트 팀장의 책임은?

프로젝트의 비용과 일정, 품질에 대한 요구나 기대를 충족시키고 팀 내외부에 존재하는 프로젝트에 대한 서로 다른 목표들을 조정하는 것이 주요 목적이다. 즉 이해관계자 간의 요구사항의 균형을 유지하면서 프로젝트의 목표를 달성시키는 아주 어려운 사명을 가지고 있다.

2) 조직에 대한 책임부문에서는?

프로젝트는 조직에 가시적인 이익을 제공하도록 요구 받는다. 또한 프로젝트의 책임부문에서 회사를 대표하는 경영의 대리인으로 간주되기 때문에 조직의 방침이나 정책을 준수, 주어진 권한 내에서 행동, 조직의 이익에 도움이 되는 방향으로 의사결정을 해야 한다. 프로젝트 팀장은 프로젝트의 진척 상황과 평가 및 정확한 예측을 적시에 제공하여야 한다. 그래야만 보고를 받은 경영진이 프로젝트에 개입하고 중재할 수 있는 적절한 기회를 제공한다. 즉 문제를 잘 파악하여 적절한 대응이 중요하며, 이는 적절한 감시 및 통제를 통해 사전적 조치가 중요함을 이야기한다.

팀원들과는 팀원들의 이해관계와 프로젝트 목표 사이에서 적절한 균형유지를 하여야 한다. 팀원들에게 필요한 정보를 제공하고 건설적인 피드백을 하면서 성과에 대한 적절한 인정과 보상을 수행하여야 한다. 팀장은 비공식적인 책임으로 가능한 팀원들에게 성장과 개발의 기회를 제공하여야 한다.

3) 자신에 대한 책임으로는?

개인 성장과 개발에 대한 책임은 전적으로 자신의 몫이다. 팀장으로 회사내 경력경로나 개발 프로그램이 개발에 따라 다르지만 프로젝트 팀장으로 성장할 수 있는 길을 찾는 것은 본인 자신의 책임이다. 따라서 프로젝트 전문가 길로 성장할 수 있는 기업 내 환경 파악을 잘 하여야 한다. 어떤 기업은 프로젝트 부문을 중요시 하는 반면에 그렇지 않은 기업들도 있기 때문이다.

그렇다면 프로젝트 팀장이 되면 당면하게 되는 문제들은 무엇일까?

첫 번째로 먼저 책임과 권한의 괴리를 발견할 것이다.

책임은 많으나 권한은 상대적으로 적은 부분이 발생할 것이다. 따라서 이에 대한 대응방법으로 팀장은 전문지식이나 능력에 기초해서 발휘되는 전문적 권력을 활용하거나, 팀원들이 당신을 따르고 싶다고 생각하는 데에서 발생하는 준거적 권력 활용하는 등 지시보다 설명하고 설득함으로써 영향력을 행사하는 능력이 중요하다.

두 번째는 비현실적인 목표설정의 압력부분이다.

경영진은 정상적인 과정으로 인한 안 좋은 결과보다, 비정상적인 과정이라도 결과가 좋은 것을 원하는 경우도 있다. 물론 정상적인 과정으로 좋은 결과를 만드는 것이 가장 이상적이지만 실제로 프로젝트 환경은 그리 만만치 않다.

여기서 정상적인 과정이란 비용, 일정, 품질, 기능 등과 관련된 프로젝트 목표, 고객욕구, 이상적인 대안이 체계적으로 검토되고 계획이 수립, 피드백을 통해 재조정되는 이상적인 프로세스로 움직이는 것을 말한다.

비정상적인 과정이란 목표가 중요하며 정확한 평가 대신 달성되어야만

하는 기대수준에 의해서 결정이 되고 프로젝트의 내용이 정의되기 전에 이미 목표가 설정되는 경우로 거꾸로 일정계획이 만들어지는 경우가 예가 되겠다.

세 번째로 팀장이 당면하는 문제는 팀원들뿐만 아니라 팀장 역시 자기가 가지고 있는 전문적인 지식을 바탕으로 사고하고 행동하는 기능중심적인 사고 방식문제이다.

또한 조직관계에서 팀원들이 각자 자신이 속한 전문영역이나 기능별 부서의 입장에서 생각하고 행동하려는 자연스러운 경향이다. 이것을 극복하는 것이 중요한데 왜 팀원들은 이러한 기능 중심적 성향이 나타나는가? 그 이유는 어차피 프로젝트는 임시적 성격이나 팀원이 속해 있는 팀원의 부서는 영속적인 성격이 있다. 따라서 자신이 속해 있던 기능부서를 중요시하게 된다. 팀원들은 프로젝트 활동을 단지 자신들의 경력 경로로 설정하고 일을 하나 기능부서 경우는 자신의 전문영역이 속해 있었던 영역으로 아무래도 중요사안에 대해 기존 기능부서의 이해관계를 생각하고 기능부서를 우선적으로 생각하는 경향이 발생한다. 따라서 팀원들의 임금 및 인사고과 등에 프로젝트 팀장의 권한이 전적으로 일임되어야 이러한 문제를 해결할 수 있다.

네 번째로 프로젝트의 본성을 제대로 이해 못하는 경영진과의 마찰부분이다.

경영진은 보고 시 정확한 예측과 분석자료를 받기를 원한다. 그러나 프로젝트 특징 자체가 유일하고 일시적인 불확실성 자체이다. 경영층은 정확하지 못한 일정 및 비용예측에 대해 매우 부정적이며 프로젝트 관리자의 능력을 문제삼는다. 따라서 프로젝트 관리자는 초기 요구사항 부분에 대해 수시로 경영진과 소통하면서 이런 문제를 같이 공유하여야 한다.

(3) 프로젝트 팀장은 무슨 능력을 가지는 게 좋을까?

첫 번째로 프로젝트를 관리하기 위한 도구나 기법, 과정에 대한 이해와 적용 능력이 중요하다. Hard skill 부분으로 이런 능력이 부족하면 높은 수준의 계획이나 효과적인 통제가 쉽지 않다. 또한 팀원들로부터 충분한 존경이나 인정을 받기 어렵다.

예를 들면 네트워크 다이어그램, WBS, 획득가치 기법 등의 지식능력이 중요하다. 프로젝트 관리 방법론뿐만 아니라 기업 내의 프로젝트 관련 프로세스의 정확한 이해와 조직 프로세스 자산의 부분에 대해 접근능력이 중요하다.

두 번째는 대인관계 능력이다.

프로젝트의 관리는 기본적으로 사람을 통해 일이 이루어지도록 하는 것으로 사람을 다루는 능력은 매우 중요하다. Soft skill에 해당하는 대인관계기술은 예를 들면 팀과 개인의 리더십, 구두 및 문서 커뮤니케이션 능력, 갈등해결 능력, 교섭 능력, 설득 능력, 권한위임 능력, 코칭과 멘토링 능력 등이 포함된다.

세 번째는 기술관리 능력이다.

프로젝트들은 하나 혹은 두 가지 이상의 중요한 기술적 문제들과 관련이 되어 있다. 프로젝트에 관련된 중요 부문의 기술, 주요 산업에 대한 지식, 기술적 명세서를 이해하는 능력, 제품지식, 지적 자산에 대한 지식, 특허권에 대한 지식 등 전반적으로 기술부문에 대한 능력이 있어야 한다.

네 번째는 바람직한 성격이다.

리더가 갖추어야 할 자질 중에는 많은 것들이 있는데 그 중에서도 정직과 진실이 가장 중요하다. 기타 과정 지향적 자세, 자신에 대한 지각, 불확실성에 대한 높은 수용, 설득능력, 결단력도 필요하다 하겠다.

프로젝트 팀장은 무엇보다도 자기성찰과 자기인식이 중요하다. 자신의 성장과 개발에도 신경을 써야 한다. 그리고 프로젝트 팀원으로부터 자신의 약점을 피드백을 받아 개선을 해야 한다. 고객의 입장에서 바라봐야 한다. 만일 자신이 관찰한 것에 기초하고 고객과의 관계는 항상 인위적이고 일방적이면 프로젝트가 실패할 가능성이 높다. 마지막으로 경영진은 프로젝트 팀장이 무엇을 하는지 혹은 어떻게 일을 했는지 정확히 모른다. 이런 부분을 감안하여 의사소통계획을 잘 세우고 프로젝트 작업성과보고서를 주기적으로 전달하고 설명을 하여야 한다.

성공적인 프로젝트 팀장이 되는 비결을 나름대로 정리하고자 한다.

▶ 한 부분만 집중하지 말고 전체를 조명하여야 한다. ▶ 프로젝트에서는 정해진 계획대로 진행되는지 적극적으로 확인한다. ▶ 문제에 대한 선행조치가 이루어져야 한다. ▶ 인간의 본성에 대한 날카로운 통찰력을 개발한다. ▶ 누구에게 언제 어떻게 의지할 수 있는가를 배운다. ▶ 의사 결정을 할 때 기술과 사람, 비즈니스를 동시에 고려한다. ▶ 모호하고 불완전한 정보를 가지고 의사 결정을 하는 법을 배운다. ▶ 끊임없이 대인 관계 기술을 개발한다. ▶ 정치적인 감각이 가지는 가치를 확실하게 인식한다.

4 군자와 리더(논어에서 바라보는)

논어에서 공자는 제자들에게 늘 군자가 되라고 말한다. 소인이 되지 말고 군자가 되어야 한다고 강조한다. 한편 오늘날 현대사회에서는 늘 리더십을 말한다. 훌륭한 리더가 사회를 이끌어 나간다. 군자와 리더는 사실 다른 말이 아니다. 공자가 말하는 군자가 오늘날 리더인 것이다. 단지 공자는 군자는 도덕적 품성과 인격의 함양을 가치 기반을 더욱 중시한 시대적 차이만 있을 뿐 진정한 리더란 구성원이 마음으로부터 우러나 따르도록 하는 노자가 말하는 無爲之治(무위지치), 이른바 行 不言之敎(행 불언지교)의 맥락에서 본질적으로 그 의미가 상통한다 할 것이다.

(1) 군자란 누구를 말하는 것인가?

논어에서 말하는 군자의 모습을 통해 이 문제를 살펴보고자 한다. 군자란 용어는 원래 신분적 등급을 가리키는 말이었지만, 춘추시대 말 이후부터 점차 유교적 덕성과 교양을 두루 겸비한 인격자를 지칭하는 용어로 사용되었다. 즉, 군자는 학문과 덕성의 연마를 통해서 이루어지고 도덕적 이상에 대한 실천력으로 성인을 지향하는 존재인 것이다. 유가에서 도덕과 정치는 불가분의 관계에 있다. 도덕의 구현을 떠난 정치는 그 정통성을 담보할 수 없다. 이것은 현대사회에서도 예외가 아니다. 현실적으로 군자가 반드시 위정자(지도자)가 될 수는 없다. 그러나 지도자는 반드시 군자의 내면적 본질을 지닐 필요가 있다. 그래야만 그 조직, 사회, 국가의 안정성과 건전성이 확보되고 이를 토대로 발전할 수 있기 때문이다. 유학에서 군자의 목표는 修己治人(수기치인)이다. 유학을 이해하는 가장 중요한 개념이 바로 수기치인이다. 修己治人이란 먼저 자신의 수양을 통해서 인격의 완성을 이루고, 그 다음에 다른 사람을 다스린다는 논리로서 유가의 이상인 왕도정치를 실행하는 방법론이다. 수기가 이루어지면 치인은 자연스럽게 달성된다. 물론 치인의 결과는 안인(安人)이어야 한다. 수기가 이루어지지 않은 치인은 안인이 될 수 없다. 수기가 성취된 상태를 내성(內聖)이라 하고, 안인의 목표가 달성된 상태를 외왕(外王)이라고 한다. 이에 따라 유가의 도를 內聖外王(내성외왕)의 道(도)라고도 한다.

內聖外王의 도란 자신의 인격을 수양하고 백성을 선도하여 천하에 평화를 가져오는 도덕정치를 시행하는 것을 의미한다. 이렇게 볼 때 유가의 학문은 일종의 정치 철학이다. 그것을 어떻게 유지하고 행사하느냐에 따라 백성의 안위와 직결되기 때문에 여기에서 위정자의 자질(資質)이 문제된다. 유가에서는 훌륭한 자질을 갖춘 이상적인 인간상을 성인 혹은 군자라고 부른다. 이들이 위정자가 되었을 때 백성들은 편안함을 느낄 수 있다. 위정자가 훌륭한 자질을 갖추고 정치행위를 할 때에만 백성들은 편안한 사회생활을 보장받을 수 있다. 그리하여 내성외왕의 도가 실현될 수 있다.

조선시대 선비들이 과거시험을 치러 등용되어도 자신과 뜻이 맞지 않을 경우 즉시 벼슬에서 물러나 낙향하는 모습이 얼핏 이해되지 않으나 유학에서 말하는 수기(修己)(학문, 수양)를 통해 치인(治人)(등용, 위민)의 행위를 이루었기에 선비로서 더 이상의 욕심을 내지 않아도 되는 차원에서 이해해야 한다. 이러한 사정은 현대 사회에도 적용된다. 국민을 대신해서 정치 행위를 하는 위정자의 인간성, 도덕성, 행정능력(전문성), 판단력 등의 여하에 따라 국가(국민)의 안위와 운명이 좌우된다. 우리 국민이 정치에 관심이 높은 이유도 정치가 삶을 바꾸는 직·간접적 요인이기도 하지만 따지고 보면 이런 수기치인이란 군자의 뿌리가 깊은 지향점이 아직까지 남아 있어서일 것이다. 이렇듯 수기치인은 유학의 본질을 이해하는 아주 중요한 개념이다. 물론 기업에서, 조직에서 리더가 지향하는 목표와도 동일하다는 것은 말할 나위도 없다(리더의 목표=內聖外王, 修己治人).

(2) 군자란 무엇인가?

어떤 사람을 군자(리더)라 칭하였는가?

송갑준(경남대 교수)의 논문 「논어의 군자상과 현대적 의미」와 조상열의 「군자, 대인, 소인의 연구」에서 분석한 자료를 보자면, 군자는 仁(인)의 체자라고 규정하고 있다. 즉, 군자는 공자의 핵심 사상인 仁(인), 그것을 실천궁행하는 인격자가 바로 군자라는 것이다. 군자는 어떤 상황에서도 正道(정도)를 걸어야 하며 그 정도의 바탕이 바로 仁이라는 의미이다.

군자는 인격적 우월성을 바탕으로 그 덕목을 실천한다. 인의 실현은 孝悌(효제)에서 시작하니 먼 데서 찾는 게 아니라 가까운 가정에서 부모에 대한 사랑, 형제간의 우애, 공경이라는 인간관계를 원만하게 실행함으로써 이루어진다고 보았다. 그러나 지향점이 앞서 강조한 修己(수기) → 治人(치인)으로 확대 사해동포에 있음은 물론이다. 인의 시작이 親親(친친)에 뿌리 했음을 말하는 것이다. 즉, 사람의 실천이나 정의의 구현, 기업의 경영도 친친에서부터 시작함을, 즉 근본에 충실에서 찾아야 함을 말하는 것이다. 공자가 말하는 下學而上達(하학이상달, 아래로 비근한 것을 배우고서 상향하여 천명을 깨닫는다)의 실천적 의미이다.

논문에서는 군자의 조건을 몇 가지 들었다.

❶ 군자는 자기희생에 충실하다는 것이다.

인간은 욕구적 존재로서 대체로 이기적일 수밖에 없다. 그러나 군자는 利他行(이타행)을 행하는 사람이다. 공자는 "뜻있는 선비와 인한 사람은 자신이 살고자 인을 해치는 일은 없지만 자신을 희생하여 인을 이루는 경우는 있다"는 『논어』 「위령공」 편 구절을 예로 든다.

❷ 또 하나는 타인에 대한 배려이다.

인간은 독존할 수 없고 반드시 사회 속에서 타인과 더불어 살아갈 수밖에 없다. 이해가 상충하는 가운데 상호 이해와 나의 입장을 미루어 남을 이해하는 推己及人(추기급인)의 정신을 말한다.

己所不欲(기소불욕)이면 勿施於人(물시어인)이란 구절 하나에서 자기 입장을 내세우지 않는 사랑은 강요가 아니다. "보신탕은 몸에 좋으니 먹어라"가 아니다. 몸에 좋아도 먹기 싫은 사람에게는 음식을 억지로 먹이면 탈이 나듯 아무리 좋은 것이라도 억지로 강요하는 것이 아니다. 하나의 일을 성취할 수 있도록 기회를 줌으로써 선의의 경쟁을 유도하는 의미이다. 즉, 사회적 善(선)이다. 그 배려는 동정도 양보도 아니다. 내가 하고자 하는 것을 남도 하고자 하는 것이니, 내가 하고자 아니하는 바를 남도 하고자 아니하는 것이니 그것은 양보도 강요도 아닌 배려와 공생이다. 더불어 성취하는 것을 말하는 것이다. 공자의 말뜻은 의미심장하여 그 깊이를 잘 이해해야 한다. 기독교적 의미의 내가 좋으니 남도 좋다, 그러니 사랑하라는 식이 아닌 좋아하는 것보다 남이 싫어하는 것을 조심하는 사려가 깊은 배려 이것이 仁의 정신이다.

❸ 또 하나는 憂患意識(우환의식)이다.

憂(우)는 항상 마음속에 담아두고 걱정하는 것(念念不忘), 患(환)은 어떤 일로 걱정거리가 생긴 걱정이다. (君子 三患(삼환)) "군자는 듣지 못하는 것이 있을 때 듣지 못함을 걱정하고, 들은 것이 있으면 배우지 못하는 것을 걱정하고, 이미 배운 것이 있으면 실행하지 못함을 걱정한다.” 군자는 늘 마음에 담아두는 의식이 있다. 군자는 하찮은 일에 걱정하지 아니한다. 그러나 늘 戒愼(계신)한다. 군자는 돈을 많이 벌지 못함을 걱정하지 아니하고, 직장에서 잘릴까를 걱정하지 아니하고, 내가 학문에 충실하지 못함을 걱정하고, 정의를 알면서도 행하지 못하는 자신을 탓하며 세태를 근심하는 존재란 뜻이다. 즉, 쓸데없는 걱정보다는 자신의 수양과 소임에 대한 완전성을 갖추기 위한 평소 마음가짐이 그러한 것이다.

> “군자는 도를 걱정하고 가난을 걱정하지 않는다.”
> [君子 憂道 不憂貧(우도 불우빈)]
> —『위령공 31장』

이런 우환의식을 마음에 담아두고 군자는 늘 戒愼恐懼(계신공구)하는 자세로 임한다. 소인과 대별되는 차이이다.

❹ 또한 보편성과 전문성을 추구한다.

군자는 도덕성(덕성)과 지식(전문성)을 조화롭게 겸비한다. 그러나 어느 하나의 역할에 만족하는 것을 전문성으로 말한다면 대화가 곤란하다. 전문가는 어느 특정한 역할밖에 수행하지 못하는 편협한 전문가를 말하는 게 아니다. 이 말은 전문가는 모두 편협하다는 게 아니라 고도로 기능화된 전문성을 강조한 것이다. 六藝(육예)에 통달한 전문가 말이다.

즉, 군자는 전문성을 갖춘 도덕적 주체인 셈이다. 공자가 강조한 君子不器(군자불기)라는 말 자체가 군자는 일정한 용도에만 쓰이는 그릇 같은 존재가 아니라는 의미이다. 군자는 어느 특정한 분야에만 능통한 器的(기적) 존재가 아니라는 것이다. 틀에 박힌 고정화된 물상이 아니라 어느 용도로도 쓸 수 있는 다재다능한 탤런트적 요소를 갖춘 능력자를 말하는 것이다. 이는 물상뿐 아니라 유연한 태도, 사고의 자유로움에서도 마찬가지인 것이다.

“군자는 세상일에 대해서 반드시 그렇게 해야 한다는 것도 없고 반드시 그게 해서는 안 된다는 것도 없다”는 『논어』 구절 里仁(리인) 편이 의미를 대변한다.

❺ 마지막으로 언행일치이다.

군자의 행동은 말에 앞서야 함이다.

"옛 사람이 말을 가볍게 하지 않았던 것은
실천이 따르지 못할까 두려워했기 때문이다."
一『논어』里仁(리인) 편

"먼저 실천하고 그런 뒤에 말이 따라야 한다."
一『논어』爲政(위정 편

　　말보다 행동으로 표시하고 말보다 실천이 낫다는 의미이다. 소위 訥言敏行(눌언민행)이라고 말하는 그 言(언)이란 신중함을 말하는 것이요. 行(행)이란 세상에 널리 통하는 실천 도덕으로 불가분을 이룬다. 그러므로 공자 같은 사람도 "말을 부끄럽지 않게 하는 것, 그렇게 한다는 것은 어렵다"고 토로한 바 있다. 말에 책임을 지는 것, 그것이 쉽지 않다는 의미이다. 그러므로 군자는 언행에 신중을 기해야 한다. 만약 언행을 가볍게 한다면 위엄이 서지 않을 것이고 일의 성취도 이루기 어려울 것이다. 앞서 말한 行 不言之敎(행 불언지교)의 실천적 단계인 셈이다.

　　이러한 존재가 바로 군자라는 것이다. 그렇다면 이를 통해 오늘날 리더의 모습은 어떠한가? 앞서 지적한 바와 같이 하나도 다를 게 없다.

❶ 자기희생

　　사회와 기업의 발전을 위해 의로운 일이라면 망설이지 않는 자세이다. 맹자가 말하기를 "삶도 내가 원하는 바요. 의도 또한 내가 원하는 것이다. 그러나 양자를 겸할 수 없다면 나는 삶을 버리고 의를 취하겠다."라고 한 말처럼 인간의 숭고한 가치를 의로움에 두는 것이야말로 리더가 나아가야 할 방향인 것이다.

❷ 타인에 대한 배려

　　배려는 무조건식 양보가 아니다. 남의 입장에서 이해하려는 자세이다. 내가 좋아하는 것이니 남도 좋아하겠지, 그러니 그 좋은 것을 하도록 해주어야지 하는 식은 기독교적 사랑이다. 유학에서 배려는 남이 꺼려하는 것을 행하지 않는 것, 이것이 진정한 배려이고 인간 사랑이다. 己所不欲(기소불욕)이면

勿施於人(물시어인)이란 말뜻을 제대로 헤아려야 한다. 리더는 구성원의 마음을 헤아리는 자세(배려)가 필요하다. 이것이 조직을 탄탄하게 꾸려가는 기초작업이 될 것이다.

❸ 우환의식

바쁘게 일을 할 때이건 조용히 신독할 때이건 마음에 담아두는 의식이 없다면 군자가 아니다. 마음을 풀어놓는 것을 방심(放心)이라 하고 마음을 다지고 마음을 잡는 것을 조심(操心)이라고 한다. 마음을 풀어놓고 있으면 언제나 사건 사고가 풀어진 틈새로 들어와 일이 커진다. 리더는 언제나 자신의 부족한 점을 반성하며 자기 완성을 이룰 수 있도록 끊임없이 자기 완성을 위해 노력하며 마음을 다잡는다. 조직의 완성은 축구 감독이 전술을 완성하며 상대에 따라 전략과 전술을 구상하는 것과 다름이 없다. 리더는 잠을 잘 때도 마음을 풀어 놓지 않는다.

❹ 보편성과 전문성

보편성이란 표현보다 전문성을 바탕으로 한 보편적 가치라고 하는 게 나을 듯하다. 군자의 리더는 전문성을 바탕으로 모든 분야에 능동적으로 이해한다. 길은 하나로 통하게 되어 있다. 한 분야에 전문성을 갖추게 되면 다른 길에도 길이 보이게 마련이다. 절로 탤런트가 되는 것이다. 리더는 그 길을 먼저 보고 가는 선도자이다. 군자의 리더는 이러한 전문성을 넘어서 보편적 가치를 추구하는 것이다. 보편적 가치를 추구하기에 주관적 감정에 따라 판단하지 않는다. 의로움이란 바탕하에서이다.

❺ 언행일치

굳이 말할 나위가 있겠는가? 모든 건 행동으로 나타나는 것이니 말은 쉽지만 행동은 어렵다. 공자가 가장 혐오한 인간이 교언영색(巧言令色)한 사람이다. 그만큼 말은 조심해야 하고 책임이 따른다. 성(誠)이란 의미가 "말이 행동으로 이루어지는 것"을 말하는 것처럼 진실된 사람이란 정성(精誠)을 다하는 사람을 말한다. 리더는 정성스런 사람이다. 말과 행동이 같이하는 사람이다. 언행의 신중함은 리더로서 신중하고 조심해야 할 문제이다. 또한 "군자는 성실과 신의로써 삼고 언행에 잘못이 있으면 고치기를 서슴지 말아야 한다."(『논어』「學而」편)는 말처럼 조심하고 고치기를 꺼려하지 말아야 할 것이다.

이상으로 군자를 통해 리더를 살펴보았다.

사실 군자라는 단어가 "성인군자", "도덕군자"라는 말처럼 점잖고 조용한 도덕을 중시하는 선비처럼 느끼는 것도 사실이나 이는 우리가 가지는 선입견이다. 논어에서 나오는 숱한 비유처럼 군자는 의로움을 주로 삼는다. "君子懷德 小人懷土, 君子懷刑 小人懷惠"(군자회덕 소인회토, 군자회형 소인회혜)라는 표현처럼 소인과 비유하며 대의를 추구하는 장부의 모습이 군자인 것이다. 맹자는 대장부(大丈夫)라 이를 달리 표현했듯 군자는 오늘날 우리 사회가 가야 할 방향을 제시하고 함께 걸어나가는 나 자신의 모습일 것이다. 그러나 누구나 군자가 아니고 리더가 아니듯 자칫 방심하면 나 자신이 소인배이고 졸장부이다. 이 점을 직시하여 戒愼(계신)하지 않으면 안 되는 이유이다. 군자(리더)는 바람과 같다. 바람이 불면 땅 위의 풀은 바람이 부는 방향에 따라 누이고 흔들린다[君子之德風 小人之德草 草上之風 必偃] [군자지덕풍 소인지덕초 초상지풍 필언]. 바람에 흔들리는 풀도 아니고 비바람 몰아치는 세찬 폭풍도 아닌, 부드럽고 향긋함이 우러나는 난초 향 같은 미풍으로 대지를 감싸는 그런 바람이 되어야 하지 않을까? 꽃들이 방긋 웃고 어린아이가 행복해하는 그런 대지 위에서 말이다.

5 프로젝트 환경에서 동서양 조직내 문화 차이 인식 및 극복 방안

(1) 문화/문화 차이란?

예전에 괴테 연구소에서 유럽 및 주변국에 있는 18개국 국민(13,000명)을 대상으로 실시한 설문조사 내용을 보면, 요한 볼프강 폰 괴테와 앙겔라 메르켈이 가장 중요한 독일인(Bedeutendsten Deutschen)이라고 많은 수가 응답했다고 한다. 많이 알려진 독일 음악으로는 베토벤의 9번 교향곡, 네나(Nena)의 99개의 풍선, 베토벤의 월광 소나타, 바흐의 작품들, 그리고 베토벤의 엘리제를 위하여 순이었고, 독일 역사에서 가장 중요한 사건은 베를린 장벽 철거, 두 번째로 제2차 세계대전, 그 다음으로 종교개혁이라는 대답이 가장 많았다고 한다. 장점으로는 첫째로 독일의 문화, 그 외에 시민들의 친절, 정리 정돈을 잘하는 성격, 조직하는 소질, 환경보호의식 등이 꼽혔다고 한다.

(2) 그럼 문화란/문화의 차이란?

만일 여러분에게 한 쪽에는 빨간색을 보여주고, 다른 한 쪽에는 파란색을 보여주고 "어느 색을 보았습니까?"라는 질문을 한다면 분명히 자신이 본 색깔만을 주장하고 그게 맞는다고 할 것이다. 분명 빨간색을 보았는데 파란색이라고 반대편에서 주장한다면 두 편은 타협이 절대 이루어지지 않을 것이다. 우리들은 눈이 보이는 것, 우리가 직접 경험한 것을 믿는다. 안 보이는 것은 불신한다는 심리학적 법칙에 따른 것이다. 문화는 우리가 못 보는 곳에 있다. 항상 자기 문화가 맞는다고 생각한다. 그래서 문화란 말로 표현이 어렵다. 그러나 이런 문화 차이를 인식하고 극복하는 노력이 중요하다.

(3) 독일이 산업화는 늦게 시작했어도 어떻게 빨리 성공할 수 있었을까?

돈, 기술 때문이었을까? 먼저 독일인의 일에 대한 정의를 알아보겠다. 일(Beruf) from Berufung(신의 부름)이라는 어원에서 비롯되었다. 독일인은 일을 신성시하고 신념(소명)을 가지고, 장인정신으로 일하며 일과 사생활을 분리한다. 독일인의 일에 대한 생각에 가장 영향을 미친 것은 종교개혁(마르틴 루터)이었다. 구텐베르크의 금속활자로 인해 마르틴 루터는 책을 통해 자기 사상을 전파하였고, 성경을 독일어로 번역하는 등 금속활자의 발명이 없었다면 아마 종교개혁도 실패했을 가능성이 높다. 신과의 만남이 교회를 가야만 가능했던 부분이, 개인적으로 신을 만날 수 있다는 믿음의 전환으로 구원을 위해 일을 신성시하고, 많이 하는 것보다 잘하는 것이 중요하다는 것을 깨우쳐 주었다. 이런 정신이 21세기가 되어서도 독일인에게 DNA로 흐른다고 이해하면 되겠다.

(4) 효율성이란 무엇일까?

원리/규칙에 입각하여 실현 가능한 계획을 세우고 정보 공유(솔직한 대화)를 잘하는 것이다. 현실적 비판을 잘해야 인정을 받는 문화가 있는 것이다.

(5) 자율성이란 무엇일까?

소신을 가지고 일하고 자기가 책임을 지면서 열정적으로 일하는 것을 의미한다. 상사는 관찰을 통해 부하 직원의 능력을 평가하며 능력이 있다고 판단되면 일을 더 주거나 책임을 확대 결정한다. 일을 많이 받는 것이 인정을 받는 것이 되는 것이다. 위에서 독일인들의 일에 대한 정의 및 중요성을 알아보았는데, 문화 차이에 대한 정보는 우리가 아는 것으로는 부족하다. 행동으로 몸에 배어야 한다. 결코 쉽지 않으나 서로간의 문화 차이를 이해하고 극복하는 노력은 중요하다.

서양은 18살이 넘으면 독립을 하고 이후에도 부모들과 떨어져 사는 반면, 동양은 어떤가? 나이가 들어도 가족이 같이 모여 사는 생활습관을 가지고 있다. 물론 요즘에는 서구화되는 경향이 강하지만 부모에게 의존하는 경향은 여전하다고 볼 수 있다. 서양 사람들은 생각과 표현의 일관성을, 동양 사람들은 생각과 표현의 이질감을 나타낸다. 일반적으로 서양 사람들은 생각하는 것을 같은 얼굴 표정으로 나타내지만, 동양인은 생각하는 것과 얼굴로 표현하는 것을 다르게 나타내기도 한다.

예전에 독일에 출장을 갔을 때, 각 조직 부서장의 책상은 다른 직원의 책상 크기에서 전혀 다른 점이 없었다. 심지어는 이사들의 책상도 같았다. 다만 더 높은 지위에 있는 몇몇은 화려하지 않은 소박한 작은 사무실을 가지고 있었다. 우리나라 기업들은 좀 다르다. 이와 같은 이유는 무엇일까? 서양에도 동양과 같이 일반 직원들이 상사를 조심스럽게 대하고 존경하는 자세를 보인다. 단 동양에서는 주로 윗사람이 아랫사람에게 일방적으로 요구를 하는 모습을 많이 볼 수 있지만, 서양에서 결정권은 상사에게 있지만 아랫사람의 입장을 적어도 들어주는 모습을 많이 볼 수 있다.

문제를 발견했을 때 서양 사람들은 본인의 문제가 아닌 다른 사람의 문제라면 관여하지 않는 편이나, 본인과 관련된 문제라면 적극적으로 나서서 해결하고자 노력한다. 또한 상사에게 말을 해서 풀릴 일이면 보고해서 해결한다. 동양 사람과 비교할 때 문제를 회피하거나 숨기는 편이 아니다. 동양 사람은 문제 발생시 좀 기다리거나 회피하는 경향이 강하여 프로젝트 진행 시 이런 문제는 후반부에 나타나 큰 문제를 일으키게 한다.

서양에서는 직접적인 표현을 선호한다. 오히려 간접적으로 돌려서 얘기하는 것을 답답하게 느끼며 이것을 심지어 기분 나쁘게 받아들인다. 반대로 동양에서는 너무 직접적으로 얘기하는 것을 좋게 보지 않는 것 같다. 이렇게 동서양 간 의사소통에 차이가 있다.

국제 환경에서 비즈니스를 하고, 어떻게 독일 회사들은 운영될까?

먼저 독일인 가슴속에 깊숙하게 자리 잡고 있는 Sachlichkeit 문화를 이해해야 할 필요성이 있다.

(6) Sachlichkeit 문화에 대한 이해

독일의 Sachlichkeit 문화란?

뜻은 일 중심 사고이다. Sachlichkeit는 가치관이며, Professionalism은 기초이다.

숨겨진 의미는 "일"을 단순히 돈을 버는 수단이 아닌, 자기실현의 표현으로 생각한다. 중시하는 이유는 효율적인 목표 달성, 높은 성과 때문이다. 그래서 회사 내 중요 부분에 아래와 같은 영향을 미친다.

일 회사에서의 Sachlichkeit 문화란?

회사와 직원의 관계는 계약관계이고, 조직의 상하관계는 직급이 아닌 직책 중심의 Hierachy 구조가 된다. 의사 결정 방식은 토론을 통한 합의가 중요하다. 의사소통 방식은 직설적, 사실 위주, 문제 핵심 위주로 한다. 한국의 조직구조와 독일식 조직구조를 비교하면 한국은 수직구조인 반면, 독일은 각 전문가들의 모임으로 일에 대한 조직을 만들고 상사는 관리를 하는 것으로 되어 있다. 따라서 상사의 역할은 고집 센 전문가들과 잘 소통하고 합의를 이끌어 내는 데 주안점을 둔다.

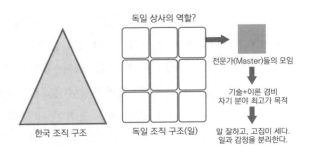

독일 상사의 역할?

전문가(Master)들의 모임

기술+이론 겸비
자기 분야 최고가 목적

말 잘하고, 고집이 세다.
일과 감정을 분리한다.

한국 조직 구조   독일 조직 구조(일)

이렇게 전문가가 자기 분야에서 최고를 지향하고 고집도 세고 자부심이 많으니 그들이 만든 제품은 어떨까? 자칭 최고 제품이라 칭하겠다. 그러다 보니 만든 제품을 사려는 고객보다는 파는 생산자의 입장에서 시장구조가 만들어지고 이는 생산자 중심의 사회－Producer－Oriented Society가 되었던 것이다. 일요일 일하고 권익을 보호받고, 평일도 7시 이전에 문을 닫고, 서비스가 적은 사회가 되었던 것이다. 요즘은 Speed에 개념과 Flexibility에 대해 많은 고민을 하고 개선을 하려고 하지만, 근본적으로 문화적인 관점에서 보면 그리 쉽지는 않다.

문화 차이 극복 방법은?

가장 좋은 방법은 문화를 직접 경험하는 것이 좋다. 그러나 현실적으로 그런 기회가 적기 때문에 타 문화에 대한 이문화 교육(Intercultural training)이 필요하다. 먼저 문화(Culture)의 중요성 인식이 필요하다. 이유는 내가 다른 문화를 존중하고, 남이 나의 문화를 존중하는 게 가장 바람직하다. 그런데 우리가 교육을 하는 목적은 우리가 표면적으로 바라보는 외국의 문화, 예를 들면 프랑스는 파리 에펠탑, 향수, 루브르박물관, 베르사유 궁전, 샹젤리제 거리를 표면적으로 알고 있지만, 프랑스 사람들의 생각, 습관 등은 잘 알지 못한다. 즉, 우리 눈에 보이지 않는 문화, 이런 부분은 이문화 교육(Intercultural Training)을 통해 서로 더 이해하는 계기가 된다.

그럼 문화 차이에 따른 눈에 안 보이는 생각의 차이와 관련하여 알아보자.

우리는 회사에서 프로세스라는 말을 많이 하는데, 일종의 업무 절차로 이해된다. 이런 프로세스의 정립 등이 회사 내 업무에 체계적으로 잘 되어 있는 것이 효율성과 어떤 연관이 있을까? 동서양에서 바라보는 프로세스에 대한 인식 차이는 어떨까?

프로세스의 효율성과 비효율성 인식 차이는?

한국에서는 절차 & Rule은 비효율적일 수 있다는 시각이 많다. 반면 독일 사람들은 절차(Process)에 대해 Rule과 Guideline은 오랜 경험을 통해 만들어진 것이기 때문에 더 효율적이다. Rule대로만 하면 큰 실수는 없다. 이렇게 서로가 프로세스를 바라보는 생각 차이가 발생한다.

독일에서는 의사 결정시 왜 오래 걸리나? 궁금한가?

독일에서는 합의를 중시하는 문화가 보편적이기 때문이다. 그리고 일을 하면서 '왜(Why)?'라는 질문을 통해 내용을 이해하고, 일을 보다 효율적으로 하기 위해서는 독단적 결정보다 합의를 만들어낸다. 이런 합의 과정에서 상사의 역할은 의견 수렴을 위해 질문과 토론에 상당한 시간을 소요하게 되고, 따라서 의사 결정까지는 시간이 많이 소요된다.

독일에서 상사는 부하 직원과 왜 자꾸 토론을 하는가?

토론의 목적 때문이다. 토론은 스스로 책임을 지면서 일할 수 있게 만드는 과정으로, 토론 과정을 통해 단순히 주어진 일을 하는 것이 아니라, 문제를 다각적이고 심층적으로 이해하고 준비시킨다고 생각한다. 대신 토론을 거친 결론은 나중에 반대하지 않는다.

문화 차이의 극복(해결) 방법은?

프로젝트 환경에서 이문화 차이의 해결 방법은 무엇일까?

앞서 소개되었지만 Intercultural Training은 프로젝트 초기에 빨리 모든 이해관계자들에게 실시하는 것이 효과적이다. 프로젝트 관리자는 국제환경 프로젝트에서 팀원 구성 후 초기에 교육을 실시토록 하여야 한다.

How to improve intercultural performance?

교육을 통해 태도와 감정을 서로 알고, 관련 지식을 함양하고, 행동을 실천함으로써 문화 차이에 따른 갈등을 줄이고 업무 성과를 향상시킬 수 있다. Intercultural Training의 효과는 갈등이라는 것이 이슈에 대한 서로의 이해관계가 다르다는 것을 인식할 수 있다. 문화가 다르면 대응 방법이 다르다. 서로의 문화적 차이를 인식하는 계기가 된다. 솔직한 이야기로 Communication이 향상되고 상대방을 변화시키기보다 상대방을 이해하고 관찰하는 계기가 된다. 왜 문화(文化)를 알면 성공(成功)하는가? 문화 차이에 대한 교육을 통해 문화라는 막연한 부분의 가정/추측이 지식으로 전환되고 문화 차이에 의한 서로간의 불안전한 환경이 확신으로 바뀌어서 업무 시간에 부정적 스트레스가 긍정적 에너지로 전환된다. 따라서 그동안 문화 차이 인식을 잘못하여 대인 관계가 잘 안 되었던 부정적인 위협 요인이 이제는 서로 배려하고 신뢰하는 기회로 전환되어 모두가 잘 통합되어 팀워크가 향상되어 업무 성과에 긍정적인 영향을 미치게 될 것이다. 개인들도 서로의 이해관계가 깊어지고 Communication이 향상되어 상호 신뢰감이 증진되고, 신뢰감 증진은 보다 많은 기회(성공)를 제공한다.

6 그리스 로마 신화로 보는 프로젝트 소프트 스킬

(1) 프시케의 사랑과 배반, 그리고 에로스의 용서

프시케 공주의 아름다움은 절대적이었지만 문제를 일으킨 것은 그 주위의 사람들이었다. 미의 여신 아프로디테보다 더 미모가 뛰어나다는 세상 사람들의 칭송에 아프로디테는 시기심에 아들 에로스를 시켜 잠자고 있는 프시케에 화살을 쏘아 괴물과 사랑하도록 만들려 하였다.

그러나 잠들어 있는 프시케의 아름다운 모습에 반한 에로스는 놀라움에 사랑의 화살을 그만 자신에게 쏘고 프시케와 에로스는 사랑에 빠진다. 그러나 신인 에로스는 자신의 정체를 감춘 채 절대 자기 얼굴을 쳐다보면 안 된다고 프시케에게 약속하도록 하고, 만일 그 약속이 깨지면 그 책임은 전적으로 프시케에게 있다고 경고한다. 행복하지만 사랑하는 사람의 얼굴을 볼 수 없는 프시케는 그만, 아마도 프시케를 사랑하는 것은 흉측한 괴물이며, 그 괴물이 나중에 프시케를 헤칠 거라는 언니들의 꼬임에 빠져 잠든 에로스의 날개에 촛불을 쏟고 만다. 놀란 프시케는 칼을 들고 있었고 그 모습이 에로스에 발각되어 약속을 깬 프시케를 원망을 하며 프시케를 떠난다. 아무리 애원해도 돌이킬 수 없었던 신뢰의 균열. 거기에는 호기심을 가지고 인내했던 프시케를 부추겼던 좋은 충고를 위장한 언니들의 신중하지 못한 꼬임 때문이었다.

우리가 일을 처리할 때 또는 고난에 처했을 때 그것이 나의 일이 아니고 상대방의 일이라고 혹시 함부로 말하지는 않는가? 상대방이 안고 가야 할 고난과 슬픈 결과는 공유하지도 않으면서… 결국 프시케는 사랑을 찾아 아프로디테의 3가지 어려운 과제를 수행하고 드디어 에로스의 사랑을 얻지만 그 과정은 거의 불가능하고 죽음의 길 같은 것이었다.

(2) 헤르메스의 소프트 스킬

헤르메스는 운명의 예언으로 갇혀 있는 공주를 어여삐 여긴 제우스가 몰래 찾아서 낳은 아이이다. 그래서 부모에게 버림받아 바다에 버려졌는데, 제우스는 포세이돈에게 부탁하여 외딴 곳에서 조용히 살게 하였다. 가끔 제우스가 아내 헤라 몰래 찾아가서 헤르메스를 만나지만 감히 신전으로는 불러들이지 못한다. 무서운 아내 헤라 때문이었다. 이런 상황에서 헤르메스는 어떻게 신전에서 엄마와 살게 되었을까? 장난기도 있지만 영특하고 늘 밝은 헤르메스는 일차적으로 아폴론에게 접근한다. 아폴론의 소를 훔쳐 화나게 하지만 제우스가 아폴론에게 헤르메스의 정체를 이야기하여 화해한다. 물론 소는 아폴론에게 돌려주지만 …. 어느 날 음악의 신 아폴론에게 거북이 등껍질로 만든 환상적인 악기를 선물하며 아꼈던 거북이 할아버지를 생각하며 슬퍼한다. 아폴론은 이때 헤르메스가 가장 아끼는 악기를 자신에게 선물한 것에 감동하며, 헤르메스에게 마음을 열어 동정한다. 이미 신 헤라도 헤르메스의 정체를 알고 있는 상태였다. 헤르메스는 아폴론에게 헤르메스의 약점을 물어본다. 아폴론이 헤르메스에게 알려준 헤라의 약점은 바로 갓 태어난 자기 아이에 대한 지극한 사랑이었다. 헤르메스는 모성의 신인 헤라의 아이가 혼자 있는 틈을 노려서 아이가 자신에게도 모성을 느끼도록 만든다. 시간이 지나 헤라가 헤르메스를 만날 때 이상하게 모성을 느껴 헤르메스의 부탁을 들어준다. 신전에서 엄마와 함께 살도록 허락한 것이다. 겉으로는 밝고 장난기가 많고 제우스의 사랑을 받지만 헤라에게는 수차례 신전에 사는 것을 거부당한 헤르메스, 엄마를 동굴 속에서 신전으로 모셔 살게 한 효성이 지극한 헤르메스, 철저히 이해관계자에게 접근하여 형인 아폴론의 마음을 잡고 헤라를 공략한 헤르메스의 허허실실 소프트 스킬은 놀랍다. 슬퍼해도 귀여운 모습에는 청청무구의 마음이 있었기에 가능한 것이 아닌가 싶다. 그래서인지 지금 헤르메스(에르메스)라는 명품 가방의 브랜드로 사용되고 있는 것은 아닐까? 물론 헤르메스가 여행의 신인 이유도 있겠지만 ….

(3) 판도라의 상자 이야기

프로메테우스가 불을 훔치고 인간들의 신에 대한 비아냥거림이 원인이 되어 제우스는 인간을 멸망시키려 하지만 프로메테우스의 마지막 충고에 따라 인간 스스로 인간의 운명은 결정토록 하였다. 그러나 제우스는 교묘하게 좋은 선물을 만들어 인간에게 주는 것처럼 꾸민다. 헤파이스토스를 시켜 인간 형태를 만들었다. 그런 다음 다른 신들을 통해 아프로디테의 아름다움과 아테나의 지성, 헤라의 모성, 아폴론의 음악 등 좋은 것을 받게 한다. 마지막으로 제우스가 판도라에게 선물한 것은 바로 호기심이었다. 호기심과 함께 판도라 상자를 주며 절대 열지 말라고 주문한 것이다. 그것도 프로메테우스 동생에게 헤르메스를 시켜 판도라를 보내고 그들이 서로 만나게 한다. 제우스의 어떤 선물도 받지 말라고 이야기한 프로메테우스의 경고도 잊은 채 판도라와 같이 살며 행복한 시간을 보낸다. 그러나 판도라는 결국 호기심에 상자를 열어 재앙을 꺼내고 제우스는 이때다 하고 포세이돈을 시켜 큰 파도로 인간을 멸망시킨다.

이 이야기는 과연 공정한 게임이었을까? 호기심을 주고 판도라에게 상자를 열지 말라고 한 제우스, 우리는 이런 교훈을 얻을 수 있지 않을까? 좋은 선물로 포장한 프로젝트를 착수하여 그것이 실패할 것을 뻔히 알면서 밀어붙여 희생양을 찾는 슬픈 사례 말이다. 혹시 이런 예가 있으면 절대 안 되겠지만, 약속 또한 잘 지키는 것이 중요하다 하겠다.

제우스는 크로노스와의 싸움에서 자신을 구해준 프로메테우스를 불을 훔친 죄로 벌을 받게 했다. 그리고 판도라 상자로 함정에 빠지게 하고 인간을 파멸시킨다. 리더는 냉정하며 조직을 위해 위한다. 리더는 정당한 방법으로 사람을 시험한다.

(4) 크로노스를 배반한 이해관계자는?

크로노스를 배반한 사람은 중요한 2명이다. 한 명은 아내이고, 다른 한 명은 같은 티탄족인 프로메테우스이다. 아내는 크로노스를 배반할 거라는 예언 때문에 아이를 먹어 삼키는 크로노스를 원망해 6번째 아이 제우스를 훔쳐 빼냈고, 나중에 제우스의 부탁으로 토하는 술을 크로노스에게 마시게 하여 아이들을 꺼내게 한다. 프로메테우스는 같은 티탄족이지만 크로노스가 멸망하는 미래를 보았고, 잔인한 크로노스를 해치우고자 제우스를 도왔다.

이 이야기는 두 가지 시사점을 우리에게 전달해준다. 하나는, 가까운 이해관계자라도 받아들일 수 없는 수준의 행동을 한다면 돌아선다는 것이다. 둘째는, 힘의 과시를 지나치게 하여 주위를 떨게 하는 공포 리더십은 결국 언젠가 그 대상이 자신이 될 수 있다는 두려움에 배신의 기회를 늘 노린다는 것이다. 우리가 도덕과 정직을 기본으로 하고, 준거적 리더십이 필요한 이유는 바로 여기서 찾을 수 있지 않을까?

(5) 혁신의 상징 프로메테우스

티탄족의 크로노스에게 맞서 싸우는 제우스를 리스크로 구해 준 프로메테우스, 훗날 생명의 은인 프로메테우스는 아테나신과 함께 지상에 동물을 만들고 인간에게 선물을 주려고 한다. 그러나 프로메테우스 동생의 경솔함 때문에 동물에게 선물을 다 주어버려 신을 가장 많이 닮은 약한 인간에는 선물을 주지 못한다. 추위에 떨며 날것을 먹고 복통을 일으키는 인간을 보다가, 결국 프로메테우스는 신전의 불을 훔쳐 인간들에게 선물한다. 이에 분노한 제우스는 생명의 은인 프로메테우스를 바위산에 묶어 독수리가 매일 밤 간을 파먹는 고통을 겪게 한다. 신들의 신 제우스는 신의 영역을 보호하고자 지난날의 은인을 용서하지 않고 벌을 내렸다.

이 이야기는 조직의 목표를 위해서는 그동안 기업에 혁혁히 성과를 세운 사람도 상황에 따라 조직의 이해관계를 위해 축출시킬 수 있는 냉정함과 연관이 된다. 인간에게 창조와 혁신의 상징 프로메테우스이지만 그가 겪은 고통은 추후 판도라 상자의 비극까지 이어져 슬픈 결말을 맺게 된다. 다행히 희망이라는 마지막 선물이 인간세계를 구원하지만 ….

(6) 나르키소스의 슬픈 이야기

나르시시즘 신화 속 이야기는 호수에 비친 자신의 아름다운 얼굴에 매혹되어 스스로 미쳐가다 결국 호수에 빠져 죽는, 어쩌면 나르시스의 슬픈 이야기로 나온다. 그렇게 된 원인은 무엇이었는가? 잘 생긴 나르키소스를 좋아해서 구애했던 한 여자가 몇 번이고 차가운 냉대를 받다 슬픔에 잠긴다. 이를 참지 못한 신이 나르키소스에게 벌을 내려 호수에 비친 모습이 세상에서 가장 예쁜 얼굴로 비치게 만들고, 이로 인해 나르키소스는 어느 날 호수에 비친 자신의 얼굴을 보며 그게 자신의 얼굴인 줄도 모르고 물속 미인의 얼굴을 애타게 기다리다 결국 호수에 빠져 죽었다. 이런 결과에 있어 우리는 원인은 잠시 젖혀두고 한 부분의 이야기를 미화하여 잘 포장하여 기억하고 인정하고 퍼뜨린다. 그러나 만일 나르키소스가 그 여인을 무시하지 않고 치욕적인 언사를 행하지 않았다면 그는 호수에 빠져 죽는 일은 없었을 것이다. 원인과 결과, 우리는 세상에 살면서 상대방을 배려하는 자세를 가져야 할 것이다.

(7) 황금과 황금사과 이야기

누구나 갖고 싶어 하는 황금사과. 시작은 바로 바다의 님프 테티스와 펠레우스의 결혼식에서부터 시작되는데, 스케일이 큰 결혼식이다 보니까 올림포스 12신을 포함한 거의 모든 신들이 초청을 받지만 불화의 여신 에리스만 초청을 받지 못했다. (당연히 결혼식 날 불화의 여신을 초청하지 않았다.) 에리스는 황금사과를 결혼식장에 놓고 간다. 그 황금사과에는 "세상에서 가장 예쁜 여자에게"라고 적혀 있었다. 헤라, 아테나, 아프로디테는 누가 가장 미인인지 결정받고 싶어 했다. 이것은 불화의 여신 에리스가 노린 의도였다. 부탁을 받은 제우스는 아폴론에게, 아폴론은 인간인 파리스로 선택권을 전가한다. 바로 부정적 리스크 전략인 전가(Transfer)를 신에서 인간으로 한 것이 된다. 결국 파리스는 세상에서 가장 예쁜 미인을 갖게 해준다는 아프로디테를 선택하고, 그리스의 왕비 헬레나를 납치하여 트로이로 도망하게 된다. 이게 트로이 전쟁의 단초가 된다. 남과의 경쟁에서 이기고 싶을 때 사용되고, 남들을 질투 속에 빠지게 하여 트로이 전쟁을 일으키는 단초를 제공한 황금사과, 초기 부정적 이해관계자인 불화의 신인 에리스를 잘 관리했더라면 황금사과로 인한 파리스의 선택도 없었을 것이고, 트로이 전쟁도 일어나지 않았을 것이다. 황금을 좋아해서 미다스의 손이 되고, 황금을 좋아해서 욕심이 하늘을 찌르는 듯 혹시 우리 마음에는 작은 황금사과를 하나씩 갖고 있지는 아니한가? 시간이 지나면서 깨달은 것은 황금보다 더 중요한 것이 있다는 사실이다. 그것은 무엇일까?

미다스 왕이 울고불고 신에게 요청했던 자식에 대한 사랑이었다. 실수로 자식을 황금으로 만든 미다스의 손. 역시 황금보다 더 귀한 것은 자식에 대한 사랑이었다. 우리는 잃은 후에 후회하는 것이 많다. 건강, 사랑, 그리고 배움에 대한 부분이다. 이제 황금사과보다 더 귀한 사랑과 배움에 대한 갈증을 스스로 해결하기를 기대한다.

Epilogue

세계화 또는 국제화로 표현되는 Globalization시대에서 기업들은 기존의 기업환경과 상이한 국내외 경영환경 — 정치, 경제, 사회, 문화, 경영관습 및 민족적 환경 — 속에서 기업활동을 수행해야만 한다. 이러한 Globalization이 점증적으로 세계적인 관심과 인식을 받게 됨에 따라 한 기업의 경영 전반에 대한 처방과 진단을 하는 비즈니스컨설팅도 한 나라에서 실천되고 있는 경영원리 내지 경영관리기법이 보편적으로 적용될 수 있는 것인가에 대한 진단을 포함해야 하는 것이 아닌가에 대한 관심이 고조되고 있다.

21세기 세계화를 모색하는 우리나라의 기업들 또는 해외로 진출하고자 하는 국내 기업들을 위해 비즈니스컨설팅은 그간의 전략계획수립이나 기업운영 프로세스 진단/혁신 등 레거시 경영컨설팅의 범주를 넘어서 상이한 환경하에서 이루어지는 경영원리의 유사성과 상이성 그리고 그 원인을 분석하는 틀과 안목을 제시해야 할 시점에 서 있다. 그리하여 상이한 환경하에서의 경영원리나 경영관리기법의 보편타당성과 이전 가능성에 대해 검증하고 그 타당성을 진단해야 한다.

세계화 또는 국제화시대에 있어서의 경영컨설팅 PM과 팀원들은 경영원리의 보편성(Universality)과 이전 가능성(Transferability)의 여부를 캐고자 하는 비교경영의 본질적인 질문에 문제의식을 가지고, '외부환경에 따라서 달라지는 효율적인 경영형태가 있는가'하는 문제를 규명할 필요성을 인식해야 한다.

21세기 Globalization시대에 있어서의 PM과 팀원들의 임무는 이러한 환경주의(environmentalism)경영의 필요성으로 부각되는 비교경영의 관점과 시각에 입각해 상이한 환경하에서 이뤄지는 경영원리의 유사성과 차이점, 그리고 장점과 단점 그리고 그 원인을 분석해야 한다. 그리고 이에 대한 주요 접근법과 변수들을 검증해 보고 그 타당성을 확인해, 한국으로 진출하는 다국적기업이 모색해야 할 경영관리시스템에 대해 또한 한국의 다국적기업이 상이한 정치, 경제, 사회, 문화, 경영관습 및 민족적 특성을 지닌 지구촌의 다른 나라로 진출하고자 할 때 모색해야 할 경영관리시스템에 대해서도 시사점을 제공해야 한다.

그리하여 PM과 팀원들은 세계의 여러 나라로 진출하고자 하는 우리나라의 기업들이 다국적화하려고 할 때 모색해야 할 경영원리 내지는 경영관리기법을 어느 정도, 왜, 어떻게 변화시켜야 하는지에 대해 시사점을 제공해야 한다. 더불어 그 변화의 변수로서 과연 '문화'라고 하는 것이 하나의 독립변수 역할을 하는지, 아니면 문화 이외에 경제, 사회, 심리, 상황(조직내외의 상황) 등도 경영관리기법의 유사성과 차이점을 설명하는데 '문화'변수만큼 중요한 역할을 하는지를 밝혀 내고, 그것을 밝혀 내는 주요 접근법과 방법론을 제시해야 한다.

만약 경영원리 내지 경영관리기법의 보편타당성과 이전가능성을 진단하는 역할에 대하여 사명감을 스스로 느끼지 못하고, 레거시(Legacy)한 경영진단에 머무른다면 과거에 영컨설팅에 가해졌던 비난을 면치 못할 것이다. 이제 경영컨설팅을 다루는 PM과 팀원들은 21세기의 세계화시대의 환경변화에 부응하여 변해야 한다. 그것은 21세기 우리나라 기업들을 위한 경영컨설턴트의 새로운 임무이자, 시대적 소명이다.

前 삼성SDS의 김인사장은 프로젝트 관리에 대하여 "첫째는 목표관리, 둘째는 고객관리, 셋째는 조직관리, 넷째는 자기관리이다"라고 함축적으로 피력한 바 있다. 정말이지 경영컨설팅 서비스(consultancy) 제공을 업으로 하는 경영컨설턴트는 프로젝트 관리의 핵심인 목(표관리)-고(객관리)-조(직관리)-자(기관리)를 통하여 프로젝트를 관리해 나간다면 프로젝트는 이미 성공하였다고 할 수 있다.

프로젝트 관리는 프로젝트관리자(PM)의 주된 역할이다. 유능한 프로젝트관리자가 되기 위하여는 PM으로서 프로젝트 수행경력, 프로젝트 관리역량, 리더십, 조직관리 능력 등 여러 가지 경험과 자질이 요구된다. 흔히 저지르는 PM들의 실수는 프로젝트 관리를 소홀히 하고, 목적을 명확히 하지 못하거나, 의사소통을 제대로 못하며, 인력에 대한 관리를 소홀히 하여 전반적으로 프로젝트 관리가 제대로 되지 못하는 경우다. 성공적으로 컨설팅 프로젝트를 마무리 하기 위하여는 WBS(Work Breakdown Structure)를 작성하여 프로젝트 범위와 이를 수행하는 작업패키지를 세부적으로 정하여 프로젝트를 진행하여야 함은 물론 프로젝트 팀원과 고객과 의사소통에 있어서 거리감이 없도록 늘 유념하여야 한다.

지나친 고객의 요구사항은 팀원들의 부담으로 할당되고 납기를 지연시키는 원인이 되는 경우가 많으므로 프로젝트의 추진범위 내에서 일정을 감안하여 수용여부를 승인하도록 하고, 특히 행동상에 모범을 보여 팀원들이 마음속으로부터 따르도록 솔선수범하는 자세가 요구된다.

PM은 집안의 가장과 같다. 가족의 눈에 힘든 모습을 보일 수 없는 것처럼 여러 이해관계자들의 눈에 모범을 보여야 한다. 품위도 지키고, 모범적으로 행동해야 한다. 보스나 리더로서가 아니라 facilitator로서 역할을 하며 에너지 버스를 몰아야 한다. 고객을 위하여, 소속 회사를 위하여!!

부 록

1. CRM은 Customer Relationship Management의 약자로 우리말로는 '고객관계관리'라고 한다. 기업이 고객과 관련된 내외부 자료를 분석·통합해 고객 중심 자원을 극대화하고 이를 토대로 고객특성에 맞게 마케팅 활동을 계획·지원·평가하는 과정이다. CRM은 최근에 등장한 데이터베이스 마케팅(DB marketing)의 일대일 마케팅(One-to-One marketing), 관계마케팅(Relationship marketing)에서 진화한 요소들을 기반으로 등장하게 되었다. 고객데이터의 세분화를 실시하여 신규고객획득, 우수고객 유지, 고객가치증진, 잠재고객 활성화, 평생고객화와 같은 사이클을 통하여 고객을 적극적으로 관리하고 유도한다. 기존 마케팅이 단발적인 마케팅 전술이라면 CRM은 고객과의 지속적인 관계를 유지하면서 '한 번 고객은 평생고객'이 될 수 있는 기회를 만들며, 평생고객화를 통해 고객의 가치를 극대화하는 것이다. CRM은 고객의 정보, 즉 데이터베이스를 기초로 고객을 세부적으로 분류하여 효과적이고 효율적인 마케팅 전략을 개발하는 경영전반에 걸친 관리체계며, 이를 정보기술이 밑받침돼 구성된다.
   <출처: CRM(시사상식사전, 박문각)>

2. SCM은 공급망 관리. 제품의 생산과 유통 과정을 하나의 통합망으로 관리하는 경영전략시스템으로 기업에서 원재료의 생산·유통 등 모든 공급망 단계를 최적화해 수요자가 원하는 제품을 원하는 시간과 장소에 제공하는 '공급망 관리'를 뜻한다. SCM은 부품 공급업체와 생산업체 그리고 고객에 이르기까지 거래관계에 있는 기업들 간 IT를 이용한 실시간 정보공유를 통해 시장이나 수요자들의 요구에 기민하게 대응토록 지원하는 것이다. 세계적으로 선도적 위치에 있는 제조업체, 물류업체, 유통업체들은 SCM을 통해 거래선들과 긴밀하게 협력함으로써 그 이익을 훨씬 더 극대화하고 있다. SCM의 고도화는 공급자관계관리(SRM), 제품주기관리(PLM), 성과측정지표(BSC), 능률원가측정(ABC) 등의 애플리케이션을 기업애플리케이션통합(EAI) 및 기업포털(EP)작업에 연계함으로써 협력사들과의 총체적인 협업체계를 구현하는 데 목적이 있다. 그 저변에는 전사데이터

웨어하우스(EDW), 초대형 서버, 전사자원관리(ERP), 고객관계관리(CRM) 등이 자리 잡는다.

<출처: CRM(시사상식사전, 박문각)>

3. ERP(Enterprise Resource Planning, 전사적자원관리)란 기업 내 생산, 물류, 재무, 회계, 영업과 구매, 재고 등 경영 활동 프로세스들을 통합적으로 연계해 관리해 주며, 기업에서 발생하는 정보들을 서로 공유하고 새로운 정보의 생성과 빠른 의사결정을 도와주는 전사적자원관리시스템 또는 전사적통합시스템을 말한다(노규성·조남재, 2010; Laudon & Laudon, 2006).

ICT 관점에서 보면 여러 부서에서 수행되는 업무 처리를 돕기 위해 일상 업무 작업을 자동화한 응용시스템(패키지 소프트웨어)들의 집합으로 구성되어 있다(권태형, 2012). 여기에서 패키지 소프트웨어(SW)란 한컴의 '흔글'이나 'MS-오피스', 'CAD(Computer-Aided Design)'처럼 제품으로 만들어서 파는 형태의 SW를 말한다.

ERP의 주목적은 조직의 모든 기능 영역들 사이에 정보가 끊김 없이 흐르도록 하는 것이다. 따라서 ERP를 도입한다고 하는 것은 예전처럼 전산화한 시스템을 구축하는 것이 아니다(양정식 외, 2013). 오히려 새로운 공장을 짓고 새로운 회사를 설립하는 것과 같이 기존의 시스템과는 전혀 다른 혁신적인 개념의 SI를 구축하는 것이다. 즉, ERP를 도입하고 활용함으로써 업무의 처리 방법이나 기업의 구조를 본질적으로 혁신해 생산성을 극대화하는 전략적 접근이라 할 수 있다.

<출처: 전사적자원관리(ERP)(기업을바꾼10대정보시스템, 2014. 4. 15., 커뮤니케이션북스>

4. LEAN 생산시스템은 일본의 도요타 자동차의 간판 생산방식에서 유래되었다. 도요타 생산방식이라고도 한다. 따라서 Lean 생산방식, Lean 시스템으로 정의하여 쓰고 있다. 좋은 점은 고객의 다양한 요구사항의 변화를 낭비 없이 가장 적은 자원을 가지고 효율적으로 대응하는 시스템이라 할 수 있으며 생산 비용과 자원 관점에서 LEAN한 군살이 없는 생산체제를 갖출 수 있는 장점이 있다. 즉 낭비를 제거하고 대기시간, 재고, 과잉설비, 동작, 운반 물류 낭비 등을 없게 하는 활동으로 보면 된다. 효율적인 측면에서 보면 매우 훌륭한 생산기법이다. 다만 안 좋은 점이 있다고 하면 흐름생산이나 대량 생산체제에 적합한 기법이라는 점이다. 따라서 전통적인 생산시스템과의 차이점은 전통적인 생산시스템

은 가격을 올려서 이익을 높이는 것이지만 LEAN생산 기법의 사고는 가격은 고정된 채 생산 비용을 최소화하여 이익을 늘리는 개념이다.

전통적 생산시스템은 COST+PROFIT == > PRICE

LEAN 생산시스템 개념은 Price-cost == > Profit이다.

5. **EVA(Eeconomic Value Added)**

경제적 부가가치. EVA란 세후영업이익에서 자본비용을 차감한 값으로 주주 입장에서 본 실질적인 기업가치를 나타내는 지표이다. EVA는 기업들이 자본과 부채를 합친 총비용을 고려해 얼마만큼 이익을 내느냐를 따지기 때문에 주주이익을 극대화하는 주주중심주의(stockholdercapitalism) 정착에 기여하게 될 것으로 관측된다. 보통 기업의 입장에서 자기자본을 비용으로 간주하지 않는다. 반면 주주들이 원금(자본금)을 내고 회사를 시작하는 이유는 원금이 잘 커서 큰 소득이 되어 돌아오기를 바라기 때문에 자기자본은 공짜 자금이 아닌 셈이다. 따라서 회계장 부상으로는 순익이 나더라도 EVA가 마이너스인 경우에는 기업의 채산성이 없는 것을 의미한다.

<출처: 한경 경제용어사전, 한국경제신문/한경닷컴>

6. **BSC(Balanced Score Card)**

균형성과평가제도. 기업의 사명과 전략을 측정하고 관리할 수 있는 포괄적인 측정 지표의 하나로서 1992년 컨설팅 회사인 '르네상스 솔루션'과 '하버드 비즈니스 스쿨'이 공동 개발했다. 대부분의 기업이 회사의 성과를 평가하기 위해 매출액이나 수익 등의 재무 지표를 활용하고 있다. 그러나 매출이나 수익 등의 재무적 지표만으로 기업의 장기적 성과까지 측정하기 힘들다. 재무적 지표는 경영전략과 연관되어 있지 않고 과거의 정보이며 사후적 결과만을 강조하기 때문에 미래 경쟁력에 대한 지표로 활용되기 힘들었다. 반면 BSC는 재무적인 측면과 더불어 고객, 내부 프로세스, 학습과 성장 등 기업의 성과를 종합적으로 평가하는 균형잡힌 성과측정기록표이다. 현재의 기업 상황을 평가하는 것뿐만 아니라 미래에 대한 경고등 역할을 하며 사업전략을 세울 때 중요한 정보로서 역할을 수행한다.

<출처: BSC(매일경제, 매경닷컴)>

7. **BPR(Business Process Reengineering)**이 있다. 이것은 기업의 일부 기능만을 고치거나 개선하는 이른바 점진적인 변화의 사고방식에서 출발하는 것이 아니라 "처음부터 다시 시작 한다"는 급진적인 변화의 사고방식에서 출발한다. 이런

의미에서 BPR은 비용, 품질, 서비스, 속도와 같은 기업활동의 핵심적 부문에서 극적인 성과향상을 이루기 위해 기업의 업무 프로세스를 근본적으로 다시 생각하고 재설계하는 것을 말한다.

8. PI(Process Innovation)

95년 미국의 Davenport가 BPR 기법에 정보기술의 통합 구축을 제시하면서 PI가 등장하였다. 국내에서는 1996년 국내 삼성 SDI의 PI가 시작되었고 현재 일반적인 추세로 발전중이다.

(1) 일하는 방법(프로세스), (2) 정보시스템 및 (3) 조직 등을 총체적으로 개혁하는 것으로, 현재의 업무처리 방식과 정보 및 물류를 고객지향으로 바꿈으로써, 경쟁우위의 변화 대응력을 조기에 확보 하는 프로세스 혁신의 경영기법이다. 기업 가치를 위해 PI를 실시함. 궁극적으로 단순화, 표준화, 통합화로 갈 수 있다.

9. ISP(Information Strategy Planning)

정보 전략 계획(Information Strategy Planning)이란 정보 시스템 구축의 출발점인 계획 단계를 의미한다. 즉, 조직의 정보 시스템 구축에 대한 전반적인 상황의 인식과 지향해야 할 목표를 조명하는 작업이라고 할 수 있다. 하지만 정보 전략 계획은 정보 시스템 자체만을 위한 것이 아니라 기업의 경쟁 우위 확보를 위한 기업 정보화 전략과 밀접하게 연관되고 있다. 이런 관점에서 정보 전략 계획은 기업이 수립한 중장기 경영 전략과 계획을 토대로 사업 전개에 필요한 총체적인 정보 체계를 제시하고 향후 단위 또는 통합 정보 체계의 개발을 계획하고 통제함으로써 경영 요구에 의한 정보 기술 체계를 구축하는 과정으로 정의할 수 있다.

<출처: 정보 전략 계획[Information Strategy Planning, 情報戰略計劃](국방과학기술용어사전, 2011., 국방기술품질원)>

10. KM((Knowledge Management)

조직구성원 개개인의 지식이나 노하우를 체계적으로 발굴하여 조직 내 보편적인 지식으로 공유함으로써, 조직 전체의 문제해결 능력을 비약적으로 향상시키는 경영방식을 말한다. 이는 조직 내 지식의 활발한 창출과 공유를 제도화시키는 것을 목표로 한다.

참고문헌

이두표 재미있는 프로젝트 이야기, 2017.

이두표 PMP Power exam 800, 2015.

PMBOK 5th edition(PMI), 2012.

김왕용, 경영컨설팅의 이해(전자책) 교보문고, 2012.

김왕용, 경영컨설팅P&P(종이책, 북넷), 2017.

김위찬, 블루오션, 교보문고, 2007.

Rich Mintzer, the Everything Project Management Book, ADAMS, 2002.

IT프로젝트 사례연구_http://blog.naver.com/kdjhmr/110039503937.

IT DAILY_2016년 11월 01일(화) 04:01:21 김호 sokim@itdaily.kr

IT DAILY_2016년 10월 03일(월) 18:40:08 윤현기 기자 hkyoon@itdaily.kr

IT DAILY_2016년 12월 21일(수) 15:48:43 송요한 기자 hint05@itdaily.kr

IT DAILY_2016년 07월 31일(일) 23:44:29 송요한 기자 hint05@itdaily.kr

디지털타임즈_2003 − 05 10:57 박서기 skpark@dt.co.kr

[보도자료]의약품유통종합정보시스템 관련 감사원 감사청구.

작성자 참여연대 2006. 8. 21. 15:26.

IT 프로젝트 8대 실패사례_http://blog.naver.com/jmhan92/140031859573

IT 프로젝트를 시도했다 실패한 사례들http://cafe.naver.com/kmu20110204/10.

저자소개

김왕용

서울 종로구 충신동에서 출생

(학력)
- 서울 대일고등학교 졸업
- 서울대학교 경영대학 경영학과 졸업
- 서울대학교 대학원 경영학과 졸업(OBHRM 전공)
- 美國 Tulane University, MBA 졸업(재무및 관리일반 전공)

(경력)
- 한국IBM, 영업부, Biz. Analyst, Systems Engineer, IT Consultant
- 삼성SDS, 컨설팅 사업본부, 수석 컨설턴트(PM, KM, 6시그마MBB)
- KT FDS, SI사업본부, IFRS 사업총괄(이사)
- ㈜대교, 신규사업부문, 신규사업지원실장(상무)
- ㈜미코바이오메드, IT 및 경영지원총괄(상무)
- 6시그마 블랙벨트(Black Belt)-2005, 삼성 Certified.
- 6시그마 마스터 블랙벨트(Master Black Belt)-2007, 삼성 SDS
- 프로세스 설계 전문가(2006, 美國 Hammer & Co., LTD)
- 경영지도사(2007, 한국산업인력관리공단 & 중소기업청)
- 국제公認 경영컨설턴트(국제공인컨설턴트협회(ICMCI), CMC 2016)

(주요 수행 프로젝트)
(1) A가전사 ISP/BPR(PM)
(2) B병원 ISP/BPR(PM)
(3) C대학교 발전전략 수립 컨설팅(MPM)
(4) D학원 경쟁력강화를 위한 경영전략수립 컨설팅(PM)
(5) E이동통신사 통합서비스센터 구축 컨설팅(QAO 및 MPM)
(6) F건설 PI 2차-영업부문 상세설계(PM)
(7) G호텔 ISP/BPR 2次(상세) 컨설팅(PM)
(8) H은행 코아뱅킹 시스템 재구축 감리(PM)
(9) I사 3PL 전략수립 컨설팅(PM)
(10) J자동차 COBOL Re-engineering(PM)
(11) 미국 Biotechnology社의 기업가치평가(PL)(美 McKinsey컨설팅 & Tulane Univ, Freeman School 공동수행)
(12) 미국 Omni Energy Services 재무분석(PM), (美 BurkenRoad Report 紙 발표)
(13) K은행 ALM Prototyping(팀원)
(14) 한국IBM, Customer Record System, QFBP(PM)

그외 방송사, 항공사, 제2금융/보험사, 정유사, 자동차 제조사, 중견기업 프로젝트 및 삼성계열사 6시그마/LEAN 프로젝트 지도

(논문) 한국 주재 미국과 일본기업의 인사관리제도에 관한 연구(서울대 대학원 경영학과 석사학위 논문)

(기고) (1) 21세기 국제화 시대의 우리나라 기업들을 위한 제언, 삼성SDS
Consulting Review, Volume I, 2005
(2) 경영원리의 보편타당성과 이전가능성에 대한 연구, 삼성SDS,
Consulting Review, VolumeII, 2005
(3) IFRS도입과 금융사의 도전과제(I), 대한금융신문, 전문가 기고,

2008년 6월 8일(http://www.kbanker.co.kr)
  (4) IFRS도입과 금융사의 도전과제(II), 대한금융신문, 전문가기고,
      2008년 6월 15일(http://www.kbanker.co.kr)
  (5) 21세기 세계화 시대의 경영컨설턴트의 새로운 임무, 한국경영기술컨설턴트협회(KMTC),
      Business Innovation Consultant, 2010년 2월호(제 24호)
  (6) 21세기 국제화 시대의 우리나라 중소기업들을 위한 제언(I), with the Consultant,
      (한국경영기술지도사회 발간), 2015 봄호.
  (7) 21세기 국제화 시대의 우리나라 중소기업들을 위한 제언(II), with the Consultant,
      (한국경영기술지도사회 발간), 2015 겨울호.
  (8) 상이한 환경하에서 경영원리의 보편타당성과 이전 가능성에 대한 소고(Ⅰ), with
      the Consultant(한국경영지도사회발간), 2017. 12.

(저서) • 경영컨설팅의 이해(I) – 이론과 실제(내일공작연구소), 2012
       • 경영컨설팅의 이해(I) – 이론과 실제(교보문고, 전자책), 2012
       • 제4차산업혁명시대의 경영컨설팅 혁명 P&P(북넷), 2017
       • 경영컨설팅의 이해(II) – ISP(집필중)

현재 [최정CLS 경영전략 및 변화관리연구원] 代表 및 한국첨단기술경영원 원장으로서 우리나
라 기업들을 대상으로 중장기 경영 전략수립, 프로세스 혁신(PI)을 통한 경영혁신, 중장기 정보
화 전략수립(ISP), 신규사업개발, 전략적 인적자원관리, 6시그마를 통한 지속적 개선(kaizen)
및 혁신, LEAN사상을 통한 생산성 향상 등『데이터 컨설팅』, 상이한 경영환경하에서 경영원
리의 이전가능성(transferabililty)과 보편타당성(universality)을 제언하는『환경주의 컨설팅』
프로젝트를 수행하고 있다. World Class 300 해외진출 마케팅 전략수립 전문위원으로 활동중
이다.

이두표(李斗杓, 號 淸石)

(학력) • 한양대학교 생산서비스경영 박사과정 수료
        • 한양대학교 경영전문대학원 전략프로젝트경영 MBA(석사)

(경력) • Robert Bosch Korea 기술영업 및 PM/PMO
        • 대우자동차, 국제조달팀
        • 쌍용자동차 국내부품개발 및 해외부품개발팀장
        • 현) 가천대학교 강의
        • 전) 국립경상대학교 강의(2015~2016)

(자격증) • CMC(국제공인컨설턴트),
         • PMP®
         • PMI – RMP
         • PMI – ACP
         • Prince2 Practitioner
         • Prince2 Foundationer
         • Project⁺

(현)   • 올포피엠 대표
        • 한국첨단기술경영원 전문위원 겸 기술원장
        • 한국경영진흥원 전문위원
        • CMC(국제공인컨설턴트 Korea)이사
        • IIL Master Trainer & Senior Consultant

- PMI 한국챕터 이사 및 PMBOK 6th Edition 한글판 번역검수위원
- PM전문가협회 회원
- 한국프로젝트경영학회 제조분과 위원장
- 프로젝트 관리 NCS집필 심사위원
- 에너지관리공단 제안 공식 심사위원
- 재)고양지식정보산업진흥원 공식심사원
- 한국 생산성 본부 등록 강사

(저 서) • PMP Power exam 800제(PMP 학습서 및 문제집)
- 재미있는 프로젝트 이야기(수필)
- 아내에게 글로 보낸 선물(시집)

전병우

(학력) • 인하대학교 대학원 경영학박사(마케팅)

(경력) • ㈜대교 R_Project 본부 본부장 1998. 10~ 2012. 1
- ㈜이이씨엘리트 지방사업부문 부문장 2013. 4~2014. 4

(논문) • 대인면접조사와 비교한 온라인 서베이조사 참여자들의 인구통
계적 특성과 제품구매행태에 대한 연구, 기업경영연구, 제18권
2호(통권38호), 2011. 6
- Ethnographic 기법을 통한 영업사원의 복장이 고객만족에 미치는 영향에 대한 분석,
인하대학교 경영연구소, 제15집 제2호(통권 25호), 2009. 12

(자격증) • PMP®(Project Management Professional), 2007
- 경영지도사(마케팅) 23기 수석합격, 2008
- 국제公認 경영컨설턴트(국제공인컨설턴트협회(ICMCI), CMC, 2007)
- PMS(Productivity Management System), 2012

(저 서) • (가제)성공하는 조직 만들기 출간 예정

(수행 프로젝트)
- ㈜대교 R_Project(PM & 실행본부장)
  ⇨ 2007년 2월 7일~2011년 12월 31일
     변화관리, 경영혁신, Reengineering(약 2000억원 프로젝트)
- ㈜이이씨엘리트(PM & 부문장)
  ⇨ 2013년 6월 3일~2013년 10월 31일
  ⇨ 고객획득, 이탈 방지 및 수익모델 창출 변화관리, 경영혁신
- ㈜대봉 LS(지도교수)
  ⇨ 2016년 9월 1일~2016년 12월 31일, 2016년 2학기
  ⇨ DIY화장품 비즈니스 모델 프로젝트
- 해외시장 조사 프로젝트(지도교수), 현재 진행 중
  ⇨ 2017년 3월 1일~2017년 8월 31일 2017년 1학기
  ⇨ 외국유학생 포함 16명 4개조
  ⇨ 여름방학중 해외 현지 국가에서 직접 시장조사

現) 인하대학교 경영대학 경영학과 강의전담교수(마케팅)
  델리치푸드(주) 상임고문

프로젝트 관리의 이해 -이론과 실제-

초판발행	2018년 3월 30일
지은이	김왕용·이두표·전병우
펴낸이	안종만
편 집	전채린
기획/마케팅	손준호
표지디자인	권효진
제 작	우인도·고철민
펴낸곳	(주) **박영사**
	서울특별시 종로구 새문안로3길 36, 1601
	등록 1959. 3. 11. 제300-1959-1호(倫)
전 화	02)733-6771
f a x	02)736-4818
e-mail	pys@pybook.co.kr
homepage	www.pybook.co.kr
ISBN	979-11-303-0484-7 93320

정 가   28,000원